KÖLN

Antwerpen

Mechelen

ent

Maastricht

Aachen

Bonn

BRÜSSEL

Lüttich

Rhein

Huv

Namur

Mosel

Hirson

Trier

Luxemburg

Saarbrücken

Meuse

on

Reims

Metz

Verdun

Nancy

Troyes

Helmut Ritgen · WESTFRONT 1944

Helmut Ritgen

WEST-FRONT 1944

Motor buch Verlag

Einbandgestaltung: Andreas Pflaum
Die Abbildung zeigt Angehörige des vordersten Panther-Zugs der I./PzRgt 6 am 10. Juni 1944 an der Abbaye de Morday bei der Einweisung als Panzerjagdkommando durch Männer der 3. Kompanie der Panzeraufklärungs-Lehrabteilung.

Bildnachweis:
Alle Fotos Sammlung des Verfassers bis auf:
Bundesarchiv 70, 74, 75, 145
Delorme 187, 188
Derkson 26, 54, 155
Dibbern 81, 245
EPC Armées 42
Goller 168, 244
Graf 116
Hennig 240
Imperial War Museum 12
Perrigault 110, 111
Pieper 53, 55, 139
Raeman 19, 20, 180, 182
Scheibe 242
Dr. Weiler 181
Die Herkunft einiger weiterer Fotos blieb ungewiß. Der Verfasser bittet um Nachsicht.

Die teilweise geminderte Bildqualität ist auf das Alter der Fotos und die Umstände ihres Entstehens zurückzuführen.

ISBN 3-613-01868-3

Copyright © by Motorbuch Verlag, Postfach 103743, 70032 Stuttgart
Ein Unternehmen der Paul Pietsch Verlage GmbH & Co.

1. Auflage 1998

Lektorat: Martin Benz M.A.
Innengestaltung: IPa, Vaihingen/Enz
Druck: Gulde Druck, Tübingen
Bindung: Josef Spinner, Ottersweier
Printed in Germany

INHALT

Dank 7
Zum Geleit 8
Vorwort 10

1. Vom Sieg zur Kriegswende 1942 12
1940 - Sieg im Westen 12
   Dünkirchen 12
   Erinnerungen Mai 1940 14
1942 - Kriegswende 19
   Unternehmen »Herkules« - die abgesagte Landung auf Malta 19
   Erinnerungen Juni 1942 24
   Unternehmen »Jubilee« - der abgeschlagene Raid auf Dieppe 26
   Erinnerungen August - Oktober 1942 29

2. Normandie - Britischer Sektor 31
Die Westfront vor dem D-Day 31
   Erinnerungen Mai 1944 35
Juni 44 - die Landungen 48
   Der Atlantikwall wird durchbrochen 48
Abwehr bei Tilly-sur-Seulles und Villers-Bocage 65
   Übergang zur Verteidigung im Bocage 65
   Das Gefecht von Villers-Bocage 72
   Verteidigung von Tilly 78
   Ein Akt der Menschlichkeit 84
   Erinnerungen Juni 1944 87
Höhe 112 97
   Betrachtungen 105
Kampf um May-sur-Orne am 25. Juli 1944 108

3. Normandie - Amerikanischer Sektor 115
Abwehr westlich St. Lô 115
   Teurer Gegenangriff 115
   Zäher Kampf im Bocage 120
   Erinnerungen Juli 1944 125
Unternehmen »Cobra« - Ausbruch aus dem Landekopf 128
   Der Rückzug beginnt 137

4. Rückzug zur Seine 142
   Erinnerungen Juli - August 1944 142
Der Kessel von Falaise 149

5. Vor der Westgrenze des Reiches ... 159
Von Paris zum Westwall ... 159
   Die Kampfgruppe von Hauser am Westwall ... 170
Kampf um die Scheldemündung ... 176
   Rückzug aus Frankreich ... 176
   Die deutschen Kräfte ... 178
   Der Feind ... 179
   Brückenkopf Breskens - Südschelde ... 179
   Süd-Beveland ... 182
   Insel Walcheren ... 183
   Betrachtung ... 184
Kampf um Metz und Fort Driant ... 185
An der Saarfront ... 193
   Gegenangriff der Panzerlehrdivision ... 193
   Armeereserve ... 199
   Gepanzerte Eingreifgruppe Monz bei Saarlouis ... 203
   Panzeraufklärungslehrabteilung 130 im Elsaß ... 205

6. Die Ardennenoffensive ... 209
Einführung ... 209
Vorwärts - an die Maas ... 217
   Die Kampfgruppe 901 vor Bastogne ... 233
Wende und Rückzug ... 237
   Abwehr an der Südwestflanke des deutschen Frontbogens ... 243
   Nachtruppe bei der 7. Armee ... 252
Nachwort ... 255

Anhänge ... 256
A: Die beiderseitigen Kräfte ... 257
   Organisation ... 257
   Deutsche Divisionen 1944 im Westen ... 258
   Führungsgrundsätze ... 259
   Hauptmerkmale der Waffen beider Seiten 144-1945 ... 260
   Luftkrieg ... 264
B: Vier soldatische Vorbilder ... 265
   Generalleutnant Walther von Hünersdorff ... 266
   Oberstleutnant Wilhelm Prinz v. Schönburg-Waldenburg ... 268
   Generalmajor Georg Scholze ... 270
   Oberstleutnant Joachim Ritter von Poschinger ... 272
C: Soldatenfriedhöfe ... 274
Namen- und Truppenregister ... 276
Truppen an der Westfront ab Juni 1944 ... 280
Abkürzungen ... 282
Taktische Zeichen und Begriffe ... 284
Verzeichnis der Skizzen ... 285

Dank

Mein aufrichtiger Dank gilt insbesondere meinen alten Kameraden aus der Panzerlehrdivision, deren lebendige Berichte von den Kämpfen 1944 meine eigenen Erinnerungen erheblich ergänzt, bereichert und wiederaufgefrischt haben, insbesondere den Herren: Blümer, Burkhardt, Dette, Dibbern, Dr. Diesslin, Ebner, Feuerpfeil(✝), Goller, Graf (✝), Hennig, Frhr v. Landsberg-Velen, Maass, Monz, Neumann, Scheibe, Schultz-Balluff, Dr. Weiler, Werncke u.a.m. Den Herren Major R.A. Derkson, Canadian Forces, Dr. Günter Fromm (✝), Mr. R.C. Reed, Mr. Charles L. Foreman und Hermann Pieper verdanke ich wertvolle Anregungen, Hinweise, Fotos und Berichte.

Tiefen Dank schulde ich meinen Verlegern, an erster Stelle dem Motorbuch-Verlag, der bereits 1979 mein Werk »Die Geschichte der Panzer-Lehr-Division im Westen, 1944-1945« veröffentlicht hat, das hier mit Teilen nachgedruckt ist. Seinem Entgenkommen, seinem Rat und seiner Hilfe für mein Manuskript und für die ansprechende Aufmachung des Buches bin ich sehr verpflichtet. Der Schild-Verlag genehmigte mir freundlichst, meine in den Deutschen Soldatenjahrbüchern 1985, 1987 und 1988 veröffentlichten Erstbeiträge hier zu verwenden. Die gleiche Güte gewährte mir der Verlag Mittler & Sohn für meine Beiträge in der Zeitschrift »Kampftruppen«. Ohne die vielfältige Hilfe meiner Kinder, Verwandten und Freunde wäre mir die Umstellung auf ein PC-Buchmanuskript kaum gelungen. Besonders danke ich meiner lieben Frau für ihre guten Ratschläge und immerwährende Geduld.

Zum Geleit

Helmut Ritgen

Mehr als 50 Jahre sind seit der Invasion 1944 in der Normandie (D-Day) und dem darauf folgenden Kampf um Europa bis zur Ardennenoffensive vergangen. Diese Landung in Frankreich hatte Hitler vorher als die »entscheidende Landschlacht« des Zweiten Weltkrieges bezeichnet. Sie war tatsächlich eine weltgeschichtliche Entscheidungsschlacht für Europa, wie es die Schlacht von Gettysburg (1863) für Nordamerika war.

Dieses Buch entstand aus persönlichen Erinnerungen bei der Panzerlehrdivision und früher veröffentlichten Berichten aus anderen Abschnitten der Westfront, die mir für die Kämpfe und Soldaten des Jahres 1944 im Westen bemerkenswert erschienen. Es ist kein Geschichtsbuch, aber

jede Angabe ist belegt. Es ist dem ehrenden Gedenken dieser tapferen Soldaten beider Seiten im hoffentlich allerletzten europäischen Bruderkrieg gewidmet. Sie haben nach abendländischer Tradition seit Perikles Recht und Freiheit ihres Vaterlandes - wie wir in der Nationalhymne geloben - über Recht und Freiheit des Einzelnen gestellt und bewußt diese selbstverständliche patriotische Pflicht bis zum Einsatz oder gar zur Hingabe ihres Lebens erfüllt. Damals unterlagen die deutschen Soldaten der feindlichen Übermacht im Kampf um Europa. In unerschütterlicher Pflichtauffassung bauten sie und ihre Frauen nach dem Kriege aus den Trümmern ihr Deutschland wieder auf. Adenauer forderte 1952 vor dem Bundestag bei der Wiederbewaffnungsdebatte, *»die sittlichen Werte des deutschen Soldatentums mit der Demokratie zu verschmelzen«.* Diese Forderung haben Politiker und Massenmedien immer wieder zu hintertreiben versucht. Sie verleumden die Soldaten und möchten sie vom Neubau Europas ausschließen. Heute, nach über 50 Jahren, liegt die Bedrohung durch einen äußeren Feind so weit außerhalb des Gesichtskreises der Jüngeren, daß sie die Probe der seelischen und körperlichen Prüfungen dieser hochmotivierten Soldaten kaum noch nachvollziehen können. Anders als sonst in der Welt wird in Deutschland heute Drückebergerei oft verziehen und nicht mehr als feige oder unanständig angesehen, auch nur noch selten bestraft und zuweilen sogar gelobt. Die deutschen Soldaten an der Westfront 1944 standen nach *Ausbildung, Altersstufe und Kampferfahrung weit hinter den deutschen Verbänden im Osten und Süden zurück und konnten dem Angreifer gegenüber nach Zahl und Gefechtskraft erst recht nicht als vollwertig gelten, weder im Küstenvorfeld durch ausreichende Seestreitkräfte, noch in der Luft durch Fliegerverbände gesichert, durch Betriebsstoff- und Munitionsmangel gehemmt, in den Marschbewegungen*

durch Bahn- und Brückenzerstörungen nur noch auf Straßen bei Nacht ange-
wiesen.(Hubatsch).

Die Masse der deutschen Panzer- und der besten Infanteriedivisionen kämpfte an der Ostfront in einem Weltanschauungskrieg von unvorstellbarer Brutalität. An der Westfront hatte der Krieg ein völlig anderes Gesicht. Hier wurde er von beiden Seiten im allgemeinen fair geführt, gekennzeichnet vom erdrückenden Einsatz von Menschen und modernstem Material der Alliierten bei fast absoluter Luftherrschaft, vor allem gegen wenige, nur karg versorgte deutsche Panzerdivisionen. Die Masse der Infanteriedivisionen war »bodenständig«, d.h. sie waren nur im Stellungskampf, nicht im Bewegungskrieg, voll verwendbar, denn sie entsprachen in Ausbildung, Ausrüstung und Beweglichkeit nur einer Infanterie von 1918. Mit Recht bewundern unsere ehemaligen Gegner diese Soldaten, denen es durch Verantwortungsgefühl, Pflichttreue, Opfermut und Vaterlandsliebe gelang, ihnen zwei Monate wirksam zu trotzen, ihren Ausbruch aus der Normandie bis zum Westwall aufzuhalten und ihnen hohe Verluste zuzufügen. In diesem Kampf wurden sie von ihrem »Führer« nicht nur unzureichend unterstützt, sondern auch durch überspannte Haltebefehle ihrer Handlungsfreiheit und Beweglichkeit beraubt, zu Zielscheiben des Feindfeuers aus der Luft und von der Erde herabgesetzt.

Kein Veteran der Normandie wird je die bitteren, grauenvollen Kämpfe dort vergessen, aber auch nicht die damit einhergehende Tapferkeit, Hingabe und Selbstlosigkeit von guten Kameraden. Diese Kameradschaft ließ es nicht zu, als Einzelner davonzulaufen, während den anderen Tod und Verderben drohte.

Der alliierte Oberbefehlshaber, General Eisenhower, hat sich 1951 für seine frühere Fehlbeurteilung der deutschen Wehrmacht als Verfechter der Gewaltherrschaft Hitlers entschuldigt und erklärt, daß »die Wehrmacht ihre Ehre nicht verloren und für ihre Heimat tapfer und anständig gekämpft habe«.

Die Soldaten der Westfront taten ihre Pflicht. Mögen auch jüngere Generationen die ihrige für unser Vaterland Deutschland erfüllen!

Celle, im Herbst 1997
Helmut Ritgen

Vorwort

von S. V. Radley-Walters, General der Kanadischen Panzertruppen

Vor mehr als 50 Jahren, am 6. Juni 1944, landeten die Alliierten an der Normandieküste, in der gewaltigsten Invasion vereinigter See-, Luft- und Landstreitkräfte der Geschichte. Im Sommer 1994 gedachten weltweit Tausende von Veteranen dieses historischen Geschehens, daheim wie auch an den Landungsstränden und Orten der Normandie. Für die allierten Veteranen war die Rückkehr eine Wallfahrt, für die meisten die letzte Gelegenheit, noch einmal den Fußstapfen ihrer Jugend zu folgen. Auch junge Menschen kamen, um eine Vorstellung von den Verheerungen eines Krieges zu gewinnen, in der Hoffnung, daß alle ihre Träume von künftigen stabilen und friedlichen Nationen in Erfüllung gehen. Oberst Helmut Ritgen, dessen militärische Laufbahn nach dem Kriege bei den NATO-Streitkräften in Deutschland und einer Versetzung in die Vereinigten Staaten bis zu seiner Pensionierung 1976 weiterging, ist davon überzeugt, daß die Alliierten aus dem Zweiten Weltkrieg einen schweren Fehler begingen, nicht auch deutsche Veteranen zu den 50jährigen Gedenkfeiern in die Normandie einzuladen. Das sich ändernde Gesicht Europas, die Folgen der Wiedervereinigung Deutschlands und der Zusammenbruch der Sowjetunion erforderten künftig eine noch engere Zusammenarbeit des Westens. Dieses Buch ist der Niederschlag aus Erinnerungen des Autors und seiner Kameraden der Panzerlehrdivision, die an der Ostfront und dann an der Westfront gekämpft haben. Die Panzerlehrdivision war eine der Elite-Panzerdivisionen, die Generalfeldmarschall Rommel, gemeinsam mit der 21. und der 12. SS-Panzerdivision, unmittelbar nach den Landungen zusammenfassen wollte, um die Briten und Kanadier in die See zurückzuwerfen. Sein Plan scheiterte an der erdrückenden Feuerkraft der Schiffsartillerie und den rollenden Luftangriffen, die schwere Verluste verursachten. Der Verfasser schildert mehrere Abwehrschlachten in der Normandie angesichts der unwiderstehlichen Luftherrschaft, der schweren Schiffsartillerie, der überlegenen Artillerie und der überreichen Versorgung mit Munition und Gerät. Diese geballte Gewalt erschwerte nicht nur die deutschen Operationen und lähmte Truppenbewegungen aller Art im Gelände, sondern brachte manchmal Gefechte ganz zum Erliegen. Der Autor erzählte mir, anfangs seien sie davon überzeugt gewesen, die Alliierten wieder in die See zurückwerfen zu können, aber schon der Anmarsch zur Normandiefront unter Luftangriffen hätte ihre Zuversicht entkräftet. Oberst Ritgen hat vorher die dokumentarisch belegte Geschichte der 6. Panzerdivision und der Panzerlehrdivision veröffentlicht mit interessanten Schilderungen von Kämpfen an der Ost- und Westfront. Als guter Geschichtskenner hat er verschiedentlich britische und kanadische Offiziere über die Schlachtfelder beider Weltkriege im Westen geführt. Auch wurde er häufig von amerikanischen, britischen und kanadischen Massenmedien interviewt. Hier richtet er die Aufmerksamkeit des Lesers auf die Invasion in Frankreich sowie die daran anschließenden Operationen, die zum Durchbruch und Rückzug auf das Reichsgebiet bis hin zum Scheitern der Ardennenoffensive führten. Das Buch ist dem ehrenden Gedenken der tapferen Soldaten beider Seiten gewidmet, die in der Hoffnung fielen, daß diese Kämpfe das letzte Kapitel europäischer Bruderkriege abgeschlossen haben. Strategie, Taktik und Führungskunst werden dem Interessierten nahegebracht.

Wir müssen jetzt über uns selbst hinausschauen und uns in das Können oder die Psyche der Heerführer beider Seiten hineindenken, die die Operationen planten und führten. Wie Wellington einmal treffend bemerkte, »müssen wir erfahren, was auf der Rückseite des Berges« geschieht. Der Autor hat dies in seiner »Westfront 1944« überzeugend dargelegt. Ich kann das Studium nur sehr empfehlen!

Brigadier-General S.V. Radley-Walters (retd)
C.M.M., D.S.O., M.C., C.D. *Royal Canadian Armoured Corps**

---

* Während der Invasion 1944 Angehöriger des *Sherbroke Fusilier Regiment. (27th Armoured Regiment)* General Radley-Waters verfaßte dieses Vorwort für die englische Ausgabe »The Western Front«, erschienen in Winnipeg 1995. Es ist hier in gekürzter Form wiedergegeben.

1. Vom Sieg zur Kriegswende 1942

1940 - Sieg im Westen

Dünkirchen

Im Mai 1940 trat die Wehrmacht im Westen zum Angriff an. Nach dem genialen Plan des Generals von Manstein erzwangen die Panzertruppen der 4. Armee die Maasübergänge und erreichten am 20. Mai, nach einem atemberaubenden Sprung, die Somme-Mündung bei Abbéville. Die französisch-britisch-belgischen Armeen in Artois und Flandern waren eingeschlossen. Nun stießen die Panzerdivisionen mit verkehrter Front von Westen her gegen nur schwachen Widerstand auf Dünkirchen vor.

Die Panzergruppe Kleist konnte am 23. Mai mehrere Brückenköpfe über die Kanallinie La Bassée - Gravelines bilden. General Guderian forderte, unverzüglich auf Dünkirchen durchzustoßen, um den Engländern den Rückzug zu verlegen. Cassel, das britische Hauptquartier des Generals Lord Gort, lag schutzlos »vor der Tür«. Der am 24. Mai angesetzte Angriff darauf mußte kurz zuvor durch Hitlers »Haltebefehl« widerrufen werden.

Das OKH wollte die Vernichtung des sich bildenden Kessels Generaloberst v. Bock übertragen. Es unterstellte ihm über Hitlers Kopf hinweg die 4. Armee »einschließlich aller schnellen Verbände«. Diese sollten den »Hammer« zum Schlagen der Feindkräfte bilden, die von den zäh ringenden Armeen der Heeresgruppe B als »Amboß« im Osten gebunden wurden.

Der empörte Hitler hob diese Unterstellung sofort wieder auf und verbot dem AOK 4, die Kanallinie zu überschreiten, um die Panzer für die kommenden Operationen zu schonen. Über diesen »Haltebefehl« waren die Panzerführer sprachlos. Der Ruhm des Sieges sollte Görings Luftwaffe zufallen. Die Weisung an die schon geschwächte Luftwaffe, *»jeden Feindwiderstand der eingeschlossenen Teile zu brechen und das Entkommen britischer Kräfte über den Kanal zu verhindern«*, war

Am Strand von Dünkirchen warten endlose Kolonnen auf die rettenden Boote.

12

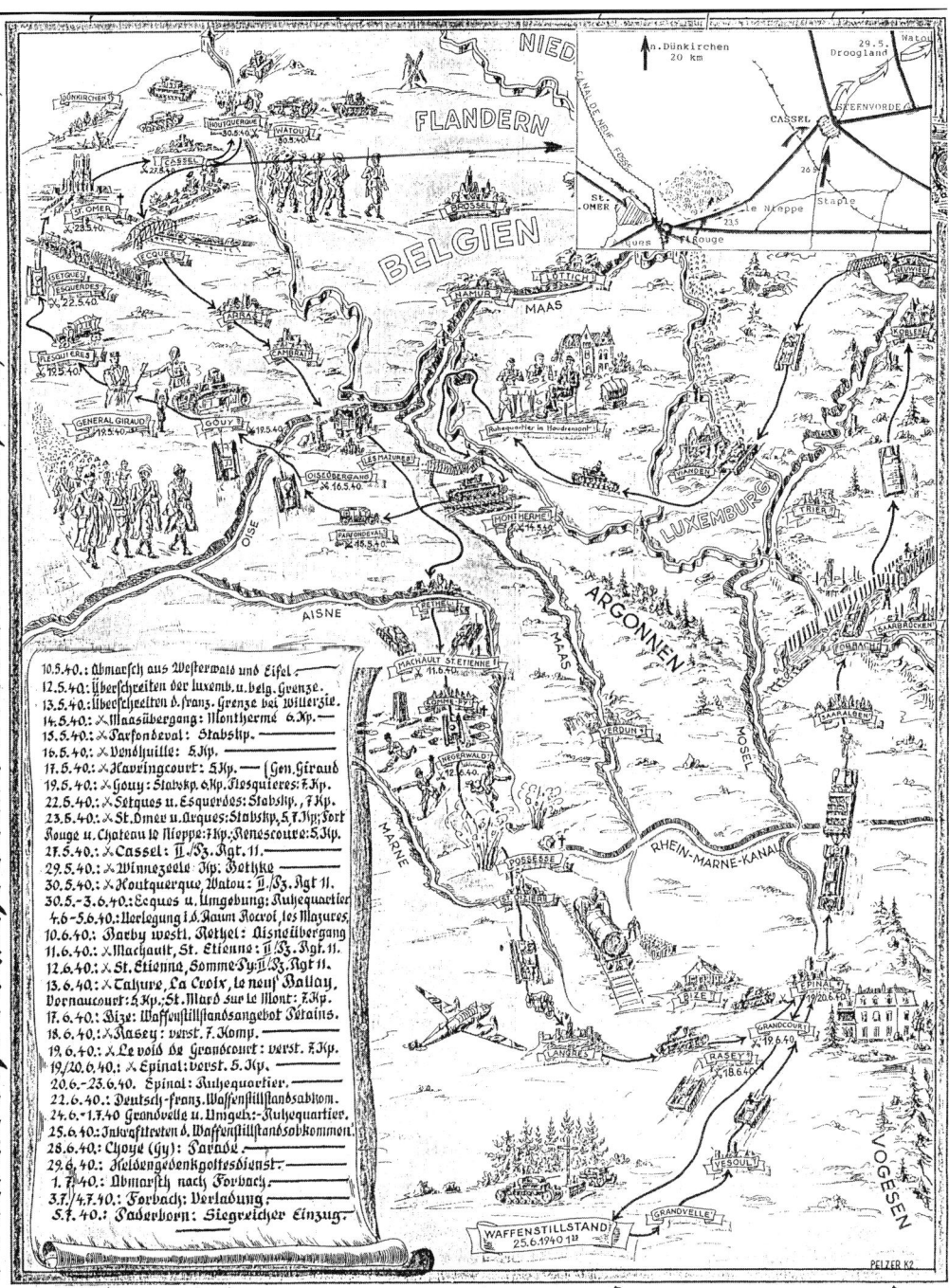

Der Weg der II./Panzerregiment 11 im Westfeldzug 1940 und die Kämpfe um Cassel
(oben rechts).

eine Überforderung. Zwar befahl Göring,»so anzugreifen, daß eine Einschiffung nicht mehr möglich« sei, aber die vom nahen England eingreifende Royal Air Force, das Wetter und der Munitionsmangel vereitelten dies.

Deutsche Jagdbomber gab es noch nicht. Der nun unvermeidlich gewordenen Angriff der Panzer über die Kanallinie stieß auf eine stark ausgebaute Abwehrzone. Die Engländer hatten die unverhoffte Atempause fieberhaft und mit Geschick genutzt. Der »Haltebefehl« kostete nun Blut und viele Panzer.

Als Lord Gort am 25. Mai den Zusammenbruch des belgischen Heeres mit einer Gefährdung seiner linken Flanke, ja, einer Einschließung, absehen konnte, befahl er seinen Truppen den Rückzug auf Dünkirchen, statt nach Südwesten auszubrechen.

Gleichzeitig liefen in England die Vorbereitungen für Operation »Dynamo« an, ein glänzend integriertes Unternehmen von Navy, Air Force und Army, unter Einsatz von fast 1000 Schiffen. Die Einschiffung der Truppen, ohne Waffen und Gerät, teils vom Hafen, teils vom Strand, begann am 27. Mai und endete nach erfolgreichem Abtransport von über 340.000 alliierten Soldaten am 4. Juni.

England hatte die Blüte seines Heeres gerettet. Mit seinem »Haltebefehl« griff Hitler erstmalig massiv in die operative Kriegführung ein und zwang dem OKH seinen militärischen Führungswillen auf. Damit vertat er die große Chance. Statt eines *Cannae* der Briten gewann er in Dünkirchen lediglich einen taktischen Sieg.

Erinnerungen Mai 1940

Meine 6. Panzerdivision, unter Führung von Generalmajor Kempf, legte in zehn Tagen von der Maas bis ans Meer, meist allein und den Nachbardivisionen voraus, 350 km kämpfend zurück. Entscheidenden Anteil daran hatte das Panzerregiment 11 mit seinen drei Abteilungen (Panzerbataillonen), I., II. und PzAbt 65. Diese fochten zumeist in einer der drei Kampfgruppen der Division, v. Esebeck, v. Ravenstein und Koll, in enger Kampfgemeinschaft mit je einem Schützenbataillon sowie Pionieren und Artillerie zusammengekoppelt. Jede Panzerabteilung verfügte über zwei leichte Panzerkompanien mit je 17 Panzern Skoda 35(t) und einer mittleren Panzerkompanie mit 14 Panzern IV. Ich war Leutnant und Zugführer in der 7. Kompanie.

Am 24. Mai mußte ich folgenden Gefechtsbericht schreiben:

Gefechtsbericht

Am 23. Mai 1940 war mein verstärkter Zug (7.Kp) 4 Pz Skoda und 1 Pz IV der 3./Schützenregiment 4 unterstellt, die den Auftrag hatte, an der Spitze der Gruppe Koll einen Brückenkopf über den Canal de Neuffossé zu bilden. Mein Panzerzug fuhr Spitze. Am Eingang von Arques ergaben sich etwa 20 Franzosen; dann stießen wir auf einen flüchtenden Troß, dessen Wagen wir teilweise zerschossen und dessen Mannschaften zu Fuß über die Kanalbrücke wegliefen. Wegen einer Sperre davor mußte ich halten. Da flog die Brücke mit einer starken Detonation in die Luft. Unter dem Feuerschutz meiner Panzer krochen die Schützen durch das Brückengeländer über den Kanal. Aus Schleppkähnen erhielten wir Feuer, konnten aber einen flüchtenden französischen Oberleutnant aus dem Wasser holen. Dabei bemerkte ich die noch unversehrte Eisenbahnbrücke, 500m weiter südlich. Ich sandte sofort Feldwebel Bess mit drei Panzern dorthin. Er meldete, die

Brücke sei zur Sprengung vorbereitet, er habe das Sprengkommando vertrieben und ein Sicherungs-MG erledigt. Ein zweites feuerte zeitweise, seine Stellung war nicht auszumachen. Ich erbat durch Funk Pioniere, die die Brücke entluden. Wir gingen über und stießen jenseits Arques auf unsere Schützen. Oblt Sültmann hatte gerade ein 15cm Geschütz mit einer Handgranate erledigt, ein weiteres schoß aber aus dem 2000 m entfernten Fort Rouge auf uns. Ich erbot mich, das Geschütz zu nehmen. Im wechselseitigen Vorgehen unter gegenseitigem Feuerschutz mit allen Waffen kamen meine vier Panzer (der Pz IV hatte auf der Eisenbahnbrücke die Kette geworfen) an die Geschützstellung. Deren Besatzungen flüchteten. Erst von hinten sah ich neben dem Geschütz noch drei weitere 15 cm Haubitzen stehen, die feuerbereit auf uns gerichtet waren, und ein MG, das wir überfuhren. Im Verein mit den Schützen holten wir aus Hecken und Häusern nach und nach etwa 75 Franzosen heraus. Kaum hatten wir die Kreuzung gesichert, da trafen nacheinander zwei Pkw mit englischen und französischen Offizieren ein, die sich nach kurzer Gegenwehr ergaben.

Fw Bess holte zu Pferde Verstärkung von den Schützen. Funkverbindung hatten wir ja nicht untereinander. Zwei Panzer fuhren Aufklärung bis La Crosse, stießen dort auf Straßensperren und brachten Gefangene ein. Fw Bess klärte nach dem Walde nördlich von uns auf. Von dort hatten wir Feuer erhalten, er fand aber keinen Feind mehr. Kurz darauf warf unser Aufklärer eine Fliegermeldung ab, im Walde sei kein Feind gesichtet. Nach und nach ließ ich die Gefangenen zurückbringen.

Gegen 17 Uhr erhielt ich Auftrag, auf Le Nieppe aufzuklären. Ich mußte zwei Straßensperren räumen und einige englische Fahrzeuge vertreiben. Ein Zivilist sagte aus, beiderseits der Straße nach Cassel ständen Engländer in Stellung. Bei der Rückfahrt erhielt ich in La Crosse neuen Aufklärungsauftrag nach Ebblinghem, um die 5. Kp zu suchen, deren Verbindung abgerissen war. Beim Losfahren sah ich Bewegungen in Le Nieppe. Es war eine in Stellung gehende englische 4,7 cm Pak, die ich zerschoß und mit etwa 20 Mann gefangennahm. Mein Pz IV bekämpfte unterdessen erfolgreich von Ebblinghem nach Le Nieppe vorgehende Engländer. Jetzt näherten sich dauernd Fahrzeuge von allen Seiten. Leider traf die erbetene Verstärkung nicht bei mir ein, so daß viele Engländer entkommen konnten. Der Panzer IV schoß noch ein Flak-Horchgerät und Munition nördlich Le Nieppe in Brand, als aus Ebblinghem zwei Fahrzeuge erschienen. Ihre Besatzungen gingen in Stellung und ergaben sich trotz mehrfacher Aufforderung nicht, bis eine 3,7 cm Sprenggranate drei von ihnen tötete und mehrere verletzte. Die restlichen drei Mann wurden gefangen und mit den Verwundeten abtransportiert.

gez. Ritgen, Lt. (KTB II./Panzerregiment 11, Anlage 10)

Der anderntags vorbereitete Angriff auf Cassel, damals Armeehauptquartier des Generals Lord Gort, wurde mittags »auf Befehl des Führers« plötzlich, für uns unverständlich, abgesagt. Stattdessen mußten wir uns hinter den Kanal absetzen. Ich wurde als Ordonnanz-Offizier zum Regimentsstab versetzt und mußte von meinem Zuge Abschied nehmen.

Die II./PzRgt 11 griff am 27. Mai 1940 den unter Artilleriefeuer liegenden Festungsberg Cassel an. Die Hakenkreuzflaggen am Heck dienten als Fliegererkennungszeichen.

Zerstörter britischer 17 Pfünder (76,2 mm) in der Stadtmauer von Cassel.

Der Verfasser verhört Engländer, die beim Ausbruch aus Cassel in Gefangenschaft gerieten.

Nach zwei Ruhetagen im schönen, aber verwahrlosten Château Campagne, kam am 27. 5. um drei Tage verspätet doch der Befehl zum Angriff auf Cassel. Der festungsartig aus der flandrischen Ebene aufragende Tafelberg sollte von Westen her von der Kampfgruppe v. Esebeck, von Süden, aus Staple, von der Kampfgruppe Koll angegriffen werden. Inzwischen hatte sich dort die 145. britische Brigade zur Verteidigung eingerichtet. Sie setzte uns Angreifern mit ihrem Feuer böse zu. Das terrassenförig ansteigende Gelände war für Panzer nur auf Straßen gangbar, die von britischen 17 Pfünder-Geschützen (76,2 mm) aus überhöhten versteckten Stellungen in der alten Stadtmauer beherrscht wurden.

Unser Angriff scheiterte unter schweren Verlusten. Meine alte 7. Kompanie verlor zehn Gefallene und viele Verwundete, darunter auch ihren Chef. Um Mitternacht wurde der aussichtslos gewordene Angriff befehlsgemäß eingestellt.

Als wir am anderen Morgen die Besatzung von Cassel beim Rasieren beobachteten, befahl auch Oberstleutnant Koll unverzüglich eine Gefechtspause zur Morgentoilette, die von beiden Seiten 45 Minuten lang peinlich genau eingehalten wurde.

Auszug aus dem Divisionstagesbefehl des Kommandeurs 6. Panzerdivision vom 28. Mai 1940
Am 27. 5. 1940 hat die Division mit den Kampfgruppen v. Esebek und Koll bei Cassel gegen einen besonders zähen Gegner unter ungünstigsten Geländeverhältnissen erbittert gekämpft. Panzer und Schützen sind hierbei gemeinsam bis zum Abemd trotz hartnäckigsten Widerstandes unter schweren Verlusten bis in den Ortsrand ei-

gedrungen und haben diesen Kampf erst auf meinen Befehl abgebrochen. Diese Kampfhandlung ist die schwerste, die die Division bisher durch*zuführen hatte. Führer und Truppe haben hierbei das Äußerste geleistet, wofür ich ihnen meine besondere Anerkennung und meinen Dank sage.*

Im Morgengrauen das 30. Mai versuchte die Besatzung von Cassel den Ausbruch nach Norden. Am Vortag hatten wir mit Stuka-Unterstützung Steenvorde und Watou genommen, dann im Dunkeln auf Winnizele kehrtgemacht.

Im Frühnebel bei Droogland (NO Cassel) zersprengten wir die englische Brigade. Dabei machten wir 2000 Gefangene. Wir wurden im Wehrmachtsbericht vom 1. Juni 1940 erwähnt. Mit diesem beeindruckenden Erfolg gegen einen modern ausgerüsteten, entschlossen kämpfenden und keinesfalls zermürbten Gegner schlossen wir siegesbewußt die erste Phase des Westfeldzuges 1940 ab.

*

1942 - Kriegswende

Unternehmen »Herkules« – die abgesagte Landung auf Malta

Als England alle Friedensangebote abgelehnt und Hitler nach der verlorenen Luftschlacht über England auf eine unmittelbare, aber äußerst risikoreiche Seelandungsoperation »Seelöwe« auf die britischen Inseln verzichtet hatte, mußte der *Endsieg* über das unerschütterliche Großbritannien auf andere, anscheinend einfachere, indirekte Weise gesucht werden. Eine Ausweitung des deutschen Kriegsgebiets auf das Mittelmeer bot sich an, zumal der Bündnispartner Italien hier versagt hatte. Aussichtsreich erschien ein Angriff auf den Suezkanal zur Sperrung des für die Versorgung Englands aus dem Nahen Osten entscheidenden Mittelmeeres. Zum anderen hatte der von Mussolini leichtfertig veranlaßte Kriegseintritt Italiens an der Seite des Deutschen Reiches zu schweren Rückschlägen Italiens in Albanien und Nordafrika, mit dem Verlust der Cyrenaica geführt. Dies erforderte die Entsendung deutscher Hilfe zur Abwehr britischer Angriffe auf Italien. Die Sicherung aller Operationen in Nordafrika wurde jedoch durch die Felseninsel Malta bedroht, dem einzigen britischen Flotten-, Luft- und Versorgungsstützpunkt zwischen dem 1800 km entfernten Gibraltar und Alexandria, das 1500 km weit lag. Heute bedeuten diese Entfernungen für den Luftverkehr kaum etwas; damals betrug die Reichweite der Jagdflugzeuge gerade 300 km.

Malta wurde zum Pfahl im Fleische des deutsch-italienischen Kriegsgebietes, der verhinderte, daß Nachschub und Verstärkungen für den nordafrikanischen Kriegsschauplatz ungestört an die Front transportiert werden konnten. Im Oktober 1941 versanken 63% der Güter im Meer, im November stiegen die Verluste auf 77%. Die italienische Luftwaffe und Marine waren außerstande, das anfangs wenig beachte-

Eine Siebelfähre landet Waffen und Gerät an.

Marine-Fährprahm (MFP) beim Einsatz an der Mittelmeerküste.

te Malta, trotz aller Bemühungen, auf Dauer auszuschalten. Auch Hitler wähnte in der Überschätzung seiner Luftwaffe, die könne die Insel aus der Luft völlig zerstören, ihr Besitz sei nicht entscheidend. Auch nachdem das OKW, der Oberbefehlshaber Süd, Generalfeldmarschall Kesselring, General Rommel und die Italiener die Inbesitznahme Maltas durch eine unmittelbare Landung gefordert hatte, scheute Hitler davor zurück, auch erschreckt durch die schweren Verluste der Fallschirmjäger bei der Eroberung Kretas. Mangels zur Seelandung geeigneter Kräfte Italiens, mußte der

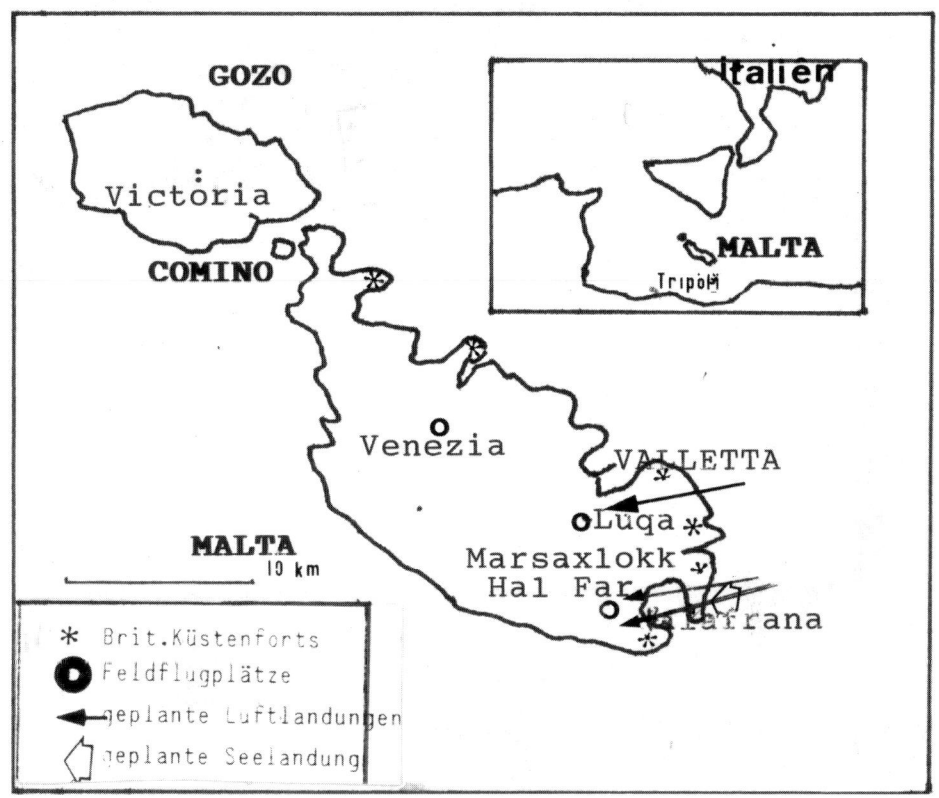

Die geplante Landung auf Malta, das Unternehmen »Herkules«.

deutschen Luftwaffe die Hauptlast der Eroberung zufallen, die zusätzlich das Deutsche Afrikakorps und die italienischen Küsten schützen sollte. Auch mangelte es der Wehrmacht an geeigneten Landungskräften. Vor 1940 hatte die Kriegsmarine nie Landungsfahrzeuge für flache Küstengewässer entwickelt. Erst ab 1941 wurden Flachbodenfahrzeuge sehr einfacher Konstruktion auf einer Unzahl kleiner Werften des gesamten Kriegsgebietes, *Marine-Fährpähme, MFP,* gebaut. Außerdem entwickelten die Landungspioniere des Heeres *Siebelfähren,* die mit Luftschrauben angetrieben wurden.

Erst im April 1942, viel zu spät, ließ sich der skeptische Hitler dazu bringen, eine gewisse deutsche Hilfe für das Unternehmen »Herkules«, eine kombinierte Luft- und Seelandung auf Malta, zu versprechen, wenn auch nur mit halbem Herzen. Obgleich ein gemeinsames Oberkommando der Achsenmächte im Mittelmeer weiterhin fehlte, konnte ein gemischter deutsch-italienischer »Sonderstab zur Vorbereitung der Landung auf Malta« mit der Planung beginnen. Sein deutscher Anteil wurde von General Student geführt, dessen Chef des Stabes Oberst i.G. Trettner (der spätere Generalinspekteur der Bundeswehr) war. Planziel war es, die Insel noch vor Beginn der für Mai / Juni geplanten Offensive Rommels nach Ägypten hinein (Unternehmen »Theseus«) zu nehmen, um ein für allemal die Gefahrenquelle für diese und künftige Operationen in Nordafrika auszuschalten.

In den heißen Mitagsstunden des X-Tages sollten, gleichzeitig mit Luftlandungen zur Bildung von Landeköpfen bei den Flugplätzen Luqua und Halfar, auch die Seekampfgruppen aus den sizilianischen Häfen auslaufen, um im Schutze der Nacht an verschiedenen Stränden mit den Anlandungen zu beginnen. Nördlich von Kalafrana in der Bucht von Marsaxlokk sollte die deutsch-italienische Seekampfgruppe des Admirals Weichhold, unter dem Feuerschutz von 8,8 cm Kanonen auf Siebelfähren, die deutsche *Panzerkompanie 66 z.b.V.* anlanden. Mit Panzerunterstützung sollte die Gruppe dann den Brückenkopf nach Westen bis zu den Landeköpfen erweitern. Das deutsche Heer war an dieser Landung nur schwach vertreten, nur mit der Panzerkompanie, die nach der OKW-Weisung vom 4. Mai 1942 aus einem Sammelsurium schwerer Panzer bestehen sollte, nämlich aus:

— zwölf verstärkten Pzkpfwg IV,

— je fünf VK 1801 und VK 1601 sowie

— allen verfügbaren schweren russischen Beutepanzern (mindestens zehn Stück) Die Kompanie wurde erst am 28. April beim Panzerlehrregiment in Wünsdorf (bei Berlin) unter Führung des Ritterkreuzträgers Hans Bethke aufgestellt. Ihre eigenartige Panzerausstattung war bedingt durch ihren Sonderauftrag und die mißliche deutsche Panzerlage 1942. Wegen der zu erwartenden starken Panzerabwehr auf der kleinen Insel Malta kam es mehr auf große Feuerkraft und stärkste Panzerung als auf Beweglichkeit und Zuverlässigkeit an. Der Antransport der Landungskräfte auf die Insel war ein Problem, denn mangels Landungsschiffen und im Zweifel am Kampfwillen der italieni-

Schwerer russischer Beutepanzer der Panzerkompanie 66 z.b.V. vom Typ KW II mit 15,2 cm Bordhaubitze und deutscher Kommandantenkuppel. Gefechtsgewicht 52 Tonnen, Besatzung sechs Mann.

schen Marine mußte der Angriff in erster Linie von der deutschen Luftwaffe geführt werden, die nicht nur die Luftherrschaft gewinnen und sichern mußte, sondern auch alle Abwehranlagen nahe den Landezonen wenigstens niederhalten und den Geleitschutz der Luftlandegruppen (Fallschirmjäger und Lastensegler) übernehmen sollte. Die wünschenswerte Mitnahme schwerer Waffen der Luftlandegruppen war nur beschränkt möglich, da bei der Thermik über dem Mittelmeer eine Maximalbeladung der Lastensegler zu riskant erschien. Deshalb konnten auch mit Lastensegler Me 323, mit 24 t Tragkraft, keine Panzer transportiert werden. Sie konnten nur mit Marine-Fährprähmen für je zwei Panzer oder Siebelfähren der Heeres-Landungspioniere anlanden. Mangels jeglicher Erd- und Agentenaufklärung war das Feindbild von Malta unklar. Die felsengeschützten Küstenbatterien mit Radar-Feuerleitung hatten noch nie geschossen, die in Kalkhöhlen gedeckten Infanteriebataillone, etwa 200 Rohre Flak und eine Kompanie schwerer Matilda-Panzer standen sicherlich, wie auch die leidgeprüfte Bevölkerung, zu entschlossener Abwehr bereit. Mangels ausreichender deutscher Luftstreitkräfte konnten die Unternehmen »Theseus« und »Herkules« nur nacheinander durchgeführt werden. Bei der Besprechung Hitlers und Mussolinis am 29./30. April in Kleßheim erhielt Rommels Angriff Vorrang vor der Landung auf Malta. Marschall Cavallero, der Chef des italienischen Oberkommandos, erklärte sich damit einverstanden, unter der Voraussetzung, daß »Herkules« nicht beeinträchtigt werde. Aber Hitler glaubte nicht an dessen Gelingen, träumte von einem Volksaufstand in Ägypten, wenn Tobruk gefallen sei. Allen Vorstellungen des OKW zum Trotz befahl er am 21. Mai, »Herkules« nur noch geistig vorzubereiten. Auch ließ er es zu, Teile der Luftflotte 2 an die Ostfront zu verlegen. Am 26. Mai trat Rommel in Libyen an, am 20. Juni wurde Tobruk genommen. Unmittelbar darauf wurde jede Planung für »Herkules« eingestellt, sehr zu Churchills Befriedigung, der dem Oberbefehlshaber Mittlerer Osten schrieb: ...*der Verlust Maltas wäre eine Katastrophe erster Ordnung für das britische Empire, die sich auf die Dauer auch für die Verteidigung des Nildeltas tödlich auswirken müßte ...und würde den Verzicht auf jede Offensive gegen Italien und ...die Landung in Nordafrika bedeuten.*

Nachdem Tobruk gefallen war, setzte der zum Generalfeldmarschall ernannte Rommel die Verfolgung des anscheinend geschlagenen Gegners auf Kairo und den Suez-Kanal unverzüglich gegen den ausdrücklichen Befehl fort, an der ägyptischen Grenze anzuhalten, um so die Vorbereitungen des Angriffs auf Malta zu gewährleisten. Die Insel war wieder zu Kräften gekommen. Hitlers Siegesrausch war von kurzer Dauer. Sehr zu Rommels Überraschung wurde der Angriff seiner Truppen auf den als Schutzstellung ausgebauten Höhen von El Alamein von den Briten gestoppt. Seine Panzer waren am Ende ihrer Kraft angelangt. Ende Juli, nach beiderseitigen Angriffen und Krisen, erstarrte die Front bei El Alamein zum Stellungskrieg.

Mit seiner Fehlentscheidung, die Landung auf Malta abzusagen, gab Hitler nach dem Verzicht auf politische Verständigung mit Frankreich und mit Spanien die Initiative und das deutsche Vorfeld im Süden preis. Dort sollten in Kürze die Alliierten ihr rasch wachsendes Angriffspotential gegen Deutschland einsetzen. Auf der anderen Seite verzettelte Hitler die Masse der Wehrmacht in kräftezehrenden Geländegewinnen in Rußland und vernachlässigte die Luftwaffe.

Erinnerungen Juni 1942

Ohne Kenntnis der oben erwähnten Vorgänge und Hintergründe verfolgten wir in der 6. Panzerdivision mit heißem Herzen Rommels Siegeszug in Afrika von der Bretagne aus. In deren Frieden fühlten wir uns nach Rückkehr aus einem harten Rußland-Winter »wie Gott in Frankreich«. Ich war inzwischen Hauptmann und Regimentsadjutant meines Panzerregiments 11 geworden und bereitete den Kommandowechsel von Oberst Koll an Oberst von Hünersdorff vor, der als bewährter Chef des Stabes der 3. Panzerarmee durch seinen ungeschminkten Sarkasmus über die Kriegslage in Ungnade gefallen und zur Truppe »strafversetzt« worden war.

Am 27. Juni 1942 versammelte sich das Offizierkorps des Regiments zum feierlichen Abschiedsmahl zu Ehren unseres alten hochverehrten Kommandeurs im Schloß von Beignon. In einer bewegenden Ansprache würdigte Oberst Koll Weg und Leistungen des Regiments in drei Feldzügen unter seiner Führung. Er schloß zuversichtlich etwa mit den Worten:»*Nach sehr beschwerlichem Aufstieg bis zu den kürzlichen Erfolgen, der Eroberung der Festung Tobruk und dem Vormarsch im Süden Rußlands bis an den Elbrus, der Spitze des Kaukasus, haben wir jetzt den Gipfel des Krieges gewonnen und blicken vor und unter uns in die weite, besonnte Ebene des Friedens!*«

In seinem Dank stimmte Oberst von Hünersdorff seinem Vorgänger darin zu, jetzt den Gipfel des Krieges gewonnen zu haben, »*aber vor uns liegt keine sonnige Aussicht auf Frieden, vor uns liegt der Abgrund des Tarpejischen Felsens*«.*

Wie vom Donner gerührt erstarrten die Gesichter der eben noch so fröhlich gestimmten Runde. Ein dunkler Schatten legte sich auf uns alle, denn wir spürten die Wahrheit der Worte des neuen Kommandeurs. Fortan hatte der Krieg für uns ein anderes Gesicht.

Am 1. Juli wurde El Alamein im Wehrmachtsbericht zu einem beinahe täglich wiederkehrenden Begriff. Oberst von Hünersdorff war in Kairo geboren und wir unterhielten uns oft über Ägypten und den Nahen Osten. Nachdem wir auf »Tropentauglichkeit Ost« untersucht wurden, mußte man sich ja auf Einsätze dort einstellen, vorläufig nur mit Karl May. Der neue Kommandeur verlangte viel von sich und seinen Soldaten. Nach und nach trafen die neuen Panzer mit stärkeren Kanonen ein. Mit denen konnte anders als mit unseren alten Skodas geführt werden. Daran mußte die Ausbildung ausgerichtet werden, für »Verteidigung West« und für Einsatz Ost. Die Ausbildung in den Kompanien wurde ergänzt durch Planspiele, Sport, Alarmübungen und Erkundungsfahrten an die Küste mit Geländebesprechungen. Zum Schutz vor Luftangriffen mußten bald die Kompanien aus dem Lager in Dörfer verlegt werden. Auch in der Bretagne wurde es ernster.

---

*Tarpejischer Felsen: Am Westabhang des Kapitols in Rom. Von dort wurden im Altertum Staatsverbrecher hinuntergestürzt.

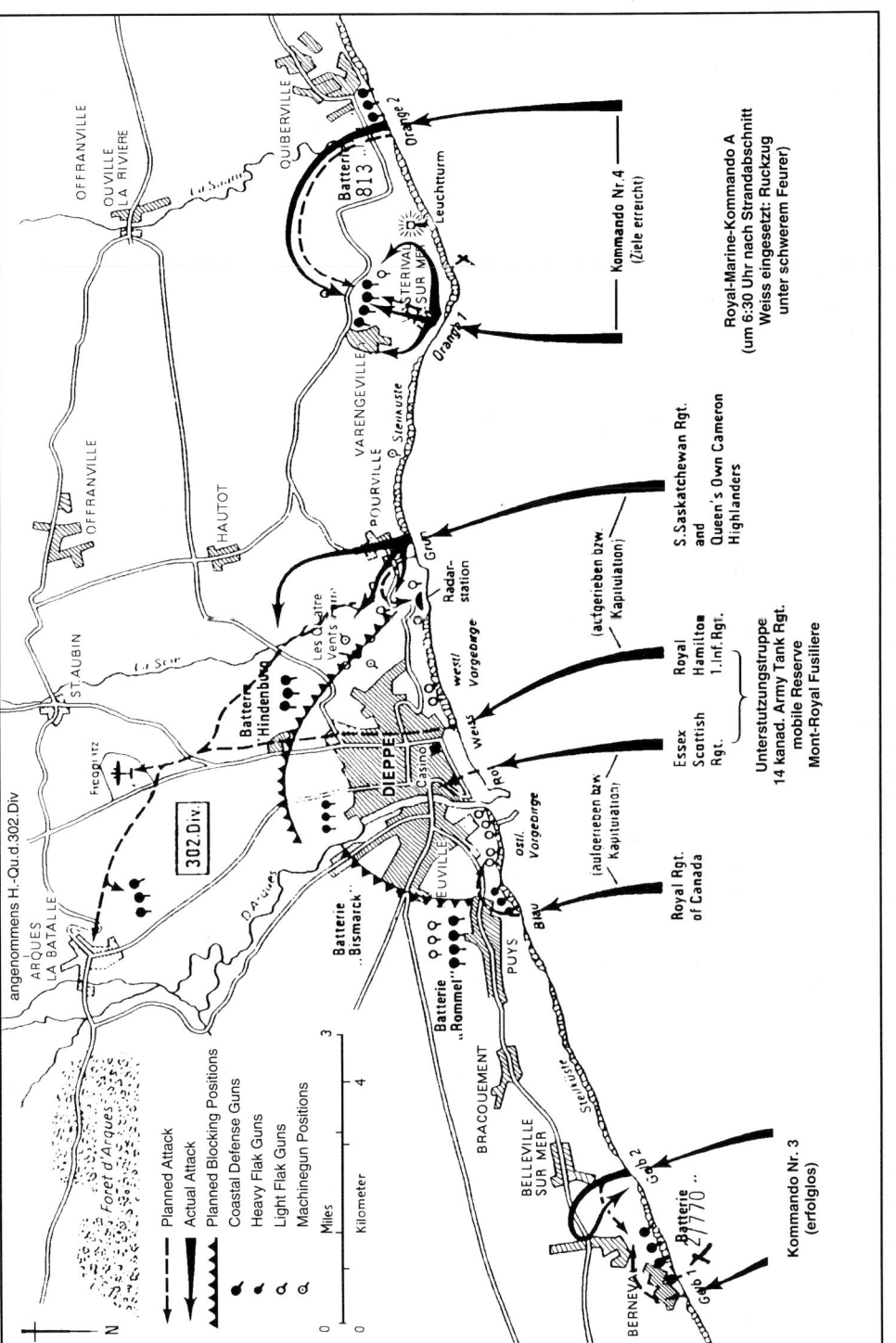

angenommens H.-Qu.d.302.Div

302.Div

Kommando Nr. 4
(Ziele erreicht)

Royal-Marine-Kommando A
(um 6:30 Uhr nach Strandabschnitt
Weiss eingesetzt: Rückzug
unter schwerem Feuer)

Batterie
„813"

Batterie
„Hindenburg"

Batterie
„Bismarck"

Batterie
„Rommel"

Batterie
2/770 „..."

Kommando Nr. 3
(erfolglos)

S.Saskatchewan Rgt.
and
Queen's Own Cameron
Highlanders

Royal Hamilton
1.Inf.Rgt.

Essex
Scottish
Rgt.

**Unterstützungstruppe
14.kanad. Army Tank Rgt.
mobile Reserve
Mont-Royal Fusiliere**

Royal Rgt.
of Canada

(aufgerieben bzw.
Kapitulation)

(aufgerieben bzw.
Kapitulation)

Radar-
station

Les Quatre
Vents

westl.
Vorgebirge

östl.
Vorgebirge

Weiss

Grün

Rot

Blau

OFFRANVILLE
OUVILLE
LA RIVIERE
QUIBERVILLE
OFFRANVILLE
HAUTOT
ST. AUBIN
ARQUES
LA BATAILLE
VARENGEVILLE
POURVILLE
DIEPPE
PUYS
BRACQUEMENT
BELLEVILLE
SUR MER
BERNEVAL
Leuchtturm
STERIVAL
SUR MER
Foret d'Arques
Fréquitz

Orange 2
Orange 1
Gelb 2
Gelb 1

Miles
Kilometer

— — — Planned Attack
▼ Actual Attack
▲▲▲ Planned Blocking Positions
♦♦♦ Coastal Defense Guns
♦ Heavy Flak Guns
♦ Light Flak Guns
ρ Machinegun Positions

N

Der britisch-kanadische Raid gegen Dieppe am 19.August 1942, das Unternehmen »Jubilee«.

Unternehmen »Jubilee« – der abgeschlagene Raid auf Dieppe*

Im Dezember 1941 hatte Hitler den Bau des »Neuen Westwalls« – später in – *Atlantikwall* umbenannt – befohlen, um mehr Soldaten für die Ostfront einsparen zu können und um größere Sicherheit gegen die rasch wachsende Kampfkraft der britischen Armee zu schaffen. Aber die angeblich »uneinnehmbare Festungsfront« von Narwik bis Spanien blieb mangels Personal zum Ausbau »nichts als eine dünne Strippe mit einigen Knoten drin«, wie der Oberbefehlshaber West, Generalfeldmarschall von Rundstedt, spottete. Einer dieser wenigen Knoten war schon 1942 das an der Kanalküste in Reichweite der englischen Jäger gelegene Dieppe mit seinem Hafen. Es war von Natur durch bis zu 80 m hohe Steilküsten und Schluchten, sowie durch Befestigungs- und Waffenanlagen aller Art geschützt.

Die Verteidigung des »Stützpunktes Dieppe« oblag dem Kommandeur des Infanterieregiments 571, Oberstleutnant Bartel, mit zwei Infanteriebataillonen, einem Pionierbataillon und einer verstärkten Artillerieabteilung der 302. Infanteriedivision. Diese war 1940 aufgestellt worden, aber noch nicht im Kampf gewesen. Ihr Kommandeur, Generalleutnant Haase, war für den 70 km breiten Küstenabschnitt von der Somme-Mündung bis Veules-sur-Roses im Landungsfall verantwortlich, aber nur dann, denn im Gegensatz zur integrierten Führung der Alliierten in England beschränkte sich seine Befehlsbefugnis nur auf seine Division, getreu nach Hitlers Grundsatz »Teile und herrsche«. Erst bei feindlichen Landungsversuchen wurden ihm auch alle örtliche Marine- und Luftwaffenkräfte unterstellt. Als wichtigste, die beiden mit 15 cm

---

* Raid = Überraschungsangriff zur bewaffneten Aufklärung

Blick auf Puys von der »Freya«-Stellung aus (1992). Hier zerschlug die 302. Infanteriedivision das »Royal Regiment of Canada«.

und 17 cm Geschützen ausgestatteten Heeresküstenbatterien (H.K.B.) 813 bei Varengeville und 2./770 bei Berneval, deren Feuer jeden Landungsversuch auf Dieppe in Frage stellen konnten. Aber am 19. August 1942 dauerte es zwei Stunden, bis die erbetene Feuerfreigabe des Seekommandanten für die H.K.B., außerhalb des Sicherungsbereiches von Dieppe, eintraf. Zum Glück handelten die Batteriechefs selbständig.

Den Angriff auf Stadt und Hafen sollte die 2. kanadische Division (Generalmajor Roberts) in Stärke von fast 5000 Mann, verstärkt durch ein Panzerbataillon mit schweren Infanterie-Kampfpanzern *Churchill* und mit Unterstützung von starken See- und Luftstreitkräften, bei Tagesanbruch führen. 30 Minuten vorher sollten zwei britische Kommando-Einheiten die beiden H.K.B. in den Flanken zum Schweigen bringen. Außer der Vernichtung der Besatzung von Dieppe sollten vor dem geplanten Rückzug gegen Mittag alle wichtigen Verteidigungs- und Hafenanlagen zerstört und die Kenntnis von deutschen Radaranlagen erweitert werden.

Die britische Luftaufklärung hatte brillant gearbeitet und hervorragendes Kartenmaterial verteilt. Dagegen schien die örtliche Spionage versagt zu haben, denn weder waren Gefechtssstände noch Truppenbezeichnungen, noch die Stellung des »Freya«-Geräts (Radargerät) der 23. Flugmeldekompanie bei Puys bekannt, dessen vermutete Stellung bei Pourville zerstört werden sollte.

Der Raid war auf völlige Überraschung aufgebaut, aber die Landung war vom Pech verfolgt. Die im März 1942 erlassene *Weisung Nr. 40*, aufgrund des erfolgreichen britischen Kommando-Überfalls auf ein »Würzburg«-Radargerät, machte den Küstenkräften besondere Wachsamkeit und ständige volle Abwehrbereitschaft zur Pflicht. Bereits am 19. August, um 03.32 Uhr, faßte das »Freya«-Radargerät bei Puys auf 35 km sich nähernde »sehr viele Ziele« auf und meldete. Dann stieß ein deutscher Geleitzug auf die Boote des englischen Kommandos für Berneval. Der nun folgende Feuerkampf auf See brachte die 302. Infanteriedivision gegen 05.00 Uhr in volle Abwehrbereitschaft. Jede Überraschung war dahin!

Als die Dämmerung begann, setzten starke Luftangriffe mit Bomben und Bordwaffen sowie auch Feuer der Schiffsartillerie auf erkannte und vermutete Stellungen vor und beiderseits Dieppe ein. Sie richteten wohl wegen schlechter Sicht wenig Schaden an, unterbrachen abere viele Fernmeldeverbindungen. Dadurch wurden die beiden Küstenbatterien außerhalb des Sicherungsbereiches isoliert. Mangels Funkgeräten konnten sie die auf sie gerichteten Angriffe nicht melden. Als dann aus dem natürlichen Dunst des Frühnebels über der Küste »Schwärme von Landungsbooten in Wellen zu je 40 – 50« auf den Strande stießen, wurden sie an den meisten Stellen mit zusammengefasstem Feuer aller Waffen empfangen, obwohl im Nebel beide Seiten Schwierigkeiten hatten, genau zu beobachten. Das bei Berneval gelandete *Commando No. 3* (250 Mann) sollte die H.K.B. 2./770 sowie das bei ihr eingesetzte Luftwaffen-Sondergerät »Gleiwitz« (5 – 7 hohe Masten, Aufgabe unbekannt, vermutlich Funküberwachung) nehmen und zerstören. Zwar unterbrach der Nahkampf um die Batteriestellung vorübergehend deren Feuer, aber der Angriff auf sie scheiterte. Viele Tote und 82 Gefangene blieben zurück. Erfolgreicher war das besonders geschickte *Commando No. 4* bei Varengeville. Bei dem von allen Seiten und aus der Luft geführten Angriff auf die Heeresküstenbatterie 813 gerieten die gelagerten Kartuschen und Geschützstellungen in Brand. Die Engländer zerstörten den

Rest und booteten sich wieder ein. Der tapfere Widerstand der Batterie, die 28 Gefallene und 29 Verwundete verlor, blieb andernorts unbemerkt und dadurch ohne
Unterstützung.

Der Hauptangriff auf Dieppe in breiter Front, bei Puys, am Hafen, am Kasino und
bei Pourville, scheiterte überall unter riesigen Verlusten der Angreifer, die nirgends
die Verteidigung durchbrechen konnten. Die 28 gelandeten Panzer vermochten die
hohe Strandmauer nicht zu überwinden. Im deutschen Feuer kamen die Pioniere
nicht zum Sprengen der Mauer. Wäre es ihnen gelungen, so wäre die Lage kritisch geworden, da die 302. Infanteriedivision noch kaum über Panzerabwehrgeschütze gegen die *Churchills* verfügte. Lediglich den bei Pourville gelandeten Regimentern
South Saskachewan und *Cameron Highlanders* gelangen einige Anfangserfolge.
Aber auch sie konnten nur etwa zur Hälfte wieder einbooten.

Inzwischen wurden Korps und Armeen tätig. Die Korpsreserve wurde der 302. Infanteriedivision unterstellt. Die 10. Panzerdivision wurde um 10.00 Uhr nach Dieppe in Marsch gesetzt und auch die 6. Panzerdivision in der Bretagne vorsorglich in
Marschbereitschaft versetzt. Die Luftwaffe brachte starke Jagd- und Kampfstaffeln
zum Einsatz.

General Roberts mußte das Unternehmen abbrechen. Von den 253 eingesetzten
feindlichen Schiffen wurden der Zerstörer BERKELEY versenkt sowie CALPE, FER-
NIE und BROCKLEBY beschädigt. 33 Landungsboote, 106 Flugzeuge und alle 28
Kampfpanzer gingen verloren. Die Personalausfälle betrugen 4350 Mann, davon
1179 Tote (etwa 700 von ihnen ruhen auf dem kanadischen Soldatenfriedhof Dieppe) und 2460, z.T. schwer verwundete Gefangene. Von den gelandeten 4963 Kanadiern – der Blüte ihres Heeres – kehrten nur 2210 nach England zurück. Die deutschen Verluste betrugen 48 Flugzeuge und knapp 600 Mann.

Die Operation »Jubilee« ist nicht an mangelnder Tapferkeit der Kanadier, sondern
am zusammengefaßten Abwehrfeuer aller deutschen Waffen gescheitert. Die deutschen Truppen erfüllten nicht als ihre Pflicht, der sie dienten. Ritterkreuze wurden
dafür nicht verliehen.

Man fragt sich unwillkürlich, wie konnte der gewißlich in Landungen erfahrene
britische Generalstab angesichts der bekannten Stärke der Wehrmacht und eines
nach Aktenlage ziemlich zutreffenden örtlichen Feindbildes von Dieppe einen
schmalen Frontalangriff auf solch einen befestigten Kanalhafen planen, dessen Scheitern absehbar war? Die nachträglichen Begründungen, allein als Aufklärungs- und Er-
probungsraid für die spätere Invasion, um amphibische Führungs- und Kampferfahrungen zu sammeln, neues Landungsgerät zu erproben und deutsche Rüstungs-
technik kennenzulernen, leuchten wenig ein. Die militärische Katastrophe von Dieppe ist nur politisch erklärbar.

Verantwortlich dafür war Churchill. Ihm konnte man seit der Dardanellen-Expedi-
tion 1915 keinen Mangel an militärischem Sachverstand nachsagen. Als Lenker des britischen Empires war er 1942 allseitigem starken Druck zur raschen Errichtung einer
zweiten Front in Westeuropa ausgesetzt. Besonders Stalin warf ihm Drückebergerei
vor, nachdem die sowjetischen Frühjahrsoperationen auf der Krim gescheitert und die
deutschen Sommeroffensiven zum Kaukasus und auf Stalingrad im vollen Gange waren; er drohte mit einem Sonderfrieden mit Hitler. Roosevelt und dessen militärischer
Stab versprach den Russen die Errichtung einer *Zweiten Front* noch 1942, das Un-

ternehmen »Sledgehammer«, eine Großlandung im Pas-de-Calais, das für die Fälle eines inneren Zusammenbruchs des Reiches oder als Opfergang *(sacrifice attack)* zur Entlastung der Sowjets geplant war. Nach den britischen Mißerfolgen in Afrika (Tobruk) mußte auch die niedergeschlagene Stimmung in den USA und Großbritannien gehoben werden, die bereits zu einem Mißtrauensantrag gegen Churchill im Unterhaus geführt hatte. Er befürchtete schlimme Folgen einer mißlungenen Großlandung in Frankreich. Stattdessen strebte er zur Niederwerfung Deutschlands einen indirekten Weg dort an, wo ihn der Feind am wenigsten erwartete, mit alliierten Landungen in Französisch-Nordafrika, dem Unternehmen »Torch«. Zur Umstimmung seiner unschlüssigen Partner und zur politischen Aufrüstung der teilnehmslosen Franzosen bedurfte es einer Tat. Welche Tat aber beeindruckt mehr als ein Opfergang! Dieppe demonstrierte der Welt überzeugend, welch verheerenden Ausgang eine vorzeitige Landung 1942 in Frankreich gehabt hätte. Bemerkenswert, aber uns Deutschen unbegreiflich, erscheint die Haltung der britischen und kanadischen Generale. Sie mußten ihre Truppen bewußt statt zum Siege zu einer aufopfernden Niederlage führen. Ein gelungener Raid hätte eine Katastrophe für Churchills Politik bedeutet. Die blutigen Opfer der Kanadier in Dieppe waren sicher nicht umsonst. Sie verdienen Ehre und Anerkennung, die wir ihnen nicht versagen wollen. Sie bahnten den erfolgreichen Weg der Politik Churchills über Nordafrika – Sizilien – Italien bis zur Invasion 1944 in Frankreich, leider allerdings unter Aussparung des Balkans, der Stalin zugesprochen wurde. Unter dessen und seiner Helfershelfer Untaten dort leiden seine Bewohner und seine Flüchtlinge, kurz, ganz Europa und auch die USA bis heute. Auf technischem Gebiet brach sich die geniale Idee künstlicher *Mulberry*-Versorgungshäfen, die nur eine überaschende Großlandung in der Normandie 1944 ermöglichten, erst Bahn, weil der Angriff auf einen Kanalhafen (Dieppe) gescheitert war.

Erinnerungen August – Oktober 1942

Bei steter Alarmbereitschaft und dem Mangel an Betriebstoff waren die Erkundungen von Einsatzmöglichkeiten gegen Landungen an der bretonischen Küste willkommene Abwechslungen. So lernten wir St. Malo und Mont St. Michel (damals ohne Touristen), Brest, Quimper, Lorient und La Baule kennen und genossen die französische Gastronomie, insbesondere im nahegelenenen Wald, wo einst auch König Artus getafelt haben soll. Mit Spannung verfolgten wir in den Wehrmachtsberichten die mannigfachen Ereignisse an den weiten Fronten und lasen viel. Der nahe Flugplatz stellte uns seine gute Bücherei zur Verfügung. Der Kommandeur empfahl uns seine beiden Bände des Marschalls Caulaincourt (»Mit Napoleon in Rußland« und »Unter vier Augen mit Napoleon«). Sie waren wegen »ihrer defaitistischen Einstellung zum Krieg in Rußland« inzwischen verboten. Wir rechneten mit einer baldigen Verlegung nach dort.

Im August, nach Rückkehr von einer Alarmübung unserer Einsatzabteilung bei unfreundlichem Wetter, kam der überraschende Alarmbefehl, jedoch noch ohne Einzelheiten. Eine Stunde später erfuhren wir von der Landung in Dieppe. Wir sollten uns auf die Fälle: »Kanalküste A, B oder C« vorbereiten. Das bedeutete jedenfalls einen Marsch nach Nordosten mit Ablaufpunkt St. Samson. Ab 15.45 Uhr stand das Regiment marschbereit. Britische Transportflotten sollten bei der Insel Wright und bei

Brighton aufgeklärt worden sein. Vorsorglich verlegte die Kommandeurgruppe nach St. Samson, denn Oberst von Hünersdorff hielt den Angriff auf Dieppe für einen Scheinangriff, um die deutschen Reserven dorthin heranzuziehen, während eine zweite Landung mit stärkeren Kräften an anderer Stelle erwartet werden müsse.

Ich hatte Wochen zuvor eine kostbare Flasche Moselwein »21er Auslese« geschenkt bekommen. Da wir uns anderntags schon im Kampf befinden konnten, spendierte ich sie abends. Aber der rohe Transport war ihr nicht bekommen, sie war umgeschlagen, nichts als Essigwasser. Eine arge Enttäuschung.

Am andern Morgen ging es wieder ins alte Quartier zurück. So verging der Sommer. Das Regiment war mittlerweile fast völlig ausgerüstet und einsatzbereit geworden. Am 25. Oktober meldete der Wehrmachtsbericht den Beginn der britischen Offensive in Ägypten, deren Verlauf wir gespannt, soweit erkennbar, verfolgten. Auch in Rußland steigerten sich die Kämpfe. Am 5. November wurden wir davon unterrichtet, ab 12. November an die Ostfront verlegt zu werden, obwohl die Winterausrüstung noch fehlte. Zwar traf sie unmittelbar darauf ein, mußte aber Hals über Kopf noch in die Panzer eingebaut werden.

Am 8. November, 20.00 Uhr, unerwarteter Alarmbefehl! Alliierte Landungen in Nordafrika! Wir sollen nach Südfrankreich verlegt werden. Gleiskettenteile im Eisenbahntransport, Radfahrzeuge im Landmarsch. Unsere Transportzüge trafen am 9. November ein, und um 16.00 Uhr konnte ich der Division den Abschluß der Panzerverladung auf die Züge melden. Nur die Lokomotiven fehlten noch, dann würden wir nach Süden rollen!

Aber drei Stunden später war dieses »Zwischenspiel« vorbei. Es blieb bei der Verlegung an die Ostfront, mit Winterausrüstung, die schon wieder ausgebaut worden war. Es war ein ziemliches Durcheinander, insbesondere für die Werkstattkompanie, bis Wintergeräte, Wintersprit, -öl und -gleisketten an Ort und Stelle waren, auch bis die Transportbefehle vorlagen. Das Regiment sollte mit einer Abteilung ins Donezbecken, mit der anderen nach Belgorod fahren.

»Dieses Durcheinander verdanken wir unserem lieben Führer«, spottete der Kommandeur beim Abschied am 14. November, »jetzt haben unsere Feinde uns überall die Initiative entrissen. In Afrika nehmen sie uns in die Zange, unsere Städte versinken in Schutt und Asche, und in Kürze werden wohl die Russen antreten!«

Zum Abschied schenkte uns der nette Flugplatzkommandant, ein alter Weltkriegsflieger, der aus seiner Verachtung für Hitler ebensowenig ein Hehl machte wie Oberst von Hünersdorff, ein auf Pappe aufgezogenes Titelblatt einer landwirtschaftlichen Zeitschrift mit einem Leithammel an der Spitze seiner Schafherde. Oberst von Hünersdorff unterschrieb es lachend mit »FHQ« (Führerhauptquartier). Es hat dann in Rußland zur Erheiterung aller unserer Besucher von Gefechtsstand zu Gefechtsstand als Wandschmuck geprangt.

Bei der Durchfahrt durch Brest-Litowsk hörten wie die Meldung vom Angriff auf Stalingrad.

30

2. Normandie – Britischer Sektor

Die Westfront vor dem D-Day

Das Gesetz des Handelns war 1943 an allen Fronten unwiderruflich an unsere Gegner übergegangen. Seit Casablanca, Januar 1943, forderten sie die *bedingungslose Kapitulation des Deutschen Reiches* und schlossen damit auch alle Bemühungen des deutschen Widerstandes um einen etwaigen Sonderfrieden ohne Hitler aus. Die deutsche Kraft erschöpfte sich. Jeweils im Abstand von wenigen Wochen fielen die harten Schläge: Zuerst Stalingrad und der Einsturz der südlichen Ostfront, dann die Kapitulation der deutschen Afrika-Armee, die Wegnahme Siziliens, der Abfall Italiens, der Verlust Süditaliens, der Fehlschlag des Unternehmens »Zitadelle« bei Kursk und der ihm folgende Rückzug auf den Dnjepr.

An der überwältigenden Materialüberlegenheit und dem Siegeswillen der Amerikaner scheiterten nicht nur der deutsche U-Boot-Krieg, sondern auch die japanische Abwehr im Südpazifik. Nach dem Übergang der Luftherrschaft im Westen an unsere Gegner sanken die Wohngebiete aller deutschen Groß- und vieler Mittelstädte im Bombenkrieg in Schutt und Asche. Dennoch gelang es durch Kräftezusammenfassung, die deutsche Rüstungsproduktion zu steigern. Auch blieben Entschlossenheit und Opferbereitschaft des deutschen Volkes und seiner Soldaten ungebrochen. Statt jetzt noch jeden Meter der weiten Fronten halten zu wollen und die Gewaltverbrechen kleiner Gruppen fortzuführen, wäre ein Umkehr der Politik Hitlers erforderlich gewesen. Ein Rückzug aus dem verbliebenen Vorfeld im Osten, Südosten und Süden hätte nicht nur Kräfte zur Bildung einer starken operativen Reserve zu Lande und in der Luft freigemacht. Dadurch wäre ein Angriff auf diese starke Festung Europa erschwert worden. Unter Umständen hätten sich Wege zu einem erträglichen Frieden eröffnet, wenn sich Hitler selbst so geopfert hätte, wie vor ihm Napoleon und Kaiser Wilhelm II. Aber für ihn gab es nur »Siegen oder Sterben!«

In dieser Lage erließ Hitler am 3. November 1943 seine
Weisung Nr. 51
Die Gefahr im Osten ist geblieben, aber eine größere im Westen zeichnet sich ab: Die angelsächsische Landung! Im Osten läßt die Größe des Raumes äußersten Falles einen Bodenverlust auch größeren Ausmaßes zu, ohne den deutschen Lebensnerv tödlich zu treffen. Anders der Westen! Gelingt dem Feind hier ein Einbruch in unsere Verteidigung in breiter Front, so sind die Folgen in kurzer Zeit unabsehbar ...

Ich kann es daher nicht mehr verantworten, daß der Westen zu Gunsten anderer Kriegsschauplätze weiter geschwächt wird. Ich habe mich daher entschlossen, seine Abwehrkraft zu verstärken, insbesondere dort, wo wir den Fernkampf gegen England beginnen werden. Denn dort muß und wird der Feind angreifen, dort wird die entscheidende Landschlacht geschlagen werden. ... Luftwaffe und Kriegsmarine müssen den zu erwartenden starken Angriffen aus der Luft und über See mit allen nur greifbaren Kräften in rücksichtslosem Einsatz entgegentreten.

Generaloberst Heinz Guderian (1888 – 1954), der Schöpfer der deutschen Panzertruppen.

Generalleutnant Fritz Bayerlein (1899 – 1970), Kommandeur der Panzerlehrdivision, und sein Adjutant Major Wrede (rechts).

Nun befahl das Oberkommando der Wehrmacht (OKW) den Ausbau der Küstenverteidigung – den Atlantikwall – zu verstärken. Doch an dafür notwendigen beweglichen Kräften mangelte es im fünften Kriegsjahr der im Osten und Süden hart
bedrängten Wehrmacht. Auf der Suche nach solchen Verbänden bot der Generalinspekteur der Panzertruppen, Generaloberst Guderian, seine Lehrtruppen an. Er
schrieb später in seinen »Erinnerungen eines Soldaten«: *... um wenigstens noch et-*
was für die Westfront zu schaffen, ordnete ich die Zusammenfassung aller Lehr-
truppen der Schulen zu einer Panzerlehrdivision an, die in Frankreich ausgebil-
det wurde. Sie erhielt neues Gerät und ausgesuchte Offiziere. Ihr Kommandeur
wurde mein alter Ia, der General Bayerlein.

Für den heutigen Leser mag ein kurzer Rückblick auf das Entstehen der deutschen
Panzertruppen seit dem Ersten Weltkrieg bis zur Aufstellung der Panzerlehrdivision
zweckmäßig sein. Die ersten deutschen Panzer, nicht mehr als 24 Sturmpanzerwa-
gen A7V und einige britischen Beutepanzer, kamen nicht vor 1918 zur Infanterieun-
terstützung im Westen zum Einsatz, erfolgreich, aber zu spät, um den Kriegsausgang
noch zu beeinflussen, denn die Oberste Heeresleitung hatte anfangs die schlacht-
entscheidende Bedeutung dieses Kampfmittels verkannt.

Das deutsche Reich mußte 1919 »*... der übermächtigen Gewalt weichend und*
ohne damit die Auffassung über die unerhörte Ungerechtigkeit der Friedensbe-
dingungen aufzugeben« (Nationalversammlung Weimar) den einseitig von den Alliierten festgesetzten Text des Vertrages von Versailles zum Bestandteil seines Staats-
rechts machen. Zu der einseitigen Entwaffnung wurde es dem Reich untersagt, Luftstreitkräfte und -abwehrwaffen, Panzerfahrzeuge und -abwehrwaffen – nicht einmal
Panzerbüchsen – herzustellen, einzuführen oder zu halten. Die neue 100.000 Mann

Ia Major i.G. Kauffmann und Ib Major i.G. Werncke (links), die beiden Generalstabsoffi-
ziere der Panzerlehrdivision.

starke Berufsarmee, die Reichswehr, wurde von ihrem Schöpfer Generaloberst von Seeckt (1866 – 1936) nur als Übergang zu einem modernen Heer betrachtet. Er wollte aber im Punkte ihrer Ausbildung Dauerndes schaffen und sah in der Reichswehr ein *Führerheer*, so daß jeder Soldat in einem künftigen Heer eine Führerstelle einnehmen konnte. Das bedingte einen Vorrang der Erziehung vor der Ausbildung. Grundlage für die Zuverlässigkeit einer Truppe war gegenseitiges Vertrauen zwischen Vorgesetzten und Untergebenen, das auch lange Mühen und Entbehrungen im Kriege überdauerte. Gegen viele Zweifler, die nur den Stellungskrieg kennengelernt hatten, sah Generaloberst von Seeckt einen Bewegungskrieg voraus, denn für ihn war der Sinn eines Krieges die Entscheidung durch Bewegungen. Hiermit schuf Seeckt die Grundlagen für das künftige Zusammenwirken aller Waffen auf unterer Ebene, auch mit den noch verbotenen Waffen Panzern, Artillerie und Luftwaffe. Voraussetzung für sein Kriegsbild war, daß der Soldat die Technik beherrschte, insbesondere die Motorisierung, die sich in den zwanziger Jahren weltweit entwickelte. Dazu gehörten auch Kampfwagen, »*eine besondere Truppe neben Infanterie usw, ohne eine von ihnen zu ersetzen*«.

Die deutsche Panzerwaffe erwuchs aus den sieben Kraftfahrabteilungen der Reichswehr ab 1927, nachdem die sogenannte *Internationale Militär-Kontroll-Kommision* Deutschland verlassen hatte. Nun entstand eine Kraftfahrkampftruppenschule in Berlin (später Wünsdorf). Gleichzeitig wurden in Rußland bei Kasan die ersten Nachkriegspanzer technisch erprobt. Die Panzertruppen entwickelten sich erst bei der Heeresvermehrung ab 1934 und da auch sehr bescheiden. Die Anfänge ihrer späteren Truppengattungen – Panzer, Panzergrenadiere, Panzerjäger und Panzeraufklärer – wurden nach den Ideen des späteren Generaloberst Guderian gegliedert, ausgebildet und nach und nach ausgerüstet, denn alle sollten ja gemeinsam *mit Bezug auf Geschwindigkeit und Geländegängigkeit mit den Panzern zusammenwirken*. So entstanden ab 1935 mit dem Umbau zur Wehrmacht die ersten drei Panzerdivisionen, die in dieser Form kein Vorbild in fremden Heeren hatten. Die Kavallerie übertrug ihren alten »Reitergeist« als »Panzergeist« auf ihre Nachfolger. Sie stellte 1937 eine weitere Schule, die Kavallerieschule Krampnitz, später Panzertruppenschule II, für die Ausbildung der Panzergrenadiere und Panzeraufklärer auf, die nun neben die Panzertruppenschule I (Wünsdorf, ab 1943 Bergen) vornehmlich für Panzer und Panzerjäger trat. Beiden Schulen wurden Lehrtruppen zugeordnet.

Nach ihrer Bewährung im Polenfeldzug 1939 wuchs die Zahl der Panzerdivisionen des Heeres bis zum Westfeldzug 1940 auf zehn, später sogar nominell bis auf etwa 30 an, noch weiter vermehrt durch Verbände der Waffen-SS. Jedoch hat die beschränkte Rüstungskapazität des Reiches bei der aufwendigen Weiterentwicklung der Panzer und deren riesigen Verluste niemals für mehr als die Hälfte der Verbände ausgereicht.

Gegen diese Welt von Feinden war Deutschland zu schwach.

Erinnerungen Mai 1944

Der Verfasser als Haupt-
mann und Kompaniechef

Im März 1943 war ich zu meiner tiefen Enttäuschung vom Abteilungs-/Bataillonsführerlehrgang im schönen Paris nicht als Abteilungskommandeur zu meinem alten Regiment im Osten, sondern als Kompaniechef zum Panzerlehrregiment nach Wünsdorf bei Berlin versetzt worden. Mein neuer Abteilungskommandeur wurde der von uns allen verehrte Major Prinz Wilhelm von Schönburg-Waldenburg, ein Edelmann vom Scheitel bis zur Sohle. Das Offizierkorps war hervorragend, meine Kompanie ebenso. Die Abteilung strahlte Disziplin und Vertrauen aus. In Wünsdorf wurde intensive Lehr- und Ausbildungtätigkeit, in erster Linie für deutsche Offiziere aller Art und die Verbündeten, laufend durch sich häufende Bombenalarme mit nachfolgenden Aufräumarbeiten in Berlin unterbrochen. Deshalb wurde die Panzertruppenschule, einschließlich des Panzerlehrregiments, im August 1943 in die Lüneburger Heide auf den Truppenübungsplatz Bergen, wir in das Lager Fallingbostel, verlegt. Die Nachrichten von den schwer kämpfenden Fronten wurden immer ernster. Italien fiel ab. Bei Kursk war mein alter Kommandeur, Walter von Hünersdorff, als Generalleutnant an der Spitze seiner 6. Panzerdivision gefallen.

Während wir auch hier immer häufiger die Ausbildung unterbrechen mußten, um Bombenschäden in Hamburg und Hannover aufzuräumen, traf kurz vor Weihnachten unerwartet der Befehl zur Aufstellung der Panzerlehrdivision aus den Lehrtruppen der Panzertruppenschulen ein. Mit Rhabarberwein – anderen bewilligte der Kasinooffizier nicht – feierten wir Sylvester und Abschied von den Kameraden, die als nicht kriegsverwendungsfähig in der Heimat blieben. Anfang Januar fanden wir uns (Regimentsstab und unsere Panzerabteilung) in der alten Maasfestung Verdun wieder. Hier wurde die bisherige I. in II. Abteilung umbenannt, denn die Gerätlage erlaubte seinerzeit wohl nur eine Ausrüstung mit Panzer IV, während den I. Abteilungen grundsätzlich *Panther* zustanden.

Anstelle seiner erst ab Juli 1944 aufgestellten Panther-Abteilung wurde dem Panzerlehrregiment 130, wie es nun hieß, die I./Panzerregiment 6 bis Oktober unterstellt. In Verdun wurden wir auf die neue »freie Gliederung« umgestellt, d.h. zur Einsparung von Personal und Fahrzeugen wurden die Gefechtstrosse aller Kampfkompanien zu einer Versorgungskompanie, wie seither allgemein üblich, zusammengefaßt. Ich wurde deren Chef und damit stellvertretender Kommandeur. Nun rollten auch unsere neuen Panzer IV, aber keine Räderfahrzeuge, an. Wir mußten mit den aus Fallingbostel mitgebrachten Fahrzeugen vorläufig vorliebnehmen.

Am 2. Januar 1944 verließ die Abteilung Fallingbostel, ohne Panzer mit nur wenigen Radfahrzeugen, auf der Bahn. Ich durfte mit fahrplanmäßigen Zügen über Paderborn fahren, um nach meiner Frau zu sehen. Das war gar nicht so einfach und sehr kalt, da Personenzüge nicht mehr geheizt wurden. In Hamm stieg ich in den D-Zug »Ruinen-Expreß« (weil er ab Hamburg über Hannover – Ruhrgebiet durch lauter Großstadtruinen fuhr), der mich auf die Minute pünktlich bis Nancy brachte. Dort erst erfuhr ich, daß unser neuer Standort nicht Lunéville, wie angegeben, sondern die

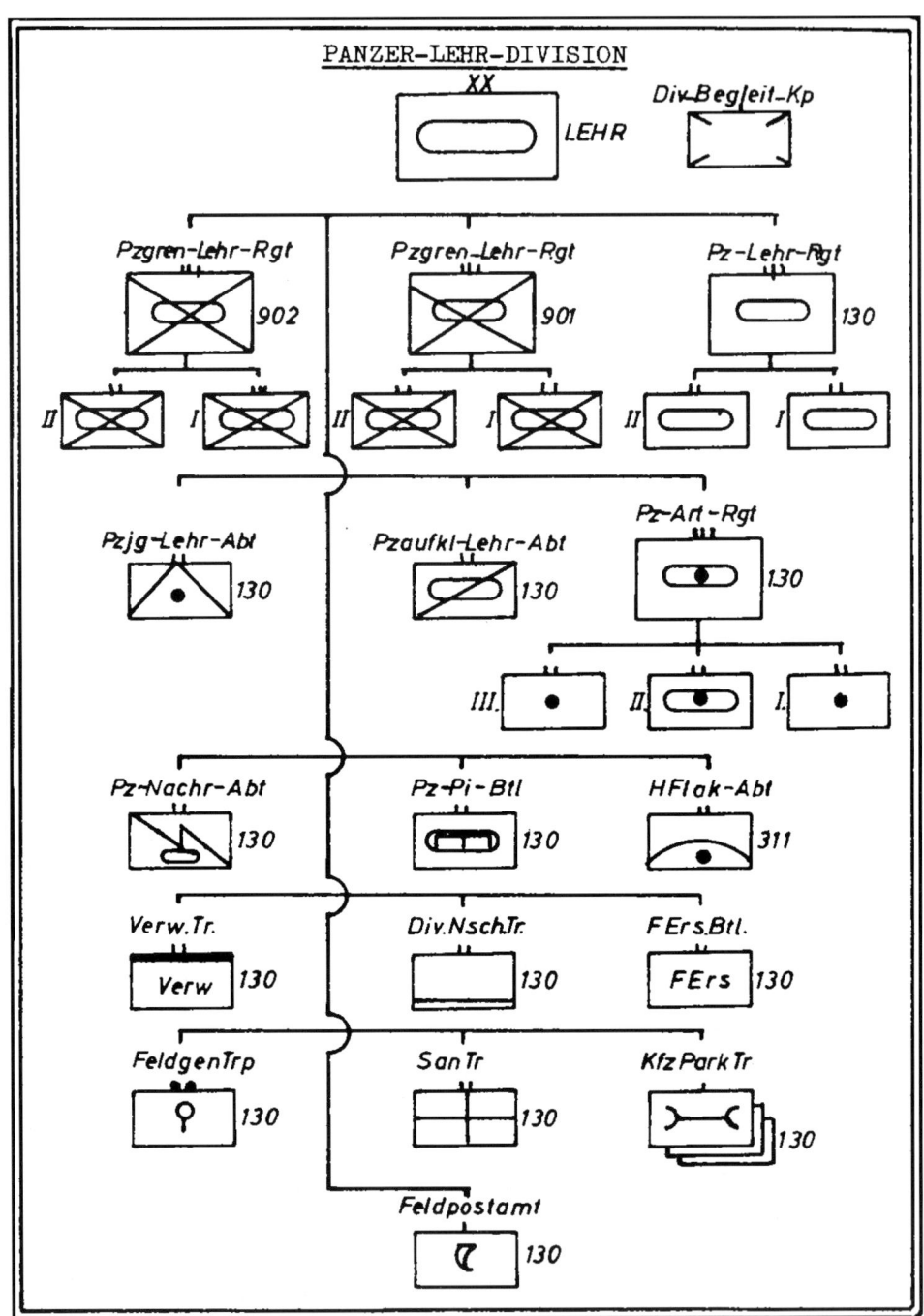

PANZER–LEHR–DIVISION
XX
LEHR

Div. Begleit-Kp

Pzgren-Lehr-Rgt 902

Pzgren-Lehr-Rgt 901

Pz-Lehr-Rgt 130

II · I

II · I

II · I

Pzjg-Lehr-Abt 130

Pzaufkl-Lehr-Abt 130

Pz-Art-Rgt 130

III. · II. · I.

Pz-Nachr-Abt 130

Pz-Pi-Btl 130

HFlak-Abt 311

Verw.Tr.
Verw 130

Div.NschTr. 130

FErs.Btl.
FErs 130

FeldgenTrp 130

SanTr 130

KfzParkTr 130

Feldpostamt 130

Gliederung der Panzerlehrdivision, Juni 1944. Sie entstand aus den Lehrtruppen der Panzertruppenschulen gemäß Führerweisung Nr. 51a vom 27. 12. 1943. Mit einer Soll-stärke von 14.634 Mann, 182 Kampfpanzern, 674 Schützenpanzern und 31 Panzerjä-gern IV war sie die am besten ausgerüstete deutsche Panzerdivision im Kriege.

Das Beinhaus von Verdun.

alte Maasfestung Verdun sei. Durch üble Verbindungen verzögert, erreichte ich die Stadt erst um 00.30 Uhr, nach 12 ½ Stunden. Trotzdem fand ich ein Zimmer im guten Hotel *Bellevue* am Maasufer. Der nette Hotelier sprach deutsch, er hatte in Paderborn studiert und unterhielt sich gern mit uns in aller Offenheit. Er machte aber keinen Hehl daraus, daß unsere Tage in Frankreich gezählt seien und wir den Krieg bereits verloren hätten. Ließ jemand seine Pistole an der Garderobe hängen, so brachte er sie mit dem Bemerken: »*Wir haben davon genügend, aber ein Diebstahl wäre mir unangenehm*«. Leider waren seine Zimmer ungeheizt und das Wasser floß nur kalt. Zum Sitzen, Lesen oder Schreiben konnte man es bei dem eisigen Wetter nur im Bett aushalten. Bis zur Zuweisung besonderer Offizierquartiere in der Stadt fanden auch die meisten älteren Offiziere der Abteilung Hotelunterkunft hier. Die Truppe und die jüngeren Offiziere waren in einer alten französischen Kaserne dicht gedrängt und sehr primitiv untergebracht. Nur das nahegelegene Soldatenheim und ein gut beliefertes Truppenkino gewährten etwas Truppenbetreuung.

Verdun war keineswegs auf eine starke Truppenbelegung und schon gar nicht auf Panzer eingerichtet, denn die Maasbrücken waren dafür zu schwach und mußten erst auf 60 t verstärkt werden. Eines Tages rollte unsere Erstausstattung an Munition für unsere knapp 100 Panzer auf der Eisenbahn an und mußte wegen der steten Luftgefahr in das Magazin der alten Zitadelle eingelagert werden. Aus der Decke des hohen Gewölbes ragte noch die Spitze einer deutschen Granate von 1916 in den Raum. Mit wenig mehr Energie wäre damals wohl nach ihrem Durchschlag die ganze Zitadelle voller Munition in die Luft geflogen. Zur Einlagerung wurden alle verfügbaren Soldaten herangeholt. Zu ihnen kamen die gerade eingetroffenen, etwa 40 bis 50 »Hiwis« (Hilfswillige), d.h. ehemalige sowjetisch-kaukasische Kriegsgefangene in feldgrauer Uniform, ohne Abzeichen und Waffen, die sich freiwillig als Helfer zur Wehrmacht gemeldet hatten. Sie wurden nun z.B. als Beifahrer von Munitions-, Betriebsstoff- usw. Wagen eingesetzt. Dank ihres unglaublichen Arbeitseifers war die Munition rascher als erwartet unter Dach und Fach. Wir haben unsere Hiwis gut behandelt und sie haben sich unseres Vertrauens stets als würdig erwiesen. Sie gingen – bis auf eine einzige Ausnahme – mit uns bis zum bitteren Ende treu durch dick und dünn. Nach der Kapitulation haben die Amerikaner sie gegen ihren Willen an die Sowjets ausgeliefert, die sie wohl großenteils umgebracht haben.

Wegen des Mangels an Panzern und Fahrzeugen war anfangs noch kein geregelter Dienst möglich. Darüber gerieten die Landser außer Rand und Band. Erst langsam kehrte die alte Disziplin zurück.

Vom Kriege war in Verdun noch wenig zu spüren. Da die Lebensmittelbewirtschaftung im besetzten Gebiet nicht so streng wie in der Heimat gehandhabt wurde, konnte man in den zahlreichen Restaurants noch gut, wenn auch sehr teuer, essen und trinken. Die Bevölkerung war uns gegenüber zurückhaltend korrekt, gab sich aber keinesfalls feindlich. Eines Tages wurde ein Panzerschütze tot aus der Maas gefischt, aber es blieb unklar, ob er hineingefallen oder von einem Nebenbuhler oder Terroristen hineingestoßen war. Ohne Besorgnis gingen wir auch – nur zu zweit oder zu dritt – in den großen Wäldern auf die Jagd. Mit Ehrfurcht besuchten wir die alten Schlachtfelder des Ersten Weltkrieges, krochen in den Gängen der umkämpften Forts herum und besichtigten still das Beinhaus vom Douaumont und die Riesenfriedhöfe. Ein gutes Panzerübungsgelände wurden die Schlachtfelder auf dem *Toten Mann*.

*Panzerübung am »Toten Mann«. Von rechts nach links: General der Panzertruppen Frei-
herr Geyr von Schweppenburg, Generalmajor Bayerlein und Major Barth, Kommandeur der Panzerjägerlehrabteilung. Rechts ein Panzerkampfwagen V Panther.*

Hier übten wir fleißig das Zusammenwirken mit den Panzergrenadieren. Es bedurfte keiner Ermahnung von höheren Stellen, uns in Trab zu halten. Mitte Januar wurde
mir, zusammen mit Hauptmann Reche, ein Privatquartier zugewiesen, sogar mit Zen-
tralheizung. Aber dafür gab es keine Kohlen und im übrigen war sie kaputt. Auch die
Wasserleitung war sehr unzuverlässig; dafür gab es aber Gas für den Herd und sogar
einen Gasbadeofen, der wohl Hauptgrund für unsere vielen »Gäste« war. Heizen konnten wir mit Strom. Dann kam die riesige Kohlenration: 20 kg pro Monat. Jetzt häuf-
ten sich auch abendliche Fliegeralarme. Da unsere Verdunklung schlecht war, hüllte
ich meine einzige Tischdecke so geschickt über unsere Lampen, daß sie plötzlich an-
fing zu brennen. Gespannt lauschten wir allen Nachrichten, so bedrückend sie auch
waren, von der Ostfront, aus Italien, wo die Alliierten auch bei Nettuno gelandet waren, und von der unter schweren Bombenangriffen leidenden Heimat. Zum Ausgleich
kochte die Gerüchteküche. Ein Hellseher sagte voraus, im Mai werde der Krieg zu
unseren Gunsten entschieden. Das stimmte mit Churchills Prophezeiung überein, die
Entscheidung, d. h. die Invasion käme innerhalb von 90 Tagen. Gelänge sie nicht, würden die Invasionskräfte unter Umständen von uns vernichtet! Das war natürlich Ge-
sprächsstoff! Dann schieden sich die Skeptiker und Realisten von den Optimisten.
Gelegenheit dazu bot unser neu eingerichtetes, wenn auch nur spärlich möbliertes
Kasino als Ausgleich zum harten Dienst. Hier kamen wir oft zusammen, um uns aus-
zusprechen, Nachrichten auszutauschen oder zu feiern. Ab und zu beschwingte der
Geist französischen Champagners unsere Stimmung.

Prinz Schönburg wurde für eine kurze Zeit von Major Darius als Kommandeur abgelöst. Bei der Abschiedsfeier schufen wir gemeinsam »in Hexametern frei nach Ho-

Winterübung in Lunéville, Februar 1944. Von links nach rechts: Oberst Gutmann, Kommandeur Panzergrenadierlehrregiment 902; Major Prinz von Schönburg, Kommandeur II./Panzerlehrregiment; Leutnant Herrmann, sein Nachrichtenoffizier; und ein Schiedsrichter (mit Band an Schirmmütze).

mer« ein Epos, das wohl in die Weltliteratur eingegangen wäre, hätten wir es aufgezeichnet. Auch die Vorbereitung zur Jägerprüfung wurde hier eingeübt. Ab und zu erschienen auch unsere beiden Divisionspfarrer, um Gottesdienst zu halten und die Sorgen einzelner zu besprechen. Der Kirchgang ließ zu wünschen übrig. Wir richteten dann in einer Mannschaftsstube der Kaserne eine » Südseebar« ein, die nett ausgemalt und ausstaffiert wurde. Dort konnten die Landser Getränke kaufen und ihr Geld in der Kompanie lassen, anstatt es in die Stadt zu tragen. Hier wurden dann auch Kameradschaftsabende für meine aus allen Kompanien neuaufgestellte Versorgungskompanie mit Preiskochen und Essen veranstaltet. Die flotte Musik unserer Kompaniekapelle und die schönen alten, gemeinsam gesungenen Soldatenlieder lösten dann die Zungen und öffneten die Herzen.

Anfang Februar erschien unser neuer Divisionskommandeur, Generalmajor Bayerlein, ehemals Rommels Stabschef in Afrika. Er machte einen guten Eindruck und strahlte Vertrauen aus. 14 Tage später wurden wir nach Lunéville zu einer Übung vor Generaloberst Guderian verladen. Am Vorabend des Schießens mußten wir bis 23.30 Uhr auf einen Kurier warten, der die neuerschienene Panzerschießvorschrift brachte. So paukten wir in der Nacht die neuen Schießverfahren und Feuerkommandos, um vor den gestrengen Augen und Ohren des Generalinspekteurs bestehen zu können. Er ließ dann alle Offiziere als Kommandanten und Richtschützen einteilen und prüfte jeden einzelnen. Natürlich war bei jedem etwas auszusetzen. Dann kamen die Unteroffiziere dran. Zum Schluß hielt der Generaloberst noch eine Art Schießunterricht vor allen Leuten und fuhr ab, worauf wir hörbar aufatmeten. Die Regiments-

Vor dem »Einmarsch« in Ungarn. Auf dem Turm des mit Kanistern vollgepackten Panzer IV Leutnant von Landsberg-Velen.

übung am nächsten Tag, bei Schnee und eisigem Wind, klappte dagegen überhaupt nicht, so daß Guderian bei der Besprechung explodierte, mit dem klassischen Satz: *»Dies ist der größte Blödsinn, der mir je in meinem militärischen Leben vorgekommen ist!«* Sprach's und fuhr ab. Wir trösteten uns im Kasino bei einem erstklassigen Essen. Kein Flieger störte den Rücktransport nach Verdun.

Gespannt verfolgten wir die Kämpfe um den Landekopf Nettuno nach den Wehrmachtsberichten. Sollte dessen Beseitigung gelingen, so könnte das die Alliierten von einer Invasion in Frankreich abschrecken – glaubten wir. Aber der Landekopf blieb.

Nicht geschreckt vor hohen Preisen war der schwarze Markt. Ein Pfund des so begehrten Kaffees kostete mehr als 100 RM. Aber in Paris konnte man noch wunderschöne Geschenke zu moderaten Preisen erstehen. Ab Ende Februar zogen nachts immer häufiger britische Bombengeschwader über uns hinweg und beinahe jeder unserer Soldaten aus allen Teilen des Reiches wußte aus Briefen, wo überall verheerende Vernichtungen angerichtet worden waren. Der Luftkrieg erfaßte immer mehr Städte.

Angeblich war der feindliche Aufmarsch in England beendet, es konnte also jeden Tag losgehen. Ab dem 1. März sollte die Panzerlehrdivision einsatzbereit sein, aber noch fehlten Verbände, Waffen und Gerät.

Gänzlich unerwartet rüttelte uns ein Befehl auf: *Division wird in den Raum Wien verlegt, Vorkommandos anderntags im Landmarsch, die Panzerkompanien im Eisenbahntransport!*

Nachdem alles verladen war, durfte ich mit fahrplanmäßigen Zügen über Paderborn fahren, da meine Frau in Kürze unser erstes Kind erwartete. Ohne größere Verspätungen kam ich einige Tage später, allerdings in ungeheizten und übervollen Zü-

Brückenbau-Übung in Ungarn 1944. General Bayerlein im Gespräch mit General Krü-
ger, links dahinter Prinz Schönburg (mit schwarzer Feldmütze) und Leutnant von
Landsberg-Velen (mit Schiffchen). Rechts der Verfasser.

gen, über Wien auf dem Truppenübungsplatz Bruck an der Leitha bei meiner Kompanie an. Hier waren zwei Panzerkompanien bereits wieder auf der Bahn abfahrt-
bereit. Was bedeutete das – doch Einsatz an der Ostfront, nach dem heiß umkämpften Tarnopol? Oder Einmarsch in Ungarn, als Freund oder Feind? In letzter Minute
wurden der Division Waffen, Lkw und die Masse der noch fehlenden Verbände zugeführt. Nur bei der Artillerie und den Versorgungstruppen haperte es weiter. Also
doch Ungarn!

Der fünfwöchige Aufenthalt in Ungarn erschien im Rückblick wie ein schöner
Traum, ein Ausflug ins Paradies vor der kommenden Vertreibung, die man voraussah.
Aber auch hier fielen amerikanische Bomben auf und bei Budapest, die der Division
Verluste beibrachten und die Bevölkerung in Angst und Schrecken versetzten. Die
Eisenbahnfahrt zur Taufe unserer ersten Tochter nach Paderborn und zurück verzö-
gerte sich durch Umleitungen und Aufenthalte durch Gleiszerstörungen. Auf der
Rückfahrt mußte ich in Wien aus dem Zug geradewegs in einen Luftschutzkeller. Auch
hier näherte sich der Krieg. Die schönen Tage von Ungarn waren für meine Kompa-
nie am 4. Mai zu Ende. Die Bahnfahrt nach dem Westen dauerte endlos. Nur sprung-

Bahntransport von Ungarn nach Frankreich. In der Mitte ein 2 cm Flakvierling.

weise ging es vorwärts. Unseren schweren Zug konnten die behelfsmäßig eingesetzten schwachen Lokomotiven kaum ziehen, denn Verschleiß und Jaboangriffe hatten den Bestand an Zugmitteln bereits sehr vermindert. Noch in Ungarn riß der Zug
hinter den Personenwagen ab und wir brausten allein weiter, anscheinend hatte es
der Lokführer gar nicht bemerkt! So zogen wir die Notbremse, die den Zug zum Halten brachte. Erst nach 20 Stunden erreichten wir St. Pölten, 24 Stunden später krochen wir erst von Nürnberg auf Karlsruhe zu, und nach weiteren 24 Stunden hatten
wir erst Forbach erreicht, wo mein altes Regiment 1940 nach dem Westfeldzug die
Heimfahrt angetreten hatte. Unsere »Ausflugsfahrt« im Zickzack durch Mittelfrank-
reich führte uns durch eine wunderschöne Frühlingslandschaft. Leider war die
Marschverpflegung für fünf Tage aus Ungarn längst aufgegessen und alles mußte hun-
gern. Wegen der Luftgefahr gab es auf keine Halte auf Bahnhöfen. Nach fünf Tagen
endlich langten wir über Orléans in Chartres an, wo wir entluden und nach 45 km
langem Marsch unseren neuen Unterkunftsraum in Parks und Wäldern bei Nacht bezogen. Damit wir aus der Luft nicht entdeckt wurden, durften Fahrzeuge nur nachts
oder bei Schlechtwetter bewegt und Spuren mußten sofort beseitigt werden. In den
letzten Wochen hatte sich die Luftlage über Nordfrankreich völlig verändert, tagtäg-
lich und nachts zogen dichte Bombergeschwader, aber auch Aufklärer und Jagd-

bomber über uns hinweg. Sie waren der Grund für unsere Bahnumwege gewesen, denn, wie wir hörten, waren alle Seinebrücken zerstört, so daß die Schleife über die Loire notwendig geworden war. Wir fragten uns nun, ob die Herren aus England überhaupt kommen würden, denn das Herumsitzen im Gelände, ohne sich tagsüber sehen lassen zu dürfen, war schon zermürbend und hatte nur ein Gutes, daß nämlich *Türken* (gestellte Übungen) vor hohen Besuchern wegfielen. Jede Fahrzeugbesatzung hatte neben ihrem Fahrzeug ein Zelt aufgeschlagen, einen Splittergraben gezogen und oft Tische und Sessel aus Holz gebaut. Zu essen und zu trinken gab es genug. Aber viele schlugen bei diesem Leben über die Stränge und konnten nur über anstrengenden Sport und lange Nachtübungen gebändigt werden. Auch lustige Streiche halfen über das eintönige Warten hinweg. So gruben wir den silberglänzenden Abwurfbehälter für Zusatztreibstoff eines Jagdbombers als »Bombe« nachts vor der Unterkunft des Prinzen ein, die dann während des Gebrumms überfliegender Bomber mit einer Pfeifpatrone und nachfolgendem »Kanonenschlag« die Schloßbewohner mit ohrenbetäubendem Krach aufweckte und in den Keller jagte. Nur der Prinz ließ sich nicht stören. Im Keller bot die gräfliche Familie Cognac an. Zur Entschärfung des vermeintlichen »Blindgängers« wurde ein Feuerwerker vom benachbarten Flugplatz alarmiert. Das Gelächter der Abteilung war homerisch. Im Vergleich zur Heimatbevölkerung, die fast täglich unter *akuter Bombengefahr* ausharrte oder bereits ausgebombt bei fremden Leuten Unterschlupf suchte, oder den Eisenbahnern, die stündlich unter Lebensgefahr ihre Pflicht erfüllten, ging es uns Soldaten im Westen glänzend, wie in der Sommerfrische, wenngleich die ständige Alarmbereitschaft bei totaler Urlaubsperre an den Nerven zehrte. Zum Glück funktionierte auch die Feldpost tadellos. Sie stürzte allerdings viele auch in Kummer und Sorgen, insbesondere wegen der steigenden Not durch Bombenschäden und deren Folgen. Bei der absoluten Urlaubssperre konnte man kaum helfen, nur versuchen, Trost zu spenden. Hungrig auf Nachrichten verfolgten wir immer gespannt den täglichen Wehrmachtsbericht. Hier löste am 17. Mai die »Südfront«, also Italien, die Ostfront von der ersten Stelle ab, die jene seit 1941 innegehabt hatte. Die alliierte Frühjahrsoffensive führte schon am 18. Mai zur Räumung des lange bitter umkämpften Cassino und am 4. Juni zum Fall Roms, das die Alliierten unter Bruch der über den Vatikan geführten Verhandlungen als *Offene Stadt* dennoch besetzten. Nebenbei hörten wir verbotenerweise den britischen *Soldatensender Calais* regelmäßig ab. Neben flotter Musik und wahren Nachrichten strahlte er eine ziemlich primitive, meist leicht zu durchschauende und Tatsachen Lügen strafende, aber amüsante Propaganda aus. Eigenartigerweise verschwieg er – wie auch die BBC – völlig Meldungen über Massenmorde an Juden und Verfolgungen von Widerstandskämpfern, die uns erst durch Nachkriegsveröffentlichungen bekannt wurden. Nie habe ich begriffen, warum diese Themen für die Sender tabu gewesen sind. Später wurde es mit fadenscheinigen Ausreden entschuldigt. Bekanntlich hatte England die Aufnahme von politischen Flüchtlingen auf Ausnahmen beschränkt, kannte kein Asylrecht und lehnte kategorisch Kontakte zu unseren Widerständlern und deren Unterstützung ab, um unsere *Bedingunslose Kapitulation* zu erzwingen.

Soldatensender Calais

Nach dem Muster des bei Freund und Feind gern gehörten deutschen *Solda-*
tensenders Belgrad, der allabendlich »Lilli Marlen« erklingen ließ, richtete Sefton
Delmer, ein in Berlin aufgewachsener und dort bis zum Kriege akkreditierter britischer Journalist beim britischen Geheimdienst Sender ein, um durch Propaganda die Kampfkraft der deutschen Streitkräfte im Westen zu zersetzen. Der 600
kw starke Soldatensender Calais (auf Mittelwelle, angeschlossen der *Deutsche*
Kurzwellensender Atlantik für U-Boot-Besatzungen), brachte *schwarze* [ge-
fälschte] *Propaganda* im Gegensatz zur offiziellen *weißen* der BBC mit Nach-
richten- und sehr ansprechenden Unterhaltungsprogrammen. Er gab sehr geschickt vor, ein deutscher Soldatensender in Frankreich zu sein, der von seinem
eigenen patriotischen Standpunkt die Soldaten ansprach. Mittels eines erbeuteten *Hellschreibers*** empfing er stündlich die drahtlosen Presseverlautbarungen
des DNB (Deutsches Nachrichtenbüro) sowie die Anweisungen des Goebbel-
schen Propagandaministeriums für die deutschen Zeitungsredaktionen. Früher
als die deutschen Medien strahlte er das meiste weiter aus, mit dazwischen ein-
geschobenen knappen Falschmeldungen, die leicht im Gedächtnis der Hörer haf-
ten blieben. Das Unterhaltungsprogramm mit deutschsprechenden Künstlern,
z.B. Marlene Dietrich, sowie einer in Afrika gefangenen deutschen Truppenbe-
treuungskapelle und neuester amerikanischer Tanzmusik, brachte auch genau
ausgewählte und frisierte Grüße aus der Heimat sowie negative Berichte über
die Truppe, die Partei und über Waffen. Auf Frequenzen nahe von Reichssendern
war der starke Sender kaum zu stören. Er stiftete Unruhe und Verwirrung im Felde und in der Heimat.

* Hellschreiber = drahtloser Bildschreiber

Eines Morgens hörten wir, einem britischen Kommando sei es gelungen, einen deutschen General zu *kidnappen*, also zu entführen. Da der Sender deutscherseits gestört
wurde, verstanden wir »Keitel« statt »Kreipe« (der Inselkommandant von Kreta war).
Diesen Feldmarschall im Führerhauptquartier nannten wir allgemein »Lakeitel«.
Spontan klatschten wir Beifall und tranken eine Flasche Schampus (Champagner, keinen billigen Vin Mousseaux) auf das Wohl der Entführer. Zu unserer tiefen Enttäuschung stellte sich unser Mißverständnis bald heraus.

Bis Ende Juli gab der Sender die militärische Lage in Frankreich genauer als die
deutschen Feindnachrichten an, so daß wir seine Meldungen für bare Münze nahmen. Das rächte sich nach dem Durchbruch von Avranches im Bewegungskrieg, als
man uns zur Bildung des Kessels von Falaise und später bewußt in die Irre führte.
Damit hatte der Sender aber auch jede Glaubwürdigkeit eingebüßt. Die britischen
Geheimsender mit ihrer *schwarzen Propaganda* waren nur eines der Kampfmittel
im Rahmen des *Psywar*, der psychologischen Kampfführung gegen das Deutsche
Reich. Die täglich erscheinende und über der Front abgeworfene Zeitung »Nachrichten für die Truppe« bildete ein weiteres. Viel Erfolg dürften die Briten unter den
deutschen Truppen damit nicht gehabt haben.

Fernsehsender gab es noch nicht. Die wöchentlichen Kompaniebesprechungen
in dieser Zeit waren für mich sehr schwer. An Informationen konnte man ja nur das

Sowjet-Armee ist jetzt nur 160 km von Ostpreussen entfernt

Die Russen kämpfen in Wilna

Der Erfolg der Alliierten in der Normandie ist zu einem ...liehen Umfang ermöglicht worden ... Die Kampftätigkeit der anglo-amerikanischen Luftwaffe, die vor und nach der ...fen ...wegungen der deutschen Truppen und die Heranführung von Material und Verstärkungen ... dert. Unser Bild zeigt, wie vollständig eine wichtige Brücke über die Loire durch einen ... ...verheerenden Luftangriff der Anglo-Amerikaner zerstört wurde.

Goebbels verspricht Hilfe für Ostpreussen

Briten-Panzer brechen in Strassen von Caen ein

Schw... Strassenkämpfe waren gestern Abend in den nordwestlichen Aussen-
...ken von Caen im Gange.
...r Panzer und Infanterie brechen unter einer F...... schwerer Artillerie...

: Torpedoreiter im Einsatz
...se werden geprüft

... der Kriegsmarine stehen jetzt
seit 3 Tagen im Einsatz im Kanal
werden zur Zeit in der Dienststelle
...kommandos West eingehend untersucht.

Von den Kanalstützpunkten,
von denen aus deutsche Torpedoreiter zum ersten Mal die
alliierte Invasionsflotte angriffen, sind die Offiziere der
Sonderkommandos bereits zur
persönlichen Meldung in Paris
eingetroffen.

In den Wehrmachtberichten
vom Donnerstag und Freitag
wurden die Torpedoreiter erstmalig erwähnt unter dem Namen
„Kampfmittel der Kriegsmarine",
und Kreuzer- und Zerstörerversen-
kungen wurden diesem neuen
Kampfmittel zugeschrieben.

Schon vor dem Anzio-Brücken-
kopf wurden im letzten Herbst
die ersten Vorversuche mit den
Torpedoreitern gegen anglo-
amerikanische Schiffsansamm-
lungen gemacht. An diesem
Versuch nahmen rund 40 Mann
von einem Marine-Sonderkom-
mando teil.

Wegen unvorhergesehener
Schwierigkeiten war der Angriff
damals erfolglos, und fast alle
40 Mann des Sonderkommandos
sind nördlich von Anzio mit
ihren Torpedos ertrunken, nur
wenige wurden von den Alliierten
gefangen.

Der benannte Torpedo, der
ein Mann leitet, wurde von den
Italienern entwickelt und von der
KM zuerst nicht ernst genommen.
Erst als der Misserfolg der U-
Bootwaffe im letzten Jahr, und
die bevorstehende Invasion neue
Massnahmen verlangten, wurde
die Herstellung dieses Kampfmittels unternommen und Mannschaften unter grösster Geheimhaltung als Torpedoreiter ausgebildet.

Ausgehverbot aufgehoben

Das Ausgehverbot für die
Bevölkerung von Grosskopen-
hagen ist ab heute aufgehoben,
nachdem der Generalstreik beendet wurde.
Gleichzeitig wird bekannt, dass
Generalleutnant Richter die Exe-

FORTSETZUNG von S.1

Briten in Caen

einem langen Anmarsch aus
Belgien, den sie zum Teil von
Paris aus zu Fuss zurücklegen
musste...

Geschwächt ist die Verteidigung von Caen auch dadurch,
dass Panzer und Infanterie, die
für die jetzt abgebrochene Gegen-
offensive bestimmt waren, nach
Westen geschickt werden mussten, wo die Amerikaner die linke
Flanke mit drei Angriffs-Spitzen
an einer 50 Kilometer langen
Front bedrohen.

Panzer der SS-Panzer-Division
„Das Reich" sind schon südlich
La Haye du Puits im Einsatz.
Es sind die ersten Panzer, die die
Führung für den Kampf in
diesem Abschnitt bereitgestellt
hat. Sie hatten Befehl, durch
örtliche Gegenstösse die Strasse
Lassay-Pariers zu decken, auf
der sich die deutschen Truppen
jetzt unter starkem Druck Schritt
um Schritt zurückziehen.

...ch Einheiten der 5. Fall-
schirmjäger-Division sind im Einsatz. Diese
Strasse muss gehalten werden,
damit die Anglo-Amerikaner nicht
die ganze Flanke aufrollen
können. 10 Kilometer nordostwärts Periers musste die Ortschaft
St. Eny gestern von den deutschen
Truppen geräumt werden.

Am Vire-Fluss, weiter ostwärts,
wo die Amerikaner am Freitag
zu ihrer neuen Offensive antraten,
haben sie die Stadt St. Jean de
Daye genommen und stossen
weiter in Richtung auf den
Stützpunkt St. Lo vor.

Kriegsausstellung in Wien

Unter den hohen Persönlich-
keiten der Wehrmacht, die die
Sonderausstellung „Kampfraum
Süd-Ost" im Wiener Heeres-
museum besuchten, befand sich
auch Generaloberst Löhr, Befehlshaber einer Armeegruppe im
südlichen Balkan.

Besonderes Interesse widmete
Generaloberst Löhr dem Teil
der Ausstellung, der in anschau-
licher Darstellung den
...lichen Truppen am von

In Wilna stehen die deutschen Truppen se...
gestern Abend in erbitterten Strassenkämpfen
mit überlegenen Kräften der Sowjets. Ne...
nie ist die drohende Gefahr dem deutsche...
Volk so deutlich vor Augen getreten, den...
Wilna ist nur 160 Kilometer von der
...preussischen Grenz...
...entfernt.

Die Eisenbahnlinie
Wilna-Dünaburg ist von
den Russen durchschni...
Nördlich der Festung
Wilna haben Sowjettru...
die Abwehrstellun...
durchbrochen.

Die Besatzung von Wilna hat
Befehl, die Festung bis zu...
äussersten zu verteidigen,
...zu verhindern, dass die Sow...
nach Norden und die Stellung...
...nordwärts Wilna ...
...flanke her aufrollen.

Verstärkungen in den
Kampf geworfen

Reichsminister Dr. Goebbels
...

Die Japaner als deutsches Vorbild

An den selbstaufopfernden
...satz, den Partei und F...
vom ganzen deutschen...
erwarten, gemahnt ein Buch
Fürsten Urach über die G...
...lehre der Japaner, das soe...
...Zentralverlag der NSDAP...
schienen ist.

In seinem Buch „Das Ge...
...nis japanischer Kraft"
streicht Fürst Urach die T...
entschlossenheit und sch...
...lose Opferbereitschaft...
japanischen Nation in...
Stunde der Gefahr...

Als Berufssoldat...
...preist Fürst Urach vor allem...
bedingungslose Gehorsam...
...gegenüber, dem man a...
Treue geschworen, die...
ständige Bereitschaft,...
das einmal als richtig Erk...
einzutreten und notfalls da...
sterben.

Dazu kommt äusserste B...
...nislosigkeit und ein...
asketischer Verzicht auf di...
...seren Annehmlichkeit...
Lebens.

Fürst Urach, der als
...Presseattache in Bern a...
wird, ist 40 Jahre alt, entst...
einer reichen Adelsfamilie...
...für die Dauer des Krieges...
gestellt.

Die Dödel, die Schweden land...

Die Reichsregie...
Bedauern über d...
...losion und zwei Dö...
Südschweden den sch...
Regierung überm...
In der Regierung der...
...regieren die...
beiden Dödel bei Oberg...
...am ...Mai eine ...

sagen, was man dienstlich oder aus Zeitungen und Rundfunk erfuhr. Das war wenig genug. Die große Frage blieb die, ob, wann und wo die Alliierten den Sprung über den Kanal wagen würden. Kaum zweifelten wir daran, sie schlagen und zurückwerfen zu können.

Die wirtschaftliche Lage des Reiches wurde fühlbar ernster. Verwundert hörten wir, daß ab sofort die Post in der Heimat nur noch einmal täglich, statt wie bisher zweimal, ausgetragen wurde. In Frankreich wurde täglich der elektrische Strom von 7 – 19 Uhr abgeschaltet, mit Gas konnten die Franzosen nur zwischen 10 und 12 Uhr kochen. Uns mit unserer Truppenverpflegung störte das wenig, denn der Mai war so heiß und trocken, daß das Getreide notreif und die Wiesen braun wurden. Regelmäßig erschienen Filmtrupps zur Truppenbetreuung, die in Scheunen Wochenschauen und Unterhaltungsfilme zeigten. In die umliegenden Dörfer und Kneipen auszugehen, war nicht mehr möglich. Ab und zu fielen Bomben in unserer Nähe. Wir ließen uns durch sie nicht stören, denn man schlief in tiefen Splittergräben und alles war hervorragend getarnt. Es gab auch falsche Alarme, weil irgend jemand Flaksprengwolken für Fallschirmspringer gehalten hatte.

Am 4. Juni erhielt das Regiment Befehl, für uns unverständlich, die Pantherabteilung (I./Panzerregiment 6) und die Funklenkkompanie unverzüglich zur Verlegung an die Ostfront in Marsch zu setzen. Für die Dauer einer Dienstreise in die Heimat übergab mir der Prinz die Führung der Abteilung.

Die lang erwartete Invasion begann am 6. Juni! Bereits um 04.15 Uhr wurde ich mit dem Alarmbefehl geweckt: »*Landung der Engländer im Morgengrauen wahrscheinlich!*«. Obgleich ich zweifelte, mußte ich die Abteilung marschbereit machen lassen. Hoch über uns kreisten feindliche Aufklärer und Jäger auf der Suche nach Zielen. Tagsüber hielt unsere Ungewißheit an, wir mußten warten.

Juni 44 - die Landungen

Der Atlantikwall wird durchbrochen

Hitlers Hinweis in seiner Weisung Nr. 51, daß *im Westen die entscheidende Land-schlacht geschlagen werde,* klang betörend, aber die deutschen Kampfverbände im Westen blieben angesichts des gewaltigen alliierten Aufmarsches in England weiter-hin Hitlers Stiefkinder. Vergeblich warnten der OB West, Generalfeldmarschall Gerd von Rundstedt, sowie die OB der an der Kanalküste eingesetzten Armeen. Nach wie vor dachte Hitler nicht daran, im Norden, Osten und Südosten freiwillig Gebiete plan-mäßig zu räumen, von Finnland bis zum Dodekanes, um dadurch mehr Kräfte für den Westen freizumachen. Durch die riesigen Verluste an der Ostfront seit Stalingrad war die Decke an Personal trotz gesteigerter Rüstungsproduktion zu kurz geworden. Zwar gelang es, die Zahl der Westdivisionen von Dezember 1943 bis Mai 1944 von 38 auf 54 zu erhöhen. Diese Zahl war aber Augenwischerei, denn die Neuaufstellun-gen wurden in erster Linie durch Umgliedern, Auskämmen und Auffüllen mit älterem und fremdem Personal (Osttruppen und Hiwis) auf dem Papier erreicht. Sie führte kaum zu einer wirklichen Verstärkung der Kampfkraft. (s. Skizze).

Der weitaus größte Teil (33) der zur Küstenverteidigung eingesetzten Infanterie-divisionen bestand aus »bodenständigen« Divisionen mit sehr beschränkter Kampf-kraft. Sie waren »materiell völlig unzureichend«, vielfach außer mit Karabiner und Pan-zerfaust nur mit einem Sammelsurium von Beutewaffen bewaffnet, konnten mangels Zugmitteln schwere Waffen kaum bewegen und waren für ihre Versorgung von »bo-denständigen« Einrichtungen abhängig. Sie setzten sich vorwiegend aus älteren Jahr-gängen zusammen, waren nur mangelhaft ausgebildet und ohne jegliche Kampfer-fahrung. Sie waren *»dem erwarteten motorisierten und wendigen Gegner nie ge-wachsen, wenn der Kampf in die Formen eines Bewegungskrieges übergehen soll-te«* (Speidel). Ihr Kampfwert entsprach dem von Stellungsdivisionen des Jahres 1918. Rommels Maßnahmen zur Geländeverstärkung an der Küste kamen ihrer Wider-standskraft gegen einen Angriff zugute, aber nicht ihrer Beweglichkeit als Eingreif-reserve.

Für eine bewegliche Kampfführung gegen gepanzerte und motorisierte Verbän-de waren nur die wenigen Panzer- und Panzergrenadierdivisionen geeignet. Von ih-nen hing die Entscheidung der Landschlacht ab, sofern die Luftwaffe den Luftraum über und hinter ihnen sichern konnte. Eine Verstärkung der Luftwaffe, insbesonde-re für Luftaufklärung und Abriegelung, unterblieb ebenso wie eine höhere Wirksam-keit der Küstenverteidigung durch die Marine. Das Heer stand allein und mußte oh-ne Luftwaffe auskommen. Am 6. Juni waren die Westalliierten, an unerwarteter Stel-le, auf 70 km Breite an der Calvadosküste mit drei Luftlandedivisionen und fünf durch Panzer beträchtlich verstärkten Infanteriedivisionen in erster Welle unter einem ge-waltigen Schirm der Schiffsartillerie gelandet. Im ersten Ansturm hatten sie den als unbezwinglich gepriesenen Atlantikwall unverzüglich durchbrochen und waren oh-ne Aufmarschhalt weiter ins Inland gestoßen. Luftwaffe und Marine hatten es nicht vermocht, das Nahen der riesigen Landungsflotte von fast 6000 Fahrzeugen recht-zeitig aufzuklären. Das ausgedehnte Netz deutscher Radarstellungen zwischen Bou-logne und Guernsey war kurz vor dem D-Day durch wiederholte Luftangriffe syste-matisch bis auf 5% ausgeschaltet und während der Landungen durch Funkstörung

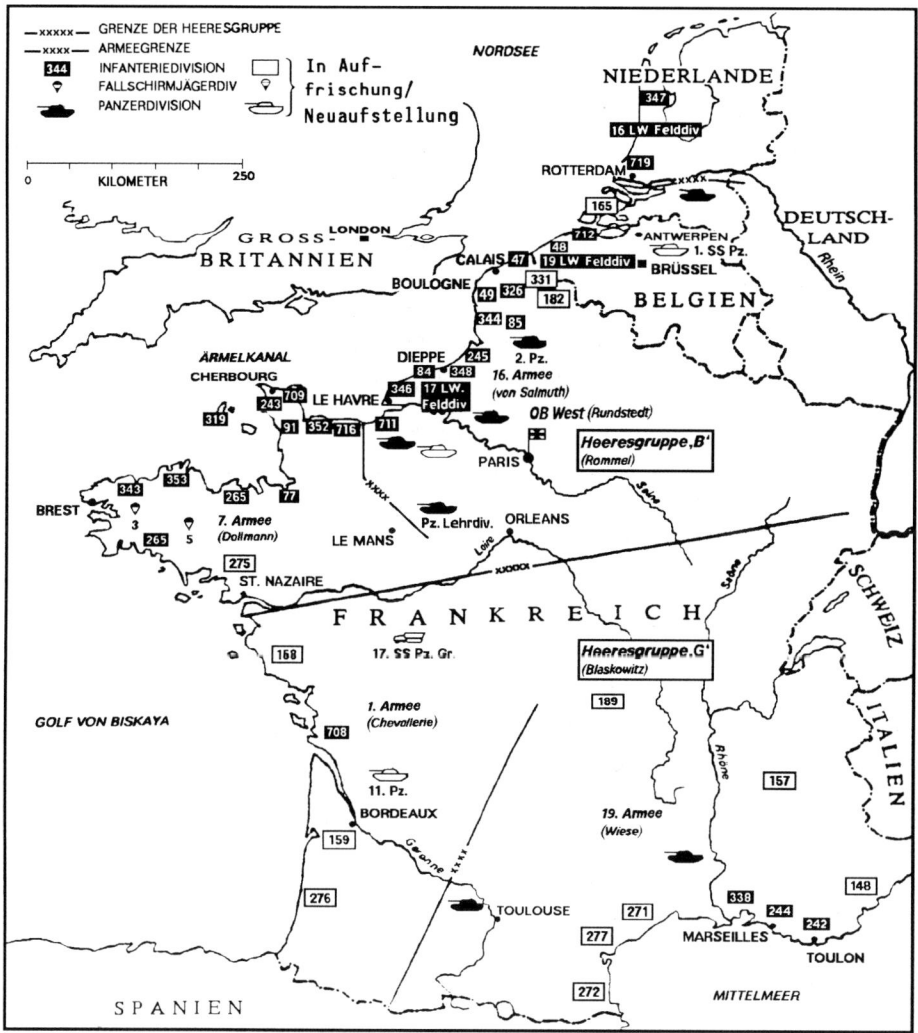

Die deutschen Divisionen im Westen am 6. Juni 1944

und -täuschung durcheinandergebracht worden. Die Scheinoperation »Mandrel« hatte Erfolg und die Täuschung der Deutschen gelang nachhaltig. Von etwa 23.00 Uhr an am 5. 6. 1944 hatten die deutschen Funkmeßstationen zwischen Cherbourg und Le Havre gemeldet, daß sie stark gestört würden. Zur gleichen Zeit meldeten die Stellungen zwischen Fecamp und Calais ungewöhnlich starke Schiffsbewegungen im Kanal. Diese und andere Meldungen veranlaßten die im Raum nordostwärts Caen in Richtung Calais eingesetzte 15. Armee, ihre Truppen zu alarmieren (23.00 Uhr). Eine Alarmierung der übrigen Front nach Westen wurde weder von der Heeresgruppe B noch vom Oberbefehlshaber West befohlen (Hoffmann - Ln). Die für die Seeaufklärung vorgesehenen Schnellboot-Verbände im Kanalbereich konnten sich bei der absoluten Luftherrschaft der Alliierten nur noch bei Dunkelheit in See zeigen und

Die Oberbefehlshaber im Westen

*Generalfeldmarschall
Gerd von Rundstedt
(1875 - 1953),
Oberbefehlshaber West
vom 15. 3. 1942 -
2. 7. 1944 und vom
5. 9. 1944 bis 9. 3. 1945.*

*Generalfeldmarschall
Erwin Rommel
(1891 - 1944),
Oberbefehlshaber der
Heeresgruppe B.*

Generaloberst
Friedrich Dollmann
(1882 - 1944),
Oberbefehlshaber der
7.Armee (AOK 7).

Generaloberst
Hans von Salmuth
(1888 - 1962),
Oberbefehlshaber der
15.Armee (AOK 15).

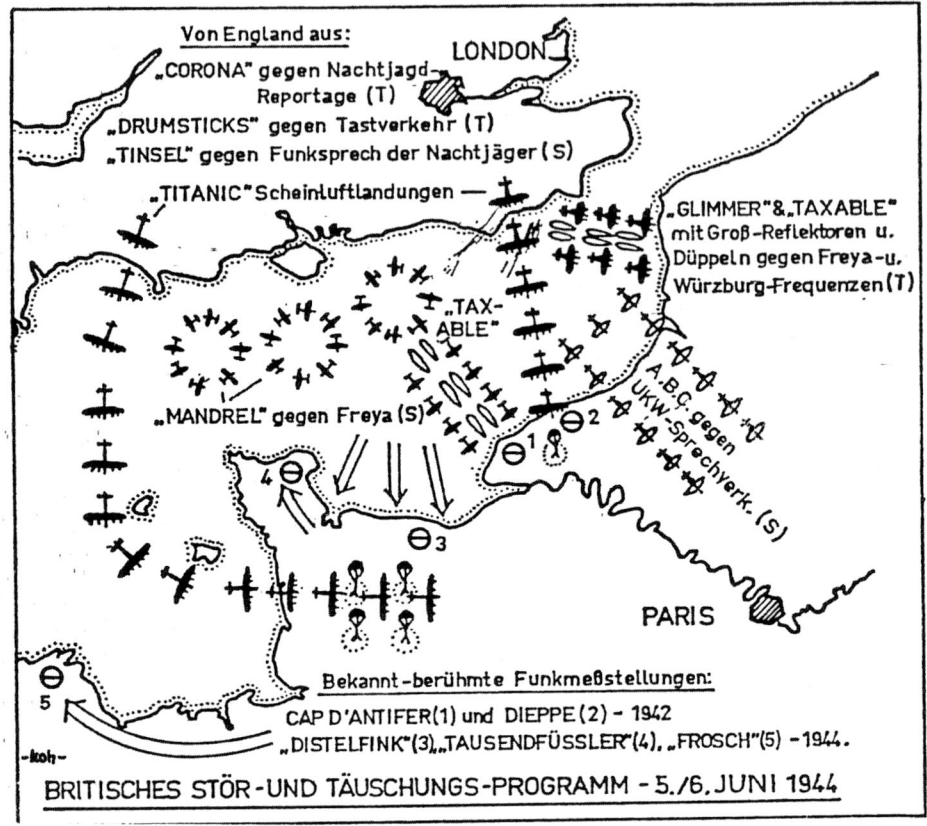

Britisches Stör- und Täuschungsprogramm am 5. und 6. Juni 1944.

bei der Wettervorhersage von Windstärke 7 nicht auslaufen. Mangels ausreichender Seezielbatterien war es nicht, wie geplant, möglich gewesen, die Angreifer schon vor der Küste auf dem Wasser zu zerschlagen. Typisch dafür war das Ende der Marineküstenbatterie Longues. Sie war erst kurz vor Beginn der Invasion an der Steilküste, zwischen den Landeabschnitten *Gold* und *Omaha*, etwa 74 - 60 m über dem Meer fertiggestellt und mit vier 15,2 cm Kanonen deutschen Ursprungs bestückt worden. Die Geschütze waren in den noch heute erhaltenen Bunkern verschartet. Ihr Feuerleitstand befand sich etwa 300 m vor diesen Bunkern, am Rande der Steilküste. Als einzige Batterie an der Invasionsfront war er mit dem »Parallax-Feuerleitrechner« ausgerüstet, der ein Schießen auf bewegliche Seeziele ermöglichen sollte. Die Schußwerte sollten durch Fernsprecher an die Geschütze übermittelt werden. Jedoch wurden die in etwa 1,80 m Tiefe starr verlegten Fernsprechkabel vor Beginn der Landungen durch Bomben unterbrochen und konnten wegen der Tiefe nicht mehr repariert werden. Funkgeräte hatte die Batterie nicht. Während des Feuergefechts mit Rauch und Qualm war auch die Sichtverbindung unterbrochen, so daß der Versuch, mittels Tafeln an der Leitstandrückwand die Schußwerte zu übertragen, fehlschlug. Die Geschütze waren also blind. Ohne Möglichkeit, ihr Feuer zu beobachten und zu korrigieren, konnten sie nicht treffen. Mit ihrem Gesamtschwenkbereich von

180° hätte die Batterie auch die Landestrände *Gold* und *Omaha* unter Feuer nehmen können. Aber abgesehen von ihrem Seezielauftrag hatte die Batterie weder Verbindung zu Heeresstellen noch Sicht auf die Landungsstrände. Am 6. Juni wurde die Batterie ab 03.15 Uhr anfangs mit 700 t Bomben, dann mit Artilleriefeuer der Kreuzer AJAX und ARGONAUT überschüttet. Ihr eigenes Feuer auf das Schlachtschiff AR-KANSAS blieb wirkungslos, das nächste Ziel, das Führungsschiff BULOLO, nebelte sich ein und wechselte seine Stellung seewärts. Beim erneuten Feuerwechsel mit den vorerwähnten Kreuzern erzielte AJAX je einen Treffer in die Scharten des 2. und 3. Geschützes, die die Batterie nach dem Verschuß von 115 Schuß zum Schweigen brachten. Am Nachmittag übergab der Batteriechef seine Batterie widerstandslos der von landwärts angreifenden britischen 231. Brigade.

Die Befehlsbefugnisse für die Küstenverteidigung waren in Hitlers Weisung Nr. 40 (und 40a) geregelt. Sie ließen keine dauernd integrierte Führung zu. Die Bekämpfung des Feindes im Küstenvorfeld sollte alleinige Aufgabe der Kriegsmarine sein, die dafür mangels Seestreitkräften vor der Normandie nur die beiden Küstenbatterien Marcouf (bei *Utah*) und Longues einsetzen konnte. Die Versenkung des Zerstörers CORRY durch Marcouf blieb ihr einziger Erfolg gegen die feindliche Armada. Die deutsche Kriegsmarine und Luftwaffe waren im Kriege zum Teil veraltet, vom technischen Fortschritt der Briten und Amerikaner mit deren riesigen Entwicklungskapazitäten überholt und vor allem zahlenmäßig hoffnungslos unterlegen.

Für sein Ziel, den feindlichen Angriff spätestens nach Erreichen der Küste abzuweisen, verfügte Generalfeldmarschall Rommel an den Landungsstränden *Gold, Juno* und *Sword* nur über sieben Bataillone der zweigliedrigen bodenständigen 716. Infanteriedivision. Sie war 1942 ausschließlich zur Küstenverteidigung aufgestellt worden. Sie bestand aus älteren Soldaten ohne Kampferfahrung, bemannte die weit

Marineküstenbatterie Longues.

Im Strandabschnitt »Juno« gehen Kanadier an Land.

auseinandergezogene Kette von teils betonierten Widerstandsnestern und Stützpunkten in Strandnähe, die teilweise mit 5 cm, 7,5 cm und 8,8 cm Geschützen bestückt waren, und war mangels eigener Fahrzeuge und Pferden auf »bodenständige«
Versorgungseinrichtungen angewiesen. Ihrer Artillerie fehlten Fernmeldegerät und
Zugmittel, so daß sie nur batterieweise schießen und ihre Stellungen nicht wechseln
konnte. Die beiden in der Strandlinie eingesetzen Bataillone wurden aus der Luft, von
See und den Landungsschiffen mit Feuer so niedergehalten, daß sie selber kaum
schießen und nicht einmal melden konnten, während die bei Ebbe landenden Briten und Kanadier die nur teilfertigen Strandhindernisse und Minenfelder rasch überwunden hatten und unverzüglich landeinwärts vorstießen, ohne auf nennenswerten
Widerstand zu treffen. Die schwachen, auf Fußmarsch angewiesenen Reserven, wurden vorzeitig aus der Luft und von den Panzern zerschlagen. Da das Befehls- und Mel-
denetz ausgefallen war, blieb diese Lage dem Divisionsstab und damit auch höheren
Komandobehörden bis zum nächsten Tag verborgen. Am 6. 6. war der Atlantikwall
nachhaltiger durchbrochen worden, als es im Stellungskrieg 1914 - 1918 jemals gelungen war. Hier gab es weder eine zweite Stellungszone noch wirksames Abwehrfeuer der Artillerie, von der Luftwaffe ganz zu schweigen.

Feldmarschall von Rundstedt hatte gefordert, den linearen »Atlantikwall«, *die dünne Strippe mit ein paar Knötchen drin,* mit einer zweiten Stellung zu einem Kampffeld auszubauen, wie es den deutschen Vorschriften für den Kampf um Stellungen
seit 1917 entsprach. Dadurch wäre der Küstenstellung eine gewisse Tiefe verliehen
worden. Aus Mangel an Arbeitskräften mußte dieser Ausbau unterbleiben, denn Hitler wollte ja jeden verfügbaren Mann für die Ostfront haben und bezweifelte wohl
ernsthafte Landungen an der Kanalküste bis zuletzt. Die überwältigende Wirkung und
Reichweite der gegnerischen Schiffsartillerie waren mangels eigener Erfahrungen

Landungsstrand »Juno« von Westen (1993).

völlig unterschätzt worden. Unter ihrer verheerenden Feuerglocke erstarrte jede Bewegung, auch die örtlicher ungepanzerter Reserven. So wurden auch alle Gegenstöße und Gegenangriffe der Kräfte der 716. Infanteriedivision im Keim erstickt. Sie waren vom Feind einfach überrannt und bis zum Abend des Landungstages auf ein kümmerliches Bataillon und wenige Rohre zusammengeschmolzen. Die zweite Stellung zur Aufnahme fehlte.

Trotz ihrer Mattigkeit nach der Kanalüberquerung bei stürmischer See konnten die Landungstruppen fast widerstandslos bis zur völligen Erschöpfung nach Süden vorstoßen und mit Spähtrupps die Bahn Bayeux - Caen erreichen. Von der deutschen Führung unbemerkt, waren bereits am 6. Juni Teile der britischen 7th Armoured Division angelandet, und am 9. Juni standen zwei Panzerbrigaden mit etwa 400 Panzern im britischen Sektor des Landekopfes bereit. Die als Eingreifreserve der Heeresgruppe B bestimmte 21. Panzerdivision wurde mit Teilen ab 02.45 Uhr in den Kampf beiderseits der Orne geworfen. Der durch unklare Befehlsgebung verzögerte Angriff ihres allerdings nicht modern ausgerüsteten Panzerregiments westlich der Orne nach Norden in Richtung Küste wurde nicht geschlossen geführt und stieß bei Lebisey auf einen aus günstigen Stellungen abwehrbereiten und an Panzern überlegenen Feind. Er scheiterte unter Verlust von 13 Panzern. Ostwärts neben den Panzern griffen die Panzergrenadiere der Gruppe Rauch, unter persönlicher Führung des Kommandierenden Generals Marcks, auf Lion-sur-Mer an und erreichten durch einen noch feindfreien Raum den Strand gegen 19.00 Uhr. In diesen Minuten sahen die Angreifer den Anflug von etwa 250 Lastenseglern an Schleppflugzeugen, die von zahlreichen Jägern begleitet wurden, zur Verstärkung der ostwärts der Orne gelandeten britischen 6. Luftlandedivision. Unter dem Eindruck dieser gewaltigen Luftflotte befahl der Divisionskommandeur in irriger Erwartung einer Luftlandung im Rücken seiner Verbände, den Angriff einzustellen und in die Ausgangsstellungen zurückzugehen. Nur die l./Panzergrenadierregiment 192 wich auf die Luftwaffen-Funkmeßstellung »Distelfink« bei Douvres aus, wo die Kompanie zusammen mit 152 Mann der Besatzung eingeschlossen wurde. Diese Funkmeßstellungen waren nach dem Dieppe-Raid festungsmäßig mit Beton und Panzerabwehr und Flakwaffen ausgebaut worden. »Distelfink« konnte aus seiner überhöhten Lage zwar keine Radarmeldungen geben, aber mittels Telefon laufend Bewegungen des Feindes melden und tagelang alle Angriffe vom Boden und aus der Luft bis zur Kapitulation am 17. Juni tapfer abwehren.

Die 21. Panzerdivision wurde aber bereits am ersten Tage durch die Zersplitterung ihrer Kräfte in mehreren Gruppen beiderseits der Orne angeschlagen und in Nebenaufgaben so festgelegt, daß sie vorläufig für Angriffsaufträge ausschied. Der Überraschung, Täuschung und Schnelligkeit des Feindes war nicht genug Rechnung getragen worden. Am Abend des 6. Juni hatte das I. britische Korps einen 10 km langen Küstenstreifen mit ausreichender Tiefe in Besitz genommen, dem nachts frische Kräfte, Waffen und Versorgungsgüter zugeführt wurden. Die erschöpften Reste der deutschen Verteidiger schauten vergebens nach Verstärkungen und Versorgung aus, beim Stab der 716. Infanteriedivision in Caen herrschte Unklarheit über die Lage. Alle Reserven des hier führenden. LXXXIV. Armeekorps waren verbraucht.

Jetzt kam es auf die operativen Reserven an. Bereits lange vor den Landungen war es zwischen Generalfeldmarschall Rommel, dem Oberbefehlshaber der Heeresgruppe B, und General der Panzertruppen Geyr von Schweppenburg, dem Befehlshaber der Panzergruppe West - also dem Panzerführer des OB West - zur »Panzerkontroverse« gekommen. Während Feldmarschall Rommel auf Grund seiner Afrika-Erfahrungen nur eine statische »Vorneverteidigung« für möglich und entscheidend hielt, da die feindliche Luftherrschaft das rechtzeitige Heranführen operativer Reserven - heute »Follow-on-forces« - erschweren würde, schwebte General von Geyr eine beweglich geführte Verteidigung vor. Nur so seien die Stärken der deutschen Panzerdivisionen zur Wirkung zu bringen: »*Je schwächer die Kräfte sind, um so beweglicher muß gekämpft werden. Unter Preisgabe von Operationsraum und unter Versagen an dieser Front kommt es darauf an, die schnellen Verbände zusammenzuhalten und Teilschläge zu schlagen... Ein Kämpfen in starrer Linie ohne Reserven zwingt bei geringstem operativen Einbruch zum Zurücknehmen von Armeen*«.

General von Geyr unterschied zwei Phasen des Abwehrkampfes:

1. Den Kampf um die Hauptkampflinie, bei dem ein Teil der Schnellen Verbände eingesetzt werden sollte, sobald sich Erfolge des Gegners abzuzeichnen begannen. Der Schwerpunkt einer Landungsoperation ließ sich aber kaum schon am ersten Tage feststellen. Vielmehr war zu erwarten, daß der Gegner den endgültigen Schwerpunkt erst auf Grund des Kampfverlaufs am ersten Landungstage festlegte.

2. Der Schwerpunkt der feindlichen Landung zeichnete sich ab, der feindliche Brückenkopf war im Entstehen begriffen. Jetzt kam es darauf an, alle Schnellen Verbände - auch die an Nebenfronten gebundenen - zusammengefaßt in die Schlacht zu werfen.

In dieser »Panzerkontroverse« entschied sich Hitler für einen Kompromiß, nämlich die geringen operativen Reserven zu teilen. Damit wurde deren geschlossener

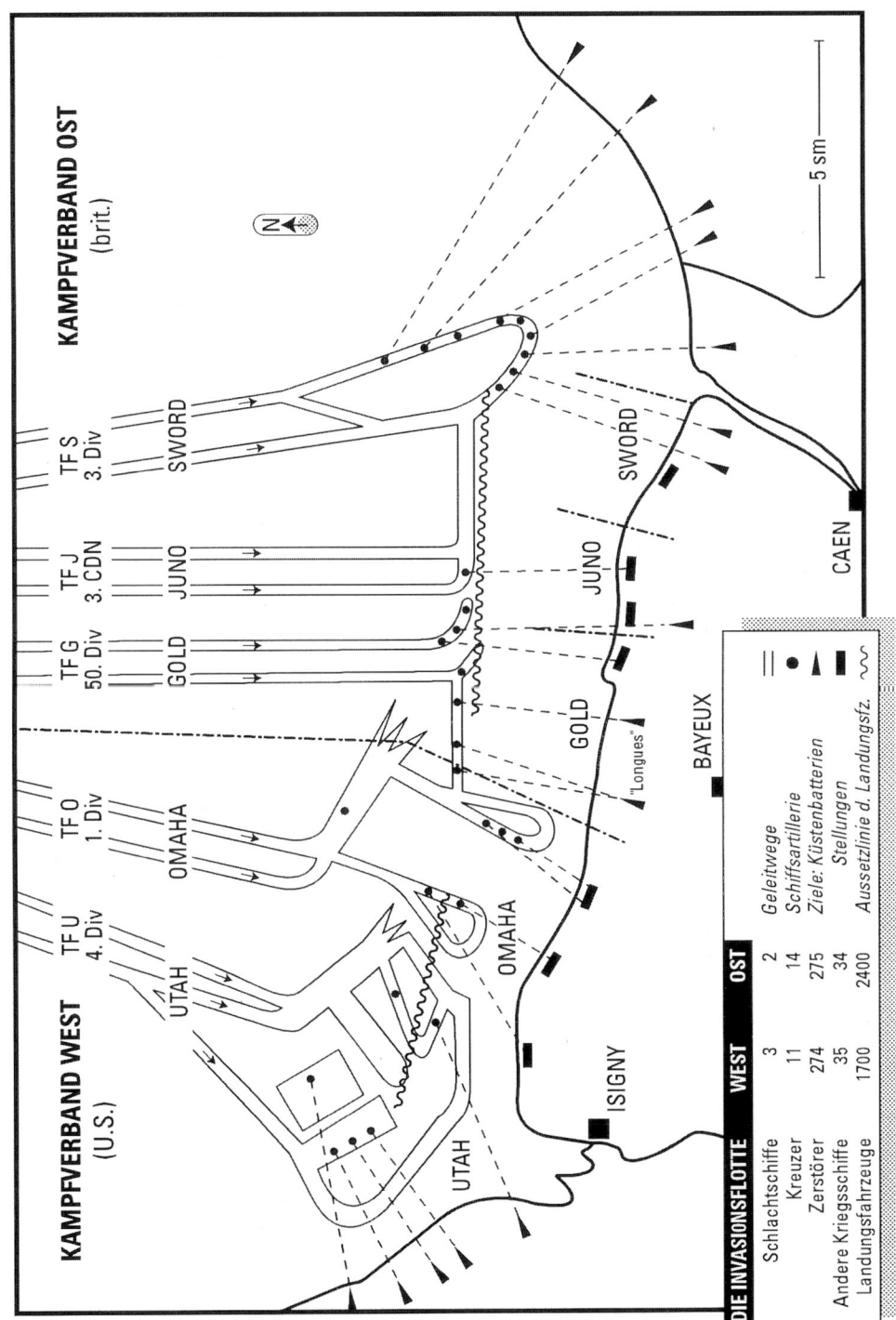

Die Anlandung der Armada mit über 6000 Schiffen und die Ziele der alliierten Schiffsartillerie. Zur Abwehr deutscher Gegenangriffe standen neben den Bomber- und Jagdbomberverbänden u.a. die Geschütze von zwei Schlachtschiffen, sieben Kreuzern sowie zahlreichen Zerstörern bereit.

Einsatz unmöglich gemacht, den die Luftwaffe hätte aufklären und abschirmen müssen. Auch das hatte Hitler verhindert.

Wie man im Führerhauptquartier die Lage am 6. Juni beurteilte, geht aus dem Kriegstagebuch des OKW hervor: *Daß es sich tatsächlich um den lang erwarteten D-Tag handelte, zeigte ein in den Morgenstunden verbreiteter Befehl Eisenhowers.... Jedoch war noch nicht klar, ob es sich um einen ersten Vorstoß, um eigene Kräfte zu binden oder wirklich schon um die Hauptaktion handelte. Stutzig machte, daß die Sabotage nicht merklich anstieg. Deshalb war denkbar, daß der Feind erst einmal die Halbinsel Cotentin abkneifen und dadurch Cherbourg in eigene Hand bringen wollte, um gleichzeitig oder anschließend mit den in Südostengland wartenden Kräften die 15. Armee anzugreifen...*

Der OB West handelte jetzt folgerichtig, wenn auch der Ablauf der Ereignisse nur noch lückenhaft rekonstruiert werden kann, da zahlreiche Kriegstagebücher verlorengegangen sind. Nach den ersten Meldungen über Luftlandungen befahl der OB West bereits um 04.10 Uhr: »*Alarmstufe II für AOK 15 und AOK 7, nach näherer Begrenzung durch Heeresgruppen-Kommando B. Erhöhte Marschbereitschaft für Panzergruppen-Kommando West mit 12. SS-Panzerdivision, Panzerlehrdivision und 17. SS-Panzergrenadierdivision.*«

Dann erbat er vom OKW die Freigabe der 12. SS-Panzerdivision »Hitlerjugend«. Diese wurde bereits um 05.05 Uhr von ihm eigenmächtig der Heeresgruppe B unterstellt und ab 10.00 Uhr in den Abschnitt der 711. Infanteriedivision (ostwärts der Orne) in Marsch gesetzt, um die luftgelandeten Gegner zu bekämpfen.

Churchills »Bodyguard of lies« (»Leibwache der Wahrheit durch Lügen«, z.B. übertriebene Stärkemeldungen von Agenten, Funktäuschung, Luftlandungen ostwärts

Rest des künstlichen »Mulberry«-Hafens von Arromanches. In Unkenntnis dieser künstlichen Häfen schloß die Kriegsmarine Großlandungen an der Calvados-Küste aus.

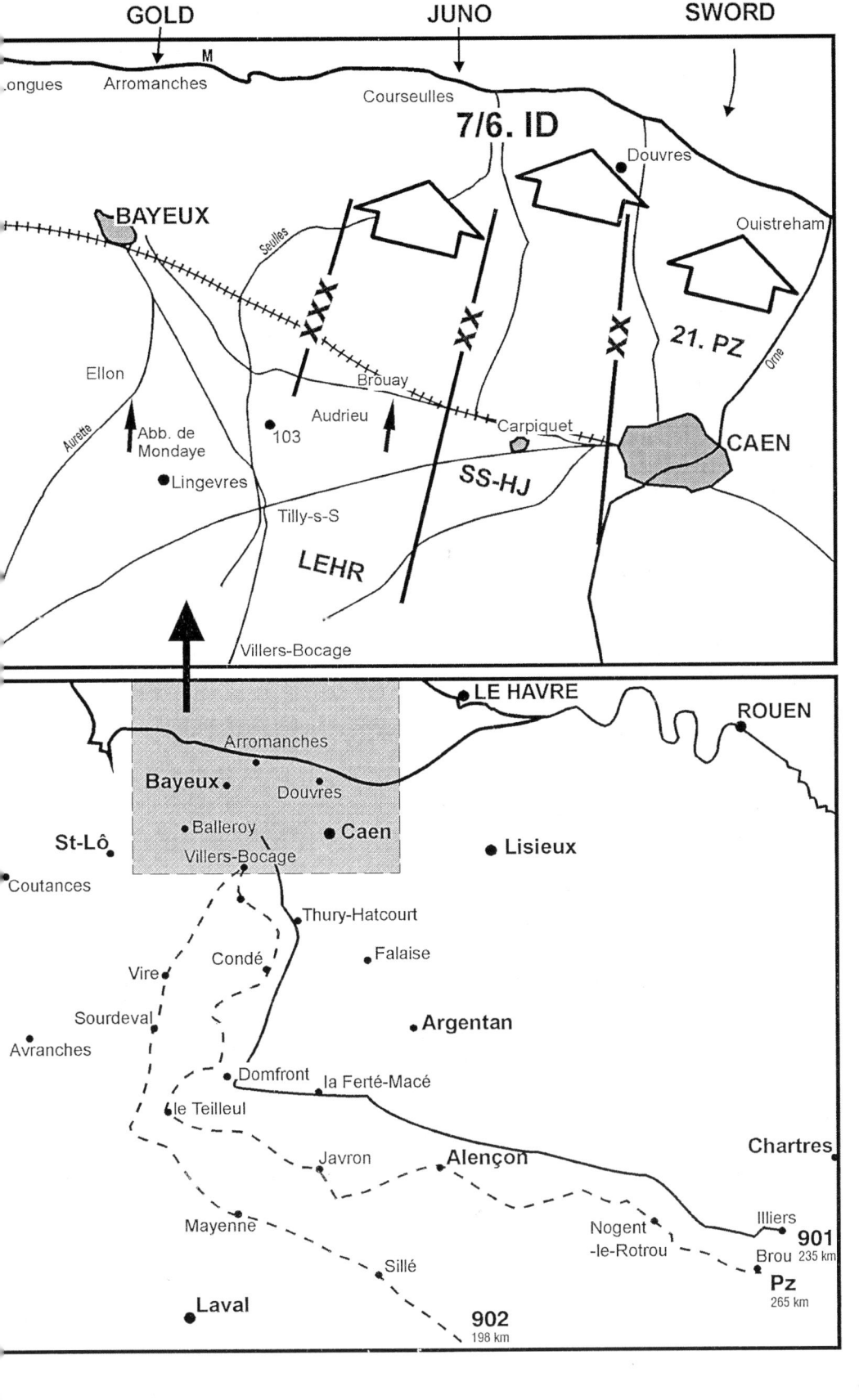

GOLD   JUNO   SWORD

M

Longues   Arromanches

Courseulles

7/6. ID

Douvres

BAYEUX

Seulles

Ouistreham

XX
XX
XX

21. PZ

Ellon

Brouay

Abb. de
Mondaye

Audrieu

103

Carpiquet

CAEN

Orne

Lingevres

SS-HJ

Aurette

Tilly-s-S

LEHR

Villers-Bocage

LE HAVRE   ROUEN

Arromanches

Bayeux   Douvres

St-Lô

Caen

Balleroy

Villers-Bocage

Coutances

Lisieux

Thury-Hatcourt

Vire   Condé   Falaise

Sourdeval   **Argentan**

Avranches

Domfront   la Ferté-Macé

le Teilleul

Chartres

Javron   **Alençon**

Illiers

Mayenne   Nogent   **901** 235 km
-le-Rotrou   Brou

Sillé   **Pz** 265 km

Laval   **902**
198 km

der Orne usw.) schienen die vorgefaßte Meinung des OKW zu bestätigen, daß die Hauptlandung bei der 15. Armee am Pas-de-Calais noch bevorstehe, da die Calvadosküste keine leistungsfähigen Häfen bot. Von den künstlichen »Mulberry«-Häfen war noch nichts bekannt. Deshalb die vorzeitige Inmarschsetzung der 12. SS-Panzerdivision »Hitlerjugend« in eine falsche Richtung. Als um 14.30 Uhr das OKW die beiden Panzerdivisionen freigab, hatte sich die Lage bereits derart geklärt, daß es nicht mehr um die Luftlandungen, sondern um die Seeanlandungen an den Stränden zwischen Orne und Halbinsel Cotentin ging. Um 15 Uhr befahl AOK 7 den Gegenangriff am 7. Juni, unter Führung des LXXXIV. Armeekorps mit 21. Panzerdivision, 12. SS-Panzerdivision und 716. Infanteriedivision westlich der Orne, um den Feind ins Meer zu werfen. Dazu drehte das LXXXIV. Armeekorps die »Hitlerjugend«-Division in den Raum südwestlich Caen ab. Unter der Wirkung der feindlichen Jagdbomber gelang es jedoch bis zum 7. Juni früh nur der SS-Panzeraufklärungsabteilung 12 und dem verstärkten SS-Panzergrenadierregiment 25 (Standartenführer Kurt Meyer, »Panzermeyer«), ihre befohlenen Bereitstellungsräume zu erreichen. Die übrige Division hatte längere Anmarschwege, ihr Eintreffen verzögerte sich um bis zu 24 Stunden. Um 15.07 Uhr wurde dem AOK 7 das Generalkommando I. SS-Panzerkorps zur Führung des Gegenangriffs im Raum Caen unterstellt. Abends meldete AOK 7 als Absicht für den 7. Juni: »*Einsatz 12. SS-Panzerdivision und Panzerlehrdivision zum Gegenangriff gegen ostwärts Bayeux durchgebrochenen Feind sowie 21. Panzerdivision aus Richtung Caen in Richtung Lion-sur-Mer, unter Führung I. SS-Panzerkorps.*«

Das aus St. Germain kommende Generalkommando hatte durch Luftangriffe und übermäßigen Ausfall von Funkstellen von Anfang an große Schwierigkeiten mit Fernmeldeverbindungen nach oben und nach unten. Das Korps konnte weder seinen Truppen Befehle und dem AOK Lagemeldungen ständig übermitteln noch die Lageentwicklung bei der Armee erfahren. Erst am 7. Juni, 14.40 Uhr, gelang es eine Zeitlang, eine Funkverbindung zwischen dem Oberkommando Heeresgruppe B und dem I. SS-Panzerkorps herzustellen. Ein zur Panzerlehrdivision mit Funkunterlagen entsandter Verbindungsoffizier des Korps verunglückte vor Erreichen seines Zieles tödlich. Der Kommandeur der Panzerlehrdivision, Generalleutnant Bayerlein, konnte den Korpsgefechtsstand erst nach langem Suchen um 16.00 Uhr bei Thury-Harcourt finden. Die Panzerlehrdivision blieb befehlsgemäß noch bis 19.00 Uhr in ihrem Versammlungsraum, um dann auf drei früher erkundeten Marschstraßen, voraussichtlich zur Verfügung des LXXXIV. Armeekorps, in den Raum Flers - Vire vorzuziehen. Der Nachtmarsch verlief noch glimpflich, wohl zu spät hatte die feindliche Luftaufklärung gemeldet. Im Kriegstagebuch (K.T.B.) der Panzeraufklärungslehrabteilung 130 heißt es darüber: *Ohne besondere Vorkommnisse.* Einzelne Tieffliegerangriffe und zerstörte Ortsdurchfahrten, ohne vorsorglich ausgeschilderte Umgehungen, erschwerten den Marsch der ihr folgenden Verbände. Die Marschziele wurden ohne wesentliche Verzögerungen erreicht. Nachts wurde, aufgrund der drängenden Lage, der beschleunigte Weitermarsch bei Tage in den Raum südlich Villers-Bocage befohlen, um noch am 7. Juni abends unter Führung I. SS-Panzerkorps anzugreifen. Nach

Vorherige Seite:
Anmarsch der Panzerlehrdivision zum geplanten Gegenangriff unter Führung des I. SS-Panzerkorps.

60

Hellwerden wurde die II./Panzerlehrregiment 130 des Verfassers bei Alençon während eines Tankhalts aus der Luft erspäht und angegriffen. Tankfahrzeuge und Panzer gerieten in Brand, es gab Tote und Verwundete. Bald wiesen Rauchpilze den Jabos die Wege der drei Kolonnen. Trotz vergrößerter Abstände und Zerlegen in Marschpäckchen kostete dieser Marsch bei Tage Zeit und Verluste. Die Panzeraufklärungslehrabteilung, fast vollgepanzert, überwand die Strecke von André-de-Messey bis Roucamp (40 km) erst nach 7 1/2 Stunden. Ausfälle von Menschen und Fahrzeugen waren unvermeidlich, obwohl die ersten Verlustmeldungen in der Literatur wohl nach dem Grundsatz :»immer das Doppelte!« gefärbt wurden. Keinesfalls konnte die Panzerlehrdivision noch am 7. Juni angreifen. Mit derartigen Verzögerungen hatte niemand gerechnet.

Auch die 21. PanzerDivision konnte am 7. Juni nicht angreifen. Die ostwärts der Orne kämpfenden Gruppen ließen sich nicht herauslösen. Westlich des Flusses wurden die beiden Kampfgruppen von Oppeln und Rauch durch einen britischen Panzerangriff bei Lebisey in die Abwehr gedrängt. Die Division hatte die Freiheit des Handelns verloren. Die 12. SS-Panzerdivision hatte anscheinend außer ihrer Unterstellung unter das I. SS-Panzerkorps und dem Angriffsbeginn 16.00 Uhr keine Einzelheiten über den gemeinsamen Angriff erfahren. Während die SS-Panzeraufklärungsabteilung 12 nach Westen aufklärte und auch dem AOK 7 Klarheit über die Lage ostwärts Bayeux verschaffte, stand am 7. Juni vormittags nur das verstärkte SS-Panzergrenadierregiment 25 zum Angriff bereit. Die Sicherung des Flugplatzes Carpiquet war ihm besonders befohlen worden: Als die kanadische 7. Brigade westlich Caen zur Umgehung der Stadt und Inbesitznahme des Flugplatzes antreten wollte, ging Standartenführer Meyer aus eigenem Entschluß bereits um 14.00 Uhr zum Gegenangriff über. Nach Anfangserfolgen wurde er in verlustreiche Kämpfe verwickelt, ohne weitere Unterstützung erhalten zu können, denn die 21. Panzerdivision war überall gebunden und andere Truppen waren noch nicht heran.

Die Absicht Rommels, bis 7. Juni das britische I. Korps in die See zurückzuwerfen, war gescheitert. Jagdbomber und Friktionen im Befehls- und Meldewesen hatten die Führung lahmgelegt. Auf Befehl des AOK 7 wurde der Gegenangriff des I. SS-Panzerkorps auf den 8. Juni früh verschoben. Kommandeur und Ia der Panzerlehrdivision empfingen nachmittags auf dem Korpsgefechtsstand den Befehl für den Angriff am 8. Juni, der unverzüglich zum Divisionsbefehl umgesetzt und verteilt wurde. Die Feindziffer dieses Befehls entspricht der Lage etwa vom 6. Juni. Offenbar fehlte dem Generalkommando jede Übersicht über den Feind und die Lage bei 21. Panzerdivision und 12. SS-Panzerdivision. Das Abreißen aller Fernmeldeverbindungen nach oben und unten war wohl dem unvorstellbaren Ausfall fast aller Funkstellen, bis auf vier, zuzuschreiben. Hier mußte der Truppenführer, notfalls persönlich, handeln. Was er versucht hat, ist unbekannt. Es hat nicht ausgereicht. Zur Abwehr von deutschen Gegenangriffen an der Küste hätte den Landungstruppen nicht nur starke Jagdbomberverbände, sondern auch die ungeheure Feuerkraft von zwei bereitliegenden Schlachtschiffen und sieben Kreuzern sowie zahlreichen Zerstörern, bei Tage von Beobachtungsflugzeugen geleitet, zur Verfügung gestanden.

Wolfgang Maaß: *»Ich war Funker in unserem SPW, der zum Stab Panzergrenadierlehrregiment 902 abgestellt war, noch ein »junger Schlips« mit meinen 19 Jahren, aber zwangsläufig lernte man schnell oder aber hatte das Nachsehen. Auf*

Divisionsgefechtsstand der Panzerlehrdivision bei Cheux am 8. Juni. Der Ia, Major Kauffmann (Mitte), bespricht sich mit General Bayerlein (Rücken zum Betrachter).

dem Anmarsch griffen Jabos von rechts an. Ich saß rechts vorn auf dem SPW und sah sie über eine Baumreihe auf uns zukommen.»Jabo von rechts« und den Fahrer am Kragen gezogen (= Stop!) und gleichzeitig Kopf unter die Panzerabdeckung war eins! Der SPW stand ruckartig. Wir sprangen in den Graben. Als die Jabos abdrehten, brannten einige Pkw und Lkw. Auch unser SPW hatte s. MG-Treffer erhalten, direkt über meinem Kopf. Das Geschoß war abgeprallt, hatte aber noch eine Außenhalterung beschädigt.«

Weder Kommandeur noch Ia der Panzerlehrdivision erfuhren am 7. Juni, was der 12. SS-Panzerdivision und den Oberkommandos bekannt war, nämlich, daß der Feind Bayeux genommen hatte und bereits an der Bahnlinie nach Caen kämpfte.

Nur so ist es wohl erklärlich, warum General Bayerlein seine Verbände ungegliedert zum Kampf in den Raum fahren ließ, der teils vom Feind, teils von der 12. SS-Panzerdivision besetzt war, anstatt sie vorsichtig mit Marschsicherung vorzuführen. Dann hätte die Division noch rechtzeitig weiter westlich westlich zum Angriff nach Norden abdrehen können. Während die Marschgruppen unter rollenden Luftangriffen ihren Zielen zustrebten, wurde General Bayerlein kurz vor Dunkelheit durch einen Jaboangriff erschüttert, der seinem Ordonnanzoffizier, Leutnant Graf Pappenheim, und seinem Fahrer das Leben kostete. Er selbst kam leicht verwundet davon, aber der Schock wirkte noch anderntags lähmend weiter.

Die Panzeraufklärungslehrabteilung hatte bis 08.00 Uhr ihre befohlene Sicherungslinie besetzt und nach den Flanken aufgeklärt. Offenbar unerkannt vom Feind erreichten das Panzerpionierbataillon 130 und die vom Verfasser dorthin geführten

Panzer frühmorgens ihre Räume. Die Panzer zogen im Schloßpark von Monts-en-Bessin unter, wurden versorgt und blieben tagsüber unbehelligt von Artilleriefeuer und Luftangriffen. Der erwartete Einsatzbefehl blieb aus. (Die Panther-Abteilung - I./Panzerregiment 6 - der Panzerlehrdivision befand sich noch auf dem Rücktransport von der befohlenen Verlegung zur Ostfront).

Im Morgengrauen näherte sich die II./Panzergrenadierlehrregiment 902 mit Regimentstab ihrem Marschziel. Die Gefechtsaufklärung des Zuges unter Oberfeldwebel Günther (7./902) ergab, daß Brouay feindbesetzt war. Der Regimentskommandeur, Oberst Gutmann, befahl Angriff. Im Kampf um das Dorf, ab 04.30 Uhr, wurde II./902 bald in die Abwehr gedrängt. Ein Artillerievolltreffer während der Befehlsausgabe setzte Oberst Gutmann und mehrere Kompaniechefs außer Gefecht. Anschließend schossen britische Aufklärungspanzer und vermutlich Schiffsartillerie den Gefechtsstab im Schloßpark Brouay zusammen. Bald lag Brouay unter schwerem Feuer der aus der Luft geleiteten Schiffsartillerie, kanadischer Divisionsartillerie, möglicherweise auch eigener Artillerie der 12. SS-Panzerdivision. Um das Maß vollzumachen, wurde Brouay auch im Rücken vom III./SS-Panzergrenadierregiment 26 angegriffen. Das von allen Seiten bedrängte Bataillon war vorübergehend führungslos, hatte hohe Verluste, besonders auch an Offizieren, und trug von dieser unglücklichen Feuertaufe bleibende Schäden davon. Durch Ausfall aller Funkstellen wurde die Lage des Bataillons dem Divisionsstab bei Cheux erst viel später bekannt. Das andere Bataillon (I./902) war noch immer nicht eingetroffen. Als das III./SS Panzergrenadierregiment 26 den Schloßpark von Brouay gewann, fand es dort den zusammengeschossenen Regimentsgefechtsstand von Oberst Gutmann vor, »das schrecklichste Bild des Krieges«, wie sich ein SS-Mann nach dem Kriege erinnerte.

Das Panzerartillerieregiment 130 wurde auch bald führerlos und mußte noch lan-

Die Kommandeure der Panzergrenadierlehrbataillone verfügten über je zwölf dieser »Kanonenwagen« Sd.Kfz 251/9 mit 7,5 cm Kanone L 24 zur unmittelbaren Feuerunterstützung.

ge schweigen. Ganz früh war der Kommandeur, Oberst Luxenburger, mit Major Zeisler (Kommandeur III. Abteilung) und zwei weiteren Offizieren den Panzergrenadieren gefolgt, um Stellungsräume zu erkunden. Am Übersichtspunkt Pt 102 bei Christot überraschte ein kanadischer Panzerspähtrupp auf der Rückfahrt zu seiner Truppe die Kommandeurgruppe. Der einarmige Oberst Luxenburger wurde niedergeschlagen und als Kugelfang auf einen Spähpanzer gebunden, den später eine Pak des II./SS-Panzergrenadierregiment 26 bei Putot abschoß. Nur Major Zeisler konnte unverletzt entfliehen und nachmittags die Führung der Artillerie der Panzerlehrdivision übernehmen. Die kanadischen Angreifer hatten zur Überwindung der Müdigkeit nach der Kanalüberquerung mit den anschließenden tagelangen Kampfhandlungen Wachhaltetabletten, Benzamine, erhalten. Diese »Benzies« setzten ähnlich wie das deutsche Pervitin die körperliche Leistungsfähigkeit herauf, aber auch die Hemmschwellen herab und steigerten dadurch auch die Mordlust - eine Fortführung des im Ersten Weltkrieg verpönten chemischen Krieges in anderer Form.

Der Kommandeur Panzergrenadierlehrrgt 901, Oberst Scholze, traf beim Einziehen seines I. Bataillons in den befohlenen Bereitstellungsraum nördlich Cheux auf das SS-Panzergrenadierregiment 25, das denselben Raum für sich beanspruchte. Er befahl seinen Panzergrenadieren unterzuziehen, meldete und erwartete Befehle. Sein II. Bataillon war noch auf dem Marsch. Die starke Panzerlehrdivision war bis auf zwei Panzergrenadierbataillone versammelt, aber außerstande, geschlossen anzugreifen, und zu dicht am Feind, um den Raum noch wechseln zu können.

Bei der 12. SS-Panzerdivision lag die Kampfgruppe Meyer seit dem Vortage in wechselhaften, für beide Seiten verlustreichen Kämpfen nordwestlich Caen gebunden. SS-Panzergrenadierregiment 26, aufgehalten durch unaufhörliche Luftangriffe und Wegezerstörungen, erreichte den für den Angriff am 7. Juni befohlenen Bereitstellungsraum erst am 8. Juni früh. Nach seinem Eintreffen griffen seine drei Bataillone nebeneinander an, das III. Bataillon auf Brouay. Der Korpsbefehl zum geschlossenen Angriff war hier nicht durchgekommen.

Welche Ungewißheit der Lage bei der höheren Führung herrschte, ergibt sich aus dem Kriegstagebuch des AOK 7 am 8. Juni: *Da mit dem I. SS-Panzerkorps, das nach dem gestern verschobenen Angriff in den Morgensturden des 8. 6. aus Bereitstellungsraum nördlich Caen Richtung Küste antreten sollte, noch immer keine Verbindung besteht, begibt sich der Oberbefehlshaber zur persönlichen Unterrichtung über die Lage im Calvados-Brückenkopf auf den Gefechtsstand I. SS-Panzerkorps ... Über die Lage im Kampfraum Caen lag in den Mittagstunden immer noch keine Meldung vor. Es hat den Anschein, daß der Angriff des I. SS-Panzerkorps immer noch nicht begonnen hat.*

Bei der Abwehr der Invasion kam es auf Zeit an, auf die rechtzeitige Versammlung genügend starker Kräfte zum Gegenangriff auf den noch schwachen Landekopf. Aber die starke Feindeinwirkung aus der Luft und von See her führte zu unvorhergesehenen Verzögerungen und übermäßig hohen Ausfällen von Führern und Fernmeldeverbindungen. In solchen Lagen ist entschlossenes Handeln Aufgabe des Truppenführers, denn Verbindungen sind ausschlaggebend. Hier wußten die unterstellten Führer nicht mehr, was geschah und waren außerstande, im Sinne des Ganzen zu handeln. So wurde der letzte Zeitpunkt zum planmäßig geführten Gegenangriff mit drei Panzerdivisionen nebeneinander nach Norden verpaßt.

Abwehr bei Tilly-sur-Seulles and Villers-Bocage

Übergang zur Verteidigung im Bocage

Der Reisende, der heute das Bocage-Gebiet zwischen Caen und um St. Lô besucht, findet nur noch wenige Spuren der Wallheckenlandschaft von 1944, die damals die Kampfführung so maßgeblich bestimmte, nun aber einer modernen, mechanisierten, großflächigen Landwirtschaft Platz gemacht hat. Damals beherrschte das engmaschige Netz der kaum durchdringlichen Knicks, d.h. mit Gebüsch bepflanzten Wälle aus Steinen und Erde, das Bild. Das begrenzte Blickfeld machte es schwer, Verbindung und Übersicht zu halten, schützte aber nicht vor dem unausgesetzten Artillerie- und Mörserfeuer mit hochempfindlichen Zündern, die in den Heckenzweigen detonierten. Bewegungen, auch von Panzern, waren auf die schmalen Hohlwege zwischen den Heckenwällen beschränkt, die häufig nur Einbahnverkehr erlaubten und mangels Ausweichstellen von ausgefallenen Fahrzeugen oft stundenlang blockiert werden konnten. Panzerangriffe wurden auf Ausnahmen beschränkt, Artilleriefeuer auf Planschießen. Auch ohne Luftbedrohung konnten Reserven nicht rasch verschoben und eingesetzt werden. Wie im Ersten Weltkrieg wurden Einzelpanzer zu schweren Infanteriewaffen und gepanzerten Beobachtern, perlschnurartig auf die dünnbesetzte Front als deren Rückgrat verteilt. Ohne sie konnten die durch das beinahe pausenlose Feuer genervten und zermürbten Panzergrenadiere kaum halten. Die hier eingesetzten Panzerdivisionen wurden ihrer Stärken, Beweglichkeit, Wendigkeit und Stoßkraft, beraubt, festgelegt und übermäßig verschlissen, weil in Hitlers Wunschdenken das Halten von Gelände um jeden Preis wichtiger als das Haushalten mit Kräften erschien. So hatte er es in Flandern 1917/18 erlebt. Vorläufig hielten die deutschen Kommandobehörden noch am Angriffsgedanken, nun für den 9. Juni, fest. Die Panzerlehrdivision sollte nach Bereitstellung beiderseits der Straße Tilly - Bayeux über die Stadt Bayeux hinweg angreifen. Trotz der schwierigen Seitwärtsverschiebung standen die verfügbaren, noch nicht im Kampf gebundenen Teile befehlsgemäß am 9. Juni morgens zum Angriff auf Bayeux bereit: Rechts das durch die Panzerjägerlehrabteilung verstärkte Panzergrenadierlehrregiment 901 beiderseits der Seulles; links die Gruppe Schönburg (II./Panzerlehrregiment 130 und I./Panzergrenadierlehrregiment 902). Die übrigen Teile des Regiments 902 standen noch in Brouay und konnten sich dort erst nachmittags lösen. Die vom Bahntransport durch Deutschland zurückgerufene Pantherabteilung war nicht vor dem 10. Juni zu erwarten. Wie am 7. Juni befohlen, sicherte die Panzeraufklärungslehrabteilung 130 die linke - noch offene - Flanke der Division in Linie Ellon - Trungy. Inzwischen zwang der Feinddruck bei Tilly, Audrieu aufzugeben. Um das wichtige Tilly zu sichern, mußte das Regiment 901 dorthin abgedreht und der Angriff nach Norden von der Gruppe Schönburg allein geführt werden. Sie hat bis 17.00 Uhr widerstandslos Ellon durchschritten, wurde dort aber, wohl auf Befehl des Divisionskommandeurs, in Höhe der Sicherungen angehalten und in die Ausgangsstellung zurückbefohlen. Der einzige klassische Panzerangriff der Panzerlehrdivision in der Normandie war zu Ende, ehe er begonnen hatte.

Mittlerweile stand das Regiment 901 im schweren Abwehrkampf um Tilly, neuer Feind war im Vorgehen von Höhe 103 auf den Ort. Auch die 12. SS-Panzerdivision wurde bei Christot in die Abwehr gedrängt. Die Initiative war in die Hand des Gegners über-

Die deutschen Kommandierenden Generale im »Bocage«.

General der Artillerie Erich Marcks (1891-1944), Kommandierender General des LXXXIV. Korps.

General der Panzertruppen Heinrich Freiherr von Lüttwitz (1896 - 1969), Kommandeur der 2. Panzerdivision bis September 1944, dann Kommandierender General des XXXXVII. Panzerkorps.

Obergruppenführer und
General der Waffen-SS
Sepp Dietrich
(1892 - 1966),
Kommandierender
General des I. SS-Panzer-
korps,
mit Generalleutnant
Bayerlein (links) und
Major i.G. Kauffmann,
dem Ia der Panzerlehrdi
vision (Mitte).

Obergruppenführer und
General der Waffen-SS
Paul Hausser (1880 - 1972),
Kommandierender General
des II. SS-Panzerkorps und ab
26. 9. Oberbefehlshaber
der 7. Armee (Mitte), mit
General der Fallschirmtruppe
Eugen Meindl (1892 - 1951),
dem Kommandierenden
General des II. Fallschirm-
korps (links).

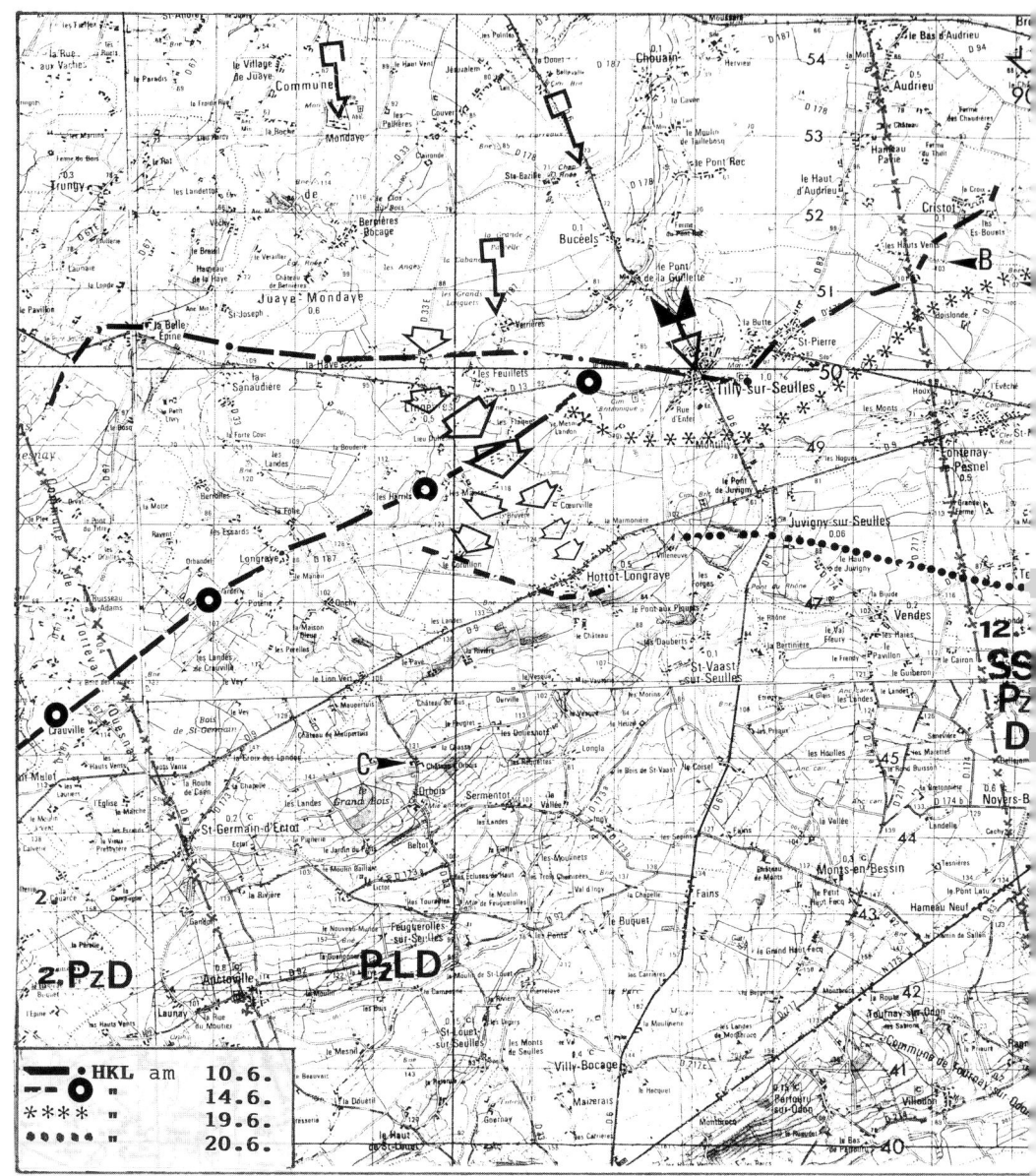

Die Kämpfe um Tilly-sur Seulles.
A: Gefangennahme Oberst Luxenburger
B: Hier fiel Prinz Schönburg
C: Gefechtsstand der Panzerlehrdivision

gegangen, das I. SS-Panzerkorps war zur Verteidigung gezwungen. Zwar erschien der Divisionsbefehl der Panzerlehrdivision für den Übergang zur Abwehr erst am 11. Juni, er bestätigte aber nur die am Vortag entstandene Lage. Die Division sollte in der erreichten Linie Les Hauts Vents - St. Pierre (Süd) - Tilly (Nord) - Verrières (Süd) - la Senaudière (Nord) verteidigen. Rechts: Panzergrenadierlehrregiment 901; Mitte: Panzerpionierbataillon 130 und Panzergrenadierlehrregiment 902 unter Führung des Kommandeurs Panzerlehrregiment; links Panzeraufklärungslehrabteilung zur Sicherung der linken Flanke der Division am Laurette-Bach, im Abschnitt La Belle Epine bis Quelle. In diesem Streifen wollte das XXX. britische Korps mit den beiden Elitedivisionen, die sich schon im Feldzug in Nordafrika bewährt und besonders ausgezeichnet hatten, der 7. Armoured Division (»Wüstenratten«) und der 50. (Northumbrian) Infantry, über Villers-Bocage und den Odon die Höhen von Evrecy gewinnen. Die 7. Armoured Division bestand aus einer Panzerbrigade (22nd) mit drei Panzerbataillonen, ausgerüstet mit Cromwell- und Firefly-Panzern (7,6 cm Kanone), etwa im Verhältnis 4:1, und einem Bataillon Infanterie auf Bren-Karetten (für MG & Mannschaftstransport); ferner einer Infanteriebrigade (131st Queen's) mit drei Bataillonen und einer schweren Kompanie. Diese wurden unterstützt von zwei Artilleriebataillonen mit Panzerhaubitzen und den üblichen Kampfunterstützungswaffen sowie von Schiffsartillerie. Der 50. Infantry Division unterstanden gliederungsmäßig drei Infanteriebrigaden (69th, 151st, 231st) mit je drei Infanteriebataillonen nebst den erforderlichen Kampfunterstützungstruppen. Zur Landung in der Normandie waren der Division zusätzlich eine weitere Infanteriebrigade (56th) sowie die selbständige 8th Armoured Brigade und Korpstruppen, insbesondere Artillerie, unterstellt. Einschließlich ihrer Verstärkungen zählte die Division am 6. Juni etwa 38.000 Mann. Das Kräfteverhältnis zwischen der Panzerlehrdivision mit einer Sollstärke von 14.654 und den britischen Verbänden - am 10. Juni über 50.000 Mann - wurde durch das britische Versorgungssystem noch vergrößert. Während die deutschen gepanzerten Divisionen bis zum völligen Ausbluten ihres Großgeräts eingesetzt und erst in der Heimat wieder aufgefrischt wurden, konnten britische Kommandeure zumeist damit rechnen, Ersatz für abgeschossene oder nicht örtlich instandzusetzende Panzer und Geschütze unverzüglich zu erhalten. Oft waren alliierte Panzerregimenter sogar überversorgt. Für die Infanterie, mit ihrem Regimentssystem, galt das nur bedingt. Dagegen sanken die Gefechtsstärken der nur mit ihren schwachen Feldersatzbataillonen genährten deutschen Divisionen rasch auf einen Bruchteil ab. Beneidenswert war die Versorgung der Alliierten mit Munition, Betriebsstoff und Verpflegung sowie die Sanitätsversorgung. Die fast totale alliierte Luftherrschaft besorgte ein übriges, obwohl die deutsche Flak gefürchtet war, die z.B. 50% aller eingesetzten englischen Typhoon-Jagdbomber abgeschossen hat (Ambrose).

Generalfeldmarschall von Rundstedt hatte bereits am Abend des 6. Juni bezweifelt, angesichts der erdrückenden materiellen Überlegenheit des Feindes mit den verfügbaren Kräften den Landekopf bereinigen zu können. Trotzdem wurde ein weiterer Angriff zur Küste, in der Nacht zum 11. Juni, unter Führung der Panzergruppe West geplant. Kurz vor der Befehlsausgabe wurde der Gefechtsstab der Panzergruppe durch einen Luftangriff fast völlig vernichtet, General von Geyr wurde verwundet. Damit war vorläufig allen deutschen Angriffsplänen die Grundlage entzogen.

Nach den vergeblichen britischen Durchbruchsversuchen auf Caen, die die 12. SS- und die 21. Panzerdivision abgewiesen hatten, verlegte Feldmarschall Montgomery seinen Schwerpunkt nach Westen, zwischen Seulles und Aure. Am 10. Juni sollten 50. Infantry und 7. Armoured Division, nach gewaltiger Feuervorbereitung durch den Kreuzer ORION und die verfügbare Artillerie, über Tilly - Villers-Bocage auf Evrecy angreifen, rechts die 22. Armoured Brigade längs der Straße Bayeux -Tilly, links die 8. Armoured Brigade über Audrieu auf St. Pierre, dessen Zugang sie am Vortage gegen das Bataillon Uthe (I./901) erzwungen hatte. Doch am 10.6. frühmorgens, nach einem schweren Feuerüberfall mit Mörsern und Artillerie, drang das Bataillon Uthe unter geschickter Ausnutzung der Hohlwege und Apfelgärten an mehreren Stellen gleichzeitig in das Dorf St. Pierre und anschließend in die Stellungen bei Pkt. 103 ein. Nur mit Mühe gelang es den Briten, trotz Unterstützung durch das Feuer ihrer Panzer, Artillerie und Kriegsschiffe, die Stellungen bei Pkt. 103 und im Nordteil von St. Pierre zu halten. Allein der Kreuzer ORION unterstützte an diesem Tag die britischen Truppen durch 1000 Schuß 15,2 cm, davon 186 Schuß auf Lingèvres. Auf der britischen Seite trat die 22. Panzerbrigade entlang der Hauptstraße von Bayeux nach Tilly zum Angriff an. Sie stieß bei Jeruzalem auf Widerstand, wahrscheinlich Gefechtsvorposten des Bataillons Zwierzynski (I./902), verstärkt durch Reste eines Ostbatail-

Erst am 10. Juni traf der vorderste Panther-Zug der 2./Panzerregiment 6 an der Abbaye de Monday bei der 3./Panzeraufklärungslehrabteilung ein. Ganz rechts Leutnant Gerstmann.

lons der 352. Infanteriedivision. Das britische Spitzenbataillon wurde aufgehalten, bis endlich ein Infanteriebataillon den Panzern zuhilfe kam und die Stellung nahm. Mittlerweile entfaltete sich die Panzerbrigade unter Benutzung einer Parallelstraße knapp 2 km weiter westlich, doch die »Wüstenratten« waren mit dem Heckengelände noch nicht vertraut und kamen ohne Infanterie nicht recht voran. Immer wieder versuchten deutsche Nahkämpfer, Handgranaten in die Luken der Panzer zu werfen oder mit *Panzerfaust* und *Panzerschreck* (»Ofenrohr«) die Cromwells und Shermans abzuschießen. In den Mittagsstunden gelang es mehreren Cromwells, tief durchzubrechen. Leutnant Werner (Panzerjägerlehrabteilung 130) soll drei Panzer abgeschossen haben. Zwei andere fuhren sich fest und wurden von ihren Besatzungen aufgegeben. Weiter westlich griff die neuzugeführte 56. Infantry Brigade den Nordflügel der Panzeraufklärungslehrabteilung an. Der wurde um 15 Uhr das erbetene Panzerjagdkommando zugeführt, ein Panther-Zug der 2./Panzerregiment 6, die jetzt mit vorderen Teilen vom Bahntransport durch das Reich zur Division zurückkehrte.

Die Panther sicherten die Kreuzung ostwärts der Abtei von Mondaye, jedoch wurde der Feinddruck so stark, daß der Divisionskommandeur befahl, die Sicherung auf die Linie Bernières-Trungy zurückzunehmen. Die Frontlücke weiter westlich zur 3. Fallschirmjägerdivision war noch offen. Dort wurde verstärkte Aufklärungstätigkeit des Feindes festgestellt. Die Zusammenarbeit mit der eigenen Artillerie, der es noch an Erfahrung mangelte - vom Instellunggehen bis zum ersten Schuß vergingen Stunden - brachte noch nicht die erhoffte Entlastung. Die Panzeraufklärungslehrabteilung verlor einen Achtradspähpanzer, sieben SPW und eine Pak.

Die erwarteten schweren britischen Angriffe am 11. Juni veränderten die Lage nur wenig, obwohl die Engländer gemischte Panzer / Infanterie- Kampfgruppen für den Kampf im Bocage bildeten. Ostwärts der Seulles griff die 69. Infantry Brigade an der Grenze zwischen Panzerlehr- und HJ-Division (12. SS) auf Christot an. Der Kampf in dem unübersichtlichen Gelände wogte hin und her. Nach einem feindlichen Einbruch forderte Oberst Scholze die Panzerabteilung Schönburg zum Gegenangriff an. Die Bedenken des Prinzen Schönburg gegen einen derartig schlecht vorbereiteten und unzureichend unterstützten Panzerangriff auf einen abwehrbereiten und über Panzer und Panzerabwehr verfügenden Feind im ungünstigen Kuschelgelände fanden kein Gehör. Zwar gelang der Einbruch in den Feind, doch dem starken Abwehrfeuer fielen zwei Panzer zum Opfer, darunter der Befehlswagen. Oberstleutnant Prinz Schönburg-Waldenburg mit seinem Nachrichtenoffizier, Leutnant Herrmann und Leutnant Finsterwalder fanden den Tod.

Westlich der Seulles traten die 56 Infantry Brigade auf Tilly und die 22nd Armoured Brigade auf Lingèvres an. Vorübergehend wurde die Verbindung zwischen Tilly und dem Hintergelände unterbrochen. Der Kampf um Tilly wurde entschieden, als Oberst Scholze persönlich mit einer kleinen zusammengerafften Kampfgruppe wider Erwarten Tilly kampflos erreichte.

Die 22nd Armoured Brigade nahm Verrières. Nachdem ein Gegenstoß des Bataillons I./902 fehlgeschlagen war, traten die Panzergrenadiere um Mitternacht erneut zum Gegenangriff an. Auch dieser brach im starken Abwehrfeuer zusammen, kostete den britischen Verteidigern aber etwa 150 Mann Verluste. Am linken Flügel der Division fühlte der Gegner mit starker Gefechtsaufklärung gegen die Schutzstellung der Aufklärungslehrabteilung am Aure-Bach vor. Die Straßenkreuzung La Belle Epine ging gegen überlegene Kräfte der Engländer verloren. Diese Feindtätigkeit ließ darauf schließen, daß der Gegner neben seinen Angriffsvorbereitungen auf Caen auch noch den Stoß in die Lücke zwischen Panzerlehr- und 352. Infanteriedivision plante. Eigene Panzeraufklärung nach Westen konnte bei Caumont schwächere amerikanische Aufklärungskräfte abweisen und mit Teilen der anmarschierenden Panzeraufklärungsabteilung der 2. Panzerdivision und dem rechten Flügel des LXXXIV. Armeekorps Verbindung herstellen. Den Ernst der britischen Angriffsabsichten unterstrichen die am Abend auf Hottot und weitere Straßenkreuzungen niedergehenden 40,6 cm Sprenggranaten des Schlachtschiffes NELSON. Am 12. Juni nahm der Feind seine Angriffe auf die Stellung der Division mit Schwerpunkt St. Pierre - Lingèvres wieder auf. Trotz der britischen Übermacht gelang es den Panthern und Panzergrenadieren, alle Angriffe abzuschlagen. Die 3./Panzerregiment 6 bewährte sich hier besonders.

Amerikanische Kräfte nahmen Caumont. Zum Schutz vor Umfassung von Westen wurde die Divisions-Begleitkompanie bei Anctoville eingesetzt und Major von Fallois unterstellt. Die Panzeraufklärungslehrabteilung störte erkannte Bewegungen des Feindes nach Süden. Das I. SS-Panzerkorps setzte seine schwere Panzerabteilung 101 (Tiger), die von Beauvais über Paris im Anmarsch war, auf den Raum Villers-Bocage an.

Das Gefecht von Villers-Bocage

Nachdem die britischen Frontalangriffe über Tilly gescheitert waren, befahl der Kommandierende General des britischen XXX. Korps der 7. Armoured Division, durch die Lücke zwischen dem britischen und amerikanischen Landekopf das Höhengelände von Villers-Bocage für einen späteren Stoß nach Süden zu nehmen, sobald der Widerstand der Panzerlehrdivision gebrochen sei. Dazu wurde die 7. Armoured Division am 12. Juni nachmittags aus der Front gelöst und über die Aure bis Livry in Marsch gesetzt. Die Vorhut, die Panzeraufklärer der 8. Husaren, erreichte Livry um 15.00 Uhr. Unterwegs wurde sie von der Begleitkompanie der Panzerlehrdivision angeschossen und verlor drei Panzer. In Livry wurde die 22. Brigade durch weitere Aufklärer, Infanterie, ein Artilleriebataillon und eine Panzerjägerkompanie verstärkt. Nachts feierte man sorglos bei Blumen und Wein die »Befreiung«.

Unterdessen bereitete schwere Schiffsartillerie den Angriff durch Feuer auf Villers-Bocage vor. Dort lagen nur die beiden Sanitätskompanien und die Krankenkraftwagenzüge der Panzerlehrdivision, die dort den Hauptverbandsplatz und ein Ortslazarett eingerichtet hatten. Jedoch lief die Versorgungsstraße der Division durch den Ort. Die Granateinschläge während der Beisetzung des Prinzen Schönburg und seiner Kameraden im nahen Parfouru klangen wie ein Ehrensalut!

Am 13. Juni früh drehte die 22. Brigade ostwärts nach Villers ein, um die Höhe 213 als Flankensicherung gegen Caen zu besetzen. Ihre Spitze bildete eine Cromwell-Panzerkompanie (A-Sqn/ 4CLY »Sharpshooters«) mit einer Kompanie der 1st Rifle Brigade auf gepanzerten Halbkettenfahrzeugen, gefolgt vom Stab und Aufklärungszug der »Sharpshooters«. Als man ohne weitere Gefechtsaufklärung die Höhe 213 erreicht hatte, um dort in Stellung zu gehen, erschien überraschend Hauptsturmführer Michael Wittmann mit seinem Tiger. Er schoß sofort den ersten und letzten Panzer der auf der Straße von Villers her dicht aufgefahrenen Kolonne ab, dann - längs der Ko-

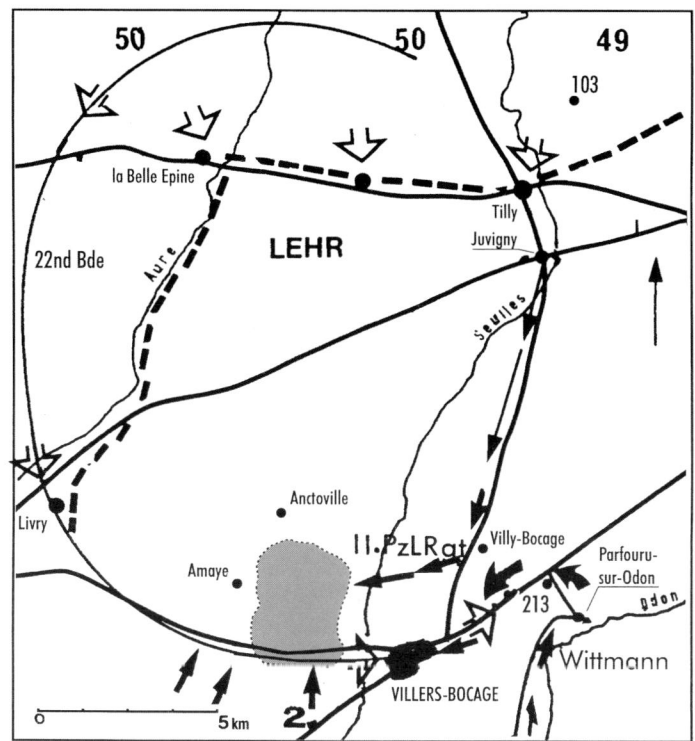

Das Gefecht von Villers-Bocage. Nachmittags lief der deutsche Gegenangriff.
Die 22nd Brigade igelte sich westlich des Ortes in einer »box« ein.

lonne fahrend - alle übrigen Panzer und Halbkettenfahrzeuge. Im Nu standen etwa
50 Kampffahrzeuge in Flammen, einschließlich der Beobachtungspanzer der Artillerie. In der Falle saßen fast alle zur Befehlsausgabe nach vorn befohlenen Offiziere der
Vorhut. Mit knapper Not nur konnte der Unheil witternde Brigadekommandeur in
seinem Befehlswagen entkommen. Die überlebenden Briten igelten sich auf Höhe
213 zu tapferer Gegenwehr ein, angegriffen von weiteren Tigern und in der Nähe liegenden Soldaten. Auch Hauptmann Lex, Führer der Versorgungskompanie II./Pan-
zerlehrregiment in Parfouru, beteiligte sich mit einigen Schadpanzern an diesem
Kampf, der bis 13.00 Uhr beendet war. Mittlerweile war Wittmann mit etwa vier bis
fünf Tigern - übermütig und ohne Begleitinfanterie - längs der Hauptstraße schießend
in den Ort gefahren, bis er nach dem Treffer eines Firefly bis zu den ihm folgenden
Tigern zurücksetzen und schließlich ausbooten mußte. Nach und nach wurden alle
im Ort befindlichen Tiger und auch einzelne Panzer IV von den Engländern außer
Gefecht gesetzt. Wittmann - der erfolgreichste Panzerkommandant des Zweiten Weltkriegs - entkam zu Fuß nach Schloß Orbois, dem Ia Gefechtsstand der Panzerlehrdivision.

General Bayerlein wurde von verschiedenen Stellen frühzeitig von der Gefahr in
seinem Rücken unterrichtet. Auf seine Meldung hin mahnte das Korps die von Süden anmarschierende 2. Panzerdivision zur Eile an. Deren vorderste Teile vom Panzergrenadierregiment 2 griffen bald südwestlich von Tracy-Bocage in den Kampf ein

Wittmanns Strecke: Die in Brand geschossene Kolonne der 22nd Armoured Brigade.

und zwangen dadurch die Engländer, den Ort Villers-Bocage zu räumen und sich westlich davon auf der Höhe zur Rundumverteidigung (box) einzuigeln. Der Verfasser erhielt vor 11.00 Uhr Befehl, mit allen im Kampf um Tilly entbehrlichen Panzern, etwa 15 Stück, unverzüglich den Raum nördlich Villers zu erreichen, um den befürchtenden Stoß in den Rücken der Division zu verhindern. Der Ia der Division raffte alle verfügbaren Soldaten des Stabes und anderer Einheiten zusammen, um ebenfalls nach Süden zu sichern. Alle Truppen, insbesondere die Nachschubkolonnen, wurden gewarnt, Villers-Bocage zu meiden.

Auf der Straße von Juvigny anfahrend, wurde der Verfasser in Villers-Bocage von General Bayerlein eingewiesen. Ihm wurde befohlen, längs der Straße nach Westen, aus Stellungen nördlich des Bachgrundes, alle Ortsausgänge nach Norden zu sperren, um so Angriffe in den Rücken der Division zu verhindern. Als der Spitzenpanzer die Straße nach Anctoville nordwestlich des Ortes erreichte, wurde er von einer versteckt stehenden und nicht auszumachenden Pak abgeschossen. Er stand gleich in Flammen. Wir waren auf die britischen Igelstellung westlich von Villers gestoßen. Hier konnten Panzer durch das Kuschelgelände ohne Panzergrenadiere und Artillerie nicht angreifen.

Der in seinem Befehlswagen mitfahrende General Bayerlein befahl, den Vorstoß abzubrechen und zu sichern. Gegen 20.00 Uhr war der Auftrag erledigt, die Panzer kehrten in die die Ausgangsstellung zurück.

Der Ib, Major Werncke, war morgens auf dem Wege von seinem Gefechtsstand über Villers-Bocage zum Ia-Gefechtsstand im Schloß Orbois. Er berichtete:

»Der Gefechtslärm wurde stärker und stärker. Kurz vor Erreichen des Ortes strömtem mir gehfähige Verwundete mit Verbänden an allen möglichen Stellen entgegen und warnten mich vor der Weiterfahrt, denn der Gegner sei in den Ort ein-

Wittmanns Husarenritt endete in Villers-Bocage. Rechts ein Tiger, links ein Panzer IV.

gebrochen, habe die dort liegende Sanitätskompanie mit dem Hauptverbandsplatz
überrannt und sei »tief in die Flanke« der eigenen Kräfte nach Osten eingebrochen.
Sie hätten sich aus den Fenstern flüchtend davon gemacht. Was sollte ich tun? Ich
mußte zum Gefechtsstand, der unweit sein mußte. Ich wies meinen Fahrer an, hin-
ter der Höhe in Deckung zu gehen und nach 30 min zum Ib Gefechtsstand zurück-
zufahren, wenn ich bis dahin nicht zurück sei. Zu Fuß schlug ich mich durch die
Büsche, um an die nach Osten führende Hauptstraße zu kommen und die Lage ge-
nau zu klären. Als ich über einen Heckenwall kroch, sah ich auf der kleinen Par-
zelle vor mir vier Cromwell-Panzer stehen. Deren Besatzungen hatten sich an dem
mir entgegengesetzten Ende um ihren Führer geschart und machten einen ratlosen
Eindruck über eine Karte gebeugt. Die Panzer waren leer, ihre Motoren liefen. Da
ich als alter Chef einer Panzerkompanie mit solchen Fahrzeugen vertraut war und
mir der - diesmal britische - Panzerschutz für meinen weiteren Weg durch das Nie-
mandsland zum Ziel förderlich erschien, schwang ich mich, durch die anderen
Fahrzeugen sichtgedeckt, in den mir nächststehenden Cromwell, legte einen Gang
ein, ergriff die beiden Lenkhebel - alles war so wie früher bei uns - und fuhr gera-
deaus über den Straßengraben auf die Hauptstraße und diese nach Osten entlang.
Die Lage erschien mir kurios. Ich passierte in Brand geschossene britische Karetten,
Panzer und Lkw im Gefühl, hier muß schon einer hinter den Tommies her gewe-
sen sein. Erst später hörte ich von Wittmann, der zur totalen Verwirrung beigetra-
gen hatte. Mein »Vormarsch« verlief ohne Zwischenfälle. Nach etwa 2 km sah ich
im Graben einen Infanteristen - etwas verstört - in deutscher Uniform. Zur eigenen
Sicherheit hielt ich, winkte ihn heran - er folgte nur zögernd - befahl ihm einzustei-
gen und wenn erforderlich, mit einem an Bord befindlichen weißlichen Tuch zu
winken, wenn er eigene Soldaten sähe, damit wir nicht von Deutschen abgeschos-

sen würden. So erreichte ich den Divisionsgefechtsstand. Da das Tor zu schmal war, setzte ich über den Gitterzaun bis vor das Schloß.

In mir war die Spannung gewichen, aber das Personal des Stabes ging zunächst in Deckung. Jetzt erst hörte ich den aufgeregten gegnerischen Funkverkehr in den herumhängenden Kopfhörern und bat um einen Dolmetscher, um ihn abzuhören. Der konnte aber nicht viel hören, bevor der Motor zum Schweigen gebracht war. Aber in Unkenntnis des Schlüssels würgte ich ihn an einem dicken Baum ab.«

Unterdessen hatten die schweren Angiffe auf die Nordfront der Division mit starker Artillerieunterstützung den ganzen Tag angehalten. Bei einem Gegenstoß war auch der Chef der 7./Panzerlehrregiment, Oberleutnant Freiherr Marschalk von Bachtenbrock, gefallen.

Bei Tracy-Bocage hatte der Gegner Befehl, seine Stellung um jeden Preis zu halten. Im Divisionsbefehl der Panzerlehrdivision für den 14. Juni wurde der Erfolg gewürdigt:

Major Werncke entsteigt seinem erbeuteten Cromwell-Panzer. Über ihm hört ein Dolmetscher den britischen Funkverkehr ab.

76

Feindlicher Vorstoß in tiefe Flanke und Rücken der Division mit gepanzerten Verbänden wurde im Zusammenwirken von Teilen der II./Panzerlehrregiment und der Tigerabteilung der 12. SS-Panzerdivision sowie zusammengerafften Kräften im Raum Villers zerschlagen. Dabei wurden etwa 40 Panzer und 20 Karetten vernichtet....Ich spreche allen Truppenteilen der Division für die hervorragende Haltung in den seit Tagen andauernden heftigen Angriffen der Engländer meinen besonderen Dank aus.Wir können stolz auf unsere Leistungen sein. Insgesamt wurden bisher 110 Feindpanzer von der Division vernichtet.

Um die Verbindung zur 22. Brigade zu erzwingen, griff die weiter verstärkte 50th Division am 14. Juni verbissen auf Tilly, Lingèvres und La Senaudière an. Dies war der Höhepunkt der Durchbruchsversuche bei Tilly.

Die mittlerweile besser ausgebaute deutsche Stellung wurde erstmalig nicht nur mit stärkster Artillerie der 50. Division, der 7. Armoured Division des britischen XXX. Korps, des amerikanischen V. Korps sowie der Schiffsartillerie, sondern auch mit Bomben, Raketen und Kanonen von elf Staffeln Kampfflugzeugen der RAF im rollenden Einsatz angegriffen. Dann traten die 151. und 231. Infantriebrigade auf einer Breite von nur 3500 m an.

»Zum Schutz vor dem Artilleriefeuer klammerten sich die Panzergrenadiere verständlicherweise an die geringe Deckung, die ihnen die Bocage-Wälle boten. Aber gerade die auf denen stehenden hohen Pappeln wurden ihnen wegen der furchtbaren Baumkrepierer zum Verhängnis,« erinnerte sich Major Zwierzyński an diesen Tag. Eine Lage traf seinen Bataillonsgefechtsstand. Kommandeur, Nachrichtenoffizier, Ordonnanzoffizier, mehrere Unteroffiziere und Oberleutnant von Glysczinski, Chef der 4./902, wurden verwundet. Das Bataillon übernahm vorübergehend Hauptmann Böhm. Der Kampf dauerte den ganzen Tag. Obwohl Panzergrenadierlehrregiment 902 und Panzerpionierbataillon 130 nach den schweren Verlusten der letzten Tage die Front nur noch dünn besetzen konnten, gelang es dem Bataillon Müller (II./902), dessen 6. Kompanie fast vernichtet wurde, den Einbruch der 151. Brigade nach Lingèvres in der Ortsmitte aufzuhalten.

Weiter westlich nahm die 231. Brigade La Senaudière. Als sich II./Panzerlehrregiment 130 im Wald bei Longraye zum Gegenangriff auf Lingèvres bereitstellte, deuteten die Briten dieses als Angriffsvorbereitung auf ihre 7. Panzerdivision und forderten ein »Pandämonium« (Versammlung aller bösen Geister) auf das Waldstück an, d.h. einen Artillerieüberfall mit jedem verfügbaren britischen und amerikanischen Rohr innerhalb deren Schußweite. Es zeugt zweifellos vom hohen Stand anglo-amerikanischer Zusammenarbeit, daß die Feuerzusammenfassung innerhalb kurzer Zeit erreicht wurde. Mit ungeheurem Munitionseinsatz wurde der Panzerangriff in dem sumpfigen Waldgelände zum Stehen gebracht. Die Abteilung war zwar keinesfalls vernichtet, aber wegen zerschlagener Antennen und Sichtblöcken nicht mehr führbar geworden. *Aber an keiner Stelle konnten die Briten die deutsche Front durchbrechen. Die Tatsache, daß sie 12 km weiter südlich einen tiefen Einbruch in die deutsche Flanke erzielt hatten, genügte nicht, die Panzerlehrdivision in ihrer Entschlossenheit zu beirren, ihre vorgeschobene Stellung zu halten.* (Ellis, Victory in the West)

Nun erst erhielt die auch am 14. Juni von der 2. Panzerdivision angegriffene, erschöpfte 7. Armoured Division Befehl, in der kommenden Nacht ihren nach Süden ausgestreckten Arm zurückzuziehen,»*um sich auf einen größeren Angriff in wenigen Tagen vorzubereiten*«. Solange die 50. Division keine Fortschritte gegen die Panzerlehrdivision erzielt hatte und die erwartete 33. Armoured Brigade noch nicht eingetroffen war, stellen die unsicheren Stellungen bei Tracy-Bocage und Amaye nur eine Belastung dar.

Das Absetzen der 7. Armoured Division begann am 15. Juni 00.00 Uhr. Es wurde durch den Lärm von über 300 schweren Bombern getarnt, die über 14.000 t Bomben auf vermutete Truppenansammlungen südlich und ostwärts von Villers-Bocage, bei Aunay und Evrecy warfen. Die Absetzbewegung verlief planmäßig, keine Truppe der Panzerlehrdivision war nach diesen Kämpfen noch fähig einzugreifen.

Das Unternehmen zur Gewinnung von Villers-Bocage endete als stolzer Erfolg der Panzerlehrdivision und als bittere Enttäuschung für den Gegner. Man muß jedoch Chester Wilmot in seinem »Kampf um Europa« beipflichten, daß der Ausgang von den stärkeren deutschen Nerven entschieden wurde. Die Briten hatten bei allem großes Pech gehabt, diesmal noch hatte das Kriegsglück der Panzerlehrdivision gelächelt.

Verteidigung von Tilly

Von den heftigen Kämpfen der letzten Tage waren beide Seiten erschöpft und ausgeblutet. Zur Schonung der Truppe wurde es notwendig, die Front der Panzerlehrdivision durch Zurücknahme ihres linken Flügels zu verkürzen. Lingèvres wurde aufgegeben. Bereits am Vorabend hatte das Regiment 901 seinen Abschnitt bis zum Bach 1 km westlich Tilly ausdehnen müssen. Das Regiment 902 war zu schwach geworden, um noch den gesamten Abschnitt halten zu können. Seine Trümmer sollten bei Sermentot neu geordnet werden. Die Frontverkürzung und damit das Herauslösen der Panzergrenadiere war durch die Ankunft der 2. Panzerdivision links von der Panzerlehrdivision ermöglicht worden.

Der Gegner setzte sich am 15. Juni auch ostwärts Tilly ab. Er bereitete seine Ablösung durch die neu angelandete britische 49. Division vor. Er folgte der deutschen Absetzbewegung weiter westlich nur zögernd. Die Panzerabteilungen mußten zur *Panzerjagd* bei den vorn eingesetzten Bataillonen je eine Kompanie abstellen. Dieser Einsatz in kleinen Gruppen als »Feuerwehr« widersprach zwar allen Grundsätzen der Panzertaktik, war hier aber unvermeidlich, weil Panzergrenadiere fehlten und Luftlage, Gelände und Artilleriefeuer die Bewegungsfreiheit der Panzer einschränkten.

»In der Biegung eines Hohlwegs traf mein Panzer unvermutet auf einen Feindpanzer. Beide Panzer schossen gleichzeitig. Die Granate durchschlug unsere Walzenblende etwa bei der Richtschützenoptik. Mein Kommandant, Oberfeldwebel Sand, und sein Richtschütze waren sofort tot. Den Ladeschützen hörte ich noch schreien. Der Feindpanzer wurde auch abgeschossen und soll nachts zurückgeschleppt worden sein. Nach dem Treffer setzte ich sofort mit Vollgas zurück - und landete in der Hecke. Dann wieder kurz vor und langsam zurück. Ich fuhr den Wagen dann bis in die Werkstatt. Dort ist er repariert worden und kam später wieder zum Einsatz......« erzählte der Obergefreite Emmert. Diese Taktik erwies sich als ein wirksames Mittel zum Halten der Front, nutzte aber die Panzer stark ab und verhinderte das Herauslösen der Panzerdivisionen für deren eigentliche Aufgabe, die bewegliche Kampfführung.

Am 16. Juni entstand am linken Flügel eine gefährliche Lage. Mit Panzern und Infanterie hatte der Feind am Vormittag die dünne Sicherunglinie abseits der Wege durchbrochen und war bis zur Straße Hottot-Torteval vorgestoßen. Im Gegenangriff mit Panzern und zusammengerafften Alarmeinheiten gelang es bis 18.00 Uhr, die alte Linie wiederherzustellen. Hierauf wurde die Divisions-Begleitkompanie der HJ-Division der Aufklärungslehrabteilung 130 zur Verstärkung der vordersten Linie unterstellt. Hier versuchte die britische 69. Brigade mit besonderer Zähigkeit immer wieder, die nur dünn besetzten Stellungen der Aufklärungslehrabteilung zu durchbrechen. Im Gegenstoß konnte aber die alte Linie stets wiederhergestellt werden.

Am 18. Juni griff das 7. Bataillon der »Green Howards« nach starker Mörservorbereitung die 3./Panzeraufklärungslehrabteilung in Longraye an. Die Kompanie wich aus. Mit Unterstützung eines Achtrad-Spähtrupps, leichter Infanteriegeschütze und des Pionierzuges gelang es aber, die Voraussetzungen für den Gegenangriff zur Wiederherstellung der alten Linie zu schaffen. Diesen Gegenangriff führten 3. und 4./Aufklärungslehrabteilung gemeinsam mit der SS-Begleitkompanie so überraschend und schwungvoll, daß die Gegner einfach überrannt wurden. Deren Bataillonskommandeur, Lieutenant Colonel Williamson, mit seinem Stabe und 120 Mann wurden gefangengenommen. Allerdings gelang es ihm selber, wenig später wieder zu entkommen.

Inzwischen hatten die anderen Truppenteile der Panzerlehrdivision die kurze Atempause nach Kräften genutzt, um die Stellung und das Vorfeld durch Minen und

*Oberst Gerhardt,
Kommandeur des
Panzerlehrregiments.*

Erdarbeiten zu verstärken. Trotzdem kosteten das andauernde starke Artilleriefeuer und örtliche Angriffe die Division täglich etwa 60 Ausfälle. Der Kräfteschwund ging personell und materiell unaufhaltsam weiter, zumal der zugeführte Ersatz selten den Anforderungen des Großkampfes entsprach. Ritterkreuzträger Obergefreiter Brasche vernichtete mit seinem »Ofenrohr« aus einer Hecke heraus fünf Feindpanzer und beschädigte zwei weitere, wurde dabei aber verwundet. General Bayerlein würdigte in einem Tagesbefehl seine hervorragende Tapferkeit und beförderte ihn zum Unteroffizier.

Die erwarteten Großangriffe gegen Tilly begannen am 18. Juni unter Einsatz stärkster Artillerie und mit Unterstützung von gleichzeitigen Angriffen an der gesamten Front. Ostwärts der Seulles griff die frische 49. britische Division an. Sie besetzte das von der HJ-Division vorsorglich geräumte Christot und drang in St. Pierre von Nordosten ein. Gleichzeitig warf sich die 50. Division von Nordwesten auf Tilly, das vom Bataillon Schöne (II./901) mit Unterstützung einzelner Sturmgeschütze der Funklenkpanzerkompanie gehalten wurde. Nach schweren Kämpfen gelang es dem Gegner, St. Pierre zu nehmen und einen Teil der zu Kampfständen ausgebauten Hausruinen in Tilly niederzukämpfen. Der am Abend angesetzte Gegenangriff der Panther-

Abteilung drang nur langsam durch. Durch Artilleriefeuer wurde ihr Kommander, Major Markowski, verwundet, Hauptmann Jahnke übernahm die Abteilung. Der Kräftemangel zwang dazu, nachts nach Verminung das tagelang heißumkämpfte Tilly aufzugeben und die Hauptkampflinie bis Montilly - Sagy zurückzunehmen. Weiter links konnte die Gruppe Gerhardt im Gegenangriff gegen südwestlich Longraye eingebrochenen Feind 14 Gefangene einbringen.

Der Vormittag des 19. Juni verlief ruhig. Die 50. Division richtete sich in Tilly ein, trieb auffallend rege Gefechtsaufklärung und stellte sich offenbar zu neuen Großangriffen bereit. Mit schweren Feuerüberfällen auf die vordere Linie und Artilleriestellungen ab 15.00 Uhr begann ein heftiges zweistündiges Trommelfeuer. Um 15.15 Uhr trat der Feind an der Naht zwischen den Regimentern 901 und 902 zum Angriff an. Während es dem Regiment Welsch (902) gelang, alle Einbrüche in Gegenstößen zu bereinigen, drückte der Feind die deutsche Linie beim Regiment Scholze bis an den Rand von Hottot zurück. Der Gegenangriff der verstärkten Panther-Abteilung führte erst nach stundenlang hin und her wogenden Kämpfen zum Teilerfolg, nachdem er in den Morgenstunden neu angesetzt war. 15 Feindpanzer wurden abgeschossen, auch die eigenen Verluste waren hoch. Zu diesem Zeitpunkt meldete die Division bereits 2300 Mann Verluste, hauptsächlich Panzergrenadiere. Berücksichtigt man, daß sicherlich 75% dieser Verluste in den 40 Schützenzügen der Panzergrenadiere und -aufklärer (mit einer Sollstärke von zusammen 1600 Mann) entstanden sind, so bedeutet dies, daß mehr als die gesamte erste Besetzung dieser Züge ausgefallen war. Tatsächlich hielt sich noch ein Stamm »alter Hasen«, die Glück gehabt hatten. Aber Glück hat auf die Dauer nur der Tüchtige. Die Versorgungslage verschlechterte sich

Offizierbesprechung auf dem Gefechtsstand des Panzergrenadierlehrregiments 902. Hinter der offenen Hecktür seines Befehlswagens Ritterkreuzträger Oberstleutnant Welsch. Vorn rechts sitzt Hauptmann Böhm, Führer des II. Bataillons.

zusehends. Der Verbrauch an Betriebsstoff, Munition und Verpflegung überstieg den gehemmten Nachschub um etwa das Zehnfache.

Zur Verbesserung der Verpflegung richteten alle Truppen Viehfarmen hinter der Kampfzone ein. Dort wurde das vorn abgetriebene Vieh versorgt, gemolken oder geschlachtet. Französische Frauen wuschen die Wäsche der Fronttruppe. So gut als möglich lebte die Truppe aus dem Lande, nur Munition und Betriebsstoff waren freilich örtlich nicht erhältlich. Vorsorgelager waren vor der Invasion nie angelegt worden. Munition mußte südlich der Loire, Betriebsstoff ostwärts Paris abgeholt werden, weil die alliierten Luftwaffen Brücken und Eisenbahnen systematisch zerstört hatten. Lange Wege und Luftlage verzögerten die Transportbewegungen. Nicht selten waren Kolonnen zum Abholen von Betriebsstoff von den Eisenbahnendpunkten fünf Nächte lang unterwegs. Truppenfahrzeuge mußten den von vorn herein unzureichenden, durch Verschleiß und Feindeinwirkung stark geschrumpften Kolonnenraum der Division ergänzen. Der Mangel an 15,2 cm Beutemunition für die III. Abteilung des Artillerieregiments war so groß, daß die Division deren Umbewaffnung auf deutsche schwere Feldhaubitzen beantragte, da andernfalls Batterien stillgelegt werden müßten. Der deutsche Hang, Versorgung und Haushalten mit Kräften unterzubewerten, kostete hier Blut.

Dagegen schien der Feind über unerschöpfliche Munitionsmengen zu verfügen. Nie hörte sein Störungsfeuer auf Stellungen und Straßenkreuze auf, immer häufiger steigerte es sich zu großer Dichte. Um die nichtkämpfende Truppe diesem Feuer zu entziehen, mußte sie nach rückwärts verlegt werden.

In den nächsten Tagen ließ der Feinddruck nach. Die britischen Versuche, im Raum Tilly durchzubrechen, wurden eingestellt, ein neues Unternehmen »Epsom« wurde weiter ostwärts vorbereitet. Fortgesetzt wurde dagegen überall die Abnützungsschlacht gegen die deutschen Panzerdivisionen im Bocage und deren Versorgung durch Luftangriffe. Das andauernde, unregelmäßige Störfeuer und gelegentliche Feuerüberfälle auf die vorderen Stellungen, Straßenkreuzungen, Gefechtsstände und Versorgungspunkte hielten die übermüdete und nervlich strapazierte Truppe ständig in Atem. Der jetzt einsetzende Dauerregen hielt zwar den Himmel von Jabos frei, füllte aber die Schützenlöcher und Deckungen mit Wasser und durchnäßte Kleidung und Verpflegung.

Der schwere Sturm im Kanal am 19. Juni zwang den Feind, seinen geplanten Großangriff auf Caen - das Unternehmen »Epsom« - auf den 25. Juni zu verschieben. Außer dem XXX. britischen Korps wurde auch das neu angelandete VIII. britische Korps eingesetzt. Erstes Angriffsziel waren die Odon-Brücken bei Tourville. Der 49. britischen Division fiel die Aufgabe zu, am 25. Juni mit einem Vorausangriff zur Wegnahme von Juvigny, Vendes und Rauray die Voraussetzungen für den Stoß des VIII. Korps zu schaffen, denn der Höhenrücken bei Rauray entzog dem Angreifer die Sicht auf das Odontal. Die 49. Division war durch Artillerie verstärkt und verfügte zu Angriffsbeginn auch über die Unterstützung der gesamten Artillerie des VIII. Korps sowie fünf weiterer Artilleriebataillone und mehrerer Flakbatterien im Erdeinsatz. Mit außergewöhnlich starken Feuerschlägen auf Batteriestellungen und Straßenkreuzungen begann die Feuervorbereitung ab 24. Juni 20.00 Uhr. Wenige Stunden später steigerte sich das Feuer zu besonderer Heftigkeit und zum Trommelfeuer auf die vordere Linie, besonders im Abschnitt Fontenay-Juvigny. Im dichten Bodennebel, der stundenlang andauerte und die Besatzung der Stellungen blendete, griffen die 146. und 147. Infanteriebrigade Fontenay um 04.00 Uhr an. Die erstere nahm gegen 09.15 Uhr gegen starken Widerstand Bas-de-Fontenay an der Grenze zur 12. SS-Panzerdivision und stieß weiter nach Süden an den Nordrand des 1 km westlich von Tessel auf der Höhe gelegenen Waldes vor. Inzwischen tobte ein harter Kampf um die Ruinen von Fontenay zwischen der 147. Brigade und dem Bataillon Uthe (I./901), dessen tapferer Kommandeur bei diesen Kämpfen fiel. Hauptmann Philipps übernahm das Bataillon.

Nach schweren Verlusten beider Seiten waren die Briten nicht über den nördlichen Dorfrand hinausgekommen. Erst nach Einsatz eines weiteren Bataillons konnten sie in der Nacht die letzten Panzergrenadiere aus dem Ort drängen. Nach erbittertem Widerstand des Bataillons Schöne (II./901) ging auch Juvigny verloren. Hier zeichnete sich die 5. Kompanie unter Hauptmann Philipps besonders aus.

Über den 25. Juni verzeichnete das Kriegstagebuch des AOK 7: *Nach schwerem Kampf der stark geschwächten inneren Flügel der 12. SS-Panzerdivision und der Panzerlehrdivision gelang es dem Gegner unter stärkstem materiellen und rücksichtslosem Menscheneinsatz, von rollenden Luftwaffeneinsätzen unterstützt, eine etwa 5 km breite und 2 km tiefe Lücke zwischen Tilly und Fontenay aufzureißen. Fontenay und Juvigny gingen verloren ..... Die Lage wird vom I. SS-Panzerkorps deshalb mit Sorge beobachtet, weil die Panzerlehrdivision durch die vorangegangenen schweren Abwehrkämpfe besonders mit ihren Infanteriekräften*

Hauptmann Karl Philipps, Kompaniechef der 5./Panzergrenadierlehrregiment 901, auf seinem Befehls-SPW inmitten seiner Grenadiere.

stark geschwächt ...und deren in Zuführung begriffener Menschenersatz noch nicht eingetroffen ist.

Am 26. Juni erntete die Panzerlehrdivision eine besondere, wohlverdiente Anerkennung im Wehrmachtsbericht: *Im Kampf gegen drei der besten englischen Divisionen hat sich die Panzerlehrdivision unter Führung des Generalleutnants Bayerlein hervorragend bewährt....*

Hier seien auch die Worte wiedergegeben, die der britische Schriftsteller Chester Wilmot in seinem Buch »Der Kampf um Europa« der Panzerlehrdivision widmet: *In der zehntägigen Schlacht um Tilly-sur-Seulles hatte die Panzerlehrdivision mit einer Gewandtheit und einem Kampfgeist gefochten, daß die Veteranen der 50. Infanteriedivision an die alten Gegner erinnert wurden, mit denen sie so lange in Afrika gerungen hatten.*

Ein Akt der Menschlichkeit

Normandie, 2. Juli 1944. Seit der alliierten Landung am 6. Juni tobt an der Front des Landekopfes eine Materialschlacht mit Artillerie, Panzern und bisher nie gekannten Lufteinsätzen in unverminderter Heftigkeit. Vor wenigen Tagen, am 28. Juni, hatten die Amerikaner die Festung Cherbourg genommen und fast gleichzeitig hatten die Briten einen tiefen Einbruch westlich Caen erzielt. Dazwischen, an der Grenze zwischen amerikanischer und britischer Armee ostwärts Chaumont, sicherte am Westflügel der Panzerlehrdivision die Panzeraufklärunglehrabteilung130 mit Gefechtsstand in La Mogisière, 6 km südsüdostwärts von Aunay s. O. Dort hielt der Funktrupp Derenburg mit einem 80-Watt-Sender (AM) auf der Frequenz 2743 kHz den Verkehr auf dem Versorgungskreis der Abteilung. Um 13.50 Uhr meldete sich plötzlich eine sehr gut deutschsprechende Stimme mit amerikanischem Akzent, offenbar über einen starken amerikanischen Sender: »*Achtung, Achtung! Deutsches Kommando auf dieser Welle. Melden Sie sich! Hier ist die amerikanische Armee. Ich habe eine wichtige Nachricht für Sie. Bitte, antworten Sie!*«

Die deutschen Funkvorschriften verboten strikt jegliche Kontaktaufnahme mit dem Gegner. Was tun? Der Funktruppführer rief seinen Fernmeldeoffizier, Leutnant Schultz-Balluff. Schon kam der nächste amerikanische Anruf, der gleiche wie zuvor, mit dem Zusatz: »*Wir wollen sechs deutsche Rotkreuzschwestern zu Ihnen überführen. Bitte antworten Sie!*«

Trotz schwerer Bedenken nahm Leutnant Schultz-Balluf den verbotswidrigen Funkverkehr auf und ging bei der Schärfe der damaligen Strafbestimmungen ein Risiko ein, das heute, über 50 Jahre später, kaum vorstellbar ist.

Dies ist die leicht gekürzte Aufzeichnung des damaligen Funkverkehrs (D = deutsche, A = amerikanische Stelle).

D: *Hier gewünschte deutsche Kommandostelle, bitte antworten Sie. Ich bitte um die Namen der Krankenschwestern Bitte antworten Sie! Kommen.*

A: *Hier amerikanische Armee. Wir wollen sechs deutsche Rotkreuzschwestern aus dem Pasteur-Krankenhaus in Cherbourg zurückgeben.*

D: *Hier deutsches Kommado. Ich bitte um die Namen der deutschen Rotkreuzschwestern. Bitte antworten Sie! Kommen.*

Die Verständigung ließ zu wünschen übrig. Offenbar war die deutsche Sendeleistung nicht stark genug.

A: *Ich habe Sie nicht verstanden. Sie sind zu leise zu hören. Bitte kommen Sie auf Welle 2700.*

D: *Ich bleibe auf derselben Welle. Sie wollen uns wohl anpeilen. Das Ganze erscheint mir eine Finte! Ich schalte ab.*

A: *Warum melden Sie sich nicht mehr? Ich kann Sie nicht verstehen.*

D: *Verstanden. Ich bitte um die Namen der sechs deutschen Krankenschwestern.*

A: *Wir haben hier sechs deutsche Krankenschwestern, die wir zu Ihnen überführen wollen. Hier sind die Namen: Marie Binder, 23 Jahre alt; Ursel Bräutigam, 30 Jahre; Hedwig Beusch, 48 Jahre; Berta Geißler, 25 Jahre; Annemarie Leidinger, 24 Jahre; Christl Bitz, 30 Jahre. Sie sind alle gesund.*

D: *Wo befinden sich die Krankenschwestern?*

A: *Auf Straße Chaumont-Sept Vents bei Le Bourg werden sie in Begleitung von drei unbewaffneten amerikanischen Offizieren mit weißer Fahne erscheinen. Wir bitten um zwei deutsche Offiziere, die auf halbem Weg entgegenkommen. Um 14.30 Uhr werden die amerikanischen Offiziere dort sein. Kommen.*

D: *Ich habe Sie verstanden. Ich schlage vor, den Austausch morgen um 08.00 Uhr vorzunehmen. Ich kann den Austausch nicht entscheiden. Bitte rufen Sie um 18.00 Uhr wieder an.*

Damit endete dieser Funkverkehr der Panzeraufklärungslehrabteilung, denn die vorgeschlagene Übergabestelle lag im Streifen der 2. Panzerdivision, dem linken Nachbarn, die das Weitere veranlaßte. Die Fortsetzung der Geschichte aus amerikanischer Sicht ist bei Anthony Cave Brown »Die unsichtbare Front« (München 1976, S. 658ff) nachzulesen:

Am selben Nachmittag um 3 Uhr schwiegen die Kanonen. Ungläubige Panzergrenadiere und GIs, Heckenrosen in den Tarnnetzen ihrer Helme, erhoben sich aus ihren Verstecken in den Wiesen, auf denen Klee und hohes Gras standen, und sahen drei amerikanische Offiziere aus Richtung des Weilers Sept Vents die Straße herunterkommen. Angeführt wurde die Gruppe der Amerikaner von Captain Quentin Roosevelt, dem G 2 der 1. (US) Infanteriedivision, und Captain Fred Gercke, einem Vernehmungsoffizier für Kriegsgefangene. In ihrer Begleitung befanden sich acht deutsche Frauen. Hinter einer Hecke trat Major Heeren hervor, der Kommandeur der Panzeraufklärungsabteilung 2 der 2. Panzerdivision unter General Freiherr von Lüttwitz. Es wurden einige Worte gewechselt, und um 15 Uhr wurden die Krankenschwestern übergeben.

Der phantasievolle Autor sieht hinter dem Vorgang mehr als einen Akt der Menschlichkeit, nämlich die Tarnung für eine Kontaktaufnahme Rommels mit dem Gegner, doch diese Vermutung ist haltlos. In der Ic Morgenmeldung der Heeresgruppe B vom 3. Juli 1944 hieß es: *Eine amerikanische Kommandobehörde übergab durch Unterhändler nach vorheriger Verbindungsaufnahme durch Funk acht DRK-Schwestern im Abschnitt Caumont.*

Am 9. Juli kam es dann an derselben Stelle zu einer weiteren Übergabe. Nachdem es nicht gelungen war, Funkverbindung zu einer deutschen Dienststelle aufzunehmen, machte sich Captain Roosevelt mit zwei weiteren Offizieren unter dem Schutz einer weißen Fahne auf den Weg, um neun weitere Frauen, zwei Krankenschwestern und sieben Stabshelferinnen aus Cherbourg zu übergeben. Wieder schwiegen sofort auf beiden Seiten die Waffen. Nach der Übergabe kehrte man in die jeweilige

Stellung zurück. Wie General Speidel in »Invasion 1944« berichtet, sollen diese Vorgänge »den besonderen Grimm und das Mißtrauen Hitlers geweckt« haben. Dabei waren örtliche Feuerpausen zu humanitären Zwecken im Westen nichts Außergewöhnliches für die Truppe, sei es zur Bergung von Verwundeten oder zu anderen Anlässen. Wie schon berichtet, begann beim Angriff auf Cassel am 28. Mai 1940 eine Feuerpause zur Morgentoilette, als die Engländer zum Rasieren aus ihrer Deckung traten. Ähnliches gab es bis zum Kriegsende. Im Funksprechverkehr an der Front benutzten Freund und Feind die gleichen Frequenzen und verstanden oft die Sprache des anderen. Gelegentliche Funkkontakte waren daher fast unvermeidlich. Sicherlich übergaben die Amerikaner die Frauen gern, denn sie konnten diese nicht dauernd in Gewahrsam halten und diese Maßnahme zu Propagandazwecken über die gute Behandlung deutscher Kriegsgefangener bei den Alliierten ausnutzen. Dennoch bleiben die Vorgänge ein »Akt der Menschlichkeit«, wie es General Speidel nannte.

Erinnnerungen Juni 1944

»Es ist soweit, heute ist die Invasion ausgebrochen!«, schrieb ich meiner Frau am 6. Juni vor dem Nachtmarsch an die Front. Dieser Marsch und die vorangegangenen zum Einsatz 1939, 1940, nach Rußland 1941 und 1942 kamen mir ins Gedächtnis zurück, als ich im September 1990 britische Panzer mit dem wohlbekannten Zeichen der roten Wüstenratte (7th Armoured Division) auf ihrem Marsch zur Verladung zum Golfeinsatz auf der Autobahn überholte. Die Gedanken der britischen Panzerbesatzungen werden sich von unseren damals kaum unterschieden haben. Immer ist das Herz schwer. Was erwartet einen und seine Truppe im Einsatz? Hat man alles getan, um sich und seine Soldaten auf das Kommende vorzubereiten? Ich war davon überzeugt und fühlte mich vom Vertrauen meiner Soldaten und darüber hinaus der gesamten Abteilung getragen. Jetzt stand uns die Entscheidung mit unserem Hauptgegner England bevor, das mit den USA den Rückhalt des feindlichen Widerstandes gegen das Reich bildete und die »Bedingungslose Kapitulation« forderte.

Wir wußten, worum es ging und wie schwer es werden würde. Aber wir waren zuversichtlich, Offiziere und Unteroffiziere waren gutausgebildete »alte Hasen«, größtenteils mit Fronterfahrung, aufeinander eingespielt und stolz auf ihr Regiment und ihre Waffen. Sicherlich hätten wir Panther unseren Panzer IV vorgezogen, aber auch auf sie waren wir mit Recht stolz. Während der Aufstellungszeit, in Ungarn und bis jetzt im Mai, hatten wir das enge Zusammenwirken mit unseren Panzergrenadieren auf unterer Ebene eingehend geübt, man kannte und vertraute sich gegenseitig. Die Zivilbevölkerung verhielt sich bis jetzt loyal und wir hatten keinen Grund, den Schilderungen von der Stärke des Atlantikwalls zu mißtrauen, machten uns aber keine Illusionen, daß er durchbrochen werden könnte. Dann waren wir aber da, um den Feind wieder hinauszuwerfen. Daß wir bisher in Frankreich keine deutschen Jäger am Himmel gesehen hatten, war verständlich, wichtiger war ihr Einsatz in der Heimat. Wie bisher im Krieg immer, würden sie uns rechtzeitig helfen. So glaubten wir! Tagsüber hatten Feindaufklärer vom klaren Himmel vergebens unsere gut getarnten Fahrzeuge gesucht. Als wir abends den Marsch zur Front antraten, dauerte es nicht lange, bis die erste Bombe fiel. Noch störten die Jabos, Typhoons und Lightnings vor allem die Radfahrzeuge, nicht unsere Panzer, deren Flakzüge den Piloten wohl Respekt einflößten. Dennoch kam es gleich zu Anfang zum ersten Tieffliegerangriff, der jedoch wenig Schaden anrichtete. Im Gegenteil, kurz darauf gelang uns, mit den Fla-MG einen Jabo abzuschießen. Das gab den Landsern Auftrieb! So marschierten wir ohne weitere Zwischenfälle in die Nacht hinein. Durch Bombenschäden verursachte Umleitungen mußten wir z.T. erst erkunden und ausschildern, so daß auch unsere Versorgungsfahrzeuge durchkamen. Die waren in die Kolonne eingegliedert und mußten manchmal von Panzern aus Trichtern oder Sumpfstellen herausgezogen werden. Dadurch verzögerte sich der Marsch.

Im Norden wurde der Himmel vom Wetterleuchten schwerer Artilleriefeuers, dem Feuerwerk der Flak und gelegentlich langsam herabschwebenden »Christbäumen« (Leuchtbomben) erhellt. Obgleich wir das Marschziel noch nicht erreicht hatten, bezogen wir vor Tagesanbruch ein Waldstück bei Alençon zur Versorgung. Da überbrachte mir ein Kradmelder den Befehl zum unverzüglichen Weitermarsch, ohne Rücksicht auf die Luftgefahr, nach Norden bis in den Raum Villers-Bocage. Kaum waren die ersten Panzer auf die Straße gezogen, da stürzten sich Tiefflieger auf uns, schossen mit Bordwaffen und Raketen, setzten auch einen Betriebsstoff-Lkw in Brand, dessen schwarzer Rauchpilz nach oben stieg und weitere Jabos anzog. Bomben fielen, es war ein Höllenlärm und Durcheinander. Die Überraschung war groß, noch hatten wir nicht gelernt, augenblicklich mit allen verfügbaren Waffen, bis hin zu Gewehren und Pistolen, auf die Flugzeuge zu schießen. Stattdessen warf sich jeder in Deckung bis zum Ende des Angriffs, anstatt seine ohnmächtige Wut gegen die Piloten durch Schießen abzureagieren, wie später. Nach dem Kriege haben mir britische Piloten versichert, daß ein derartiges Handwaffenfeuer sie selbst zwar nur selten gefährdet, wohl aber ihre Flugzeuge so beschädigt hätte, daß ihr nächster Start verzögert wurde. Wenngleich dieser Jabo-Angriff, im Ganzen betrachtet, nur geringe Ausfälle an Mensch und Material verursacht hatte, so machte er doch auf uns tiefen Eindruck und kostete Zeit, denn nun fuhren wir vorsichtiger als bisher. Aber mit den Radfahrzeugen, die jeder Angriff in Deckung zwang, mußten auch die Panzer halten. Um die befohlene Bereitstellung bei Monts-en-Bessin noch tagsüber erkunden zu können, fuhr ich mit einem Beiwagen-Krad der Kolonne voraus. Je weiter ich vorankam, desto mehr wurde man durch emsige Jabos und ihre Opfer, brennende und schwarz rauchende Fahrzeugwracks auf der Straße, bewegt. Zeitweise tauchte man durch den Qualm wie durch Nebel. Mit einbrechender Dunkelheit verschwanden die Jabos vom Himmel. Vor Tagesanbruch war die Abteilung im Schloßpark von Monts untergezogen, gut getarnt und versorgt in der Erwartung des Befehls zum Angriff an die Küste. Meine Versorgungskompanie richtete sich in und südlich von Parfouru-sur-Odon ein, die unserer Marschkolonne folgenden Sanitätskompanien in und bei Villers-Bocage. Noch war uns nicht bekannt, was die anderen Marschgruppen, 902 und 901, durchmachen mußten. Ihre SPW sollten großenteils 2 cm Fla-Kanonen tragen, aber die dafür erforderlichen Schwebelafetten fehlten noch, so daß sie nach oben wehrlos waren.

Frühestens nachmittags trafen die Marschgruppen ein. Tagsüber belästigte uns niemand, weder Jabos noch irgendwelche Befehle. Abends kehrten die »Deutschlandfahrer«, der Prinz und Lex, wieder zurück. Ich zog mich in das Gutshaus von Parfouru zurück. Der Angriff an die Küste kündigte sich zum nächsten Morgen an. Noch keine Spur von deutschen Jägern am Himmel!

9. Juni. Unvermutet war der Angriff auf Bayeux vorzeitig abgebrochen worden. Abends führte ich die Versorgungsfahrzeuge zur Kampfstaffel. Auf der Motorabdeckung seines Befehlspanzers liegend, rief mich der Prinz zu sich. Tief deprimiert schilderte er, daß der Divisionskommandeur noch vor einem Feuerwechsel mit den in der Ferne bei Bayeux sichtbaren Feindpanzern befohlen habe, in die Ausgangstellung zurückzukehren, vermutlich wegen eines Einbruchs am rechten Flügel der Division. Unter dem auf- und abschwellenden, aber nie aufhörenden Blitzen und Donnern der gewaltigen Artillerie im Norden sprachen wir über Gott und die Welt, über unsere derzeitige Lage, die sich angesichts der hier schon erkennbaren gewaltigenden Übermacht kaum noch wenden lasse, und wie völlig andersartig als im Osten der Krieg hier werden würde. Die ihm sonst eigene Gelassenheit und Zuversicht hatte der Prinz verloren und mir fehlten die Worte, ihn zu trösten.

10. Juni: Nachmittags kehrten die ersten Panther der I./Panzerregiment 6 von ihrem Bahnausflug nach Deutschland zurück. Nie war zu erfahren, wieso sie vor der jederzeit erwarteten Invasion an die schwerringende Ostfront verlegt werden konn-

ten. Sollten wir doch noch den Feind ins Meer werfen? Noch sprach man vom Angriff, obwohl wir wegen der Luftherrschaft des Feindes dauernd hilflos die Nase in den Dreck stecken mußten. Mit ihrer Fronterfahrung aus Rußland hatten sich die alten Soldaten redlich bemüht, alle *»auf die Erscheinungen des Krieges, die den Soldaten beim ersten Mal in Verwunderung und Verlegenheit setzen, vorzubereiten und nicht erst an der Front erleben zu lassen«* (Clausewitz, Erstes Buch). Auf eine derartige Materialüberlegenheit waren auch wir nicht vorbereitet.

11. Juni: Nachmittags fuhr ich nach vorn zur Kampfstaffel, um sie zu verpflegen und Fragen mit dem Kommandeur zu besprechen. Als ich ankam, war er zu einer Einsatzbesprechung zum Kommandeur 901 befohlen worden. Vor meinem Eintreffen war eine Fliegerbombe (?), wie aus heiterem Himmel, niemand hatte sie kommen hören, in den Stab geschlagen. Wie durch ein Wunder hatte sie keinen der gerade zusammenstehenden Chefs verwundet. Nur den alten Kammerdiener des Prinzen, den Obergefreiten Füssel, der gerade mit den Verpflegungsfahrzeugen nach vorn gekommen war, hatte es tödlich getroffen.

Wenig später kam der Prinz mit dem Angriffsbefehl zur Bereinigung eines feindlichen Einbruchs zurück. Er war über Füssels Tod erschüttert und sagte, er habe seinen besten Freund verloren, denn Füssel war 25 Jahre lang bei ihm gewesen. Dazu machte er seinem Herzen Luft über den befohlenen Angriff, den er für nicht richtig hielt, da das Gelände völlig ungeeignet für Panzereinsätze war. Auf mein Zureden hin fuhr er noch einmal zu Oberst Scholze, um Vorstellungen zu erheben, die jedoch nichts fruchteten. Beim Abschied rief er mir noch zu:*»Wer weiß, wann wir alle fallen!«* Ich kehrte nichts ahnend nach Parfouru zurück, bis mich gegen 22.00 Uhr der Abteilungsadjutant, Oberleutnant Meyer, vom Geschehenen benachrichtigte. Nach Gewinnen des Angriffszieles, der Höhe 103, hatte der Befehlswagen des Kommandeurs einen Turmtreffer erhalten, der den Prinzen und Leutnant Herrmann, seinen Nachrichten- (heute Fernmelde-) Offizier, augenblicklich tötete. Der übrigen Besatzung war nichts geschehen, sie brachte den Panzer zurück, den ich später übernahm. Beim Lösen der Abteilung vom Gegner war auch Leutnant Finsterwalder tödlich getroffen worden.

Der Tod des allseits verehrten und geliebten Kommandeurs ging uns allen tief zu Herzen, aber zu langer Trauer und Verzweiflung blieb uns keine Zeit. Mit schnell zusammengerafften Sachen fuhr ich auf einem Beiwagenkrad nach vorn zu den Panzern, die in einem Wäldchen untergezogen waren, besprach mich mit Meyer und eilte dann zu meinem Regimentskommandeur, Oberst Gerhardt, der den linken Divisionsabschnitt führte. Er beauftragte mich mit der vorläufigen Führung der Abteilung. Wie oft hatte ich mir im Stillen diese Stellung ersehnt, aber nicht unter diesen tragischen und unsäglich traurigen Umständen: Der Tod des Prinzen ging mir außerordentlich nahe, aber nicht nur mir! So wie ich fühlten wohl fast alle Angehörigen der Abteilung. Bei unseren späteren Besuchen am Grabe des Prinzen, 40 bis 50 Jahre danach, spürte man bei allen alten Soldaten immer noch die große Verehrung, die dieser außerordentliche Offizier und Edelmann genossen hat.

Nur mit dem allerkleinsten Gepäck kam ich vorn beim Gefechtsstab an, dessen Panzer getarnt in einem Apfelgarten standen. Der Empfang durch den Gegner war unfreundlich, eindrucksvoll unvergeßlich: Er begrüßte mich mit schweren Schiffsgeschützen Die 38 oder 40,6 cm Granate kündigte sich mit einem anfangs tiefen,

Hinter der Front lagen Straßenkreuze untentwegt unter britischem Artilleriefeuer, wie bei St. Martin-des-Bocage.

dann bis zur Unhörbarkeit ansteigenden Orgel-Crescendo vor dem Einschlag an. Genau zwischen die Panzer! Dann eine nicht enden wollende Stille und später der »Segen« von oben - erst »Andenken« in Gestalt von langen, bizarr geformten »Briefbeschwerern«, also modernste Kunst, dann »Blumen«, dargestellt von ganzen oder halben Apfelbäumen. Als ich den Kopf wieder hochnahm, war unser »Rucksack« am Turmheck, ein Blechkasten zur Aufnahme des Gepäcks der Besatzung und mit ihm auch meine »Leica«, die mich vom ersten Kriegstag an begleitet hatte, weggepustet und zertrümmert. Vorsichtshalber ließ ich die Panzer etwas weiter zurückverlegen. Diese Liebesgrüße der Royal Navy reichten uns fürs erste.

12. Juni: Ab 08.00 Uhr hatte die Abteilung, kompanieweise aufgeteilt als »Feuerwehr« hinter den durch Artillerie- und Mörserfeuer oder aus der Luft und gleichzeitig von der britischen Infanterie hartbedrängten Panzergrenadieren, für Gegenstöße bereitzustehen. Nach einem Bombenangriff auf den Stab Panzergruppe West (General von Geyr) war unsere Division nun vorerst in die Verteidigung gedrängt, im Bocage-Gelände, das allenfalls für ein Waldgefecht, niemals aber für den Panzerkampf geeignet war. Wir waren meistens zu Panzerjägern oder zu »Bunkern« degradiert. Dennoch konnte ich mich abends freimachen, um die Gefallenen beizusetzen. Die aus den Panzern geborgenen Toten waren in der Dorfkirche von Parfouru in Zeltplanen in einem Blumenmeer aufgebahrt, ihre Gräber davor ausgehoben, wo sie noch heute unter den Marmorkreuzen ruhen, die ihre Familien nach dem Kriege setzen ließen. Wegen des hohen Verwundetenanfalls konnte sich leider keiner unserer beiden Divisionspfarrer zur Beisetzung des Prinzen freimachen, die wegen der Luftgefahr erst bei Dunkelheit stattfinden mußte. Ich hielt eine kurze Ansprache, dann senkten wir

Die Grabstätten von Oberstleutnant Prinz von Schönburg-Waldenburg, seines Nachrichtenoffiziers Leutnant Herrmann und seines treuen Dieners Obergefreiter Füssel auf dem Dorffriedhof von Parfouru-sur-Odon (1992).

die Gefallenen in die Erde. Prinz Schönburg, sein Kammerdiener und sein Nachrichtenoffizier liegen nun Seite an Seite.

Wir sprachen gemeinsam ein Vaterunser. Während der kurzen würdigen Feier schoß englische Schiffsartillerie den Ehrensalut auf das nahe Villers-Bocage. Anschließend fuhr ich wieder zu meinen Panzern zurück.

13. Juni: Die englische Artillerievorbereitung steigerte sich am Morgen zum Trommelfeuer und die Panzergrenadiere riefen unentwegt nach Panzern, als ich den Befehl erhielt, mit allen an der Front entbehrlichen Panzern einen englischen Angriff in den Rücken der Division von Villers-Bocage aus zu verhindern. Britische Panzer hatten den nur von unseren Sanitätskompanien belegten Ort gegen 10 Uhr nach Osten durchschritten. Vermutlich würden sie über Villy - Bocage nach Norden abdrehen. Deshalb mußten alle Nordausgänge des Ortes gesperrt und ein Gegenangriff vorbereitet werden. Auf dem Marsch mit etwa 15 Panzern über Juvigny nach Süden erwartete mich nördlich Villy General Bayerlein. Von ihm habe ich vielleicht vom erfolgreichen Eingreifen des Hauptsturmführers Wittmann mit seinen Tigern ostwärts Villers-Bocage und dessen anschließenden Husarenritt in den Ort erfahren. Mit meinen Panzern, ohne Infanterie, befuhr und sperrte ich die von Villy nach Westen führende schmale Straße an dem festungsähnlich daliegenden Villers-Bocage vorbei, gefolgt vom SPW des Divisionskommandeurs. Von den Höhen nordwestlich des Ortes erhielten wir schließlich Feuer von gut getarnten Paks, die wir nicht ausmachen und deshalb nicht wirksam bekämpfen konnten. Als mein Spitzenpanzer, Stbfw Bobrowski, abgeschossen wurde und in Flammen aufging, befahl mir General Bayerlein, den Angriff abzubrechen. Er dürfte inzwischen Kenntnis vom Angriff der neu heran-

geführten 2. Panzerdivision auf die Flanke der Engländer westlich Villers und deren Räumung des Ortes erhalten haben. Zu meiner großen Bestürzung wurde mir der Tod von Oberleutnant Freiherr von Marschalk bei einem Gegenangriff bei Tilly gemeldet. Er hatte kurz vorher meine alte 7. Kompanie übernommen. Wir haben ihn am nächsten Tage bei Le Mesnil-Anzov bestattet.

Die nächsten Tage vergingen wie im Fluge. Zu essen hatten wir genug, denn neben der guten Einsatzverpflegung, welche die Spieße nachts nach vorn brachten, hüteten wir ein Butterfäßchen und einen Sahnetopf aus einer Molkerei in der Kampfzone als eine vorzügliche »Nervenschmiere«. Die war aber auch nötig, um das fast pausenlose Feuer aus allen Rohren zu Lande, aus der Luft und von der See her zu überstehen. Zwar hörte man es im allgemeinen nur unterschwellig, wenn es nicht ganz nahe einschlagen würde, aber zum tiefen Schlaf kam man überhaupt nicht. Mit meiner hervorragenden Besatzung schlief auch ich im tief ausgehobenen Deckungsloch unter unserem Panzer, wie jeder, der zu einem gepanzerten Fahrzeug gehörte. Schlimm waren die anderen dran, die keinen Schutz von oben hatten. Bäume und Sträucher schützten zwar vor Sicht, nicht aber vor Granatsplittern von oben, denn die hochempfindlichen Zünder sprachen schon beim dünnsten Zweig oder Dachziegel an. Es war kein Wunder, daß ich mir den Magen verkorkste und dauernd »in die Büsche mußte«, sofern da welche standen. Das war besonders peinlich, wenn man eine Panzerkolonne führt, dazu anhalten muß und viele feixende Zuschauer hat. Aber Opium und Kohle halfen mir rasch wieder auf die Beine. Besonders scheußlich war auch ein schwerer Artilleriefeuerüberfall, der sich über uns »ergoß«, als wir in einem Hohlweg eingeklemmt zwischen anderen Panzern standen. Die Splitter prasselten wie Hagel an den Panzer, zerschlugen Sichtblöcke und Antenne und hüllten ringsum alles in Qualm. Mein Fahrer verlor die Nerven, schrie nach seiner Mutter und fuhr uns restlos fest. Als das Feuer momentan weiterwanderte, mußten der Richtschütze und ich rasch absitzen, um unser Schleppseil dem Panzer hinter uns anzuhängen, der uns dann herauszog. Wir hatten Glück, der Tommy wartete mit neuem Feuer, bis unsere Luken wieder dicht waren, höflicherweise griff er auch nicht an. So kamen wir mit knapper Not davon. Von außen sahen unsere Panzer übel zugerichtet aus. Antennen, Sichtblöcke, Werkzeug- und Gepäckkästen, wie auch die Zimmerit-Beschichtung der Panzerung (gegen Hafthohlladungen), waren wahrlich keine Augenweide mehr.

Ohne Funkverbindungen konnte man nicht führen. Erfolglos mußten wir zurück, hatten aber auch keine Verluste, waren also mit einem blauen Auge davongekommen. Die Briten hatten ebenfalls nichts erreicht. Nur wurden ihre Verluste über Nacht ausgeglichen, unsere nicht. Bei diesen fast sinnlosen Kampfaufträgen im Buschgelände ging ein Wagen nach dem anderen verloren.

Bei allen Schrecken der Front war es eine Freude, meine Soldaten zu erleben, obgleich die Art unserer Einsätze allen Panzergrundsätzen Hohn sprach. Ohne die aufopferungsvolle, unermüdliche Arbeit des Bergezuges und der Männer der Instandsetzungsdienste wären die Ausfälle noch viel schlimmer geworden. Manchmal war das Bergen erst nach Tagen möglich, dann konnten die Toten im Panzer auch erst Tage später und weiter hinten bestattet werden. Besonders tragisch und ärgerlich waren die leicht zu vermeidenden Verluste, die aus Faulheit oder Bequemlichkeit heraus entstanden. Natürlich stumpfte man gegen Feuer und Gefahren ab, aber alle Offiziere hatten ihre Last damit, die Leute zu zwingen, sich einzugraben und bei Angriffen in Deckung zu gehen, also in die Löcher oder unter die Panzer zu springen, obwohl sich mit der Zeit bei den Überlebenden die Witterung eines Fuchses für Gefahren einstellte. Der Krieg kehrte fast alle Verhältnisse bei uns um. Früher freute man sich über Sonne und schönes Wetter. Jetzt fanden wir tiefhängende Wolken und Regen herrlich und schimpften laut, wenn sich die Sonne sehen ließ, die dann todsicher Flieger brachte. Die Tommies kämpften ja schon im Ersten Weltkrieg ganz anders als wir, die doch immer angreifen und schlagen wollten. Ihnen kam es in erster Linie darauf an, ihren Gegnern zu schaden und sich selber zu schonen. In der Normandie griffen sie nur nach ungeheurer Feuervorbereitung und zusätzlich mit Panzern an. Dann setzten sie sich fest, um ihre Gegner anrennen zu lassen. Konnte man den Gegenstoß rascher führen, so ließen sie alle Geländegewinne im Stich. Das ging nie ohne Verluste ab, die bei uns nur dürftig, wenn überhaupt, bei den Engländern oft bereits über Nacht ersetzt wurden. Die am meisten fühlbaren Lücken wurden unter den Offizieren gerissen, bei den Panzergrenadieren war es am schlimmsten. Zum Glück litten wir noch keinen Mangel an ungeheuer anständigen und tapferen Unteroffizieren und erfahrenen Mannschaften. Im allgemeinen lebten wir wie Füchse in der Erde unter dem mit Erdwällen (zum Schutz gegen Splitter) umgebenen Panzer. Dort konnten wir augenblicklich verschwinden, wenn die Luft nicht mehr rein war. Um uns lauerten Tag und Nacht Gefahren, tagsüber bei klarem Himmel die Jabos, sonst immer Artillerie- und Mörserüberfälle. So war der Bau unter dem Panzer zugleich Gefechtsstand, Unterstand und Schlafraum für meine Panzerbesatzung, im übrigen Schankraum für die vielen Besucher. Damals schien er uns trotz zum Schneiden dicker Luft sehr gemütlich, heute wäre er lediglich mit Atemschutzmaske betretbar. Mit Wasser und Waschen haperte es. Auch in der Nähe floß keines. Ausziehen und Waschen wurden zum überflüssigen Luxus, nach Möglichkeit erfrischte man sich durch Rasieren. Das trockene Sommerwetter und die tagelang anhaltende Nervenanspannung machten übermäßigen Durst, den auch unsere Besucher mitbrachten. So tranken wir große Mengen von Cidre, notfalls Calvados, Cognac und Wein, ohne davon jemals blau zu werden. Verpflegung konnte nur nachts angeliefert werden. Sie war oft mit Nervenschmiere aus unserer eigenen »Molkerei«, Butter und Sahne, angereichert. Zur Konservierung räucherten wir uns mit Zigaretten ein. Ihr blauer Dunst konnte die so eisenhaltige Luft draußen nicht noch mehr belasten. Dennoch blieben wir, wenn auch oft gottserbärmlich fluchend oder voll grimmigen Humors, noch voller Zuversicht. Das starke Band der Kameradschaft hielt uns aufrecht und teilte unser Leid und unser Elend. Über soldatische Tugenden sprach man nicht, man lebte sie. Auch über Gottvertrauen sprach man kaum. Man hatte es oder hatte es nicht. Denen, die es besaßen, war es eine starke Stütze zur Überwindung der Angst und Schrecken des Krieges. Mit Artillerie und Mörsern, mit Jabos, Panzern und MGs trachtete uns der Feind nach dem Leben. Er brachte uns Verluste bei, ohne Gelände zu gewinnen. Wir mußten es befehlsgemäß halten, auch wenn es unsinnig erschien, denn es kostete unserer stolzen Division Kräfte und Nerven.

16. Juni: Der Wehrmachtsbericht brachte die Nachricht von der »Vergeltung«, dem Abschuß der ersten »neuartigen Sprengkörpern schwersten Kalibers«, der V-1. Schadenfroh, wie der Mensch nun einmal ist, löste die Meldung Genugtuung und Erleichterung aus. Warum sollten allein unsere Großstädte in Schutt und Asche sinken?

Nur hätten wir uns die Nachricht früher gewünscht. Es war immerhin ein Trost, wenn auch ein schwacher, für unseren eigenartigen Abwehrkampf, der uns versagte, beweglich zu kämpfen und die Kampfelite unserer Division grundlos vernichtete.

Mit der Außenwelt stand ich durch Telefon, Funk und Melder in Verbindung. Einer meiner Funker saß immer am Gerät im Panzer, Telefonieren war auch im Fuchsbau möglich. Die Gelände- und Luftlage erlaubten nur kompanieweise Einsätze. Der Weg zu den Panzern war meistens wenig angenehm. Heutige Waldspaziergänge sind erholsamer, denn grundsätzlich lagen alle Kreuzungen und Engen unter Feuer. Man mußte sie sprungweise überwinden. Die in vorderer Linie eingesetzten Panzer waren nur nachts zu erreichen, denn der Feind lag ganz nah in den gegenüberliegenden Hecken. Die geringste Bewegung löste Feuer aus, unter dem die Panzergrenadiere dann litten und Verluste einbüßten. Die von mir beantragten Eisernen Kreuze wurden nur spärlich zugeteilt, gern steckte ich sie den Ausgezeichneten an.

Am 19. Juni fiel das heißumkämpfte Tilly-sur-Seulles. Anscheinend hatten die Engländer ihr Ziel erreicht und gingen zu einer Kampfpause über, begünstigt durch scheußliches Regenwetter, das uns aber die Flugzeuge vom Leibe hielt. Ich verlegte meinen Gefechtsstand vom Fuchsbau in ein Haus, das zwar auch ohne Fensterscheiben und von Splittern demoliert, aber sonst noch gut erhalten schien. Uns gefiel es jedenfalls besser, wenn es auch weniger sicher als unter dem Panzer war. Dort aber konnte tagelanger Regen in Verbindung mit stundenlangem Artilleriefeuer auch stärkste Leute schwach machen. Die weiterhin vorn eingesetzten Panzergrenadiere und Besatzungen trugen die Last. Tröstlich war nur, daß die Tommies gegenüber nicht besser dran waren. Leider konnten sie jeweils nach kurzer Zeit abgelöst werden, wir nicht. Wieder sich richtig waschen und am Tisch sitzend essen zu können, empfand man als große Geschenke. Mein Stab sorgte rührend für mich. Im Radio und in den Zeitungen, die uns erreichten, wurde die Normandiefront immer noch als herrlich dargestellt. Das war unseren Angehörigen zwar eine Beruhigung, aber wir bekamen Wut auf die Kriegsberichterstater, die uns gegenüber natürlich ihre Unschuld beteuerten, sie müßten ja auch nur Weisungen ausführen oder kämen nicht zu Wort. Bekanntlich gilt das 8. Gebot, »kein falsch Zeugnis zu reden«, von jeher nicht für die Presse, weder damals, als bei uns Goebbels und drüben Sefton Delmer nachhalfen, noch heute bei der »Umerziehung des deutschen Volkes«.

Damals aber war die Lage des Reiches mehr als ernst und alle Menschen brauchen Trost und Zuversicht. Staatsführungen verlieren allzu leicht den Kontakt zu ihren Bürgern. Hitlers einzige Kampferfahrung stammte aus den Flandernschlachten 1916-1918. Dort ging es nur um Meter, höchstens bis zum Horizont. Dagegen brauchte man 1944 Raum zum Operieren, gegebenenfalls Hunderte von Kilometern, rasch bewegliche wirkungsvolle Luftstreitkräfte, starke Panzerverbände und Artillerie, die jeweils gut versorgt werden mußten. Mit »Vergeltung« allein ist kein Krieg zu gewinnen. Das wußten alle Soldaten. Dennoch verlor kaum jemand seine Fröhlichkeit. Man konnte sich über die winzigsten Dinge freuen und lachen. Das zeigten die Wochenschauen gern.

Am 22. Juni wurde ich zum Kommandeur der Abteilung ernannt. Sehr glücklich und bewegt nahm ich die Gratulationen meiner Männer entgegen. Mein Adjutant übernahm es, die Nachricht meiner in Schlesien weilenden Frau zu übermitteln. Eine erbeutete englische Zigarette war dem Brief beigelegt, »ehe sie Opfer der Rauchwut des Kommandeurs würde«. Anläßlich dieser Ernennung und des die Jabos fernhaltenden schlechten Wetters wagte ich es erstmalig wieder seit Wochen, die Nacht im Pyjama zu verbringen und herrlich zu schlafen, nachdem man mir und meinen z.Z. nicht eingesetzten Chefs ein ausgezeichnetes Abendessen bereitet hatte. Die englische Tischmusik beschränkte sich auf kurze Paukenschläge. Dazu kam ein Stoß Briefe aus der Heimat. Entgegen allen Erwartungen und trotz aller Luftangriffe und der bedrohlichen Lage an der Ostfront klappte die Zustellung der Feldpost eigentlich immer ausgezeichnet, wenngleich sie oft sehr langsam war.

Auf dem Wege zu einer Kommandeurbesprechung bei der Division mußte ich mich bei einem Feuerüberfall hinwerfen und traf genau in zwei große frische Kuhfladen. Ich sah herrlich aus, alles lachte und rückte wegen meiner Parfümierung weit von mir ab.

Am 24. Juni griffen die Engländer beim rechten Nachbarn an (Unternehmen »Epsom«). Ihr Artilleriefeuer erfaßte aber auch uns. Bisher begannen sie damit aber nicht vor 11.00 Uhr. Darauf bauend, wollte ich vorher meine Panzer in der Front besuchen. Ich kam jedoch um 08.30 Uhr nur bis zum hintersten Panzer und konnte mich kaum ein paar Minuten mit den Männern unterhalten, als die Tommies auch schon die Gegend eindeckten und mich zum eiligen Rückzug in meinem Volkswagen veranlaßten. Zwei Tage später hatten wir die Freude, daß unsere Division im Wehrmachtsbericht genannt wurde, dazu kam noch, daß zwei seit dem Vortag vermißte Feldwebel wieder aufgetaucht waren. Jeder Verlust, besonders an unersetzbaren Führern, guten Unteroffizieren und Feldwebeln, schmerzte immer arg. Um so mehr freute man sich über derartige Meldungen.

Noch vor ein paar Tagen wurde wieder von einem neuen deutschen Angriff an die Küste gemunkelt, zusammen mit neu herangeführten SS-Panzerdivisionen. Auch hoffte man, daß Cherbourg halten würde. Nun war Cherbourg gefallen und die neuen Divisionen waren durch den englischen Großangriff ostwärts von uns gebunden. Zwar war meine Abteilung selbst nicht davon berührt, wir waren sogar aus der Front herausgelöst, aber die Engländer schossen auch auf uns, nachts bis 02.00 Uhr, dann ab 05.00 Uhr und später ab 14.00 Uhr. Daraufhin gaben wir das Haus zugunsten der Höhle unter dem Panzer wieder auf. Unser Panzer erhielt auch Artillerietreffer, die aber nichts anrichteten, nur war alles in Qualm gehüllt. Allmählich ging auch mir dieses dauernde Feuer auf die Nerven, wir trösteten uns jedoch mit dem Gedanken, daß unsere Väter die noch schlimmeren Materialschlachten 1916 - 1917 ja auch überlebt haben. Es hieß, unsere Division solle in wenigen Tagen von einer Infanteriedivision abgelöst werden.

An unserer Front gelang den Engländern ein Husarenstückchen. Ein kühner Spähtrupp schlich sich - wie bei Karl May - unbemerkt durch die Hecken an einen unserer Doppelposten heran, überwältigte die beiden Panzergrenadiere und zog mit ihnen engumschlungen, sie als Kugelfang benutzend, aufrecht und fröhlich winkend vor den Augen und Rohren unserer Soldaten ab. In Rußland wäre ihnen das Entkommen nicht geglückt, die Sowjets schossen auch auf eigene Leute.

Von Rundstedts, Rommels und von Geyrs Forderungen, die Panzerdivisionen rasch herauszulösen und für weitere Operationen freizumachen, verhallten bei Hitler wirkungslos; auch nachdem Cherbourg gefallen war und die Alliierten immer weitere frische Divisionen in den Landekopf führten. Immerhin begann am 26. Juni die heiß ersehnte Ablösung durch eine Infanteriedivision, die erst seit Dezember 1943

*Unsere Molkerei. Zur Verbesserung der Verpflegung sammelte, versorgte und molk die
Truppe das herrenlose Vieh aus der Kampfzone.*

im Westen aufgestellte und gänzlich kampfunerfahrene 276. Infanteriedivision. Sie
übernahm am 5. Juli den Befehl im bisherigen Abschnitt der Panzerlehrdivision. Meine Abteilung wurde ihr vorerst noch bis zur Eingewöhnung der Grenadiere an die
Front unterstellt. Während die Division nun Zug um Zug von Infanterie abgelöst wurde, blieb meine Abteilung als Feuerwehr für die armen »Stoppelhopser« hier. Ich unterstand einem Infanterieregiment, sein Kommandeur, Oberst Kolsfelder, war ein netter Mann. Einer seiner Bataillonskommandeure schenkte mir drei Enten, so konnten
wir »wie Gott in Frankreich« leben. Zwei meiner Kompanien standen also nun über
die gesamte Front verteilt als Sicherung wie Festungsbunker hinter der vorderen Linie. Das war kein Einsatz, wie wir uns wünschten, aber bei der Schwäche der Infanterie nicht anders zu regeln. Da die Engländer jedes Geräusch, insbesondere Motorenlärm, anpeilten und mit Feuer beantworteten, was bei den Schützen Verluste verursachte, mußten meine Panzermänner drei bis vier Tage lang bis zu ihrer Ablösung
im Kampfraum auf den Sitzen ausharren. Keislaufstörungen und angeschwollene
Glieder waren die Folge - bis wir lernten, durch Bewegungsübungen dem Blutstau
entgegenzuwirken. Ähnliches haben die ersten Astronauten auch erlebt.

Da die Butterrationen entfallen waren, hatten wir mit einer herrenlosen Herde von
etwa 200 Stück Rindvieh eine Molkerei eingerichtet. Hinzu kam noch eine Wäscherei, in der Französinnen gern arbeiteten, um von unserer Verpflegung zu profitieren.
Dort hielten wir auch unsere Leichtverwundeten und Innendienstkranken fest. Manche entwickelten dafür ein besonderes Geschick. Einer meiner alten Burschen brachte es fertig, sich bis Anfang Juli vor dem Einsatz im Panzer zu drücken. Auch meinem
Stabsarzt »glückte« es, sich den Fuß zu brechen und ins Lazarett zu kommen - so wurde jedenfalls gespottet.

Höhe 112

Den deutschen Kräften der 7. Armee, einschließlich der schnellen Divisionen der OKW-Reserve, war es nicht gelungen, den feindlichen Landekopf einzudrücken und die Alliierten ins Meer zurückzuwerfen. Nun mußten auch die deutschen Panzerdivisionen am Landekopf zur Verteidigung übergehen. Weiter ostwärts wartete die 15. Armee im Pas-de-Calais untätig auf die Landung einer weiteren alliierten Armee, die gar nicht existierte, aber vorzüglich vorgetäuscht wurde. Unter dem Druck der Lage befahl Hitler bereits am 12. Juni, das II. SS-Panzerkorps mit der 9. und 10. SS-Panzerdivision zurück nach Frankreich zu verlegen. Diese Verbände standen seit Ende März 1944 in schweren Abwehrkämpfen in Polen, als der Befehl zum beschleunigten Abtransport eintraf. Sie wurden in Eiltransporten nach Frankreich gefahren, ihr Anmarsch dort aber durch Jaboangriffe und Streckenunterbrechungen verzögert. Die Masse der Transporte mußte im Raum Epinal und Nancy ausladen. Nur wenige Züge gelangten bis in den Raum Paris. Ab den Ausladebahnhöfen konnte man angesichts der feindlichen Luftherrschaft nur nachts marschieren. Daher trafen beide Divisionen nicht wie geplant nach drei bis vier, sondern erst nach 14 Tagen, Ende Juni, an der Invasionsfront ein. Der von Hitler geforderte Gegenangriff des II. SS-Panzerkorps hatte die Teilung des Landekopfes im Raum Balleroy zum Ziel. Der britische Angriff westlich Caen Operation »Epsom« erzwang jedoch die Änderung des Angriffsplans.

Am 27. Juni meldete der OB West: *Der Raum von Caen ist wegen der Angriffsabsichten des Feindes für die eigene Führung der Schwerpunkt. Angelpunkt bleibt Caen.*

Obergruppenführer und General der Waffen-SS Paul Hauser (rechts) meldete Generalfeldmarschall Erwin Rommel das Eintreffen seines II. SS-Panzerkorps.

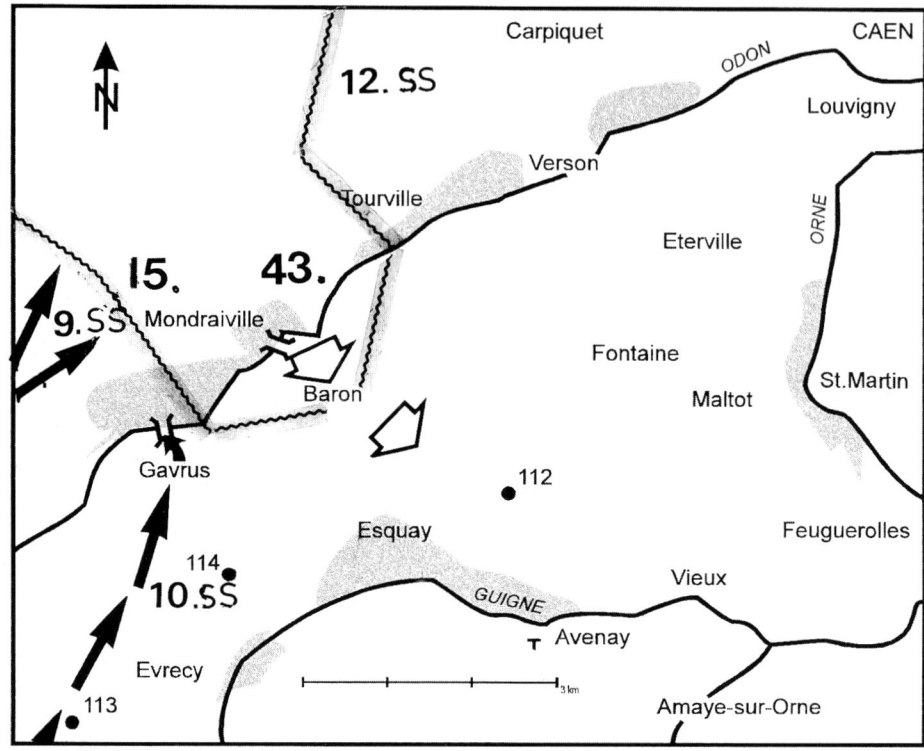

Lageskizze Höhe 112

und am 28. Juni:

Die Entblößung des Raumes von Caen ist bedenklich. Er bleibt Pivot für Abwehr und Angriff. Ohne neue Kräfte ist Einbruch bei 12. SS-Panzerdivision nicht mehr abzuriegeln. Durch Gegenangriff werden weniger Kräfte als zum Abriegeln gebunden.

Am 29. Juni billigte Hitler die angelaufenen Maßnahmen des OB West, nämlich den Flankenangriff zur Vernichtung der feindlichen Kräfte, die über Baron gegen die Orne vorstießen, als zunächst wichtigste Aufgabe: »*Die 7. Armee darf sich nicht ins offene Gelände drängen lassen!*«

An dieser Stelle sei noch einmal an das Gelände der Normandie 1944 erinnert. Der Westteil des Landekopfes, der amerikanische Sektor, bestand aus dem *Bocage*, einem quellenreichen, von unzähligen Wallhecken dicht überzogenen Wald- und Weideland. Heute haben Hecken und Obstgärten weiten Ackerfeldern Platz gemacht. Im Ostteil, dem britischen Sektor, dagegen öffnete sich damals bereits das Gelände nach Süden und Osten in Richtung auf Paris und die Seinehäfen. Hier boten sich gute Möglichkeiten für großräumige Panzerstöße. Von hier ging der nächste Weg nach Paris!

Der britische Großangriff stieß auf den Abschnitt der seit 7. Juni ununterbrochen im Kampf stehenden 12. SS-Panzerdivision »Hitlerjugend«, die völlig erschöpft, ausgeblutet und auf einen Bruckteil ihrer alten Stärke zusammengeschrumpft war. Reserven waren ihr nie zugeführt worden. Ihre Betriebsstoff- und Munitionsversorgung

Höhe 112 mit dem »Wäldchen der halben Bäume«. Im Vordergrund ein abgeschossener Sherman-Panzer.

war unzureichend. Nach mehrtägigen heftigen Kämpfen gelang es den Briten am Nachmittag des 27. Juni, tief in die deutsche Front einzubrechen. Zwei Brücken über den Odon wurden genommen, ein Brückenkopf gebildet. Am 28. Juni kämpften sich schottische Truppen langsam gegen die Höhe 112 vor. Diese bildet die westliche flache Kuppe eines stumpfen Rückens, der sich aus Südwesten erstreckt und nach Nordwesten und Südosten zu den um 60 - 90 m tieferen Tälern von Odon und Orne abfällt. Diese Höhe bildet den Schlüssel zum Halten des wichtigen Straßen- und Verkehrsknotenpunkts Caen und der Orne-Übergänge südlich davon, die den Weg ins Herz Frankreichs öffneten. Die Höhe bot gute Übersicht nach allen Seiten und damit die Möglichkeit, gegnerische Bewegungen frühzeitig zu erkennen und aus günstigen Stellungen unter Feuer nehmen zu können. Auch verwehrte sie dem Gegner Einblicke in den Hinterhang und das dahinterliegende Flußtal. Die kahlen, fast deckungslosen Hänge hemmten und erschwerten die Vorwärtsbewegung der die Höhe angreifenden Infanterie und Panzer erheblich, gewährten aber auf dem Hinterhang gedeckte Stellungen für Artillerie, Werfer und die den Luftschirm bildenden Flak-Verbände. Seit dem 27. Juni hatte die arg zerschlagene HJ-Division Befehl, Höhe 112 zu halten und einen britischen Durchbruch zur Orne zu verhindern. In den Morgenstunden des 28. Juni zog 5./SS-Panzerregiment 12 »...alles, was für diese Aufgabe zur Verfügung steht« (Panzermeyer) ostwärts Esquay in Stellung, denn die Engländer hatten den Nordhang und das Wäldchen am Osthang der Höhe 112 besetzt. Weitere

Kompanien vom SS-Panzerregiment 12 standen im Südosten und Osten zum Angriff bereit. Am Morgen brachten drei Angriffe der von Teilen des Flakregiment 53 unterstützten wenigen Panzer, vermutlich mit einigen Tigern der schweren SS-Panzerabteilung 101, den britischen Angriff zum Stehen, aber nicht das Wäldchen in eigenen Besitz. Eine Batterie des Werferregiment 83 schoß im Nahkampf zwei Feindpanzer vor der Batteriestellung ab. Der Gegner konnte die Kuppe nicht nehmen. SS-Panzerregiment 12 hielt den Nordostrand und den Südrand der Höhe. Teile des Flakregiment 53 und der Werferbrigade 7 gingen am Hinterhang in Stellung.

Am Abend rückte das II. SS-Panzerkorps in die Bereitstellung zum Angriff auf den »schottischen Korridor« beiderseits des Odon ein. Nördlich des Odon griff die 9. SS-Panzerdivision »Hohenstaufen«, südlich davon die 10. SS-Panzerdivision »Frundsberg« an. Gleichzeitig ging der Befehl im Abschnitt Verson - Höhe 112 - Evrecy vom I. auf das II. SS-Panzerkorps über. Die schwere SS-Panzerabteilung 101 wurde abgezogen, die HJ-Division und die Werferbrigade 7 wurden dem II. SS-Panzerkorps unterstellt, dem bereits die Werferbrigade 8 zugeteilt war.

»Am Morgen des 9. Juni wurden wir durch das schwere Feuer der Kriegsschiffe geweckt. Feindliches Artilleriefeuer tastet das ganze Gelände um Verson und die Höhe 112 ab. Kurze Zeit später schlägt massiertes Feuer auf die Höhe 112. Sollten uns die Briten zuvorkommen und Angriff auf Angriff prallen? Mit Unbehagen beobachte ich, wie britische Panzer den Hang südlich des Odon emporklettern und die Höhe 112 in die Zange nehmen. Die Kuppe ist nicht mehr zu erkennen. Schwere Brocken wühlen Meter um Meter der normannischen Erde um. Die Briten sind dem Angriff Haussers zuvorgekommen. Mit niederwalzendem Artilleriefeuer und rollendem Bombardement der feindlichen Luftmacht werden unsere Angriffsdivisionen in ihren Bereitstellungsräumen bekämpft. Die Höhe 112 geht dem II. Korps verloren. Die Panzer der 11. Armoured Division haben den Schlüssel für weitere Operationen gegen die Ornebrücken an sich gerissen...« (Panzermeyer »Grenadiere«).

Die Artillerie des II. Korps, darunter die schwere Haubitzabteilung des SS-Panzerartillerieregiment 12 und viele hundert Rohre der beiden Werferbrigaden, nahmen die Spitzen der Briten unter Feuer: *»Die Tommmies bekommen schwersten Zunder! Aber wird das helfen? Sobald der Gegner genug Reserven herangeführt hätte, könnte er an der Höhe 112 auf die Stadt Caen eindrehen oder die Ornebrücken nehmen!«*

Verzögert durch die schweren Luftangriffe, konnte die 10. SS-Panzerdivision erst am 29. Juni, 14.30 Uhr, zum Angriff antreten. Unmittelbar daraufhin stellte die britische 11. Panzerdivision ihren Angriff ein und ging zur Verteidigung über. Der quer zur deutschen Angriffsrichtung verlaufende Guighe-Bach erschwerte den Einsatz von Panzern im Raume Avenay. Deshalb sollte die 10. SS-Panzerdivision mit Masse auf der schmalen Landbrücke zwischen Odon und Evrecy vorbrechen, dann nach Osten ausscheren und im Zusammenwirken mit Teilen der 12. SS-Panzerdivision im Raum Eterville - Maltot die Höhe 112 zurückgewinnen. Im Feuer der von der Kuppe geleiteten starken britischen Artillerie und der zur Luftnahunterstützung eingesetzten Tiefflieger brach der Angriff im deckungsarmen Gelände zusammen. Lediglich auf dem rechten Flügel gelang es dem verstärkten SS-Panzergrenadierregiment 21 überraschend, Avenay zu nehmen und in Vieux einzudringen. Die II./SS-Panzerregiment 10 (Panzer

IV) folgte und überschritt bei Dunkelheit den Bachgrund zwischen Avernay und Vieux.

Abends befahl das II. SS-Panzerkorps beiden (10. und 12.) Divisionen, am 30. Juni die Höhe 112 zu nehmen.

»Im Morgengrauen des 30. Juni im leichten Nebel, unter dem Schutz des Feuers der zusammengefaßten deutschen Artillerie und Werferverbände, schieben sich Panzer und Panzergrenadiere von Westen, Süden und Osten an die Kuppe heran. Diese wird mittags gestürmt. Britische von Panzern unterstützte Gegenangriffe werden abgewehrt. Auf dem linken Flügel ist der Angriff der Division auf Baron im massierten britischen Artilleriefeuer liegengeblieben. Ebenfalls schlagen Versuche, am Nachmittag von der Höhe 112 aus durch Angriff nach Norden die Straße Caen - Villers-Bocage zu gewinnen, im feindlichen Feuer fehl«.

Der britische Großangriff - Unternehmen »Epsom« - hatte sein Ziel, Caen und die Ornebrücken, nicht erreicht. Die Höhe 112, der Schlüssel zum offenen Gelände Frankreichs, zum Verkehrsknotenpunkt Caen und dessen Flugplatz Carpiquet, blieb in deutscher Hand. Die neu herangeführten deutschen Kräfte des II. SS-Panzerkorps hatten die Höhe 112, das Dorf Gavrus und einiges Gelände zurückgewinnen, aber den britischen Einbruch nicht voll ausdrücken können. Ihre Angriffskraft war bereits gebrochen.

In Erkenntnis dieser Lage schlug Obergruppenführer und General der Waffen-SS Paul Hausser, inzwischen Oberbefehlshaber der 7. Armee, mit allen anderen Oberbefehlshabern die Räumung Caens vor, um die eigene Truppe dem verheerenden Feuer der feindlichen Schiffsartillerie zu entziehen und die Panzerverbände vor dem Ausbrennen zu bewahren. Verblendet lehnte Hitler den Vorschlag ab und ersetzte Generalfeldmarschall von Rundstedt durch Generalfeldmarschall von Kluge. Er befahl stattdessen das Halten der augenblicklichen Stellungen und *»die Fortsetzung des Aufmarsches zum eigenen Gegenangriff«.* Dieser war jedoch, ohne eigene Luftwaffe zur Aufklärung, Abriegelung und Nahunterstützung, keinesfalls mehr führbar. Hitler hatte sich zugunsten »taktischer Flickarbeit«, d.h. für starre Verteidigung und Belassen der Initiative beim Gegner, entschieden. Dessen Kräfte im Landekopf verstärkten sich erheblich rascher als die deutschen. Hitler wollte keine bewegliche Verteidigung riskieren mit der Begründung, er könne den Ausfall der Luftwaffe nicht ausgleichen.

Ab nun nahm die 33tägige Verteidigung der Höhe 112 ihren Lauf. Der vordere Rand des deutschen Verteidigungsraumes verlief anfangs nördlich Noyers - Grainville - Gavrus (Nord) - Höhe 114 - Höhe 112 - Maltot.

Am 1. Juli war kein Flugwetter. So sollten die deutschen Verbände noch einmal zum Eindrücken des britischen Frontvorsprungs antreten. Unterstützt wurde der Angriff wieder durch das Feuer der Divisionsartillerie und der Werferbrigaden 7 und 8, die neue Stellungen am Hinterhang bezogen hatten. Mit Feuerzusammenfassungen zerschlug der Gegner bereits den anlaufenden Angriff und ging dann mit Panzern zu Gegenangriffen auf die Höhe 112 und Esquay über. Mit ihren letzten Reserven riegelte die 10. SS-Panzerdivision die Einbrüche ab. An diesem Abend telefonierten die Generalfeldmarschälle von Rundstedt und Keitel miteinander. Auf Keitels Frage, was man angesichts des Scheiterns des letzten Gegenangriffs tun solle, erwiderte v. Rundstedt: *»Frieden schließen, Ihr Narren!«*

Gedenkstein der 43. britischen »Wessex«-Division an die Kämpfe um Chateau de Fontaine, Eterville und Maltot bei Höhe 140.

Am 2. Juli blieb es an der Höhe 112 verhältnismäßig ruhig. Die Panzergrenadiere am Höhenrand wühlten sich mühsam in den steinigen Kalkboden ein: Auf der Kuppe selbst boten nur Panzerwracks Schutz. Schanzen forderte unverzüglich Feuer heraus und mußte unterbleiben. Am nächsten Tag (3. 7.) flammte der Kampf um die Höhe 112 erneut auf. SS-Panzergrenadierregiment 21, unterstützt vom eigenen Feuer, wehrte den Feindangriff ab und hielt die Höhe. Abends traten die Briten erneut mit zwei Gefechtsgruppen zum Angriff auf die westlichen und ostwärtigen Abhänge an. Auf der Kuppe tobte die Hölle. Mit den letzten Reserven schlug die Division »Frundsberg« die Angriffe zurück. Bei derartigen Einsätzen mußten Mörser, Werfer und Geschütze dauernd ihre Stellungen wechseln, die von den Briten jeweils sehr rasch angepeilt und mit Feuer belegt wurden. Die sich am Osthang der Höhe festkrallenden Schotten flankierten von dort den deutschen Gegenangriff auf Maltot. Eine aus Männern der 10. und 12. SS-Panzerdivision zusammengeraffte Kampfgruppe warf dann im Nachtangriff den Feind aus Eterville hinaus, das anderntags noch mehrfach den Besitzer wechseln sollte. In der nächsten Nacht gelang es auch, das »Wäldchen der halben Bäume« am Osthang der Höhe 112 vom Feind zu säubern.

Dann wurde es bis zum 8. Juli um die Höhe ziemlich ruhig. Eine neue Weisung Hitlers für die Kampfführung im Westen vom 8. Juli bestimmte:

....da eine zweite Landung bei der 15. Armee sowie auch an der französischen Mittelmeerküste wahrscheinlich, der eigene Großangriff zur Zeit ausgeschlossen, ein Einbruch des Feindes in die Weite des französischen Raumes unter allen Umständen zu verhindern ist, wird befohlen, die jetzige Landekopffront im Großen zu halten, die Masse der schnellen Verbände durch Infanteriedivisionen herauszulösen und eine Operation mit begrenztem Ziel in den Landekopf hinein vorzubereiten.

Hitler billigte also weder die vom OB West empfohlenen Absetzbewegungen, noch gab er den Plan eines Panzervorstoßes zur Vernichtung es Feindes auf. Zur Abwehr des erwarteten britischen Großangriffs auf Caen wurde die 9. SS-Panzerdivision durch eine Neuaufstellung ohne Kampferfahrung und ohne einen Panzer oder schwere Panzerabwehr, die 277. Infanteriedivision, abgelöst. Am Abend des 7. Juli warfen 400 viermotorige Kampfflugzeuge über 2000 t Bomben auf Caen. Binnen 40 Minuten wurde die Stadt zum Schutthaufen, den kein Fahrzeug durchdringen konnte. Der eigentliche Angriff, Operation »Charnwood«, folgte am 8. Juli. Am 9. Juli gestattete der OB West, die Trümmer Caens zu räumen, um südlich der Stadt eine neue Abwehrstellung zu beziehen. Die Briten nahmen auch Eterville und Louvigny. Ostwärts der Höhe 112 entwickelte sich eine Krise.

Am 10. Juli traten die Briten, nun in breiterer Front als je zuvor, zum massierten Angriff auf das Schlüsselgelände der Höhe 112 an. Um 05.00 Uhr erbebte die Erde unter einem überwältigenden Trommelfeuer auf den deutschen Verteidigungsraum. Dicht auf folgend erklomm britische Infanterie, teils auf Karetten aufgesessen und von vielen Panzern begleitet, von Verson und Baron aus die Nordhänge der Höhe. Im Schutze dichten Nebels, nur gestört von verheerenden Werfersalven, erzielten die Briten im ersten Ansturm einen breiten Einbruch zwischen Eterville und der Höhe 112. Schon hatten etwa 25 Feindpanzer die Kuppe fast erreicht, da eröffnete Oberscharführer Borrekott mit seinen drei Panzern IV (5./SS-Panzerregiment 10) das Feuer. Zwar fand er mit seiner Besatzung im Kampf den Tod, aber inzwischen konnte seine Panzerabteilung die Engländer wieder von der Kuppe herunterwerfen. Höhe 112 blieb in deutscher Hand.

Weiter rechts stellten die Tiger der schweren SS-Panzerabteilung 102 die Lage wieder her und brachten das »Wäldchen der halben Bäume« wieder in deutsche Hand. Das hartumkämpfte Maltot wurde wegen des massierten Feindfeuers über Nacht geräumt. In der Nacht zum 11. Juli waren die Engländer im Schutz der Dunkelheit wieder auf der Kuppe und im Wäldchen. Während sich die von der Infanterie abgelöste 9. SS-Panzerdivision zum Angriff auf Maltot und Eterville bereitstellte, kämpfte ihre Schwesterdivision (10. »Frundsberg«), unterstützt von der Tigerabteilung 102, um Maltot, Eterville und Fontaine. Es zeigte sich, daß an die befohlene Ablösung der Panzerdivisionen durch Infanterie nicht zu denken war.

In den nächsten Tagen gingen die schweren Kämpfe um die Höhe 112 Tag und Nacht (unter künstlicher Gefechtsfeldbeleuchtung) weiter. Hauptstütze des Widerstandes waren die Tiger der schweren SS-Panzerabteilung 102, die unter geschickter Ausnutzung des Geländes, ihrer großen Schußweite und starken Panzerung, mit Panzergrenadieren der 10. SS-Panzerdivision alle Stellungen halten konnten.

Die Panzergruppe West (General der Panzertruppe Eberbach), rechnete mit einen neuen britischen Großangriff nach Osten, vermutlich in Verbindung zu der erwarteten neuen Landung bei der 15. Armee.

Am 18. Juli, einem heißen Sommertag mit vereinzelten Gewittern, begann Feldmarschall Montgomery den Großangriff der 2. britischen Armee, »Goodwood«, um die deutschen Panzerdivisionen zu fesseln und Raum nach Osten zu gewinnen. Mit unerhörten Bombenteppichen durch 1700 Bomber und 400 Jagdbomber und unter dem Feuer von 720 Rohren der Artillerie, unterstützt von Schiffsgeschützen, griffen die Briten mit drei Panzerdivisionen und dem II. kanadischen Korps die stark ausge-

Die bitter umkämpfte Höhe 112, die von Kampfgruppen der HJ-Division, der 10. SS-Panzerdivision »Frundsberg«, Tigern der schweren SS-Panzerabteilung 102, der 271. und 277. Infanteriedivision gegen englische, schottische und kanadische Regimenter verteidigt wurde.

bauten deutschen Stellungen an.An der Höhe 112 wurden lediglich das übliche Artilleriefeuer und örtliche Vorstöße verzeichnet. Der Sicherungstiger konnte drei Feindpanzer und eine Pak abschießen.

Hitlers Weisung, die Panzerdivisionen durch Infanteriedivisionen abzulösen, wurde durch »Goodwood« gestört. Ostwärts der Orne war die 1. SS-Panzerdivision »Leibstandarte Adolf Hitler« von der 272. Infanteriedivision abgelöst worden, deren linker Flügel bei St. Martin lag. Daran schloß sich noch die 10. SS-Panzerdivision an, deren ostwärtiger Abschnitt ab 18.Juli von der 271. Infanteriedivision. übernommen wurde.Westlich der Linie Höhe 114 - Baron schloß dann die 277. Infanteriedivision an.

Glücklicherweise schloß das trübe Wetter bis zum 21. Juli größere Kampfhandlungen aus,so daß sich die Grenadiere in die Stellungen eingewöhnen konnten.Wenn auch die Briten nie aufhörten anzugreifen, gelang es mit Hilfe der Tiger der SS-Panzerabteilung 102 stets, Einbrüche rasch wieder auszubügeln und darüber hinaus noch mit Artilleriefeuer die schwer kämpfenden Nachbarn ostwärts der Orne zu unterstützen.

Der mit großen Erwartungen begonnene britische Großangriff war unter Verlust von 4000 Soldaten und 500 Panzern - 36% aller britischen Panzer in Frankreich - eingestellt worden. Dieser deutsche Abwehrerfolg wäre ohne das in der Flanke sicher haltende Bollwerk der Höhe 112 kaum möglich geworden. Nach wie vor blieb den Briten der Zugang zum offenen Gelände Frankreichs verwehrt.Als es am 26.Juli den Amerikanern mit dem Unternehmen »Cobra« gelang, den deutschen Einschliessungsring um den Landekopf auf Avranches hin zu zerbrechen, war die erste Phase des alliierten Operationsplanes erfüllt. Der Besitz der Höhen südlich Caen verlor an Bedeutung. Hatte Hitler noch am 30.Juli darauf bestanden,*»den Feind an der Küste eng umschlungen zu halten und ihm dort schwere Verluste beizubringen, um ihn dadurch zu erschöpfen und schließlich niederzuringen!«*, so war das Gesetz des

Handelns durch die Alliierten starker als er. Zusammen mit der Masse der deutschen Panzerdivisionen wurde am 2. August auch das II. SS-Panzerkorps nach Westen verlegt, um sich zum Gegenangriff »Lüttich« an die Küste südlich Achranches bereitzustellen. Aber auch die 2. britische Armee schöpfte Atem für die kommenden Operationen. Beinahe ungestört vom Gegner setzten sich in der Nacht vom 3. zum 4. August die 271. und 277. Infanteriedivision. von der Höhe 112 ab. Der für beide Seiten so harte und verlustreiche Kampf hatte ein Ende gefunden!

Betrachtungen

Es erhebt sich die Frage, inwieweit die lange vorwiegend statisch geführte Verteidigung der Höhe 112 durch das II. SS-Panzerkorps und die schweren Blutopfer sinnvoll waren und welche Lehren sich daraus ziehen lassen.

1. Zweifellos war es Ende Juni 1944 allen Soldaten im Westen klar, daß den Alliierten der *Einbruch in die deutsche Verteidigung mit unabsehbaren Folgen* (Weisung Nr. 51) gelungen und damit nach Hitlers eigenen Worten der Krieg verloren war. Die alliierte Basis in Frankreich und ihre Luftherrschaft waren gesichert, ein deutscher Durchbruch zur Küste nicht mehr möglich. Die deutschen Heerführer erwogen einen Rückzug mit Rückkehr zum *elastischen Fechten, das wenigstens zeitweise die Initiative an sich reißt* (General von Geyr). Zu diesem Zeitpunkt hätte ein derartiger Rückzug zwar erhebliche Opfer gekostet, vermutlich aber beträchtlich weniger, als der später erzwungene der ausgebrannten deutschen Kräfte. Das Kräfteverhältnis der Divisionen wäre günstiger gewesen; im größeren Raum hätten sich Luftangriffe und Artilleriefeuer weniger ausgewirkt. Die deutschen Führungsgrundsätze und die Kampferfahrung im Bewegungskrieg einem zögernden Gegner gegenüber hätten Früchte getragen.

2. Auch im Falle eines deutschen Rückzuges mußte ein frühzeitiger britischer Durchbruch zur Orne und damit in das Herz Frankreichs verhindert und die Höhe 112 bis zur Räumung des weiter westlich gelegenen Raumes gehalten werden. Der Rückzugsweg deutscher Kräfte nach Paris mußte offen bleiben. Feldmarschall Montgomery hätte einen derartigen Durchbruch zweifellos ausgenutzt, auch wenn dies im alliierten Operationsplan nicht vorgesehen war. Die für die Briten so verlustreiche Operation »Goodwood« und die amerikanische zum Ausbruch führende Operation »Cobra« wären entfallen. Der Krieg im Westen hätte einen anderen Verlauf genommen. Die erfolgreiche Verteidigung der Höhe 112 und die Massierung deutscher Kräfte bei Caen bis zum Rückzugsbeginn waren unerläßlich.

3. Schlüsselgelände, wie die Höhe 112, bleibt auch bei der heutigen Waffenwirkung von entscheidender Bedeutung für den Kampf. Es kann auch bei feindlicher Luftherrschaft und vielfacher Überlegenheit auf der Erde gehalten werden, wenn Führung und Truppe entschlossen und standfest kämpfen, das Gelände ausnutzen und durch Sperrungen verstärken, sowie durch einen Luftschirm und eigenes Feuer unterstützt werden.

4. Viele Kritiker haben die Festlegung der Panzerdivisionen anstelle von Infanteriedivisionen zur statisch geführten Verteidigung mit Recht bemängelt. Es darf aber nicht vergessen werden, daß die deutschen ungepanzerten, noch auf Pferde- und Handzug angewiesenen Infanteriedivisionen mit unzureichender Panzer- und Luftabwehr dem massierten, fast unausgesetzten Feindfeuer von der Erde, von Schiffen und aus der Luft nicht gewachsen waren. Nie hätte die Infanterie damals längere Zeit ohne Unterstützung von Panzern, Panzerjägern und Flächenwaffen derartigen Angriffen standhalten können. Wo es ihr dennoch vorübergehend gelang, war es der britischen Kampfführung und Ausrüstung zu verdanken. Die britischen Führungsgrundsätze waren zu starr und schematisch. Sie ließen der Initiative der einzelnen Unterführer zu wenig Spiel, das Zusammenwirken der Waffen ließ zu wünschen übrig. Der Mangel an gepanzerten Transport- und Kampffahrzeugen für die Infanterie und deren Artilleriebeobachter führten zu hoher Empfindlichkeit gegen Feindfeuer und unverhältnismäßig hohen Verlusten bei Angriffen. Dadurch wurden die britischen Panzer entweder an das Tempo der zu Fuß angreifenden Infanterie gebunden oder von ihr getrennt. Sie erlitten dementsprechende Verluste und erzielten bei aller Tapferkeit ihrer Besatzungen nur Erfolge, die in keinem Verhältnis zu ihrer überwältigenden Zahl standen.

5. Im Gegensatz zu den Briten waren hier die Deutschen zum Haushalten mit Kräften gezwungen. Die deutschen Panzerdivisionen lernten es früh, auch mit kleinen Gefechtsgruppen den Kampf der verbundenen Waffen zu führen, um unausgesetzt für alle Fälle bereit zu sein und den Kampf rund um die Uhr führen zu können.

6. Die deutsche Artillerie war viel zu schwach. Nur die deutschen Werferbrigaden bildeten einen gewissen Ausgleich gegen die britische Feuerüberlegenheit. Diese Flächenwaffen erwiesen sich gegen ungepanzerte britische Ziele besonders wirksam und waren deshalb sehr gefürchtet.

7. Die Briten waren Meister bei der Verwendung künstlichen Nebels für Angriff und Abwehr, um sich der Beobachtung und Wirkung weitreichender Feindwaffen zu entziehen. Dies bleibt auch heute noch bedeutsam.

8. Selten gelang es den Briten, die Stellungen deutscher Panzer vorzeitig aufzuklären. Sicherungspanzer reichten oft aus, um die weiter rückwärts in Deckung befindlichen Kompanien alarmieren zu können. So kamen Fahrzeugwartung und Ruhe zu ihrem Recht.

9. Die deutsche Funknahaufklärung konnte oft britische Absichten ermitteln und innerhalb kürzester Frist die Betroffenen davor warnen. Dadurch konnten Überraschungen und Verluste vermieden werden.

10. Die erfolgreiche Verteidigung der Höhe 112 durch wenige Tiger-Panzer als Jagdpanzer bewies, daß dafür Feuerkraft und Schutz wichtiger als Beweglichkeit und Zahl waren.

11. Über allem aber stehen Tapferkeit und Opferbereitschaft der Verteidiger. Ob die Überzeugung von der Verteidigungswürdigkeit unserer Rechtsordnung allein genügt, um in einem derart harten Kampf auch heute noch zu bestehen, muß sich hoffentlich nie erweisen. Logik und Überzeugung schwinden unter den Eindrücken von Feuer und Stress zu rasch dahin. Ohne die Tugenden der deutschen Soldaten wäre der Krieg anders verlaufen.

Kampf um May-sur-Orne am 25. Juli 1944

Südlich von Caen, ostwärts der Orne, steigt das Gelände in mehreren Wellen nach Süden an. Südlich der Mulde von St. Martin - St. André-sur-Orne erstreckt sich der bis nach May-sur-Orne reichende Rücken von Verrières, Schauplatz erbitterster Kämpfe mit den Kanadiern am 25. Juli 1944.

Daran erinnert die kanadische Kriegsgeschichte: *Ein Besucher sollte am Verrières-Rücken Halt machen und sich an die Kämpfe von 1944 hier erinnern. Weizen und Zuckerrüben wachsen üppig an diesen Hängen, denn in dem nun halbvergessenen Sommer wurden sie reichlich mit dem besten Blute Kanadas getränkt.*

Der Großangriff der 2. britischen Armee am 18. Juli - Unternehmen »Goodwood«, der die deutschen Panzerkräfte fesseln und den alliierten Landekopf bis zum Höhengelände von Cintheaux erweitern sollte, war unter beiderseitigen schweren Verlusten gescheitert. Nach weiteren hin und her wogenden Kämpfen mußte das hier führende I. SS-Panzerkorps am 23. Juli die Hauptkampflinie (HKL) auf die Linie Bourguébus - Troteval Ferme - Beauvoir - Hinterhang Höhe 64 (nördl. St. Martin) - St. André (Mitte) - Bahnübergang Orne zurücknehmen. Diesen Abschnitt sollte die ab 16. Juli t nacheinander aus Südfrankreich eintreffende niedersächsische 272. Infanteriedivision halten, aber die nur mangelhaft ausgebildete und ausgerüstete Truppe hatte trotz eines kriegserfahrenen Stammes sogleich schwere Verluste erlitten. U. a. bestanden zwei ihrer sechs Infanteriebataillone nur noch aus Resten und die anderen waren auch angeschlagen. Deshalb wurde ihr Abschnitt auf die Linie Beauvoir - Orne beschränkt. Als Eingreifreserve war ihr am 25. Juli nur noch eine Kampfgruppe der 2. Panzerdivision (Major Sterz) unterstellt worden. Die Verbindung zu ihr mußte der Korpschef wahrnehmen, da die Infanterie über keine Funkgeräte verfügte, die mit Panzerverbänden verkehren konnten. Die Division hatte eingesetzt: Grenadierregiment 981 (rechts), Grenadierregiment 982 (links), Reste Grenadierregiment 980 um Fontenay-le-Marmion, dort auch die Artillerie. Kampfgruppe Sterz: bei Laize-la-Ville; Divisionsgefechtsstand: Fresnay-le-Pucceux. Der leichte Zug/Panzerregiment 3 (vier Panzer IV) unter Leutnant Prien stand in May, zur Unterstützung Grenadierregiment 982. Den Abschnitt Bourguebus - Troteval Ferme hatte die 1. SS-Panzerdivision übernommen. Die Korpsreserve des I. SS-Panzerkorps bildeten: 9. SS-Panzerdivision, 116. Panzerdivision (im Zulauf), schwere Panzerabteilung 503.

Die Wetterbesserung am 24. 7. deutete daraufhin, daß der erwartete feindliche Angriff nun unmittelbar bevorstand. Für den 25. Juli hatte das II. kanadische Korps den Auftrag, einen Angriff Operation »Spring« zu führen, um das Gelände bis Cintheaux zu nehmen und die deutschen Panzerkräfte zu fesseln. Die Führung und die Verbände des Korps hatten wenig Fronterfahrung. Westlich der Nationalstraße N. 158 nach Falaise sollte die 2. kanadische Division mit ihrer 4. und 5. Infanteriebrigade nebeneinander, unter überwältigender Feuerunterstützung durch Artillerie und taktische Luftwaffe, in drei Phasen angreifen: Nach dem Vorausangriff zur Säuberung der Ab-

Rechts:
Der Kampf um May-sur-Orne. Taktische Darstellung und Gliederung
der beteiligten Kräfte.

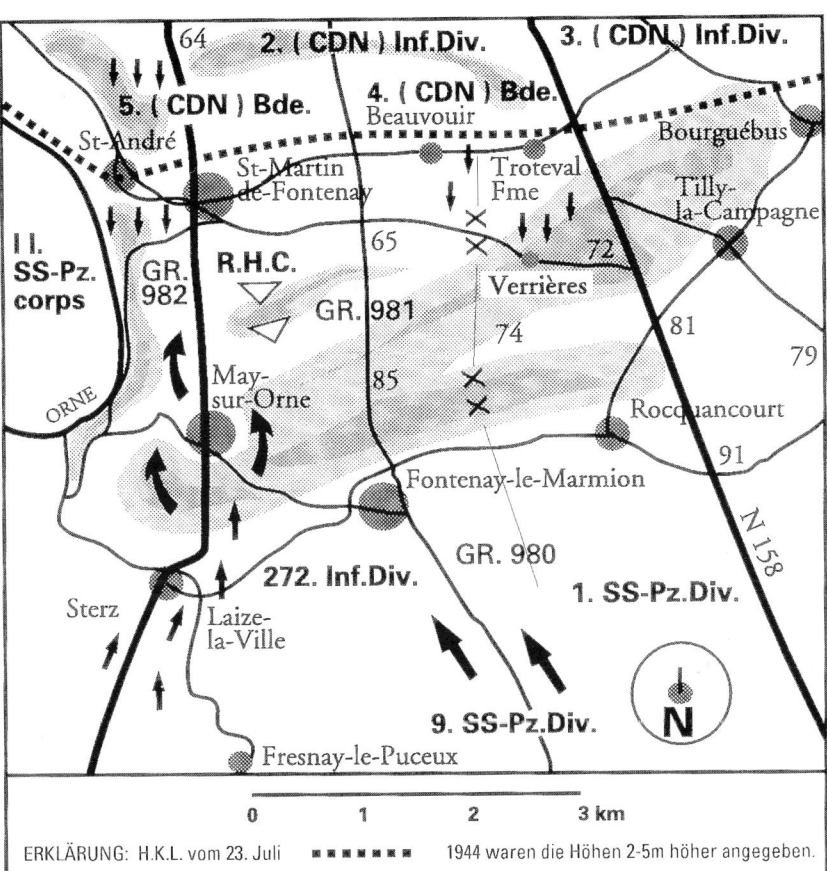

ERKLÄRUNG: H.K.L. vom 23. Juli ■■■■■■■ 1944 waren die Höhen 2-5m höher angegeben.

Gliederung der 2. kanadischen Division am 25. Juli 1944

Major-General Foulkes

4. Brigade	**5. Brigade**	**6. Brigade** (Reserve)
Les Fusiliers Mont-Royal The Royal Rgt of Canada The Royal Hamilton Light Infantry 2nd Antitank Rgt R.C.A. 1st Royal Tank Regiment	The Queen' Own Cameron The Calgary Highlanders The Canadian Black Watch	The Scottish Essex Regiment The South Saskatchewan Rgt Le Régiment de Maisonneuvre

Dazu Divisionstruppen, ähnlich der deutschen Inf.Div. Dazu Korpstruppen: 2 (CDN) +
3÷8th (BR) Army Groups R.A.; 25 Field and 19. Field Army Arty. Rgt, R.A.;

Gliederung der 272. Infanterie-Division am 25. Juli 1944

Generalleutnant Schack

Gren. Rgt 982 OTL Roesener I. Btl II. Btl (Reste)	Gren. Rgt 981 Major Bodsch I. Btl (Reste) II. Btl	Gren. Rgt 980 Oberst Burian I. Btl (Reste) II. Btl (Reste)
Pzjäger-Kompanie 272 (12-75mm Pak (motZ)	Artillerie-Regiment 272 I.-III. Abteilung	übrige Divisionstruppen

Unterstellt:
Kampfgruppe STERZ (von 2.Panzerdivision),
Gliederung: Panzerjäger. Abteilung 28 (sf) (75mm Jagdpanzer IV); I./Pzgren. Rgt 304 (gep);
I./Panzerrgt 3 (12 bis 15 Panther) + leichter Zug PzRgt 3 (4 Pz IV).

Die von der 1. SS-Panzerdivision »Leibstandarte Adolf Hitler« und der 2. kanadischen Division so heiß umkämpfte Troteval Ferme (1993), im Hintergrund Caen.

lauflinie (Straße St. André - Hubert Folie) durch die 6. kanadische Brigade bis Mitternacht, unter »künstlichem Mondlicht«, das ein Scheinwerferzug gegen die Wolken strahlte, sollte die 2. Division

a) May-sur-Orne - Verrières,

b) (mit Panzerunterstützung) Fontenay-le-Marmion - Rocquancourt,

c) mit Unterstützung der bei Ifs bereitstehenden 22. britischen Panzerbrigade die Höhe von Crasmenil (früher 122 - jetzt 118 m an der N 158) nehmen.

Im Vorausangriff warf eine Kompanie der Fusiliers Mont-Royal (Major Dextraze) vor Mitternacht die 1./SS-Aufklärungsabteilung 1, die Vorposten der 1. SS-Panzerdivison, aus Troteval Ferme hinaus. Das Gehöft wechselte Stunden darauf noch einmal die Besitzer, bis es der Hamilton Light Infantry gelang, hinter einer mächtigen Feuerwalze stürmend, Verrières zu nehmen. Die Fortsetzung des Angriffs durch das Royal Regiment of Canada mit Unterstützung des britischen 1st Royal Tank Regiment auf Rocquancourt am Vormittag scheiterte unter hohen Verlusten durch das Feuer der »Leibstandarte«. Das 1st Royal Tank Regiment verlor acht Panzer, trotz der Unterstützung von Typhoon-Jabos.

Viel schwieriger und langwieriger wurde der nächtliche Häuserkampf des Bataillons Cameron Highlanders mit Panzerunterstützung gegen die gut eingerichteten und tapfer kämpfenden Grenadiere des Grenadierregiments 981 in St. Martin und des Grenadierregiment 982 in St. André. Angeblich sollen diese das Stollensystem der Erzmine (südlich St. André) geschickt zum Verschieben und überraschendem Auftauchen ausgenutzt haben. Unglaubwürdig dagegen scheint, daß die Angreifer auch vom Westufer der Orne beschossen sein sollen, also vom II. SS-Panzerkorps. Trotz noch hal-

Das Angriffsgelände der Black Watch, von der deutschen Stellung aus gesehen. Am Horizont hinter dem Orne-Tal links die Höhe 112, der Flugplatz Carpiquet und ganz rechts Caen.

tender Widerstandsnester in St. Martin wurde kurz nach Mitternacht die »teilweise«, und um 03.30 Uhr die völlige Inbesitznahme der Ablauflinie gemeldet, obgleich der Widerstand anhielt und die Angreifer in Unordnung und Verwirrung setzte.

Nichtsdestotrotz trat das Bataillon Calgary Highlanders befehlsgemäß um 03.30 Uhr bei »künstlichem Mondlicht« von St. André zum Angriff auf May an, wo ihm die Grenadiere vom Grenadierregiment 992 einen heißen Empfang bereiteten, denn das unheimliche Licht begünstigte die Verteidiger im Ort mehr als die Angreifer.

»Die Infanterie weckte mich mit der Meldung, daß sich starke Infanteriekräfte May von Norden, offensichtlich zum Angriff, näherten. Der Himmel war in fahlgelbes Licht getaucht, das zur Beleuchtung des Vorfeldes ausreichte, aber nicht, um aus dem Panzer Ziele aufzufassen. Bis zur Morgendämmerung sickerten immer wieder einzelne Feindgruppen nach May hinein. In St. André wurde auch noch gekämpft.....« erinnert sich Leutnant Prien. Zweimal morgens sollen die Calgary Highlanders mit Teilen in den Nordrand von May eingedrungen, aber beidemal unter hohen Verlusten wieder auf St. André zurückgeworfen worden sein. Der weit rückwärts weilende Bataillonskommandeur »verlor die Übersicht«, konnte wegen versagender Funkverbindungen nicht persönlich eingreifen und nicht melden. Der Brigadekommandeur hielt May für genommen, nachdem der Gefechtslärm dort verstummt und keine Meldung eingegangen war. Er gab den Einsatz der Black Watch (R.H.C.) nach Phase II zum Angriff auf Fontenay frei (vermutlich hatten sich die Calgaries im unübersichtlichen Orne-Tal nach St. André abgesetzt). Die Einheit Black Watch war ab 03.30 Uhr in die befohlene Bereitstellung in St. Martin zum Angriff um 05.30 Uhr ausgerückt, verlor hier aber viel Zeit. Noch in der Dunkelheit brachen ver-

lustreiche Häuserkämpfe aus, bei denen der Bataillonskommandeur und sein Stellvertreter durch MG-Feuer tödlich verwundet wurden. Nach 05.00 Uhr übernahm ein Kompaniechef, Major Griffin, die Führung des Bataillons. Um Gefechtsaufklärung nach May ansetzen und einen neuen Feuerplan mit der Artillerie abstimmen zu können, führte er zunächst das Bataillon aus dem Feuer nach St. André zurück. Der nach May entsandte Offizierspähtrupp meldete, er habe den Ort größtenteils zu Fuß durchschritten. Weder habe er Calgaries, noch Deutsche, mit Ausnahme einen MG-Schützen, entdecken können.

Jetzt ermahnte der ungeduldig werdende Brigadekommandeur Major Griffin energisch zur Eile. Dieser befahl nun den Angriff um 09.30 Uhr, gab seinem Meldezugführer den Auftrag, mit ein paar Soldaten das »einzige« deutsche MG in May auszuheben. Anscheinend konnte die Artillerie nur nach Plan, nicht nach Beobachtung schießen. Ärgerlich war das Ausbleiben der Panzerkompanie. Kurz vor dem Antreten erschien der gereizte Brigadekommandeur bei Major Griffin. Um Zeit zu gewinnen, sollte die Black Watch nicht, wie zuerst befohlen durch May, sondern am Ort vorbei, über das offene Weizengelände den Höhenrücken ersteigen, um Fontenay anzugreifen. Vermutlich kam diese Änderung dem verspätet eintreffenden Panzerkompaniechef nicht zur Kenntnis. Infolgedessen gerieten seine Panzer, ohne Infanteriebegleitung, in May in den Hinterhalt der Panzer IV des Leutnant Prien und der Panzerjäger der 272. Infanteriedivision. Die warteten mit der Feuereröffnung bis auf Kernschußweite und schossen insgesamt sechs Panzer ab. Mittlerweile hatte auch Major Sterz den Auftrag zum Gegenangriff erhalten und war daraufhin aus Laize über May auf St. Martin angetreten. Leutnant Prien:

»Jetzt hatte es sich aufgeklärt. Wir beobachteten nun feindliche Infanterie, in beträchtlicher Anzahl - ich schätzte 300 - 400 Mann - die von St. Martin her antrat, ein beeindruckender Anblick! Die Soldaten gingen aufrecht, die Gewehre in Vorhalte quer vor der Brust, wie auf dem Exerzierplatz. Es gab kaum jemand, der sich trotz des sofort einsetzenden Feindfeuers aus May und von Süden in Deckung legte. Es sah aus, als ob sich eine immer erneuernde Welle von Menschen vorwärts bewegte. Keine Spur von Panik trotz der sichtbaren Verluste! Sie gingen weiter! Uns alten Hasen, mit vier bis fünf Jahren Kriegserfahrung, schien das Bild einfach unwirklich. Als die ersten Granaten unsere Rohre verlassen hatten, kamen mir Skrupel, auf diese deckungs- und waffenlosen Kanadier zu schießen. Aber es war Krieg. Wir schossen flankierend, aber nun tauchten auch von Süden her die Panther, SPW und Jagdpanzer von Major Sterz auf.«

Major Griffin hatte seine Einwände zurückstellen müssen. Er ließ sein Bataillon entfaltet, zwei Kompanien nebeneinander, die beiden anderen dahinter, durch die Felder antreten. Das Abwehrfeuer hemmte sein Marschtempo, so daß die Feuerwalze der Artillerie ihm davonlief. Leutnant Köhler, Adjutant der I. Abteilung / Artillerieregiment 272 nahe der Laize-Brücke, bekam das Feuer zu spüren. Dennoch setzte Major Griffin den Angriff bis zu seinem Tode fort. Sein Funkgerät war zu Beginn ausgefallen und ohne Artilleriebeobachter konnte er weder melden, noch Feuerunterstützung anfordern. Nur etwa 15 Mann der tapferen Black Watch kehrten nach St. André zurück, rund 100 gerieten in deutsche Gefangenschaft, die anderen, mehr als 200 Mann, waren gefallen oder schwer verwundet. Kaum verständlich ist das Verhalten des Brigadekommandeurs, der anscheinend nichts bemerkte und alles unter-

Der Kalkofen von May-sur-Orne, Gefechtstand der Kampfgruppe Sterz.

ließ, um das Schicksal seines Bataillons zu wenden. Als die kanadische Artillerie schließlich Nebel und Vernichtungsfeuer auf May und die Kampfgruppe Sterz schoß, war es zu spät.

Dieser Angriff der Black Watch ähnelt dem Sturm des preußischen Gardekorps am 18. August 1870 auf St. Privat über ansteigendes deckungsloses Gelände ohne Artillerieunterstützung gegen eine starke französische Stellung. Man lese darüber in der »Cannae-Studie« des Grafen Schlieffen nach. Die Geschichte wiederholt sich dann und wann.

In beiden Fällen vervielfachten Führungsfehler die Verluste, gewann aber unvergleichliche Tapferkeit auch den Respekt der Welt.

Der Gegenangriff der Kampfgruppe Sterz blieb im zusammengefaßten Abwehrfeuer aller Kaliber und aus der Luft südlich St. Martin liegen. Deutsches Feuer beendete aber auch den Versuch des Regiment Maisonneuvre, abends May in Besitz zu bringen. Mittags hatte die Panzergruppe West gemeldet: *Feind, der St. Martin genommen hat und im Vorgehen auf May nördlich des Ortes nach Osten eindrehte, wurde durch eigenen Gegenangriff in der Flanke gefaßt und ein auf Höhe 88 eingeschlossener Bataillonsstab wieder freigekämpft. Um 17.00 Uhr traten Teile der 9. SS-Panzerdivision zum Gegenangriff beiderseits der Straße Bretteville - Fontenay an. Der Angriff blieb zunächst auf Höhe 88 vor starker feindlicher Pak-Front liegen, wurde aber nach Umgruppierung fortgesetzt. Kampfgruppe Sterz wurde nach Ablösung durch 9. SS-Panzerdivision ihrer 2. Panzerdivision zurückgeführt.*

Abends meldete die Panzergruppe West dem Oberkommando Heeresgruppe B: *May wurde im Gegenangriff von Teilen der 272. Infanteriedivision genommen und der Anschluß an die alte HKL an der Orne südostwärts St. Martin wieder-*

hergestellt. Der Angriff gewinnt weiter nach Norden Boden und hat bis 21.00 Uhr Mine, hart südlich St. Martin erreicht.

Die 272. Infanteriedivision wurde im Wehrmachtsbericht erwähnt; ihre Reste wurden am 26. 7. herausgelöst. Die Kanadier stellten ihre Angriffe am 26. 7. ein. Die Inbesitzname von Verrières mit der hierdurch gewonnenen Höhe bedeutete ihnen einen wichtigen taktischen Erfolg.

Die Operation »Spring« war mit 1500 Mann Verlusten, davon 450 Gefallenen, der kostspieligste Tag der kanadischen Armee im Zweiten Weltkrieg, mit Ausnahme des Tages von Dieppe!

3. Normandie - Amerikanischer Sektor

Abwehr westlich St. Lô

Teurer Gegenangriff

Die Alliierten mit ihrer überwältigenden Materialüberlegenheit aus der Luft, von See und zu Lande hatten die schwachen deutschen Kräfte in der Normandie in die Abwehr gezwungen. Der Schwerpunkt ihrer Kämpfe lag im Juni bei den Briten, denn von Caen aus führte der Weg durch offenes Gelände nach Paris und weiter. Deshalb wurden bei Caen acht der verfügbaren deutschen Panzerdivisionen (1.,2.,9.,10., 12. SS- und 2., 21. und Panzerlehrdivision) durch irre Haltebefehle in ungeeignetem Gelände ihrer Stärke, der Beweglichkeit, beraubt, gefesselt und im pausenlosen Feuer in bisher ungekannter Dichte wie auch in lokalen Panzerangriffen systematisch zermürbt. Zwar gelang es den deutschen Kräften, ihren Gegnern Verluste in Höhe von über 110.000 Mann bei etwa gleichen eigenen zuzufügen. Sie konnten aber nicht verhindern, daß die Alliierten den Landekopf mit 1.600.000 Mann prall auffüllten.

Dagegen wurden die deutschen Verluste an Menschen nur teilweise, an Material kaum ersetzt. Auf der Westseite des Landekopfes bezwangen die Amerikaner am 26. Juni die Festung Cherbourg und begannen dann, mit den freigewordenen und neu zugeführten Divisionen die dünne deutsche Abwehrfront am Fuß der Halbinsel Cotentin systematisch zu zermürben. Am 7. Juni überschritt die 30. amerikanische Division überraschend den nur schwach verteidigten Vire-Taute-Kanal, bildete einen Brückenkopf bei St. Jean-de-Daye und stieß von dort zwischen Taute und Vire weiter nach Süden vor, um St. Lô und westlich davon den Raum bis St. Gilles als Ausgangsraum für einen Ausbruch in Besitz zu nehmen. Auf der deutschen Seite erkannte man

Der Vire-Taute-Kanal bei St. Jean-de-Daye (1993).

Oberleutnant Graf,
Chef der 7. Kompanie
im Panzergrenadierlehr-
regiment 902.

die Bedrohung des wichtigen Verkehrslmotenpunktes St. Lô sofort, dagegen blieb der Gedanke an einen Ausbruch aus dem Landekopf durch dieses schwierige Bocage-Gelände außerhalb jeder Erwägung. Die angesichts der Gefahr sofort ausgelösten deutschen Gegenmaßnahmen bestanden in der Zuführung von Panzerkräften, voraus die Kampfgruppe Wisliceny der 2. SS-Panzerdivision »Das Reich«, dann die Panzerlehrdivision für einen Gegenangriff zur Beseitigung des Brückenkopfes. Zwar war die Panzerlehrdivision seit 26. Juni Zug um Zug von der 276. Infanteriedivision bis auf die Panzer-IV-Abteilung aus der Front gelöst und als Heeresgruppenreserve in den Raum um Aunay verlegt worden, aber Ruhe erhielt sie nur wenig, von der täglichen Beunruhigung aus der Luft ganz zu schweigen. Bis zum 30. Juni meldete sie 3407 Mann, 50 Panzer, 82 Schützenpanzer und über 200 Radfahrzeuge Verluste. Die Personalverluste waren kaum zur Hälfte durch unerfahrenen Ersatz gedeckt, Großgerät überhaupt nicht. Der Befehl zur beschleunigten Verlegung in den Raum nordwestlich St. Lô, unentdeckt von der feindlichen Luft- und Funkaufklärung, erreichte die Panzerlehrdivision am 7. Juli abends. In Einzelbefehlen wurden die Truppen unverzüglich auf zwei Straßen in Marsch gesetzt, aber bis zum nächsten Morgen hatte nur die Aufklärungslehrabteilung 130 mit unterstellter Panzerjägerkompanie die befohlene Linie Hebecrevon -Lozon erreicht.

Sie sollte klären, wo eigene Truppen, wo Feind, und den Aufmarsch der Division sichern; ein unlösbarer Auftrag unter den dort herrschenden Verhältnissen, im unübersichtlichen Bocage-Gelände, wo keiner der überstürzt zusammengerafften Truppenteile unterschiedlichster Herkunft vom anderen wußte, sich nicht auskannte und schlecht bewaffnet ohne Kampferfahrung war. Erschwert wurde dies durch die Luftlage. Obwohl die Ankunft der Panzerlehrdivision den Amerikanern erst am 10. Juli bekannt wurde, verzögerten Bombenangriffe auf Verkehrswege und Staßenzerstörungen durch nicht rasch zu behebende große Bombentrichter den Anmarsch so, daß das Panzergrenadierlehrregiment 902 mit Masse nicht vor dem 8. 7. um 22.30 Uhr antreten und auf zwei Straßen, statt der einen befohlenen Nordstraße, marschieren mußte. *»Auf diesen schwierigen Nachtmärschen müssen die Fahrzeuge immer wieder stoppen, um den Bombenkratern auszuweichen«,* erinnert sich der Kompanieführer 7./902, Oberleutnant Graf, *»nur Schlechtwetter macht es möglich, bis 9. Juni, 19.00 Uhr bei Pont Hebert Stellung zu beziehen, das unter schwerem Artilleriefeuer liegt«.* Das Generalkommando LXXXIV. Armeekorps führte General von Choltitz, der frisch von der völlig andersartigen Ostfront kommend, Nachfolger des tödlich verwundeten Generals Marcks geworden war. Er befahl den Angriff des nun durch die Panzerlehrdivision verstärkten Korps zur Wiederherstellung der alten HKL am Vire-Kanal für den 9. Juli. Auf die Vorstellungen General Bayerleins hin genehmigte der Kommandierende General eine Verschiebung um 48 Stunden. Dennoch griffen die verfügbaren Teile der 2. SS-Panzerdivision »Das Reich« und der 17. SS-Panzergrenadierdivision »Götz von Berlichingen« vereinzelt am 9. Juli an. Ihre Verbindung zum Korps war verlorengegangen. Nach Anfangserfolgen, die beim Feinde eine Panik erzeugt haben sollen, mußten die Angreifer auf ihre Ausgangsstellungen zurück. Nach seiner Geländeerkundung will General Bayerlein dem Kommandierenden General eindringlich den widersinnigen Einsatz seiner abgekämpften Division in diesem Gelände ohne wirksame Aufklärung und Unterstützung vorgestellt haben. Er stieß jedoch auf taube Ohren und konnte sich ebenso wenig gegen seinen Vorgesetzten durchsetzen, wie die kanadischen Generale vor zwei Jahren bei Dieppe. Das Angriffsgelände, das zwangsläufig nur nach dürftigen Karten und Hörensagen, ohne Luftaufklärung und Luftbilder erkundet werden konnte, bestand im Südteil aus Bocage-Gelände, wie bei Tilly, weiter im Norden aus »weiten Flächen, unterbrochen durch viele schmale, sehr unregelmäßig angelegte Entwässerungsgräben, Stauungen und Teiche« (Hayn), war also sehr sumpfig und ungangbar für Fahrzeuge aller Art. Im Angriffsstreifen der Division war nur die sanfte Hügelreihe beiderseits der Straße St. Jean-de-Daye - Pont Hebert für Panzer zu befahren, es sei denn, man wagte sich auf den schmalen Damm über Le Desert. Am Abend des 10. Juli übernahm die Panzerlehrdivision den Befehl im Streifen zwischen Vire und Taute, mit den dort eingesetzten, hart angeschlagenen schwachen Truppen, einschließlich einer 21 cm Mörser-Abteilung, die bei sehr knapper Munition nur nach Plan schießen konnte. Den drei eigenen Artillerieabteilungen und den schweren Waffen der Panzergrenadiere ging es nicht besser: Wo lagen ihre Ziele, wohin sollten sie schießen? Wegen der Überraschung und der Luftlage, die einen Tagesangriff bei Flugwetter ausschloß, wurde der Angriff in die Nacht verlegt, in der auch die amerikanischen Rohre blind waren. Aber kaum war es hell, da waren deren Augen, die Beobachtungsflugzeuge, schon in der Luft. Der am 11. Juli, 01.45 Uhr, schwungvoll in vier Stoßgruppen begonnene Angriff auf den Vire-Kanal überraschte die Amerikaner nur kurzfristig. Ihnen war es angesichts ihrer überlegenen Kräfte und der Geländeengen ein leichtes, die wenigen Stellen wirksam zu sperren und dann von dieser sicheren Basis aus zur planmäßigen Weiterführung ihres Angriffs nach Süden anzutreten, zu dem sie schon bereitstanden. Sie kämpften nach der gleichen Methode, die sie 1918 in Frankreich gelernt und bis

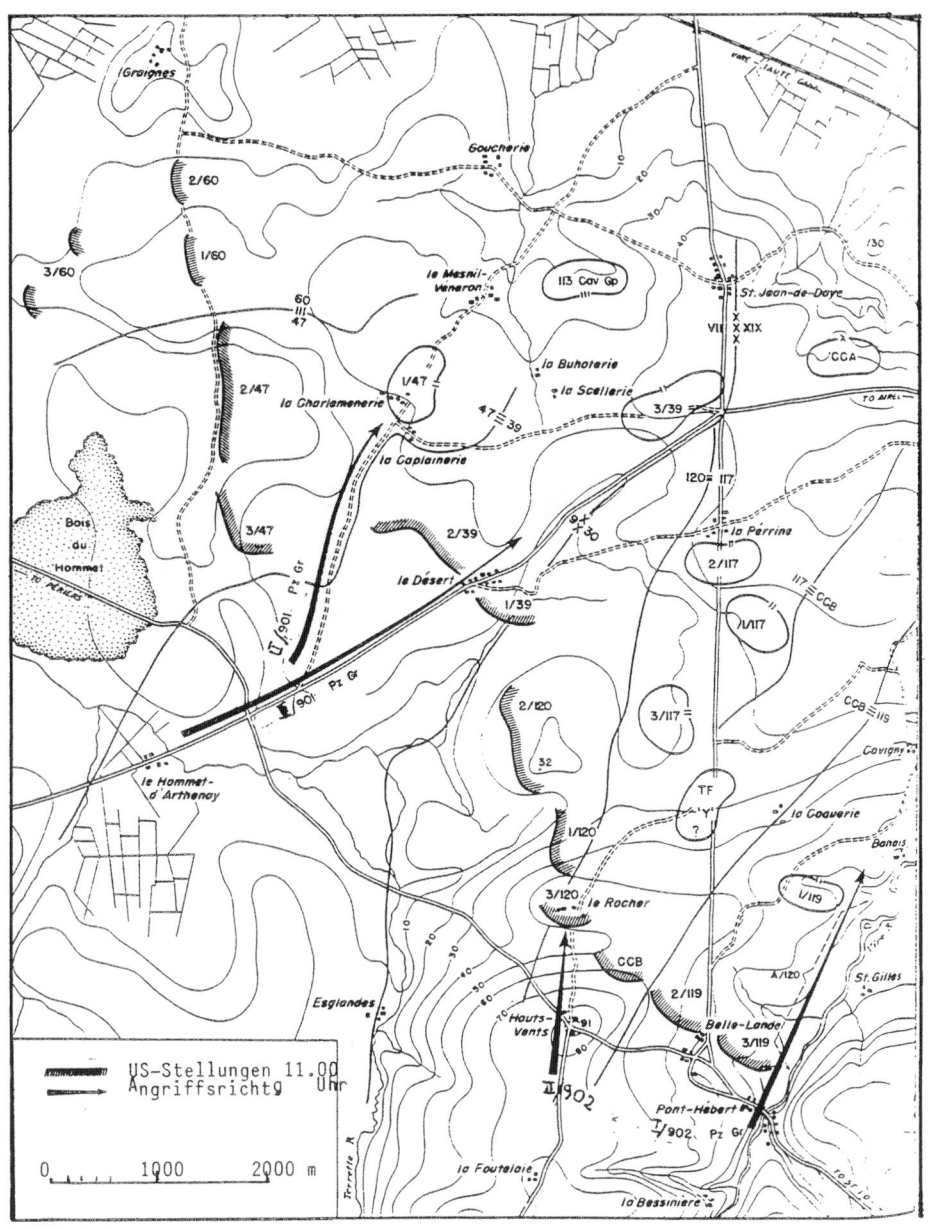

Der teure Gegenangriff am 11. Juli 1944.

jetzt auch unter anderen Umständen beherzigt hatten. Das II./Panzergrenadierlehr-
regiment 902 griff bei Hauts Vents (Höhe 91) erst um 04.00 Uhr an, da die einzelnen
Kompanien durch die schweren Abwehrkämpfe des Vortages nicht rasch genug aus
der Front gelöst und zum Angriff umgegliedert werden konnten. Oberleutnant Graf,
Führer der 7. Kompanie, erinnert sich:

Abgeschossene Panther der 1./Panzerregiment 6 bei Le Desert.

»*Ein Vorwärtskommen war für Panzer nur auf der Straße möglich, da durch die starken Regenfälle vergangener Wochen die Wiesen zu Sumpfgebieten geworden waren. Kaum traten unsere Panzer an, vorne ein Flammpanzer, dann die anderen Panzer, ich mit meiner 7. Kompanie links der Straße, da rollte der Angriff. Die Infanterie arbeitete sich im Gelände durch die Kuscheln von einer Hecke zur anderen vor... Nach vielleicht 1000 m stießen wir auf einen Gegenangriff der Amerikaner. Die vorderen Panzer wurden abgeschossen, vor allem der Flammpanzer und einige Panzer IV. Ich lag hinter einem Kusselgelände, als der Panzer neben mir einen Volltreffer erhielt. Ein Aufblitzen des Einschlages erhellte für einen Augenblick meine Umgebung, eine Detonation ließ uns in Deckung gehen.*«

Am weitesten kam das Bataillon Philipps (I./901), von Le Hommet auf St. Jean stoßend, voran. Es überraschte amerikanische Artilleriestellungen, unterbrach Drahtverbindungen, überrollte in Le Desert den Gefechtsstand des III./Infanterieregiment 39 der 9. amerikanischen Division, richtete erhebliche Verwirrung beim Gegner an und machte viele Gefangene.

Dann wurden die beiden Spitzenpanzer (1./Panzerregiment 6) auf dem Straßendamm abgeschossen. Als auch der letzte Panther getroffen wurde, waren die anderen blockiert. Überall hinderte wütendes Abwehrfeuer das Vorwärtskommen; das unübersichtliche Gelände erlaubte ja nirgends eine gegenseitige Unterstützung der getrennt voneinander fechtenden Stoßgruppen. Ab 11.00 Uhr begannen die Gegenangriffe des XIX. (US) Korps mit beiden je von einer Panzerkampfgruppe (Combat Command) der 3. Armd Division verstärkten, voll aufgefüllten Infanteriedivisionen (30. und 9.). Sie wurden unwiderstehlich machtvoll geführt und sowohl von der starken Artillerie zweier Korps als auch von zahlreichen Jabo-Staffeln unterstützt. Nur drei der vier Stoßgruppen gelang es, sich unter hohen Verlusten an Menschen und Material in die Ausgangsstellungen zurückzukämpfen. Das bei Le Desert abgeschnittene verstärkte Bataillon I./901 wurde in einer Gesamtstärke von 214 Mann mit 35 MG und zehn Panther vernichtet. Die Gesamthöhe der Verluste wurde später von General Bayerlein auf 500 - 700 Mann geschätzt, lag vermutlicherweise noch höher, da allein an diesem Tage 344 Verwundete auf dem Hauptverbandsplatz behandelt wurden. Außer den zehn Panther gingen acht Panzer IV mit einem Teil der Besatzungen, darunter zwei Offizieren, Leutnant Peter und Leutnant Stöhr, sowie der Flammpanzerzug 902 mit seinem Führer verloren - ein Großteil der Kampfkraft der Division. Der von der Truppe mit soviel Schwung und Tapferkeit vorgetragene und von der Führung mit so viel Hoffnungen begleitete Angriff war an mangelnder Aufkärung und am Mißverhältnis der Kräfte zu Lande und in der Luft gescheitert. Wie vier schwache Stiche in ein Wespennest wirkend, hatte er aber bei den Gegnern Klarheit über die Kräfteverhältnisse geschaffen.

Zäher Kampf im Bocage

Mit dem »Divisionsbefehl für den Übergang in die Verteidigung« vom 11. Juli begann die 14tägige Zermürbungs- und Abnutzungsschlacht, die an Heftigkeit den Kampf bei Tilly noch übertraf. Wie dort, so fehlten auch hier die operativen Reserven, um die für den Kampf im Heckengelände so wenig geeignete Panzerdivision durch Infanterie ablösen zu können. Der Divisionsabschnitt reichte vom Vire-Ufer bei Pont Hebert über Hauts Vents bis Hommet und wurde vom Terrete-Bach geteilt. Zwischen Vire und Terrette erstreckte sich ein Höhenrücken, dessen höchste Erhebung der Punkt 91 bei Hauts Vents bildete und dessen Flanken von den jenseitigen Ufern der Wasserläufe einzusehen waren. Im übrigen war der Kampfraum dicht mit Heckenwällen des Bocage überzogen, die Sicht und Bewegung, insbesondere von Panzern, beschränkten. Den Abschnitt verteidigten rechts bis zur Terrette die Kampfgruppe 902, links Kampfgruppe 901; rechter Nachbar, ostwärts der Vire, war die 352. Infanteriedivision, linker die 17. SS-Panzergrenadierdivision. Gegenüber der Division lag im rechten Abschnitt die 30. (US) Division, verstärkt durch die Kampfgruppe CCB der 3. (US) Panzerdivision, bis zum 5. Juli unter dem XIX. (US) Korps. Im linken Abschnitt griff die 9. Division mit der Kampfgruppe CCA der 3. (US) Panzerdivision unter dem VII. (US) Korps an. Wiederum mußte die Panzerlehrdivision gegen fast drei frische Divisionen, die von der starken Artillerie zweier US-Korps unterstützt wurden, kämpfen.

Der 11. Juli und die Wucht der amerikanischen Angriffe der nächsten Tage kosteten die Panzerlehrdivision täglich schwere Verluste, besonders unter den Panzergrenadieren, denn das Artilleriefeuer dauerte mit unverminderter Heftigkeit fast unausgesetzt an. Deshalb konnte sich das Korps der Forderung General Bayerleins nach Verstärkung nicht verschließen. Bereits am Abend des 11. Juli traf die 5. Fallschirmjägerdivision hinter der Panzerlehrdivision ein. Sie befand sich erst in der Aufstellung, verfügte auch über einen guten Soldatenbestand, »*erwies sich aber schon bald infolge des Fehlens der einfachsten führungstechnischen Voraussetzungen als für den Kampf völlig ungeeignet.*« (von Choltitz). Sie war aus der Bretagne im Fußmarsch anmarschiert. Das Fallschirmjägerregiment 14 wurde der Panzerlehrdivision unterstellt. Seine Bataillone sollten dem Kampfraum die sonst mangelnde Tiefe geben und sich in den Großkampf eingewöhnen. Doch sehr bald zwang die Lage dazu, sie in vorderster Linie einzusetzen. Der Feinddruck erschwerte auch die Bemühungen des Generalkommandos um eine Neuordnung der Verbände.

Am 13. Juli wurden die Truppen des II. Fallschirmjägerkorps - Aufklärungs-Abteilung 12 und Teile der Schnellen Brigade 30 - sowie die Einheiten der 17. SS-Panzergrenadierdivision zu ihren Stammverbänden entlassen. Bei der Panzerlehrdivision verblieben die Kampfgruppen Heintz und Wisliceny, letztere bis zum 20. Juli.

Noch am Abend des 11. Juli gelang es dem Feind (CCB 3), Punkt 91 zu nehmen. Dieser beherrschte die Straße nach Pont Hebert und verwehrte den Deutschen den Einblick in das anschließende Feindgelände, erlaubte ihn aber dem Gegner. Ein Gegenstoß am Abend des 11. Juli war der Kampfgruppe 902 physisch unmöglich, sie kam hierdurch bereits zu Beginn der Verteidigung in eine mißliche Lage. In den nächsten Tagen hielt der Feinddruck überall an, besonders stark war er bei Kampfgruppe Welsch (902). Dort erkämpfte sich die 30. (US) Division mit Panzerunterstützung der 3. Armd Division den Weg nach Süden. Auf deutscher Seite verkannte man die amerikanischen Absichten. Als die Brücke von Pont Hebert endgültig in amerikanische Hand geriet und am 16. Juli die 3. (US) Armd Division aus der Front herausgelöst wurde, verstärkte sich auf deutscher Seite der Eindruck, der Hauptstoß der Amerikaner gelte der Wegnahme von St. Lô. So fiel es nicht auf, daß sich der Schwerpunkt der amerikanischen Angriffe zum Abschnitt der Kampfgruppe Scholze (901) verlagerte. Dort rückte die 9. Division die Front auf die gleiche Höhe mit der 30. Division vor. In dieser Zeit bestand die deutsche Hauptkampflinie aus einer Reihe von Stützpunkten. Deren Kernstück bildeten jeweils zwei bis drei Panzer oder Panzerjäger. Um sie herum gruben sich die Panzergrenadiere ein, um das andauernde Artillerie- und Mörserfeuer zu überleben. Die gut getarnten Panzer durften sich nicht bewegen, auch nicht ihre Motoren laufen lassen, um nicht vom Feind erkannt zu werden. Darum wurden sie auch nur alle vier Tage abgelöst, denn jede Ablösung lockte feindliche Feuerschläge heraus, die Verluste unter den Panzergrenadieren verursachten. In dieser Zeit mußten die Panzerbesatzungen auf ihren Sitzen verharren, ohne sich ausstrecken oder wegen der Tarnung und des Feuers die Luken öffnen zu können. Hinter diesen Stützpunkten standen bewegliche Reserven bereit.

Die Amerikaner empfanden diesen Einsatz der Panzer als die Hauptgefahr, die von den Deutschen ausging. Wie stark die schon wochenlang lauernden Gefahren, Gefechtseindrücke, Schlaflosigkeit und Streß den Kampfgeist und die Widerstandskraft der Soldaten allmählich zermürbten, läßt sich aus dem folgenden Bericht des Gefreiten Goller, Funker im Panzer 735, ermessen:

»Uns wurde ein Stellungswechsel befohlen. Dabei brach unser Seitenvorgelege, das alte Leiden am Panzer IV. Unteroffizier Klocke schleppte uns an die Straße zurück und ich erhielt Auftrag, zu Fuß den Abteilungsgefechtsstand zu suchen, um den Schaden zu melden. Amerikanisches Artilleriefeuer setzte uns nach, vermutlich von Flugzeugen geleitet. Wie schnell der Mensch plötzlich laufen kann! An einer Kuhherde kamen wir nicht weiter. Da sprangen wir auf einen vorbeikommenden Pkw auf, der die Rinder langsam aber sicher zur Seite schob - dann mit Vollgas weg! Den Gefechtsstand fanden wir nicht. Unverrichteter Dinge machte ich mich nachmittags wieder auf den Rückweg zu meinem Panzer. Unterwegs mußte ich des starken Artilleriefeuers wegen in einen deutlich gekennzeichneten Verbandsplatz flüchten. Dieser blieb vom Beschuß verschont, ich wurde dort sehr bald rausgeschmissen. Auf dem Weg zu meinem Panzer hatte sich mir ein Gefreiter der 7. Kompanie angeschlossen. Der blieb in einem Hohlweg zurück, angeblich um auf seinen Panzer zu warten.

Nach 100 m flüchtete ich mich vor einem Feuerschlag in ein Bauernhaus, machte mich in einer Feuerpause dann auf die Suche nach dem Gefreiten. Dort, wo er warten wollte, fand ich ihn nicht, nur viele frische Einschläge. Später traf ich Leutnant von Landsberg.

In der nächsten Nacht hat eine Zugmaschine des Bergezuges unseren Panzer geborgen. Ende Juli erfuhr ich, der Gefreite habe sich mit der Pistole selbst in den Fuß geschossen und ich müsse als Zeuge zum Kriegsgericht, um auszusagen, ob es doch eine Verwundung durch den Feind gewesen sein könne. Von dieser Sache habe ich aber nie wieder etwas gehört.«

Von jedem Kämpfer wurde das letzte gefordert, dennoch fühlte sich der deutsche Soldat dem amerikanischen G.I. überlegen. Dieses Gefühl spornte ihn immer wieder zu hohen Leistungen an. Nur dadurch gelang es den beweglichen Stoßreserven bei jedem Bataillon zumeist, wenn auch unter Verlusten, im Gegenstoß alle Angriffe zurückzuweisen, die der Feind mit Unterstützung von Panzern, Artillerie, oft auch mit Jabos, unter schier unerschöpflichem Munitionsaufwand führte. Oberleutnant Graf berichtet:

»15.7. Mein Kompaniegefechtsstand befindet sich in einem kleinen Bunker in einer Kiesgrube. Um 04.30 Uhr setzt schlagartig Trommelfeuer auf den Kompanie-Abschnitt ein. Um 06.15 Uhr tritt der Feind zum Angriff an. Zum rechten Nachbarn geht der Anschluß verloren, bis 14.00 Uhr auch der nach links. Unsere Kanonenwagen haben alle Hände zu tun, um die Angriffe abzuwehren. Wieder greifen feindliche Panzer in den Kampf ein. Als wir den Gefechtstand räumen müssen, schicke ich noch meinen VW-Chefwagen mit einigen Leichtverwundeten und dem Sanitäter mit der Rotkreuzflagge durch die feindliche Linie zurück. Ich wünsche ihnen viel Glück. Wahrscheinlich gerieten sie in Gefangenschaft. Nun kann ich die Kompanie in eine neue Linie 300 m südlich Mesnil-Durand zurücknehmen, bekomme dadurch auch wieder Anschluß nach rechts. Zur Verstärkung wird rechts eine Fallschirmjägerkompanie eingeschoben.... Um 19.00 Uhr vernehmen wir aus Lautsprechern amerikanische Überlaufparolen. Meine Kompanie und ich werden namentlich genannt und aufgefordert, uns zu ergeben, anderenfalls wir um 20.00 Uhr unter Trommelfeuer kommen. Aber um 20.00 Uhr bleibt es ruhig.

16.7. Um 12.30 Uhr treten wir zu einem Gegenstoß mit vier Panzern IV an. Daran nehmen auch 30 Fallschirmjäger teil, die vorher durch Artilleriefeuer schwere Verluste erlitten hatten. Wir dringen in die amerikanischen Stellungen ein und es kommt zum Nahkampf. Plötzlich ergeben sich die Fallschirmjäger, ein Amerikaner legt auf mich an, da ist ein Kamerad meiner Kompanie schneller. Ich sehe noch den Amerikaner tödlich getroffen fallen. Unser weiterer Angriff scheitert. Unsere Panzer schießen uns den Rückweg frei. Um 19.30 Uhr kommt es zu einem weiteren Gegenstoß, diesmal mit acht Panthern. Bereits zu Anfang werden mehrere Panzer aus der Flanke abgeschossen, die anderen ziehen sich schießend hinter eine Hecke zurück. Wieder liegen wir allein in unseren Stellungen. Da beginnt ein zweistündiges Trommelfeuer mit einer Wucht, die alles bisher Erlebte in den Schatten stellt. Kaum tritt Stille ein, da greifen die Amerikaner an. Im Feuer unserer wenigen MG und MPi bricht der Angriff zusammen. Ich liege mit zwei Mann und einem MG vor einem Panther, der nicht mehr schießt. Als wir nachschauen, sehen wir die abgesessene Besatzung gefallen neben ihrem Panzer liegen, der mehrere Einschußlöcher zeigt.

Beim Bataillonsgefechtsstand bekommt ein Stabsfeldwebel einen Nervenzu-sammenbruch. Mehrere Soldaten können ihn nicht bändigen. Er wird ins Laza-rett zurückgeschickt.«

Am 17. Juli gelang es den Amerikanern, die so hartnäckig verteidigte Vire-Brücke von Pont Hebert, den Schlüssel nach St. Lô, in die Hand zu nehmen. Anderntags konn-ten sie auch das von vielen Bombenteppichen übermäßig zertrümmerte und zur Straßensperre gewordene St. Lô nehmen. Doch bei dem wachsenden Mißverhältnis der Kräfte blieben auf die Dauer Geländeverluste unvermeidlich. Am 15. Juli kam es zu einer Krise bei der Kampfgruppe Welsch. Teile des Bataillons Böhm waren zeit-weise abgeschnitten, Gegenstöße mißlangen. Ein Teil der jungen, noch kampfuner-fahrenen Fallschirmjäger konnte sich nicht mehr zur eigenen Linie zurückschlagen. Der für den nächsten Morgen vorbereitete Gegenangriff scheiterte im feindlichen Feuer. Am 17. Juli griff der Feind nach starkem Artilleriefeuer während der ganzen Nacht den linken Flügel der Panzerlehrdivision an. Als der Angriff abgewehrt wurde, erweiterte die 9. (US) Division ihre Angriffe auch auf den linken Nachbarn der Pan-zerlehrdivision. Gegen 16.00 Uhr gewannen die Amerikaner die Kreuzung Le Ber-nardière und stießen von dort in die tiefe Flanke der Kampfgruppe Scholze. Aufgrund dieser Lage und mangels Reserven und Munition befahl die Division den fast abge-schnittenen Teilen, sich auf die Linie Punkt 83 - Punkt 63 zurückzukämpfen. Abends meldete die Division: *Um das Absetzen der kämpfenden Teile zu ermöglichen, war das Hineinwerfen der letzten Reserven von rechts nach links erforderlich. Eben-so wurden Stäbe und Stabskompanien eingesetzt, um der Lage zu begegnen. 19.30 Uhr wurde Wäldchen le Mesnil-Dot wiedergewonnen.*

Die Härte des Kampfes traf beide Seiten. In dem insgesamt 14tägigen Kampf ge-gen die Panzerlehrdivision erlitt die 30. amerikanische Division insgesamt 3934 Mann Verluste. General Bradley bemerkt dazu:

»Auf den ersten Blick bedeutet dies einen Verlust von anscheinend nur 25% der Division. Diese Rechnung trügt jedoch. Da 3/4 der Verluste in den Schützenzügen entstehen, wurde eine Verlustrate von 90% in diesen Zügen überschritten.«

Ähnlich hoch waren die Verluste der 9. amerikanischen Division, nämlich etwa 2000 Mann in der Zeit vom 10. - 20. Juli. Die 3. Armd Division verlor allein 53 Panzer. Die amerikanischen Verluste waren weit höher als die der Deutschen. General Bay-erlein schätzte die Verluste vom Eintreffen am 10. Juli bis zum 24. Juli auf nur 1200 Mann ohne unterstellte fremde Truppen. Einschließlich der Verluste vom 11. Juli er-scheint diese Zahl zu niedrig. Aber selbst wenn 2000 Mann verloren gingen, die dop-pelte Zahl der im Juli auf dem Hauptverbandsplatz der Panzerlehrdivision Versorg-ten, so reicht diese Zahl nicht an die amerikanischen Gesamtverluste heran. Das ist die Stärke der Verteidigung. Allerdings wogen die Verluste der Panzerlehrdivision schwerer als die amerikanischen, weil sie am Ende des fünften Kriegsjahres uner-setzlich waren. Das *Ist* bei Invasionsbeginn (= 100%) war am 15. Juli bei den Kampf-panzern auf 30 - 40% abgesunken. Neuzuweisungen trafen nicht ein. Ursache der To-talausfälle waren zumeist Flugzeuge und Feindpanzer, die die Fahrzeuge in Brand schossen. Nur dem unermüdlichen Einsatz und Geschick des technischen Personals in Wartungstrupps, Instandsetzungsstaffeln und Werkstattkompanien - dort beson-ders der Bergezüge - war es zu verdanken, daß trotz der Schwere der Kämpfe und der mangelhaften Versorgung noch so viele Panzer an der Front gehalten werden konnten. Das Polster einer großen Fahrzeugausstattung bei Beginn wirkte sich vorteilhaft aus.

Bei den Kämpfen hatte sich die Wirksamkeit der eigenen Artillerie für die Abwehr amerikanischer Angriffe gezeigt. Eine weitere Verstärkung durch Korpsartillerie wäre wünschenswert gewesen, denn die schwere Feldhaubitzabteilung (III./130) litt unter empfindlichem Munitionsmangel für ihre sowjetischen Beute-Kanonen. Deshalb mußte die Heeres-Flak-Abteilung 311 *so in Stellung gehen, daß sie sowohl im Erdkampf artilleristisch wirken, als auch Luftziele bekämpfen kann* (Divisionsbefehl vom 12. Juli). Trotz der harten Kämpfe verfügte das Artillerieregiment immer noch über 66% des Solls an einsatzbereiten Geschützen, am 21 Juli: sechzehn 10,5 cm, zwölf 15 bzw. 15,2 cm Rohre.

Noch schlimmer als der akute Munitionsmangel gestaltete sich die Betriebsstofflage. Wegen der zerstörten Seine-Brücken mußte der Kraftstoff ostwärts Paris abgeholt werden. Eine dorthin am 13. Juli entsandte Kolonne war am 18. Juli noch nicht zurück. Bereits am 17. Juli reichte eine geringe neueingetroffene Betriebsstoffmenge nur aus, den Stellungswechsel einer Mörserbatterie und einzelner Panzer zu ermöglichen.

Am 18. Juli hatte sich der Feind im gesamten Streifen der Panzerlehrdivision an die Straße St. Lô - Periers herangeschoben. Am selben Tage drang er mit Infanterie und Panzern in das vorher geräumte St. Lô ein. Schwere Bomber hatten es so in Trümmer gelegt, daß erst Bulldozer Schutt und Krater räumen mußten, um den Weg für die US-Kampftruppen freizumachen. In den nächsten Tagen ließ der Feinddruck nach, wenngleich starkes Artilleriefeuer und örtliche Angriffe die vorn eingesetzten Truppen weiterhin in Atem hielten und laufend Verluste verursachten. Da sich der Feind abends stets wieder in seine Ausgangsstellungen zurückwerfen ließ, gewann die Truppe neues Selbstvertrauen, zumal diesiges Wetter Luftangriffe einschränkte. Diese Lage erlaubte es der Panzerlehrdivision, die Kampfgruppe Wislicency der 2. SS-Panzerdivision »Das Reich« freizugeben. Der beispielgebende Einsatz ihres Kommandeurs wurde in einem Divisionsbefehl besonders gewürdigt.

Am 19. Juli war auch Kommandeurwechsel beim Panzergrenadierlehrregiment 901. Dessen langjährig bewährter Kommandeur, Oberst Scholze, war zur Führerreserve des OKH versetzt worden. Sein Nachfolger wurde Oberstleutnant Freiherr von Hauser. Die Verleihung der Schwerter zum Eichenlaub des Ritterkreuzes an Generalleutnant Bayerlein am 20. Juli bedeutete eine erneute Anerkennung der Leistungen der Panzerlehrdivision. Im Druck des Kampfgeschehens kamen die Ereignisse des 20. Juli in der Heimat den Angehörigen der Division noch nicht zum Bewußtsein. Wenn auch an eine Ablösung der abgekämpften Division aus der Front mangels verfügbarer Infanteriedivisionen nicht zu denken war, so konnten doch das Bataillon Böhm (II./902) und die Panzeraufklärungslehrabteilung erstmalig für wenige Tage aus der Front zurückgezogen werden. Gerüchte über die bevorstehende Verlegung der Division nach Caen wurden laut. Der sehnliche Wunsch der Alliierten, die Deutschen möchten ihren Hauptangriff im britischen Sektor erwarten, war erfüllt.

*

Erinnerungen Juli 1944

Am 7. Juli nachmittags wurde ich telefonisch zum Regiment befohlen. Die Division sollte unverzüglich, aber der feindlichen Aufklärung verborgen, in den Raum westlich St. Lô verlegt werden, mit Ausnahme einer Panzerkompanie - meiner 6. unter Hauptmann Ritschel - die die Infanterie noch einige Tage lang unterstützen sollte. Das bedeutete Nachtmärsche, die wegen der schmalen Straßen und erheblicher Straßenzerstörungen durch Bomben sehr zeitraubend waren, da wir außerdem zwischen den vielen Radfahrzeugen der Panzergrenadiere marschierten. Erst in der dritten Nacht kamen wir nachmittags im neuen Bereitstellungsraum bei Pont Herbert, kurz vor Angriffsbeginn an. Die jeweils durch Teile der 7. Kompanie verstärkten Kompanien, rechts die 8. (Peter) und links die 5. (Lex) waren je einem Bataillon 902 zugeteilt. Sie mußten praktisch aus dem Marsch heraus, ohne vorherige Erkundung, angreifen. Da das Bocage-Gelände, wie bei Tilly, wegen der dichten Knicks weder Ausnutzung der Schußweite noch Bewegungen abseits der wenigen schmalen Straßen erlaubte, waren Panzereinsätze höchstens im Zugrahmen möglich. Ich blieb dadurch »weiter hinten im Skat«. Wie befürchtet, mißlang der Angriff der Division völlig. Die Division erlitt furchtbare Verluste. Leutnant Peter wurde frühzeitig abgeschossen, hat dann mit verwundetem Bein noch seine Panzer eingewiesen, kam aber nicht zurück. Unsere Hoffnung, er sei in amerikanische Gefangenschaft gefallen, erfüllte sich nicht. Er ruht auf dem Soldatenfriedhof Marigny.

Kurz darauf fiel auch Leutnant Stöhr durch Artilleriesplitter. Zwar traten dann zwei junge Leutnante als Ersatz ein, aber die hiesigen Einsätze waren ihnen nie gelehrt worden und an das Artilleriefeuer mußten die sich erst gewöhnen. Wieder mußten Einzelpanzer die möglichen Zugangswege des Feindes als Bunker oder Panzerjäger sichern, um dem durch dae starke Artillerie- und Mörserfeuer zusammenschmelzende Häufchen der Infanterie Rückgrat zu sein, wenn die Front gehalten werden sollte. Mit dem

Leutnant Peter,
Führer der 8. Kompanie
des Panzerlehrregiments,
wies trotz schwerster
Verwundung noch seine
Panzer ein.

*Generalfeldmarschall
Hans Günther von Kluge
(1882 - 1944)
löste am 2. Juli GFM Gerd
von Rundstedt als Oberbe-
fehlshaber West ab.*

Schwinden der Panzergrenadiere oder Grenadiere aus allen möglichen zusammenge-
würfelten Verbänden nahm die Einsatzdauer der Panzer zu. Offenbar peilten die Amerikaner Kettengeräusche an und jeder darauf folgende Feuerüberfall verursachte weitere Verluste unter den armen Schützen. Meine Besatzungen litten besonders unter dem
Bewegungsmangel mit geschwollenen Gliedern und nervlichen Belastungen.

Am 15.7., bei der Verlegung meines Gefechtsstandes, wurde wieder ein Offizier,
Leutnant Sander, durch Artilleriesplitter tödlich verwundet, der 15. Offizierverlust der
Abteilung seit Beginn der Invasion, Kranke und Verwundete mit eingerechnet. Von
den alten Leutnants, die wir aus Fallingbostel mitnahmen, blieb niemand übrig. Bei
den Feldwebeln und Panzerkommandanten sah es kaum besser aus. Für den Geist
und den Kampfwert der Abteilung war das schlimm, zumal auch alte Chefs durch-
drehten. Ich litt sehr darunter, konnte aber auf meine Männer sehr stolz sein, die mit
wenigen Ausnahmen bis zuletzt hervorragende Soldaten blieben. Dafür war die viele Briefpost an der Front eine ganz große Stütze. Sie wird sich kaum jemals im Großkampf durch elektronische Mittel, wie Telefon u.a., ersetzen lassen.

Wenn Schlechtwetter den Einsatz ihrer Luftwaffe verhinderte, war auch kein Angriff auf der Erde zu befürchten, ja, dann gaben die Amerikaner auch Geländegewinne auf. Wir konnten sie nicht verstehen, bei ihrer Materialüberlegenheit hätten sie schon nach dem Fall von St. Lô am 19. Juni uns durchstoßen können. Aber meistens gingen sie abends wieder in ihre Ausgangsstellungen zurück, die nur ganz allmählich vorgeschoben wurden. Sie waren ganz anders erzogen als wir. Uns kam es darauf an, den Feind zu schlagen, ihnen, wie schon im Ersten Weltkrieg, uns zuvor erst völlig zu zermürben.

Seit dem 3. Juli hatte Generalfeldmarschall von Kluge den Oberbefehl im Westen übernommen: Ich kannte ihn von meiner Zeit als Begleitoffizier des damaligen Generaloberst Model im Frühjahr 1942 bei Smolensk/Rshew her. Seine große Aktivität machte sich bis zu uns herunter bemerkbar, obwohl ich ihn selber nie mehr getroffen habe. Die Nachricht vom Attentat auf Hitler am 20. Juli hörten wir nur nebenbei im amerikanischen Artilleriefeuer am Abend des Tages. Wir waren so mit unseren Problemen an der Front beschäftigt, daß wir uns kein Bild, insbesondere von den Folgen, machen konnten. Mir blieb unklar, welcher Stauffenberg die Bombe gezündet hatte, war es der alte, hochgeschätzte Ib meiner 6. Panzerdivision 1940? Obwohl ich Hitler verabscheute, hätte sein Tod für uns hier, wenigstens vorübergehend, Auflösung und Verwirrung zugunsten des Feindes bedeutet, dessen Ziel ja die Vernichtung Deutschlands war. Beruhigend war Guderians Ernennung zum Chef des Generalstabes mit der Hoffnung, daß unsere Operationen nun besser als bisher und nach seinen Panzergrundsätzen geführt würden. Befürchtet werden mußte nun ein Umsichgreifen der Denunziationen, insbesondere gegen Adel und Offizierkorps, nachdem Himmler den Befehl über das Ersatzheer übernommen hatte. Zum Glück wußten wir noch nicht, was die Verschwörung in der Heimat nach sich zog. Der lang schwelende Klassenhaß des sozialistischen Revolutionärs Hitler und seiner Parteischergen gegen die alte staatstragende Elite entlud sich. Adel und Bürgertum mußten einen entsetzlichen Blutzoll bezahlen. Wir kämpften Schulter an Schulter mit den sehr tapferen Soldaten der Waffen-SS. Die waren zwar anderen Geistes, doch konnte man sich keine besseren Kameraden wünschen, sofern man gewisse Gesprächsthemen mied.

Mehr Sorgen machte ich mir um meine Frau mit unserem Baby. Trotz der immer bedrohlicher klingenden Nachrichten von der Ostfront weilten sie noch zur Erholung in Schlesien und mußten mit der Bahn nach dem bombengefährdeten Paderborn zurück. Ich hatte noch lebhaft die »Flucht aus Berlin«, nach Goebbels Aufruf vor zwölf Monaten mit chaotischen Zuständen in überfüllten Flüchtlingszügen vor Augen.

Unternehmen »Cobra« - Ausbruch aus dem Landekopf

Von Anfang an beanspruchten die Amerikaner das Verdienst des Ausbruchs für sich, während den Briten die Aufgabe zufiel, die deutschen Panzerkräfte zu binden, zu schwächen und den Anschein vorzutäuschen, der Hauptangriff der Alliierten gelte Caen. Bereits am 10. Juli, bevor ihm die Verlegung der Panzerlehrdivision in den Raum westlich St. Lô bekannt wurde, hatte General Bradley die dortige Stelle und das Verfahren für den Durchbruch, das Unternehmen »Cobra«, festgelegt. Anstelle einer langen Artillerievorbereitung sollte ein Bombenteppich in bisher unbekannter Stärke den deutschen Widerstand in einer Fläche von 2500 x 7000 yds (2300 x 6400 m) soweit ausschalten, daß anschließend drei Infanteriedivisionen (30., 9. und 4.) des VII. (US) Korps mit Unterstützung von über 1000 Rohren Artillerie in das deutsche Hauptkampffeld einbrechen konnten. Dann sollten die beiden »schweren« Panzerdivisionen (2. und 3.) mit je 238 Sherman-Panzern, unterstützt von der 1. Infanteriedivision, den Einbruch zum Durchbruch ausweiten. Insgesamt waren 140.000 Mann im schmalen Abschnitt der Panzerlehrdivision konzentriert. Als Ablauflinie für die Angriffskräfte erfüllte die schnurgerade Straße St. Lô - Periers alle Erfordernisse: *festes Bereitstellungsgelände südlich der Carentan-Sümpfe, mehrere gute, nach Süden führenden Straßen und eine leicht aus der Luft erkennbare Trennungslinie zwischen den Fronten als Lineal für Bombenflugzeuge.*

Die Alliierten sahen in Bombenteppichen nichts anderes als eine moderne Art der Feuervorbereitung eines Durchbruchsangriffs gegen eine feindliche Stellung, kürzer, gewaltiger und überraschender als durch Artillerie. Durch Feuer sollte der Feind vernichtet, zermürbt oder unter Deckung gezwungen und seine Waffen zum Schweigen gebracht werden. Aber wie in den wochenlangen Materialschlachten des Ersten Weltkrieges wurden auch jetzt die Bewegungsmöglichkeiten der Angreifer erheblich eingeschränkt. Bei der Sommeschlacht 1916 wurde das Gelände durch Krater, bei der Flandernschlacht 1917 durch die zerstörte Entwässerung ungangbar, 1944 durch die Trümmer und Krater der zerbombten Ziele und Verkehrszentren, die umgangen werden mußten. Deutlich wurde dies in Monte Cassino, Caen und jetzt in St. Lô. Ohne Ahnung von dem über ihr schwebenden Damoklesschwert hatte die Panzerlehrdivision ihren Abschnitt verteidigt. Wegen schlechter Wetterlage mußten die Amerikaner das ursprünglich am 21. Juli geplante Unternehmen »Cobra« auf den 24. Juli verschieben. Verlauf und Besetzung der Stellung der Panzerlehrdivision an diesem Tage zeigt die Skizze. Der vordere Rand verlief im allgemeinen entlang der Straße St. Lô - Periers zwischen dem Vire-Knie südlich Rampan, wo eine Kampfruppe der 352. Infanteriedivision auf dem Westufer der Vire anschloß, und dem Punkt 40, ostwärts Le Mesnil-Eury. Dort begann der Abschnitt der 5. Fallschirmjägerdivision. Im Abschnitt führten, wie zuvor, rechts des Terrette-Bachs Oberstleutnant Welsch (902), links Oberstleutnant Frhr. von Hauser (901). Die vorgesehene Übergabe des Kommandos im linken Abschnitt an den Kommandeur des hier eingesetzten Fallschirmjägerregiments 14 als Schritt zur Übergabe dieses Regiments an dessen Stammdivision war im letzten Augenblick verschoben worden. Hinter der vorderen Linie standen rechts um Hebecrevon Panzer der II./PanzerLehrregiment 130, im linken Abschnitt wachte die Panzerjägerlehrabteilung 130. Der Kommandeur Panzerlehrregiment 130 war am 22. Juli mit dem Ausbau der *gelben Linie* an der Bahnlinie St. Lô - Coutances unter Einsatz von Kräften aller Truppenteile der Division beauftragt worden.

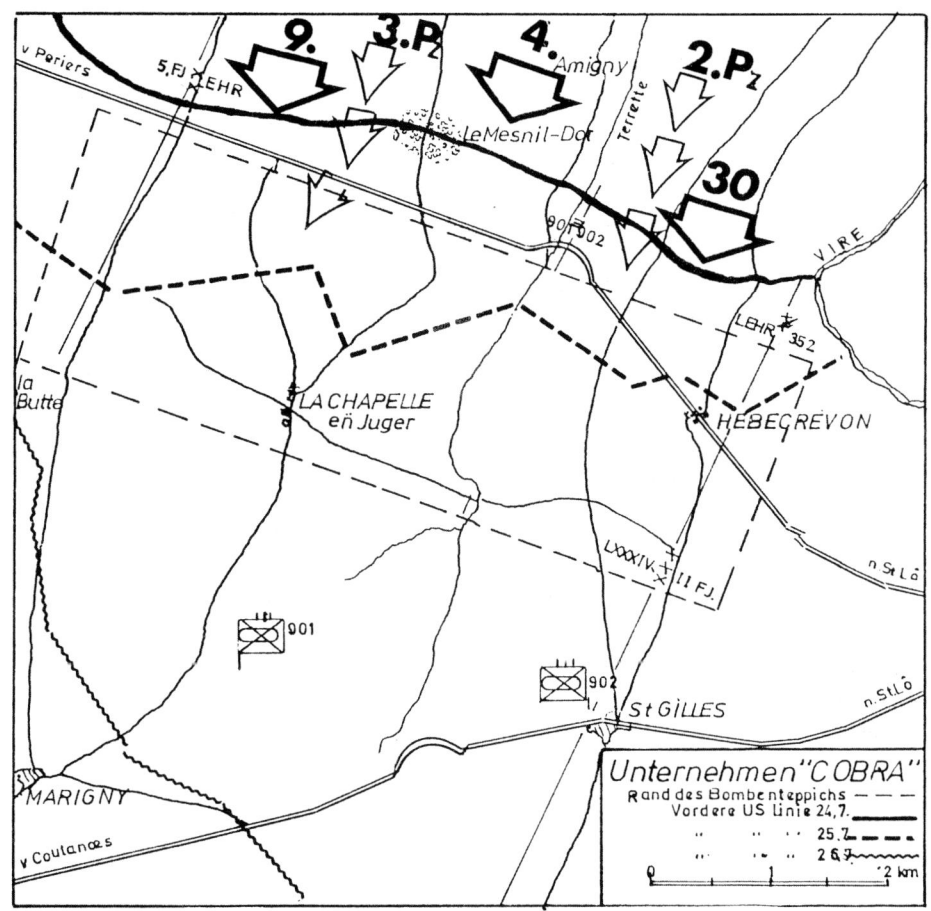

Der Bombenteppich des Unternehmens »Cobra«.

Am 24. Juli, 11.40 Uhr, griffen zuerst auffallend viele Jabos, dann »etwa 600 viermotorige Bomber« (Divisionsbefehl vom 24.7.) den Raum der Division mit Bombenteppichen an. Die an der Hauptkampflinie stehenden Panzer schwankten so sehr,
daß Leutnant Frhr. von Landsberg-Velen am Abend berichtete, *»er habe sich wie auf
See bei Windstärke 10 gefühlt«.* Wegen niedriger Wolken und zu schlechter Sicht,
die Zielwürfe der Bomben erschwerten, wurde das Unternehmen gleich zu Beginn
abgesagt. Dennoch fielen 55 t Bomben. Sie richteten mehr Verluste unter den Amerikanern - 25 Tote und 131 Verwundete - als bei den Deutschen an. Als die amerikanische Infanterie am Nachmittag die zuvor geräumten Stellungen wieder besetzte,
konnte General Bayerlein den Tag als Abwehrerfolg verbuchen. Im Divisionsbefehl
für den 25. Juli wurde die Truppe angewiesen, *wegen erwarteter Fortsetzung des
feindlichen Großangriffs mit überlegenem Luftwaffeneinsatz und zur Verringe-
rung der Wirkung feindlicher Bombenteppiche, Truppen, vor allem Reserven,
Fahrzeuge und Stäbe, abgesetzt von den großen Straßen weiträumig unterzu-*

bringen und einzugraben. In der Nacht zum 25. Juli löste die I./Panzerregiment 6 mit etwa 16 Panther die eingesetzten Panzer IV ab. Diese, etwa zwölf, wurden zur Verfügung der Division nach Dangy zurückgezogen. In dieser Nacht lag nur geringes Störungsfeuer auf dem Divisionsabschnitt, vorwiegend auf Nachschubwegen. Die alte Hauptkampflinie war ausnahmslos wiederhergestellt.

Gegen 08.00 Uhr beobachteten die deutschen Vorposten, wie die amerikanische Infanterie ihre Stellungen verließ. Um 09.40 Uhr erschienen von Osten etwa 50 *Thunderbolts (P 47)*, denen in zweiminütigem Abstand sechs weitere Wellen folgten. Sie warfen Bomben und Napalm, die das Gelände in Staub und Qualm hüllten. Etwas später belegten 400 mittlere Kampfflugzeuge Kreuzungen und erkannte Stellungen im südlichen Teil des Zielgebiets mit schweren 500 lbs-Bomben (500 lbs = 225kg). Dann erschienen im Norden in unübersehbaren Wellen 1500 »Fliegende Festungen« sowie Liberator-Bomber und öffneten ihre Bombenschächte. Wieder fielen Bomben zu weit nördlich in die amerikanischen Angriffstruppen, die erneut elf Tote und 490 Verwundete beklagen mußten. Unter den Gefallenen befand sich auch Generalleutant McNair, der Befehlshaber des Wehrbereichs Washington, der lediglich als Zuschauer gekommen war. Schließlich griffen nochmals 300 »Lightnings« mit Bomben und Napalm an. Insgesamt fielen 4200 t Bomben und große Mengen Napalm. Die Erde bebte. Die mit höchster Feuergeschwindigkeit schießenden Rohre der Heeres-Flak-Abt 311 erzielten einige Abschüsse, die insgesamt ohne Einfluß auf das Geschehen blieben. In dem Inferno wurden Deckungen zerschlagen, Fahrzeuge umgestürzt und Soldaten verschüttet, ohne Möglichkeit, sie bergen zu können. Ebenso schwer war die Wirkung der Bombardierung auf den Gemützustand der seit 45 Tagen im schwersten, fast ununterbrochenen Abwehrkampf stehenden, physisch und psychisch ausgebrannten Truppe. Nur wenige, besonders nervenstarke Soldaten vertragen solche Belastungen. Beim Regimentsstab 902 erlebte der Funker Wolfgang Maaß den Bombenteppich: *»Im angemessenen Abstand zum Regimentsgefechtsstand stand unser SPW in einem Hohlweg, als eine unübersehbare Menge großer Bomber auf uns zuflog. Plötzlich detonierten ganz in unserer Nähe Granaten. Ich bekam einen heftigen Schlag gegen die Schulter, faßte instinktiv dahin und hatte einen Granatsplitter in der Hand, den ich, weil heiß, sofort wegwarf. Jacke und Hemd hatten ein Loch. Dann setzten die Flugzeuge Rauchzeichen. In einiger Entfernung hörten wir die Bomben rauschen und explodieren, setzten unsere Stahlhelme auf und brachten uns in »Sicherheit«. Werner Kramer in seinem Deckungsloch an der Wand des Hohlwegs, abgedeckt mit Holzdielen und Erde, Erwin Ehmann und ich unter dem SPW. Knapp zwei Meter hinter uns schlug eine Bombe in den Hohlweg ein. Unser Stromaggregat und mehrere Akkus waren weg. Werner Kramer war von zwei Splittern durch Oberschenkel und Wade schwer verletzt. Mir hatte ein kleiner Splitter in den Rücken, nahe des Rückgrats, ein zweites Loch in Jacke und Hemd geschlagen. Die übrigen Kameraden beim Regimentsstab blieben unverletzt. Mit etlichen anderen Verwundeten wurden wir in einem Sanitäts-SPW zum Hauptverbandsplatz gefahren. Dort lagen auf dem Rasen um das Schloß herum zahllose Gestalten. Es war ein schlimmer Anblick. Unsere Schwerverwundeten haben wir direkt vor den OP gebracht.*

Ich ließ mir (von einem Kraftfahrer) eine Tetanusspritze verpassen und fuhr mit einem Pflaster auf dem Rücken gleich wieder mit zurück. Unser SPW sah bö-

se aus, weil Bombensplitter durch die hintere offene Tür eine Menge kaputtgeschlagen hatten, u.a. Benzinleitung, Tacho usw..Mit Bordmitteln war es nicht einfach, den Wagen wieder flottzumachen. Ohne Benzinleitung mußten wir den Sprit aus einem Kanister durch die offene Motorpanzerung in den Falltank, eine Art Blechdose von ½ l, kippen.Während der Fahrt lief ab und zu etwas auf das heiße Auspuffrohr und es gab eine Stichflamme.Wir fanden dann eine weniger gefährliche Lösung und verbrauchten schrecklich viel Benzin, erreichten aber immerhin den Instandsetzungstrupp unserer Kompanie, der uns eine neue Benzinleitung und neue Funkgeräte einbaute. Unseren SPW haben wir nicht aufgegeben! Mit ihm kamen wir auch aus dem sich schließenden Kessel von Falaise in letzter Minute heraus.«

Wieviel blutige Verluste die Panzerlehrdivision durch den Bombenangriff erlitten hat, ist nicht mehr feststellbar. Am schwersten wurde das Fallschirmjägerregiment getroffen, das auch seinen Kommandeur verlor. Hohe Ausfälle hatten die Panzergrenadiere und die Kampfgruppe Heintz, aber durch die niedrigen Gefechtsstärken und die vorausgegangenen Warnungen waren die Stellungstruppen so aufgelockert, daß kaum mehr als 500 - 700 Bombenopfer - ohne unterstellte Verbände - anzunehmen sind. Demgegenüber waren die Materialverluste zahlenmäßig gering. Kein Panzer IV, aber einige Panther, Panzerjäger und Schützenpanzer fanden ihr Grab in den Bombentrichtern oder brannten aus. Dennoch waren diese Verluste prozentual für die Division erheblich.

So sehr diese Flächenbombardierungen die davon unmittelbar Betroffenen und die Öffentlichkeit beeindruckten, so gering war in dieser Lage ihr militärischer Wert. Mit ihrer überwältigenden Personal- und Materialüberlegenheit ergänzt durch Jabos in weder bisher noch nachher ungekannter Menge hätte das VII. (US) Korps ohne den Bombenangriff vermutlich schneller und mit weniger eigenen Verlusten unsere Stellungen durchbrechen können. Dessen Trichterfeld und Wegezerstörungen verzögerten die amerikanischen Bewegungen beträchtlich. Hier ist die völlige Unerfahrenheit der Amerikaner im Bewegungskrieg zu berücksichtigen. Sie haben ihn aber, insbesondere General Patton, auf dem guten westeuropäischen Straßennetz erstaunlich rasch begriffen und im Zusammenwirken mit ihren Luftstreitkräften bis zum Kriegsende weitergeführt, solange ihre Versorgung reichte.

Als sich der Qualm im Zielfeld des Bombenteppichs lichtete und die amerikanische Infanterie nach einem Feuerschlag aus 1000 Rohren in breiter Front auf die deutschen Stellungen antrat, mußte sie die gleiche Erfahrung wie ihre Väter 1918 machen. Ihnen schlug fast überall erstaunlich starkes Abwehrfeuer entgegen und brachte sie zum Stehen. Aber der beinahe totale Ausfall aller Fernmeldeverbindungen vorwärts der Regimenter und untereinander, wie auch der Mangel an Reserven, die sich bei der Luftlage bei Tage kaum bewegen konnten, verzerrten das Lagebild der Führung. Die deutsche Artillerie mußte sich auf Planschießen beschränken, zumal die Verzahnung von Freund und Feind eine unmittelbare Feuerunterstützung ausschloß. Die Batterien schossen bis zur letzten Granate, der Munitionsmangel konnte aufgrund der Luft- und Verkehrslage nicht mehr behoben werden.

Beim Angriff auf Hebecrevon - St. Gilles wurde das amerikanische Infanterieregiment 120 kurz nach Überschreiten der Straße St. Lô - Periers von einem Riegel aufgehaltern, dessen Kern drei Panther bildeten. Ein mit drei Kompanien und Panzerunterstützung geführter Frontalangriff der Amerikaner endete mit dem Abschuß von drei Shermans. Ein anschließender Umfassungsversuch scheiterte ebenfalls. Erst sehr viel später gelang es, die Panther abzuschießen und den Widerstand zu überwinden. Der Zugang nach Hebecrevon wurde duch einen verminten Grund gesperrt, den die Kampfgruppe Heintz hartnäckig verteidigte. Sie verhinderte das Räumen der Minen und damit den Einsatz von Panzern. In dem dichten Buschgelände blieb auch ein Luftangriff erfolglos. Erst bei Dunkelheit konnten Fortschritte erzielt werden. Hebecrevon fiel erst um Mitternacht.

In der Mitte des Abschnitts griff das US-Infanterieregiment 8 der 4. Division auf la Chapelle-en-Juger an. Zunächst konnte ein deutscher Stützpunkt der Straße St. Lô - Periers umgangen werden, dann kam der Angriff eines Bataillons vor einem Apfelgarten zum Stehen. Erst nach Einsatz von 18 Shermans ging es weiter. Wenig später brachten zwei Panzer oder Panzerjäger eines anderen deutschen Stützpunkts das Bataillons erneut zum Stehen. Bei Einbruch der Nacht befand sich la Chapelle-en-Juger immer noch in deutscher Hand.

Auf dem linken Flügel griff die 9. (US) Infanteriedivision von Punkt 40 entlang der Straße nach Marigny an. In der Mondlandschaft traf sie überall auf verbissenen Widerstand der Fallschirmjäger. Ein Umgehungsversuch weiter westlich schlug im Abwehrfeuer der dort noch intakten deutschen Stellung fehl. Am Abend konnten die Einbrüche ohne Zuführung frischer Kräfte fast überall abgeriegelt werden. 2 - 3 km Geländegewinn waren nur an einzelnen Stellen erzielt. Nachts setzten sich die Angreifer teilweise wieder auf gut gesicherte Stellungen ab und räumten u.a. St. Gilles, das die beiden Panzer-IV-Kompanien anderntags am frühen Morgen auf ihrem Wege zur Infanterie ruhig durchfahren konnten.

In völliger Verkennung des Ernstes der Lage nach den Weisungen des OB West, »kein Gelände dem Feind freiwillig preiszugeben«, befahl das Korps für den 26. Juli die Zuführung der letzten Reserven, um die bisherige Linie zu halten, bzw. wiederherzustellen, anstatt auf die teilweise vorbereitete *gelbe Linie* an der Bahnlinie St. Lô - Coutances zurückzugehen, um so Kräfte zu sparen. Durch diesen Befehl erhielt der Feind die Möglichkeit, die Stellungen und Reserven der Panzerlehr- und der 5. Fallschirmjägerdivision planmäßig zu überrennen und zu vernichten. Der folgende, leicht gekürzte Gefechtsbericht des Kompanieführers der 7./Panzerlehrregiment 130, Leutnant Freiherr von Landsberg-Velen, ist bezeichnend:

»Im Morgengrauen des 26. Juli, 03.00 Uhr, wurde ich mit meiner Kompanie in den Raum nördlich St. Gilles als Eingreifreserve des Grenadierregiments 785, Oberst Scheele, zusammen mit einer Stoßtruppkompanie, befohlen. Nach Meldung dort und beim Bataillonskommandeur, Hauptmann Schulz, bezogen meine Panzer gedeckte Stellungen beiderseits des Weges St. Vaast - Pkt 69, in Verbindung mit den Stoßtrupp-Grenadieren von Oberleutnant Werner. Gegen den wachsenden Feinddruck befahl das Regiment mittags einen Gegenstoß mit Panzern. Da die allein für Panzer gangbare Straße von drei ausgebrannten Panzern gesperrt war und die Grenadiere allein zu schwach erschienen, wurde der Gegenstoß abgesagt. Am Nachmittag rollte der Gegner mit Panzern rechts und links von uns unaufhörlich nach Süden. Hinter uns war starker Gefechtslärm zu hören. Über uns schwärmten viele Jabos und Beobachtungsflugzeuge. Kein Panzer konnte sich bewegen, ohne Gefahr abgeschossen zu werden. Später kamen die

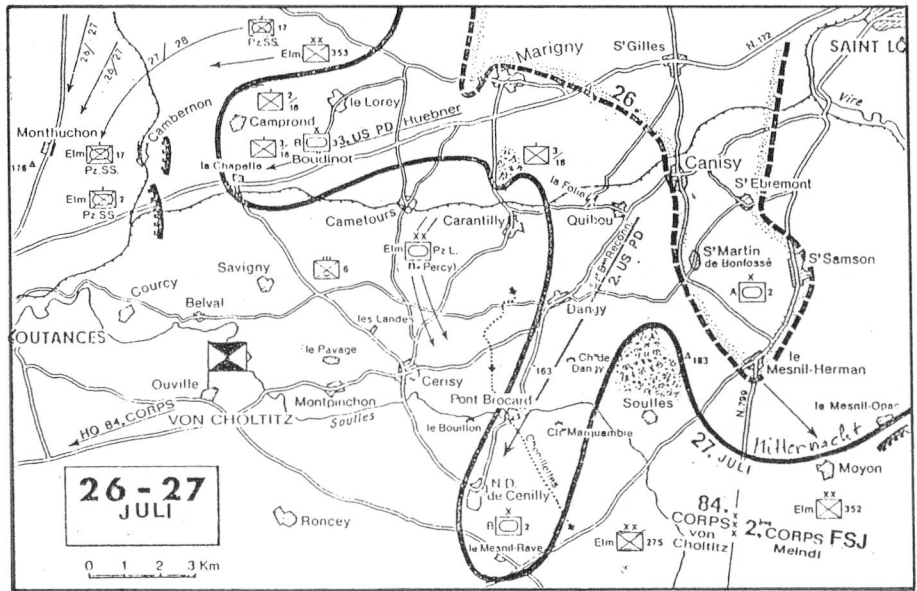

Die Lage um Mitternacht, 26. / 27. Juli.

Grenadiere von vorn zurück. Nur mit Mühe gelang es mir, sie bei mir in einer gemeinsamen Sicherungslinie festzuhalten, die bald unter Feuer lag. Der Panzer von Feldwebel Kuhpfahl wurde abgeschossen, sein Kommandant fiel. Inzwischen unterstellte sich mir Feldwebel Kühn (8. Kompanie) mit zwei Panzern zur Sicherung. Als der Gegner auch hinter uns auf der Straße St. Gilles - Marigny rollte, waren wir allseitig eingeschlossen. Hauptmann Schulz wollte zurückgehen. Auf meine Vorstellungen hin igelten wir uns ein, um nachts miteinander auszubrechen. Bei Dunkelheit, 23.00 Uhr, marschierten wir ab. Hinter zwei Gruppen Grenadiere beiderseits der Straße, vier Panzer - ich im zweiten - mit aufgesessener Infanterie, dann die übrigen Grenadiere mit ihren bespannten Troßfahrzeugen. Als wir bei Marigny links nach Quibou abbogen, erhielten wir Infanteriefeuer von vorn und beiden Seiten. Unsere Antwort, ein wüster Feuerzauber, brachte den Feind zum Schweigen. Ohne eigene Verluste kamen wir weiter, bis sich nach etwa 2000 m zwei Panzer in der Dunkelheit in Bombentrichtern festfuhren. Es kostete viel Mühe, sie mit je zwei anderen Panzern wieder herauszuziehen und meinem Panzer einen Lenkschaden. Wir mußten ihn nach Ausbau von Waffen und Funkgeräten für später erhofftes Bergen stehen lassen. Nachher kamen noch zwei weitere Panzer abhanden, der eine in einem Bombentrichter, der andere und Hauptmann Schulz verfuhren sich. Etwa 2000 m vor Quibou empfing uns Infanterie- und Mörserfeuer. Die Grenadiere saßen ab und ballten sich an den Panzern zusammen, während wir blindlings mit allen Waffen in die Hecken schossen. Sie waren nicht mehr zu bewegen, die Hecken zu säubern und erlitten Verluste. Plötzlich von vorn: »Feuer stopfen!« Eigene Truppen vermutend, lief ich nach vorn, entdeckte aber einen Ami, der auf mich angelegt hatte. Ich schoß aber schneller. Während ich die Grenadiere wieder sammelte und die Verwundeten

Der britische Jagdbomber Typhoon war mit vier 2 cm Bordkanonen und wahlweise 450 kg Bomben oder acht Raketen ausgestattet, die - jeweils paarweise abgefeuert - jede Deckenpanzerung der Panzer durchschlugen.

auf eine Zugmaschine verlud, fuhren die vorderen Panzer versehentlich ab.

Endlich erreichte ich mit den restlichen zwei Panzern Quibou. Dort setzte mich der Kommandeur I./Panzerregiment 6 unverzüglich zur Sicherung am Bahnübergang nördlich des Ortes ein. Bald griff feindliche Infanterie an. Wieder nagelten Jabos uns fest, ich war ohne Funkverbindung und ohne die zugesagten Grenadiere. Gegen 11.00 Uhr machte ich mich auf die Suche nach Grenadieren. Als ich sie entdeckt hatte, meldete mir Feldwebel Ebert zu Fuß, er sei von mehreren Shermans angegriffen worden, habe einen abgeschossen, sei dann aber selbst abgeschossen worden. Sein Fahrer sei gefallen. Jetzt wurden die hinter mir nach Süden sichernden Panzer des Regimentsstabes gesprengt. Zwei meiner fünf Panzer mußten deren Aufgabe übernehmen. Sie verloren dadurch ihr Schußfeld nach vorn, wurden dann aber aus Quibou heraus abgeschossen. Im näherkommenden Feindfeuer, ohne Sicht- und Funkverbindung zum Panzer, sammelte ich meine abgeschossenen Besatzungen in einem Hohlweg und schlug mich mit ihnen zum Regimentsgefechtsstand 901 durch. Wir hatten am Morgen insgesamt vier Shermans abgeschossen......«

Die von der höheren Führung erhoffte Aussicht, die Front auch am 26. Juli halten zu können, erwies sich als trügerisch. Zusammenhang und Verbindungen der einzelnen deutschen Stützpunkte westlich St. Lô waren verlorengegangen. Ihre schwache Linie glich einer gespannten Gummischnur, die weit auseinanderschnellte, als die von starker Artillerie und zahllosen Jabos unterstützten Amerikaner zum Durchbruch antraten.

Am 26. Juli, 07.00 Uhr, nach dreistündigen Luftangriffen und starkem Artilleriefeuer, vornehmlich auf St. Gilles und Marigny, trat die amerikanische Infanterie mit Panzerunterstützung erneut auf breiter Front zum Angriff an. Die Wegnahme von Hebecrevon in der Nacht hatte den Weg nach St. Gilles geöffnet. Dessen nördliche Zugänge hatte Oberstleutnant Welsch (902) durch Panzer und Artillerie abgeriegelt. So konnten Vorstöße feindlicher Infanterie abgewiesen werden. Ein geplanter Gegenangriff mit Panzern und Grenadieren nach Norden mußte aufgegeben werden, da die Wege durch ausgebrannte Fahrzeuge und Krater auch für Panzer ungangbar waren und die feindliche Lufttätigkeit Bewegungen unterband. Der Feind gab am Vormittag seine Panzerkräfte frei. Die US-Kampfgruppe CCA2 überschritt mittags die Straße St. Lô - Périers und lief auf Widerstand. Die schwachen Kräfte der Kampfgruppe Welsch versuchten, durch Feuer den Feind zu verzögern. Ein Sherman wurde abgeschossen.

Am frühen Nachmittag rollte die amerikanische Panzerspitze durch St. Gilles nach Süden. Im linken Abschnitt der Panzerlehrdivision gelang dem Feind ein tiefer Einbruch südlich La Chapelle-en-Juger. Da der Gegenangriff des Grenadierregiments 941 nicht über La Butte hinauskam, konnte die 3. Armoured Division um 00.12 Uhr fast ungehindert bis vor die Stellungen der I./Artillerieregiment 130 nordwestlich Marigny vorstoßen. Die Artilleristen mußten sich nach kurzer Gegenwehr unter erheblichen Verlusten nach Süden absetzen. Das von Canisy anmarschierende Grenadierregiment 985 wurde aus der Luft zerschlagen und konnte die Straße St. Lô - Coutances erst erreichen, als es zu spät war. Obwohl Marigny von Fallschirmjägern und Panzern der Waffen-SS bis zum 27. Juli gehalten wurde, überschritten die Spitzen der 3. Armoured Division die große Straße südlich der Stadt und drehten nach Westen ein. Am Nachmittag erlahmte der Widerstand gegen diese Übermacht. Die Stellungen der Panzerlehrdivision waren an mehreren Straßen durchbrochen. Die noch vorhandenen Panzer wurden bei dem klaren Wetter durch den außergewöhnlich dichten Jabo-Einsatz beiderseits der Vormarschstraßen in ihren Deckungen festgenagelt und konnten sich auch nicht mehr, wie bisher, in den zahlreichen Obstgärten bewegen, die von den Bomben völlig entlaubt waren und nicht mehr vor Sicht schützten. Die Amerikaner hatten auch das enge Zusammenwirken von Panzern und Kampfflugzeugen erlernt, dem die Wehrmacht seit dem Polenfeldzug so viele Erfolge verdankte. Nur waren die amerikanischen Jagdbomber für die Aufgabe der Luftnahunterstützung erheblich geeigneter und kampfkräftiger als veralteten deutschen Sturzkampfbomber. *»Die überlegene feindliche Luftwaffe machte jede Bewegung am Tage zur Unmöglichkeit..Die englischen raketenwerfenden Typhoons traten besonders in Erscheinung. Sie hatten eine kaum für möglich gehaltene Treffsicherheit. Sie brachten auch schwerste Panzer zum völligen Ausfall....«* (Generalleutnant Frhr. von Lüttwitz).

Oberleutnant Ebner, Kompaniechef 8./902, erinnert sich: *»Die ganze Front war ins Wanken gekommen. Bei Quibou befand ich mich mit meiner Kompanie allein, als Oberstleutnant Welsch bei mir auftauchte und befahl, eine Verteidigungslinie aufzubauen. Er führte mir zu diesem Zweck einen Panzer IV unserer Division zu. Ich hielt dies für einen sinnlosen Befehl, denn es war klar, daß ich mit meinen wenigen Leuten - es waren vielleicht noch 25 Mann - die Amerikaner nicht aufhalten konnte. Kurze Zeit, nachdem mich Welsch mit seinem Beiwagenkrad verlassen hatte, ist er, vermutlich durch Artilleriefeuer, gefallen.«* (Oberstleutnant Welsch fand sein Feldgrab im Weiler Le Foc bei Dangy, er ruht nach der Umbettung heute auf dem Deutschen Soldatenfriedhof La Cambe).

Um 18.00 Uhr erschien Oberstleutnant i.G. von Kluge, ein Sohn des Feldmar-

Abgeschossener Panther bei Canisy.

schalls, auf dem Gefechtsstand der Panzerlehrdivision, um ein Bild der Lage zu gewinnen und auftragsgemäß darauf hinzuweisen, daß die Straße St. Lô - Periers gehalten werden müsse. Eine mächtige Detonation im nahen Munitionslager Dangy beendete die Unterhaltung. Unweit davon in Canisy begann ein Kampf zwischen der
Spitze der Kampfgruppe CCA 2 und den Panthern der 4./Panzerregiment 6 um den
Bahndamm. Er wurde durch Jabos rasch entschieden. Während jene die Panther nied-
erhielten, konnten die amerikanischen Panzer umfassen. Leutnant Schäfers (4./Pan-
zerregiment 6) fiel. Der Gefechtsstand der Panzerlehrdivision mußte beschleunigt
nach Le Pont-Peint, 6 km westlich Soulles, verlegt werden. Südlich Canisy teilte sich
die amerikanische Vorhut. Eine Kolonne stieß auf St. Samson, die andere auf Le Mes-
nil-Herman in den Abend hinein. Unverständlicherweise stellten die Amerikaner ihr
Vordringen bei Anbruch der Dunkelheit ein. Im Rücken der durchgebrochenen Kräfte war die *gelbe Linie* entlang der Bahnlinie St. Lô - Coutances zwischen Canisy und
Carantilly mit zusammengerafften Soldaten aus Stäben und Trossen notdürftig besetzt
worden. *Die Kräfte sind jedoch so schwach, daß jederzeit ein Durchbruch zu ge-
genwärtigen ist. ...Ausfälle der Division sind so stark, daß ihr keine nennenswerte
Infanterie- und Panzerkampfkraft mehr zuzuschreiben ist*, hieß es in der Abend-
meldung der Panzerlehrdivision. Als einzige Hilfe konnte das Generalkommando die
Zuführung der Panther-Abteilung der 2. SS-Panzerdivision »Das Reich« (Stärke 14
Panther) zusagen. Die Heeresgruppe B befahl dem XXXXVII. Panzerkorps mit der 2.
und der 116. Panzerdivision, aus dem Raum Caumont so rasch wie möglich den Raum
Torigny-Tessy zu erreichen, um den durchgebochenen Feindkräften in die Flanke zu
stoßen. Sein Anmarsch konnte sich am 27. Juli noch nicht auswirken.

In der Nacht brachen abgeschnittene deutsche Kräfte im Raum nördlich der
Straße St. Lô - Coutances nach Süden durch. Nach abenteuerlichem Marsch, mehr behindert durch Bombentrichter als durch den Feind, gelangten die Reste des Bataillons Böhm und fünf Panzer IV nach Quibou. Weitere Gruppen folgten.

Der Rückzug beginnt

Der 27. Juli wurde der endgültige Durch- und Ausbruchstag. Die noch kampffähigen, erschöpften Gruppen der Panzerlehrdivision waren zersplittert, hatten Zusammenhang und Verbindung verloren und kein Bild von der Lage mehr. Befehle erreichten sie nur noch selten. Sie waren im Osten weit überflügelt und leisteten dennoch der amerikanischen Infanterie hartnäckigen Widerstand. Ihr von vorn herein aussichtsloser Kampf brachte nur Zeitgewinn. Durch Canisy rollte der Feind nach Süden. Seit Beginn der Helligkeit schwärmten wieder Kampfflugzeuge am Himmel. In der *gelben Linie* wurde weitergekämpft. In der letzten Nacht waren alle erreichbaren und zum Kampf nicht fähigen Teile der Panzerlehrdivision in den Raum von Percy abgeschoben worden. Richtunggebend dafür war die Verlegung des Ib-Gefechtsstandes nach Montbray. In letzter Stunde versuchte man, die in Cerisy-le-Salle arbeitende Panzerwerkstattkompanie, bei der sich etwa 30 Schadpanzer gesammelt hatten, dem feindlichen Zugriff zu entziehen. Während es gelang, die Kompanie mit ihrem unersetzlichen Fachpersonal und ihrer wertvollen Ausrüstung herauszuziehen, mußten die meisten Schadpanzer mangels Bergemitteln und Bewegungsfreiheit auf den Straßen aufgegeben werden. Nur wenige dieser Panzer konnten Percy erreichen, wo sie unverzüglich zum Einsatz kamen.

Die über Carantilly-Canisy am Mittag des 27. Juli nach Süden rollende US-Kampfgruppe CCA 2 wurde durch den deutschen Widerstand in der *gelben Linie* bis zur Dunkelheit aufgehalten. Ein Brennpunkt des Kampfes war der Ort Quibou. Die dorthin in der Nacht durchgebrochenen, völlig übermüdeten und zermürbten Panzerleute und Panzergrenadiere lagen seit dem Morgen wieder unter Feuer von Tieffliegern und Artillerie. Deshalb konnten die Panzer die ihnen zugewiesenen Stellungen teilweise nicht beziehen. Gegen 11.00 Uhr griffen die Panzer des 82. Reconnaissance-Bataillons (Panzeraufklärer) mit aufgesessener Infanterie und unterstützt von einem Feldhaubitzbataillon frontal und umfassend an. Möglicherweise waren hier amerikanische Sturmpanzer M4A3E2 »Jumbo« eingesetzt, die mit starker Zusatzpanzerung und dem *Cullin Hedgerow Device* (Stoßgabeln zum Druchbrechen der Heckenwälle) versehen, praktisch unverwundbar waren. Der heftige Kampf kostete dennoch beiden Seiten Verluste. Der Feind drang in den Ort ein. In der Verwirrung verließ einige Soldaten der Mut. Ohne Hoffnung, ihre Panzer zurückbringen zu können, sprengten sie sie. Ein Franzose will nach dem Kampf 17 abgeschossene Panzer dort gezählt haben. Wenigstens vier davon müssen Shermans gewesen sein, einige dürften bereits vor dem Kampf als Schadpanzer dort gestanden haben.

Der nächste Widerstand sollte in der *roten Linie* geleistet werden. Dort, bei Pont Brocard befand sich seit dem Vorabend der Gefechtsstand der Panzerlehrdivision. Anschluß bestand links zur 17. SS-Panzergrenadierdivision »Götz von Berlichingen«, der nach rechts zur 352. Infanteriedivision war in einer Entfernung von etwa 10 m weiter nach Osten zu suchen. Die zur Besetzung dieser Linie erforderlichen Truppen bestanden nur noch auf Führungskarten, der größte Teil war zersplittert, versprengt und ohne Befehl, abgeschnitten oder lag noch in der *gelben Linie* im Feindfeuer fest.

Um 16.30 Uhr hatten die Panzer des amerikanischen 82. Panzeraufklärungsbataillons nach kurzem Kampf gegen die schwache Besatzung Pont Brocard genommen. Dabei überraschten sie den Stab der Panzerlehrdivision und schossen den Befehlsbus mit allen Akten in Brand, wohl ohne dessen Bedeutung zu erkennen. So

konnte sich die Führungsgruppe einzeln aus den Fenstern springend, unter Zurücklassung aller Habe, vor der Gefangennahme retten. Die Divisions-Funkstaffel schau-
te zu. Unteroffizier Blümer: *»Die Divisions-Funkstaffel lag in einem Apfelgarten auf
der Höhe. Im Tal darunter in einem Bauernhaus befand sich der Ia-Gefechtsstand.
Plötzlich sprangen dort aus den unteren Fenstern drei Mann heraus, die auf uns
zuliefen, denn sie wußten ja, wo ihre Funkstaffel war. Der eine verlor seine Müt-
ze, der zweite hatte noch sein Kartenbrett umhängen und eine Aktentasche in der
Hand: Es waren General Bayerlein, der Ia, Major Kauffmann, und ein dritter. Neben dem Bauernhaus geriet ein Bus in Brand, es kann der Befehlsbus gewesen
sein. Zu uns kam der General, völlig außer Atem. Er fragte:»Gibt's hier was zu
trinken?« In der Funkstelle hatten wir eine Korbflasche mit Cidre. Dann gingen
sie weiter. Wir konnten den Apfelgarten erst spät bei Dunkelheit verlassen, weil
die Jabos dauernd die Straße angriffen. Dann kamen Panzerbesatzungen zu uns
rüber, sie hatten ihre Panzer gesprengt, weil sie ja bei der Luftlage doch nichts
machen konnten. Die Jabos flogen ununterbrochen, bis kein Schuß mehr fiel......
Später setzte General Bayerlein einen Funkspruch über die Kämpfe ab. Er war so
fertig, daß Major Kauffmann und der O 1, Hauptmann Hübner, ihn nur mit
Mühe davon abbringen konnten, sich in Gefangenschaft zu begeben.«*
Dieser Funkspruch macht deutlich, wie zermürbt General Bayerlein bereits war.
Nach den tagelangen schweren Schlägen ließ ihn dieses Erlebnis verzweifeln: *»1. Die
Panzerlehrdivision ist nach 49 Tagen härtester Kämpfe mit dem heutigen Tage
nunmehr vernichtet worden. 2. An allen Teilen durchbrochen, rollte der Feind
jetzt von St. Gilles nach Süden weiter. Alle Hilferufe nach Kräften sind bisher ver-
hallt, weil man nicht glaubt, wie ernst die Lage ist.«* Der OB West übermittelte diese Meldung unverzüglich an den Wehrmachtsführungsstab und Feldmarschall von
Kluge begab sich daraufhin an Ort und Stelle.

*Funktrupp der Panzernachrichtenabteilung 82, der Divisions-Funkstaffel,
vor seinem Kfz 23.*

Selune-Brücke bei Pontabault, südlich von Avranches. Am 30. August 1944 brach hier General George Patton mit seiner 3. US-Armee ins offene Hinterland durch.

Obgleich die amerikanische Panzerspitze um Mitternacht noch Notre-Dame-de-Cerisy in Besitz nahm, vertrieb die einbrechende Dunkelheit die Flugzeuge vom Himmel. Abseits der großen Straßen oder unerkannt in amerikanischen Kolonnen fahrend gelang es verhältnismäßig vielen Gruppen und Einzelfahrzeugen, wieder Anschluß an die eigenen Linien zu gewinnen. Befehlsgemäß sollte die Panzerlehrdivision mit Teilen der 275. Infanteriedivision die *rote Linie* südlich der Seulles, Moyon - Pont Brocard, halten, aber hier gab es nur Reste, ohne jede Verbindung untereinander und nach oben. Ihr mit der unterstellten Pantherabteilung der Division »Das Reich« geführter Angriff zur Wiedergewinnung von Pont Brocard wurde nach kurzem Anfangserfolg abgewiesen.

Der befohlene Aufbau einer neuen Widerstandslinie weiter westlich, St. Ebremont - Dangy - Savigny, sollte durch einen Angriff des von der Panzergruppe West herausgelösten XXXXVII. Panzerkorps nach Westen eingeleitet werden, kam aber nicht zustande, weil die deutsche Befehls- und Meldeübermittlung gestört war und starke Feindkräfte bereits über die Linie Villebaudon - St. Martin-de-Cenilly bis Hambye durchbrachen. Die durch einige Panther verstärkte Aufklärungslehrabteilung 130 in ihrer Widerstandslinie bei Villebaudon konnte den Angriff der US-Kampfgruppe CCA 2 bis zum Abend aufhalten. In der Nacht zum 29. Juli übernahmen alle Restteile der Panzerlehrdivision die Sicherung auf den Höhen von Percy. Dort bestand links Anschluß an die Kampfgruppe Wisliceny der 2. SS-Panzerdivision, rechts an die neu eingetroffene 116. Panzerdivision. Das XXXXVII. Panzerkorps, dem auch die Panzerlehrdivision unterstellt wurde, übernahm den Befehl zwischen Vire und Percy.

Trotz ihrer Schwäche konnte die Panzerlehrdivision am 29. Juli einen Abwehrerfolg melden. Der mit einem verstärkten Panzerbataillon geführte Angriff der 2. Armd

Division auf Percy wurde unter hohen Verlusten abgewiesen. Leutnant von Knebel (I./Panzerregiment 6) schoß mit seinen Panthern 13 Sherman-Panzer ab. Die Feindpanzer mußten sich auf die Vorhöhen absetzen und Verstärkung anfordern. Durch einen deutschen Gegenstoß wurden die Verbindungen der Amerikaner unterbrochen, auch das deutsche Artilleriefeuer hatte erhebliche Wirkung. Das amerikanische Bataillon wurde zurückgenommen.

Das bisher dichte Bocage-Gelände öffnete sich nach Süden zu einer schwachwelligen Hügellandschaft, die auch Bewegungen abseits von Straßen sowie Beobachtung und Panzerschießen auf weitere Entfernungen erlaubten. Gleichzeitig wur-

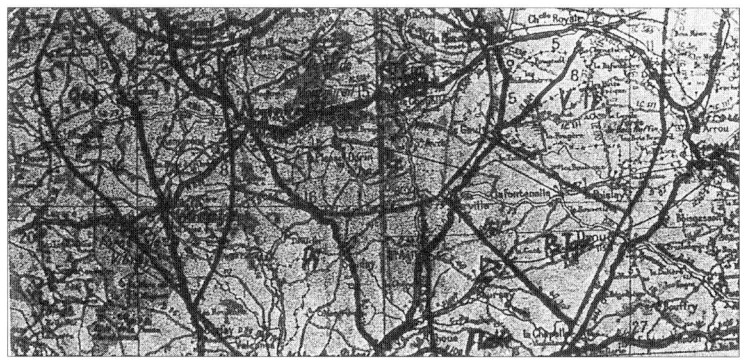

Sammelraum der rückwärtigen Teile der Panzerlehrdivision am 9. August 1944.

de der feindliche Jabo-Einsatz schwächer, da der Durchbruch an Breite und Tiefe zunahm. Deshalb gelang es den wenigen Panzern der Division, bei und südwestlich Percy die 13 Shermans abzuschießen. Der Ia-Divisionsstab hatte nach dem Verlust seiner gesamten Büroausstattung am 27.7. zwei Tage lang nicht schriftlich befehlen können. Inzwischen war er wieder voll ausgestattet worden.

Am 30. Juli blieb die Lage beim XXXXVII. Panzerkorps im wesentlichen unverändert. Die durch eine Kampfgruppe von »Das Reich« verstärkten Restteile der Panzerlehrdivision hielten weiterhin in Linie Percy - Le Laurier bis südwestlich Le Bignon. Hier fanden sich auch wieder Versprengte aus den Kämpfen um Quibou und Dangy ein, denen es gelungen war, nach Westen auszuweichen.

Am 31. Juli gelang es dem Feind, bei Avranches durchzubrechen. Jetzt konnte der entschlossene Oberbefehlshaber der 3. (US) Armee, General George Patton, anfangs noch zögernd, zum immer schneller werdenden Bewegungskrieg in die Bretagne und ins offene Frankreich übergehen. Fast zwei Monate lang hatte die bestausgerüstete deutsche Panzerdivision, durch unsinnige Haltebefehle Hitlers im Bocage-Gelände festgenagelt und wesensfremd ihrer Beweglichkeit beraubt, an Brennpunkten der Normandiefront tapfer den unerhörten seelischen, nervlichen und körperlichen Beanspruchungen der Durchbruchsangriffe des Feindes standgehalten. Doch allmählich hatte der überwältigende Material- und Lufteinsatz ihre Widerstandskraft so aufgezehrt, daß sie, entnervt, dem gewaltigen Ansturm vom Boden und aus der Luft unterlag. Sie war stark angeschlagen, aber keinesfalls vernichtet.

Nach dem Zustandsbericht vom 1. August hatte sie seit Invasionsbeginn Personalverluste von 5100 Mann und Großgerätverluste von 61 Panzer V, 81 Panzer IV, 21 Panzerjägern IV, 230 SPW, 42 Geschützen sowie Tonnageverluste von etwa 50% gemeldet, vom Ausfall an Infanterie- und schweren Waffen ganz zu schweigen. Demgegenüber standen Zugänge von 2846 überwiegend unerfahrenem Personalersatz, jedoch kein Nachschub an Großgerät. Schlimmer wog der Verlust an Nervenkraft, insbesondere der ihres völlig verzweifelten Kommandeurs. Seit dem Polenfeldzug immer an mitverantwortlicher Stelle, bei Guderian und Rommel, hatte er sich voll bewährt. Dieser zermürbende Streß drückte ihn so nieder, daß er wenigstens Ruhe oder Kampferfolge brauchte. Dazu ließ es aber der Feind nicht kommen.

Wie sie gemeldet, verschwand die Division nun für einige Zeit aus den Lagekarten und -meldungen, denn Hitlers unbillige Forderungen waren immer der Zahl, nicht dem Zustand der Divisionen angemessen. Mehrere Kampfgruppen der Division, die vom Ib weiter versorgt wurden, fochten als Korpstruppen unter verschiedenen Korps weiter. Die nichtkampffähigen Truppenteile wurden unter dem Befehl von Oberst Gerhardt zunächst bei Vire, ab 8. August im Raum Montmirail ostwärts von Le Mans gesammelt, wo man eine Auffrischung der Division erhoffte.

Rückzug zur Seine

Erinnerungen Juli - August 1944

Die für den 24. Juli vorgesehene Herauslösung meiner Panzer aus der Front wurde aus Rücksicht auf die Panzergrenadiere verschoben, um Verluste durch amerikanisches Trommelfeuer zu vermindern, das Kettengeräusche immer herauslockte. Artilleriefeuer wirkte besonders schlimm, wenn es die Infanterie traf, ehe die sich in ihren Löchern fest eingerichtet hatte. Als ich der Verschiebung zustimmte, hatte ich das unruhige Gefühl einer nahenden Gefahr, aber wider Erwarten verlief der Vormittag wie üblich. Um 12.00 Uhr brach dann »ein Artilleriezauber los, wie noch nie zuvor«, so schrieb ich von meinem Gefechtsstand bei St. Gilles aus. Kurz darauf war die Luft plötzlich mit großen viermotorigen Bombern wie mit Mückenschwärmen übersättigt, die mehrfach große Kreise zogen, so daß sie uns wie Tausende erschienen. Es war beklemmend. So etwas hatte niemand von uns jemals zuvor erlebt. Das Rauschen der Bomben kam wie ein Platzregen rasch heran und wollte gar nicht aufhören, wir lagen klein und häßlich in unserem Bauernhaus. Durch seine leeren Fensterhöhlen steckten unsere Kühe ihre dicken Köpfe, - Schutz suchend, wie der Vogel Strauß - während die Splitter ihre Leiber zerfetzten, bis sie zusammenbrachen. Künftig mußten wir auf Schlagsahne verzichten!

Meine Panzer blieben auch vorn in ihren Stellungen von Verlusten verschont und konnten die nachfolgenden Feindangriffe mühelos abwehren. Im Wehrmachtsbericht hieß es nur, der Feind sei nach heftiger Feuervorbereitung und rollenden Luftangriffen mit starken Kräften zum Angriff angetreten, aber unter hohen blutigen Verlusten abgewiesen worden. Nach langem Hin und Her löste uns die Pantherabteilung nachts ab.

Am 25. Juli wurden die Bombenangriffe mit noch mehr zwei- und viermotorigen Bombern fortgesetzt, wir schätzten mehr als 1000 Maschinen. Wir vermuteten richtig, daß ihre Bomben die Feuervorbereitung für den folgenden Durchbruchsangriff darstellten, der uns treffen würde.

Als ich am 23. 7. General Bayerlein zur Verleihung der Schwerter zum Eichenlaub (am 20. 7.) gratulierte, hatte er noch gemeint, hier besser aufgehoben zu sein als bei Caen, denn hier seien keine Bombenteppiche zu befürchten - nun hatten wir sie! Von unserer Luftwaffe war nicht zu spüren. Nur nachts hörte man gelegentlich Flakfeuer beim Gegner. Seit 1940 hatte der Luftkrieg sein Gesicht völlig gewandelt.

Ehe der Bombenangriff begann, war ich zu Oberst Gerhardt, meinem Regimentskommandeur, gefahren, leichtsinnigerweise in meiner guten schwarzen Uniform. Sie sah nach der Rückkehr schrecklich aus, denn wegen der ständig über uns kreisenden Jabos mußten wir alle paar Minuten »Häschen« im Dreck machen. Am 26. 7. um 00.40 Uhr wurden wir alarmiert mit dem Auftrag, den befürchteten Durchbruch über die große Straße durch St. Gilles abzuriegeln. Die Bomben hatten das Dorf übel zugerichtet, aber dennoch einige Dächer heil gelassen, wie es sich bei einem Besuch 1989 an den alten farbig gedeckten Ziegeldächern zeigte. Zu Beginn der Morgendämmerung standen alle Panzer in den befohlenen Stellungen, etwa 1500 m weiter rückwärts als an den Vortagen. Nach erneuter Vorbereitung durch Artillerie und Bomber traten die Amerikaner zum Durchbruch an, unausgesetzt von dichten Jabo-Schwärmen abgeschirmt. Ich war dem Panzergrenadierlehrregiment 901 unter Oberstleutnant Freiherr von Hauser zugeteilt, der seinen Gefechtsstand in einem unterkellerten Steinhaus bezogen hatte. Es war von einem Apfelgarten umgeben, dessen dichte Belaubung voll gegen Sicht aus der Luft deckte. Zum Schutz vor Anpeilung standen alle Funkstellen, darunter mein Befehlspanzer, 100 - 200 m abgesetzt dahinter. Dem rasenden Feindfeuer fielen eine Menge Bäume, alles Laub und sämtliche Telefonleitungen unreparabel zum Opfer. Am Nachmittag standen nur noch wenige nackte Baumstämme. Äste und umgestürzte Fahrzeuge bildeten ein wirres Verhau. Jeder Weg zu meinem Panzer glich einem Spießrutenlauf und Versteckspiel mit den oben kreisenden, mordgierigen Thunderbolt-Piloten, denen man nur ein Schnippchen schlagen konnte, wenn sie nach dem Sturzflug wieder hochzogen. Trotzdem kam mir jeder Weg wie eine Ewigkeit vor. Es schoß und krachte unaufhörlich. Alle Panzer standen in schwerem Kampf. Dann riß auch die Funkverbindung ab. Mein Befehlspanzer wurde von einem Jabo entdeckt und abgeschossen, glücklicherweise blieb die Besatzung unverletzt. Da nichts mehr zu führen war, erging der Befehl zum Absetzen. Mit meiner Besatzung machte ich mich zu Fuß auf den Weg, etwas entfernt von der Straße, auf der wir Feindpanzer mit begleitender Infanterie vorgehen sahen. Ihr Durchbruch war gelungen. Zum Glück waren wir für Jabos uninteressant geworden. So kamen wir zügig voran bis zu meinem Stabsquartier vom Vorabend. Dort warteten der Rest meines Stabes und ein Generalstabs-Oberstleutnant (vermutlich Oberstleutnant von Kluge, der Sohn des Feldmarschalls), der sich über die Lage orientieren wollte. Fassungslos und ungläubig lauschte er meinem Bericht. Er weigerte sich, den gelungenen feindlichen Durchbruch zur Kenntnis zu nehmen und erzählte von Plänen des OKW. War dort der Kontakt zu unserer Front völlig verloren? Angesichts der Lage im Osten sei geplant, dorthin alle Panzerdivisionen aus dem Westen zu verlegen. Nachdenklich fuhr er davon.

Etwas später flog mit lautem Donner das Munitionslager von Dangy in die Luft. Mein nächstes Ziel war meine Versorgungskompanie. Zu meiner großen Erleichterung fanden sich hier im Laufe des Abends und der Nacht, nach und nach mehr abgeschossene Besatzungen und einzelne Versprengte ein, als ich zu hoffen gewagt hatte. Ungewißheit herrschte über das Schicksal der Panzerwerkstattkompanie in Cerisy-la-Salle. Erst am nächsten Tage wurde klar, daß sie vom amerikanischen Stoß voll getroffen worden war. Über 20 Panzer mußten gesprengt werden, doch gelang es meinen tüchtigen Männern, einige Fahrzeuge teils mit eigener Kraft, teils auf Tiefladern zu retten. Als ich das General Bayerlein meldete, machte er mir Vorwürfe, die Werkstatt soweit westlich, auf dem Weg nach Avranches, untergebracht zu haben. Dabei hatte meine Befürchtung eines Durchbruchs in Richtung Paris meine Wahl bestimmt. Schadenfroh erfuhr ich, daß der Regimentstab alle seine Panzer gesprengt hatte und auch zu Fuß laufen mußte. Aber höchst ärgerlich war ich, als Oberst Gerhardt verlangte, ihm zwei der mir noch verbliebenen kostbaren »Autos« abzugeben.

Dank ihrer anfänglichen Unerfahrenheit im Bewegungskrieg hatten die Amerikaner am 27. Juli an der Bahnlinie St. Lô - Coutances Halt gemacht und so das Rückgrat unserer Division, Stäbe, Artillerie und Versorgungsteile entkommen lassen. Wären sie abends über den Soulles-Abschnitt weiter gestoßen, nichts hätte sie aufhalten können. Immerhin erschienen sie unvermutet gegen 21.30 Uhr nahe unseres Quartiers und zwangen uns, rasch Reißaus nach St. Denis zu nehmen. Das Regiment 901 war eine Nacht lang eingeschlossen, brach aber anderntags nach Süden durch. Immerhin fand auch die Feldpost am 28. Juni den Weg nach St. Denis.

Als ich nachmittags im Beiwagenkrad meines guten Melders Paus auf dem Weg zu einer Kommandeurbesprechung beim Divisionsstab war, schwirrten die Jabos wie Hornissen am klaren Himmel. Ziemlich sorglos fuhren wir die Straße entlang, bis ich mich kurz vor einem Dorfe vom Soziussitz umschaute. Eine Rotte Thunderbolts war unmittelbar im Begriff, auf uns hinunterzustoßen! Zum Absitzen war es zu spät. Ich konnte nur noch schreien, wahrscheinlich:»Links rein!«, denn dort bot ein Transformatorhäuschen Deckung. Geistesgegewärtig riß Paus die Maschine rechtwinklig herum. Ich meine, noch den Blick des ersten Piloten gesehen zu haben, als er seine Bordwaffen auslöste, bevor er über uns hinwegbrauste ... In solchen Lagen werden Sekunden zu Stunden. Unser Leben lag nur in höheren Händen. Ganz knapp vor und beiderseits neben uns zischte glühendes Feuerwerk und Qualm der beiden MG-Garben auf dem Straßenpflaster hoch. Ab und zu rieche ich immer noch den beißenden Sprengstoffgestank ... Ich hörte kein Knallen, anscheinend sind Nase und Auge schneller als das Ohr. Als der zweite Jabo schoß, lagen wir schon hinter dem deckenden Häuschen. Wider Erwarten war uns nichts geschehen, selbst unser Krad war heil. Das Leben war uns neu geschenkt, wir hatten einen guten Schutzengel. Aber das Herz klopfte zum Zerspringen, und als mich ein herbeieilender SS-Offizier laut scholt, war ich so fertig, daß ich seine harten Worte stillschweigend über mich ergehen lassen mußte. Die Schelte war nicht unberechtigt, denn bedauerlicherweise war statt unser eine ältere Französin beim Überqueren der Dorfstraße tödlich getroffen worden.

Mir wurde befohlen, die Abteilung in Fresne-Poret (12 km südlich Vire), also rund 50 km zurück, zu sammeln. Wir waren personell glimpflich davongekommen und konnten nach Zuführung neuer Panzer rasch wieder einsatzbereit sein. Nur mußte ich verhindern, meine kostbaren Besatzungen »als Infanterie verheizen zu lassen« oder anderen Panzereinheiten übergeben zu müssen.

Befehlsgemäß sollte die Masse der Division unter Führung von Oberst Gerhardt im rückwärtigen Heeresgebiet, anfangs bei La Ferte-Mace, dann südlich Alençon, »aufgefrischt« werden. Aus dieser Masse wurden zwei Kampfgruppen unter Oberstleutnant Frhr. von Hauser und Major von Fallois aufgestellt.

Damit endete der Monat Juli 1944. Dessen letzte Tage waren die schlimmsten, die ich bisher im Kriege erlebt hatte, vielleicht mit Ausnahme derer von Wassiljewka, 48 km vor Stalingrad, das wir nicht entsetzen konnten, im Dezember 1942.

Während im Wehrmachtsbericht der schlimme amerikanische Durchbruch verharmlost wurde, horchten wir eifrig den Soldatensender Calais ab, um aus dessen Nachrichten Richtung und Fortgang der feindlichen Angriffe zu erfahren. Das war für uns lebenswichtig, denn wie oft hatten wir in den ersten Kriegsjahren weit hinter der Front ahnungslosen Feind überrascht, der uns dort noch lange nicht erwartet hatte. Im Bewegungskrieg mußte man ähnliches auch vom Gegner annehmen. Wie hatte sich unsere Lage verändert! Wochenlang hatten wir vergeblich ausgeharrt und gehofft, den Feind im freien Gelände stellen und ihm auf Grund unserer großen Beweglichkeit und langen Kampferfahrung starke Schläge beibringen zu können. Nun hatten wir das ersehnte freie Gelände, aber nur der Feind konnte es mit seinen schier unerschöpflichen Kräften und seiner Luftwaffe so ausnutzen, wie wir es ihm 1940 und 1941, damals in enger Verbindung zwischen Panzern und Stuka-Staffeln, vorgemacht hatten. Wir suchten mit der Nase im Sand verzweifelt den klaren Himmel nach eigenen Jägern ab und konnten den Angreifern weder Infanterie, Panzer noch Artillerie in ausreichender Zahl entgegenstellen. Schnell begriffen wir, daß uns das britische Radio, anders als bisher, völlig in die Irre führte. Man gab Orte als bereits genommen an, die wir noch länger hielten und verschwieg andere, schon in feindlicher Hand befindliche, die dann Ahnungslosen zur Falle wurden. Die allgemeine Ungewißheit und Verwirrung wurde durch Wunschträume, Gerüchte und die jetzt aktiv werdenden Terroristen gesteigert. Es hieß, die Division solle unverzüglich weit hinter der Front auch mit neuem Material aufgefrischt werden. Tatsächlich gab der OB West am 2. 8. einen entsprechenden Befehl heraus, den wir aber damals nicht kannten. Immerhin wurde mir die Rückführung der Abteilung in langen Sprüngen in den Raum Alençon befohlen. An der Front blieb nur eine Kompanie unter Leutnant Kues zurück.

Vom Sammelraum südlich Vire (Fresne-Poret) über La Chapelle-Moine (südlich Flers) erreichte mich am 3. 8. in Couptrain (bei Pré-en-Pail) der Befehl zur Umkehr, um aus meinem Stab, meiner letzten Panzer- und einer Panzergrenadierkompanie eine Kampfgruppe als Eingreifreserve unter Oberstleutnant Frhr v. Hauser zu bilden. Dessen Kampfgruppe mit den noch kampffähigen Restteilen der Division wurde dem II. Fallschirmkorps unterstellt. Ich mußte Major Kuhnow ablösen, der im Auffrischungsraum bei Alençon das Regiment 902 wieder sammeln und neu gliedern sollte. Inzwischen drückten die Amerikaner von Norden auf Vire. Ich fuhr also wieder an die Front. Am 3. 8. abends übernahm ich meine Kampfgruppe in Sourdeval und verlegte meinen Gefechtsstand anderntags nach Roullours. Beiderseits Vire verstärkte sich der Druck der Gegner, ostwärts der Briten, westlich der Amerikaner. Abends ließ stetig zunehmendes Artilleriefeuer auf baldige Angriffe schließen, wenn auch die Nachtruhe gewöhnlich eingehalten wurde. Aber wider Erwarten brachte der 5. August für uns als Eingreifreserve nichts Neues.

General der Panzertruppen Eberbach (links) mußte unter Generalfeldmarschall Kluge seine »Gruppe« zum entscheidungssuchenden Gegenangriff auf Avranches führen, dem Unternehmen »Lüttich«.

Am nächsten Tag besuchte uns General Bayerlein. Sehr befriedigt gab er einen Befehl des OB West bekannt, den er erwirkt hätte, unsere Division bis 12. August zur Auffrischung aus der Front zu lösen. Abends sollte das Unternehmen »Lüttich«, der von Hitler befohlene Angriff von Mortain nach Westen an die See, beginnen. Bei uns blieb es tagsüber ziemlich ruhig, doch nach gründlicher Feuervorbeitung griff der Feind links von uns an und drückte unsere Fallschirmjäger bis an den Südrand der Stadt Vire zurück. Am 7. 8. wurden wir als Sicherung an den Ostrand Vire vorgezogen. Um 14.00 Uhr konnten wir dort Feindangriffe abweisen. Das Artilleriefeuer, vielleicht auch Jabos, zehrten sehr an unseren schwachen Kräften. Da wir freiwerdende Besatzungen nach hinten abschieben sollten, wurde die Kampfgruppe v. Hauser allmählich kopflastig an Gefechtsstäben der Regimenter und Abteilungen, denn die mußten, angeblich eines Führerbefehls wegen, an der Front ausharren. Für eine leichte Feldhaubitzenbatterie mit zwei bis drei Geschützen und eine schwere mit drei Geschützen waren zwei Batteriechefs, zwei Abteilungsstäbe und der Regimentsstab vorn - es war zum Lachen.

Am 8. August wurde unser Divisionsstab dem neu herangeführten Generalkommando des LXXXI. Armeekorps unterstellt und nach Alençon verlegt. Dieses Korps sollte die lange fast ungeschützte Südflanke der Heeresgruppe B sichern. Die Kampfgruppe von Hauser blieb beim II. Fallschirmkorps. Unsere Sicherungen wurden nach Süden auf l'Aubesnière zurückgenommen, abends stießen wir wieder bis zum Ostrand Vire vor, dessen ausgebombte Häuserruinen vom Geschütz- und Lichtspurfeuer, auch einzelnen Bränden, beleuchtet wurden. Es kam zu einem Straßenkampf, bei dem wir zwei Engländer fingen, die ihr Pech ziemlich gelassen nahmen. Erst um 03.00 Uhr morgens kam ich zur Ruhe. Am 8.8. hörten wir, daß Le Mans gefallen und der Feind im weiteren Vorgehen nach Norden sei, wo ja unsere rückwärtigen Teile lagen.

Am 9. 8. fand ich mich im alten Unterkunftsraum bei Le Fresne-Poret wieder, der bei unserem Abmarsch am 29. Juli noch weit hinter der Front gelegen hatte. Unsere halbe Kampfgruppe sicherte ab Nachmittag bei Maisoncelle, aber wir kamen wieder unter Artilleriefeuer. In der Dunkelheit berief ich meine Offiziere und Unterführer zu einer Lagebesprechung in meinen Gefechtsstand ein. In der geräumigen Tenne eines Bauernhauses fanden alle am langen Tisch Platz. Als ich mich vorbeugte, um meine Zigarette am Ascher, einer Tasse, abzustreifen, flog diese zu meiner Verblüffung auseinander. Ein Artillerievolltreffer war zum Glück über, statt im Raum zwischen uns, krepiert. Ein Hagelschauer von Splittern schlug auf uns hernieder. Wie durch ein Wunder war niemand verletzt. Ein Splitter hatte dicht vor meiner Hand die Tasse und die solide Tischplatte durchschlagen. Alles war starr und atmete tief durch. Sogar der Mann im Mond blickte durch das zerlöcherte Dach ungläubig auf uns hinunter. Wir hatten wieder Grund, auf unsere Gesundheit zu trinken und niemand war sonderlich gerührt bis auf meinen Fahrer. Der zog es vor, sich zur Nacht im festgemauerten Kamin einzurichten. Die Nacht war nur kurz, denn um 05.00 Uhr mußten wir gemeinsam mit anderen Kampfgruppen antreten, um den amerikanischen Einbruch links von uns zu bereinigen. Uns gelang es im Angriff, Maisoncelles-la-Jourdan und die Höhe 232 wiederzugewinnen. Nach diesem Erfolg erhielten die vorn entbehrlichen Kommandeure die Erlaubnis, zu ihren Verbänden im Auffrischungsraum zurückzukehren. Auch vier nicht voll einsatzbereite Panzer wurden nach Osten in Marsch gesetzt. Zwei Tage später sollte die gesamte Kampfgruppe v. Hauser folgen. Im voll besetzten Volkswagen mit Adjutant, Fahrer und Funker traten wir die Fahrt über Tinchebray - Flers - Sées nach Mortagne-au-Perche (ca. 120 km) an. War die Front anfangs hinter und links von uns deutlich zu sehen und zu hören gewesen, so blieb sie dann immer weiter zurück. Nach der Karte gab ich jeweils laut an, wo wir den Bereich der Feldartillerie, dann den der Fernkampfartillerie verlassen hatten. Mit Nachtjägern fehlte uns noch Erfahrung, so fühlten wir uns dann in ziemlicher Sicherheit. Im Morgendämmern erreichten wir den Versorgungsstützpunkt der Abteilung. Von hier aus wurden unsere kämpfenden Teile versorgt. Hier wollten wir erst einmal richtig ausschlafen! Hier erfuhr ich, daß General Bayerlein am 9. 8. früh alle kampffähigen Teile der Division im Auffrischungsraum zur Kampfgruppe Kuhnow zusammengefaßt und zur Sicherung gegen die von Süden vorstoßenden Amerikaner eingesetzt habe. Dabei befanden sich auch wenige unserer Panzer. Die nichtkämpfenden Teile wurden unverzüglich weiter nach Osten, in den Raum um la Ferté-Bernard und am 10. 8. nach Fontainebleau in Marsch gesetzt. Aus unserem Ausschlafen wurde nichts. Nachmittags weckte man mich unsanft mit der Meldung, der Feind sei schon wieder ganz nahe. Man hörte bereits den Gefechtslärm. So gelang es uns nur mit Mühe, uns aus dem Staube zu machen. Über Verneuil - Dreux fuhren wir nach Versailles weiter, das uns als vorläufiger Unterkunftsraum zugewiesen worden war. Das Vorkommando hatte für den Stab ein prachtvolles Quartier ausgesucht. Die Fahrt war niederdrückend. Überall mehrten sich die Zeichen von Auflösung und Flucht jener Dienststellen, die sich hier jahrelang häuslich und fett eingenistet hatten, aber jetzt in Panik gerieten. In einem Betriebsstofflager wollten wir tanken, kamen aber zu spät, da es der Lagerleiter kurz vor unserer Ankunft grundlos hatte sprengen lassen. Ähnlich erging es uns bei einem großen Verpflegungslager, wo wir noch etwas von den schönen Marketenderwaren, insbesondere Zigaretten und Spirituosen, mitnehmen wollten, die sicherlich nicht mehr abtransportiert werden konnten. Der bornierte Zahlmeister verweigerte mir meine Bitte abrupt. Erst als wir ihm gut, aber unmißverständlich zusprachen, gab er nach. Später hörten wir, er habe kurz nach unserer Abfahrt sein Lager doch sinnlos sprengen lassen.

Nachdem wir unser Quartier kurz in Augenschein genommen und uns nach einem Bad von äußerlich verwahrlosten Frontsoldaten in sauber uniformierte und adrett anzuschauende Panzeroffiziere verwandelt hatten, wollten wir noch - wahrscheinlich letztmalig im Kriege - Paris genießen. Auf den Pariser Straßen schien noch tiefster Friede zu herrschen. Wie verabredet, traf ich mich an der Bar des mir aus den Vorjahren wohlbekannten Hotels Commodore auf dem Boulevard Haussmann mit Ritschel, Meyer und Landsberg. Dort ließen wir es uns gutgehen. Geld hatten wir wochenlang nicht ausgeben können. Jetzt zahlten wir selbst die Wucherpreise für ein Menü und für Champagner. Später wurde zum Tanz aufgespielt. In der überall fühlbaren Untergangsstimmung war es ein Tanz auf dem Vulkan. Hier traf ich meinen ehemaligen Regimentskommandeur, inzwischen Kommandeur der 21. Panzerdivision, Generalmajor von Oppeln-Bronikowski, wieder, der laut und vernehmlich sein gerade verliehenes Eichenlaub zum Ritterkreuz feierte - in dieser Lage wohl verständlich. Anderntags speiste ich bei herrlichem Sonnenschein im Garten des COQ Hardi in Bougival, einem exquisiten Luxusrestaurant, das als Feinstes vom Feinen in meinem Gedächtnis blieb. Dort erschien General v. d. Chevallerie mit seinem Begleitoffizier,

Franz Prinz Biron, den ich gut kannte. Er stellte mich seinem Oberbefehlshaber (AOK1) vor, der beim Essen meinen Schilderungen und Eindrücken von den letzten Kämpfen interessiert zuhörte. Nach den neuesten Nachrichten sollten wir in den nächsten Tagen zur Auffrischung in den Raum Lille verlegt werden, aber zunächst mußte sich die Panzerlehrdivision hier sammeln. Das befohlene Herauslösen der Kampfgruppe von Hauser war verschoben worden und vom Divisionsstab und der Kampfgruppe Kuhnow fehlten Nachrichten. Der Kessel von Falaise zeichnete sich ab. Einige Tage konnten wir die Ruhe genießen. Im großen Musikzimmer, mit einem schönen Blick auf den leider etwas verwilderten Blumengarten, stand ein kostbarer Steinway-Flügel. Hauptmann Trumpa war ein passionierter Klavierspieler, Baurat Dr. Cursiefen fand eine Geige und Oberleutnant Meyer war Berufsschauspieler. Bei den Klängen von Beethoven, Reger sowie Gedichten von Goethe und anderen entrückte der Krieg uns stundenlang in weite Ferne. Wir erholten uns an abendländischer Kultur. Vor zwei Jahren hatte mir Oberst von Hünersdorff von einem Essen der Armeeführer in Paris nach dem Westfeldzug 1940 erzählt. Ein General habe begeistert seine Rede mit den Worten beschlossen, wie herrlich wir Paris erst im Frieden erleben würden. Feldmarschall von Rundstedt als Gastgeber habe darauf nur lakonisch erwidert:»*Ja, aber nur als Gefangene«!* Drohend hing die Zukunft über uns, was hatten wir zu erwarten? Paris glich in jenen Tagen einem aufgewirbelten Ameisenhaufen. Die Deutschen packten in ihren Häusern, auf den Straßen erwarteten die Franzosen in Feiertagskleidung die Amerikaner. Angeblich war die Stadt seit Tagen ohne Strom und Wasser. Wir behielten sie noch schön in der Erinnerung.

Am 17. 8. erfuhr ich vom AOK mehr über die ernste Lage in der Normandie, zu der Hitlers Wunschdenken auf einen Angriffserfolg an die Westküste und des Haltens um jeden Preis geführt hatte. Generalfeldmarschall Walter Model hatte den Oberbefehl im Westen übernommen. Ein großer Kessel bei Falaise sei schon fast geschlossen. Unsere Division sollte nach Laon verlegt werden. Als einzige vage Hoffnung blieben uns noch die sagenhaften »Wunderwaffen«! Aber wäre ihre Wirkung tatsächlich entscheidend? Was würde geschehen, wenn deren Abschußstellen verloren gingen?

Befehlsgemäß führte ich die Reste meiner Abteilung, ohne Panzer aber im übrigen zuversichtlich und auf neue Panzer hoffend, über Melun - Meaux in den erneut bestimmten Sammelraum, zunächst bei Creil (nördlich Senlis), später an den Chemin-des-Dames, zwischen Laon und Soissons.

In den kommenden Monaten wurden immer mehr Verhaftungen und Hinrichtungen von Offizieren, Beamten und Adeligen bekannt. So konnte es in konservativen Kreisen scheinen, daß Hitler in seinem blinden Haß gegen das Althergebrachte den Alliierten mithalf, Deutschland zu vernichten. Um das zu verhindern, mußten Front und Heimat verbissen weiterkämpfen, in der vagen Hoffnung, daß sich Deutschlands Schicksal doch noch zu einem erträglichen Ende wenden ließe. Solange die Front hielt, hielt auch die Heimat Bombenterror und Hunger stand. Mit dieser Auffassung konnte man alle Schuld für den Krieg auf die Alliierten schieben und erzählte sich - verstohlen - folgenden Witz: Endkampf des Krieges am Berghof Hitlers in Berchtesgaden! Aus einem Bunker schleicht sich eine rauchgeschwärzte Gestalt und ergibt sich den stürmenden Amerikanern. Sie reißt sich den Bart von den Lippen und meldet:»*Agent 0033 - Auftrag ausgeführt, Deutschland vernichtet«!*

Der Kessel von Falaise

Auch nach dem amerikanischen Durchbruch von Avranches hatten die britisch-kanadischen Kräfte südlich Caen gegen die sechs hier versammelten deutschen Panzerdivisionen (2., 21./ 1., 9., 10. und 12. SS) nichts als Rückschläge und Verluste erlitten. Nun befahl Feldmarschall Montgomery der neugebildeten l. kanadischen Armee energisch, den deutschen Riegel hier nach Süden aufzubrechen, mit dem Ziel, Falaise rasch in Besitz zu bringen. Generalleutnant Simonds, der Kommandierende General des II. (CDN) Korps, begann seine minutiöse Planung bereits Ende Juli zum 8. August 1918 - dem Glückstag der Kanadier, deren Durchbruch bei Amiens damals zum »Schwarzen Tag« des deutschen Heeres wurde. Der Auftrag war nicht leicht. Sein Angriff mußte frontal über offenes Gelände durch ein tiefgegliedertes Stellungssystem geführt werden. Dies wurde durch Panzer- und Panzerabwehrkanonen mit einer größeren Reichweite als der Panzerkanone des Sherman gedeckt. Simonds suchte den Erfolg mittels eines ohne Artillerievorbereitung geführten Überraschungsangriffs bei Nacht mit einem Masseneinsatz von Panzern in bisher ungekanntem Maßstab. Seine Infanterie sollte das Stellungssystem in behelfsmäßigen Schützenpanzern überwinden, die er aus ausgesonderten Panzerhaubitzen Priest (Priester) gewann. Nach Ausbau ihrer Geschütze wurden diese Priester in »Känguruhs« umgewandelt, die jeweils eine Schützengruppe befördern konnten. Die Angriffsflanken sollten mit Bombenteppichen des Bomber Command abgedeckt werden. Simonds verfügte über drei verstärkte Infanterie- und zwei Panzerdivisionen mit etwa 1000 Panzern. Die beiden Armoured Divisions, die 2. kanadische und die 1. polnische, waren zwar gut ausgebildet, aber noch nie im Kampf gewesen. Ihnen war ständige, starke Luftnahunterstützung zugesichert worden. Die minutiöse Planung für die Operation »Totalize« war bis ins kleinste durchdacht gewesen. Jedoch genügten weder Gliederung und Zusammensetzung der Verbände noch die Ausrüstung dieser Angriffskräfte den hohen Anforderungen für ein solch nie zuvor geübtes Massenunternehmen. Weder kannte man kleine Gefechtsgruppen Panzer/Infanterie unter wendiger Führung, noch deren enge Verbindung zur Artillerie und zur Airforce. Statt einer unmittelbaren Funkverbindung zum Bomber Command in London und zu den Staffeln zur Nahunterstützung mußte man sich mit zeitlich vorgeplanten Einsätzen behelfen. Für den Beginn eines Bewegungskrieges war das eine Überforderung.

Am 2. August hatte Hitler alle in der Normandie verfügbaren Panzerkräfte zum Unternehmen »Lüttich« befohlen, dem Stoß von Mortain an die Westküste, um *die feindlichen Panzerspitzen abzuschneiden und ins Meer zu werfen«.*

Feldmarschall Montgomery soll durch ULTRA (also entschlüsselte deutsche Funknachrichten) vom Abzug der Panzerdivisionen unterrichtet gewesen sein, aus Geheimhaltungsgründen für ULTRA unterblieb aber eine Unterrichtung seiner Kanadier, deren Feindlage noch am 7. August mit allen Panzerdivisionen rechnete. Tatsächlich wurde die deutsche Front nur durch die erst Anfang 1944 aufgestellte 89. Infanteriedivision aus Norwegen gehalten. Sie setzte sich aus älteren Jahrgängen zusammen, war ungenügend bewaffnet und ohne jede Kampferfahrung. Unterstützt wurde sie nur von starken Flakverbänden und der sehr angeschlagenen 12. SS-Panzerdivision, die nach ununterbrochenem Einsatz erst vor Tagen aus der Front gelöst war.

Sie verfügte nur noch über eigene 50 Panzer und 13 Tiger der ihr unterstellten schweren SS-Panzerabteilung 101. Zu dieser gehörte Hauptsturmführer Wittmann.

Befehlsgemäß überschritten kurz vor Mitternacht am 7. August die Phalanxe der durch die 2. Armoured Brigade verstärkten 2. kanadischen Infanteriedivision rechts, und der durch die 33. britische Armoured Brigade verstärkten 51. Division (schottische Hochländer) links, beiderseits der Nationalstraße Caen - Falaise, die Ablauflinie nördlich von Tilly-la-Campagne. Jeweils vier dicht aufgeschlossene Bug-an-Heck-Panzerreihen mit nur 2 m Zwischenraum nebeneinander. Jede Reihe wurde von einem Dreschflegelpanzer zum Minenräumen angeführt. In die Kompaniechef-Panzer waren elektronische »Direction Finder« eingebaut. Zusätzlich sollten an den äußeren Flügeln 4 cm Fla-Panzer Lichtspur als Richtungshilfe schießen. Den Panzern folgten dichtauf die »Känguruhs« mit Infanterie. Hinter ihnen erzeugten Scheinwerfer »künstliches Mondlicht« an den Wolken. Vermutete Feindstellungen in den Flanken des Angriffsstreifens wurden vor dem Angriff bombardiert. Die Panzer sollten dichtauf einer Feuerwalze der Artillerie folgen.

Anfangs ging alles gut, vom Feind keine Spur: *»Kaum schoß die Artillerie, da wurde die Kolonne augenblicklich in eine dichte, Staubwolke gehüllt, in der man nicht einmal mehr das Rücklicht des Vordermanns erkennen konnte....(Die Leitstrahlgeräte versagten ebenso wie die Magnetkompasse).. Drei Spitzenpanzer fuhren sich in tiefen Bombentrichtern fest. Das Chaos war unbeschreiblich. Jedem war eingeschärft worden, dichtauf dem Vordermann zu folgen, aber jetzt war es klar, daß Blinde die Blinden führten...(Im Durcheinander ging die Orientierung gänzlich verloren, sogar die Nationalstraße wurde unbemerkt überschritten). Nach einer Ewigkeit glaubte Major Reid den uns befohlenen Bahnübergang gefunden zu haben und schoß eine Leuchtkugel, um den anderen den Weg zu zeigen. Binnen kurzem kamen auch ein paar Panzer an, die von Offizieren zu Fuß geführt wurden... Plötzlich blitzte es zweimal hintereinander und mit einem Funkenregen von Panzerfäusten waren zwei Panzer abgeschossen...«*, so schilderte Oberstleutnant Jolly den Angriff. Vor Morgengrauen war die arme 89. Infanteriedivion mehr oder weniger ausgelöscht. Der Weg nach Falaise war feindfrei und offen. Aber statt die Angriffe unverzüglich weiterzuführen, bereinigten die kanadishen Angriffsverbände befehlsgemäß zunächst alle stehengebliebenen Widerstandsnester in ihrem Rücken und warteten auf die vorgeplanten Einsätze schwerer Bomber. Diese Pause ermöglichte es dem herangeeilten »Panzermeyer« - Standartenführer (Oberst) Kurt Meyer -, mit zwei Kampfgruppen seiner Hitlerjugend-Division die ausgebaute Stellung nördlich Bretteville-le-Rabet zu besetzen und einen Gegenangriff zu führen. Als er plötzlich mehrere hundert Panzer der beiden zum Angriff bereitstehenden Panzerdivisionen vor ihm und am Himmel darüber Pfadfinderflugzeuge sah, erkannte er sofort die über ihm hängende Gefahr eines Bombenteppichs. Sein kühner Angriff brachte die britisch-polnisch-kanadischen Panzerpulks in ihrer Unerfahrenheit völlig durcheinander und ihn aus dem Bombenzielgebiet. Die anschließende Flächenbombardierung mit Hunderten amerikanischer schwerer Bomber auf Dörfer und Gehöfte nördlich Bretteville-le-Rabet mit vielen Kurzwürfen brachten den Kanadiern und Polen weitere Verluste bei, verursacht auch durch eine Panne. Die Bomber kannten gelben Rauch nur als Zielbezeichnung, nicht als Fliegererkennungszeichen kanadischer Truppen. Je häufiger die Kanadier gelbe Rauchpatronen abbrannten, um ihre Stellungen zu zeigen, desto mehr wurden sie bombardiert, während auf die beiden Kampfgruppen Meyers keine einzige Bombe fiel.

Bei Cintheaux fiel an diesem Morgen des 8. August 1944 auch der Schwertertträger SS-Hauptsturmführer Michael Wittmann, erfolgreichster Panzerkommandant des Zweiten Weltkriegs, durch Jabos.

Die in Verwirrung geratenen beiden alliierten Panzerdivisionen waren außerstande, vor dem Abend weiter anzugreifen. 8,8 cm Flak brachte sie nördlich Langannerie erneut zum Halten. Zwar hatten die Kanadier an diesem Tage 10 - 11 km gewonnen, aber 20 km bis Falaise lagen noch vor ihnen und der deutsche Widerstand versteifte sich. Bei einer Batterie der deutschen Werferbrigade 8 bei Soignolles traf abends ein der Hölle des Tages entkommener deutscher Stab ein, gezeichnet von dem, was die

Soldaten erlebt hatten: »*Sie gaben zu verstehen, daß es keinen Zweck für uns habe, weiter auszuharren. Leutnant Niemeyer tun die Infanteristen leid, doch er kann die Batterie nicht in eine Panik stürzen lassen und den Befehl nicht aus der Hand geben, auch wenn ihm ein höherer Dienstgrad engegentritt. Es gelingt ihm, die Gruppe unter Drohung von Waffengewalt zu verscheuchen und seine Batterie durch den Befehl »Feuerkommando«, wieder unter seine Obhut zu bringen. Die »Mäuse« spritzen an ihre Werfer... Von der Abteilung erhält die Batterie zwei Feuerkommandos. Der befohlenen Seitenrichtung nach gehen die beiden Salven sowohl auf die Kanadier zur Linken als auch auf die Polen zur Rechten....*« beschrieb Leutnant Niemeyer seine Erlebnisse.

Dem I. SS-Panzerkorps gelang es, die Höhen nördlich des Laizon-Baches zu halten. In der Nacht zum 9. 8. erhielt eine Kampfgruppe der kanadischen 4. Armoured Division unter Oberstleutnant Worthington den Auftrag, die Höhe 195 westlich der Na-

Der 15 cm Nebelwerfer 41, Schußweite 6700 m, war bei den alliierten Bodentruppen gefürchtet.

Gedenktafel in Verrières für die 2. kanadische Division zur Erinnerung an die Gefechte während der Operation »Totalize« vom 7. und 8. August 1944.

tionalstraße zu nehmen. Im Dunkeln durch hohe Weizenfelder vorgehend, verlor sie die Orientierung und igelte sich nach hohen Verlusten auf Höhe 141, 5 km weiter westlich, ein, überzeugt davon, ihr Angriffsziel genommen zu haben. Ohne Funkverbindung und Unterstützung wurde sie dort bis auf wenige Überlebende am 10. 8., teils durch eigene Truppen und Flugzeuge, vernichtet.

Zur großen Enttäuschung Montgomerys und der Kanadier scheiterte nicht nur die Operation »Totalize«, sondern auch das ähnliche Unternehmen »Tractable« am 14. 8. am Widerstand des I. SS-Panzerkorps mit nur 15 einsatzbereiten Panzern IV, fünf Panthern und 15 Tigern. Diese Nordfront wurde weiter nach Falaise zurückgedrückt.

Unterdessen waren alle deutschen Versuche, den Feind im Landekopf einzuschließen oder abzuschneiden - auch das Unternehmen »Lüttich« - am 7. August an der Gewalt der feindlichen Jagdbomber gescheitert. Keinem der am Morgen des 7. August zur Unterstützung der Angriffsspitzen gestarteten 300 deutschen Jäger gelang es, über dem Kampfraum zu erscheinen. Sie waren vorher überall in Luftkämpfe verwickelt worden. Erst als die Deutschen, ungeachtet dieser Lage, auf Befehl Hitlers ihre Angriffe bei Mortain bis zum 10. 8. fortsetzten, ließ Eisenhower den ostwärts stürmenden General Patton von Le Mans aus nach Norden auf Alençon eindrehen, um die beiden deutschen Armeen einzuschließen.

»Hitler unterließ nichts, um dem Gegner zu seinem Erfolg zu verhelfen. Wohl hatte Generalfeldmarschall von Kluge die sich abzeichnende Gefahr seit vielen Tagen kommen sehen... Er erneuerte seinen Antrag, den Rückzug hinter die Seine sofort einzuleiten und zugleich die Divisionen der Heeresgruppe G aus Südwest- und Südfrankreich zurückzunehmen, um mit ihnen im Anschluß an die

Heeresgruppe B eine Abwehrfront bis zur Schweizer Grenze zu bilden. Als Hitler seinen Antrag mehrere Tage unbeantwortet ließ, befahl Kluge auf eigene Verantwortung der 5. Panzerarmee, zunächst bis an die Orne, anschließend hinter den Touques zurückzugehen; und der 7. Armee, die Bewegung in der Südflanke in der Linie Domfront - Alençon zu decken... Der Feind stand, als dieser Entschluß gefaßt wurde, mit Panzerspitzen noch weit nördlich Alençon und war auch an seiner Nord- und Westfront nicht untätig geblieben. Am 15. 8. lehnte Hitler einen am Vortage gestellten Antrag Kluges ab, den beiden Armeen nun endlich den Rückzug aus dem fast geschlossenen Kessel zu gestatten. Kluge befahl ihn aus eigener Verantwortung....« schrieb General von Tippelskirch in seiner »Geschichte des Zweiten Weltkrieges«.

Nach seinem Eintreffen in Fresnay (südlich Alençon) am 9. 8. im Bereich des LXXXI. Armeekorps bemühte sich General Bayerlein um die ihm rasch in Aussicht gestellte Auffrischung seiner Panzerlehrdivision. Aber seine Hoffnungen erfüllten sich nicht. Schon vorher, am 8. 8., als sich die Amerikaner Le Mans näherten und es nahmen, waren alle irgendwie kampffähigen Teile aus dem Sammelraum der Division zu einer Kampfgruppe Panzerlehrdivision zusammengefaßt worden, mit dem Auftrag, im Raum zwischen Jublains - Conlie zu sichern und ein Vorgehen des Feindes nach Norden auf Alençon zu verzögern. Mehr war nicht zu verlangen. Die nicht kampffähigen Teile wurden ostwärts, zunächst in den Raum ostwärts La Ferté-Bernard, abgeschoben. Später sollten sie nach Versailles verlegt werden.

Bereits am 9. 8. zwang die amerikanische 80. Division die Kampfgruppe Panzerlehrdivision, die wichtige Straßenkreuzung Sillé aufzugeben. Am 10. 8. drehte der Gegner überraschend von Le Mans nach Norden ein, überflügelte die 9. Panzerdivision und stieß mit der 5. (US) und 2. (F) Panzerdivision, gefolgt von zwei Infanteriedivisionen, 25 km weit auf Alençon vor. Amerikanische Panzer drangen in Fresnay ein und zwangen die beiden Divisionsstäbe zum hastigen Ausweichen. Während der Korpsgefechtsstand südostwärts Alençon geräumt werden mußte, blieb es vor dem Abschnitt der Panzerlehrdivision ruhig. Zur Frontverkürzung ging man dennoch hinter den Merdereau-Bach zurück.

Am 11. August trieb der Feind durch seinen weiteren Vorstoß nach Norden bis Mortagne und Nogent-le-Rotrou die noch um Alençon befindlichen Versorgungstruppen in ungeregelte Flucht nach nach Norden und Osten. Vor der Panzerlehrdivision herrschte nur Spähtrupptätigkeit. Die neu herangeführte 331. Infanteriedivision erhielt Auftrag, die Linie Gacé - L'Aigle nach Süden zu sichern. Ihr wurde die vom Einsatz bei Vire entlassene Kampfgruppe von Hauser unterstellt.

Am 12. 8. griff der Feind auf der ganzen Front mit starken Kräften und rollenden Lufteinsätzen weiter an, um die beiden deutschen Armeen einzuschließen. Die 2. französische Panzerdivision stieß von Alençon durch und um den Wald von Ecouves auf Argentan, blockierte dadurch aber stundenlang das Vorgehen der amerikanischen 5. Armoured Division weiter ostwärts über Sées auf Argentan. Der hier nach Norden gestoßene Feind sollte nun von der Panzergruppe Eberbach durch Angriff aus dem Raum Carrouges nach Osten abgeschnitten werden. Westlich Mortrée stieß der Angriff der mit der Kampfgruppe Eltrich (Kommandeur Panzerpionierbataillon 130 der Panzerlehrdivision) verstärkten 116. Panzerdivision auf den Feind. Unter beträchtlichen Verlusten, darunter auch Major Eltrich, gelang es ihr, den amerikanischen Stoß auf Argentan so zu verzögern, daß die noch westlich davon stehenden deutschen Kräfte Zeit gewannen. Die Kampfgruppe Panzerlehrdivision wurde bis Carrouges zurückgenommen.

Am 13. August steigerte sich die Wucht der Feindangriffe und die Lufttätigkeit im Raum südlich Argentan. Die drohende Einschließung in dem immer kleiner werdenden Aufmarschraum und die schwierige Versorgungslage erzwangen Zurücknahmen der Front. Das Befehls- und Meldewesen erhielt Risse.

Abends ging die Verbindung des Stabes der Panzerlehrdivision zum LXXXI. Armeekorps verloren. Da die Masse der zur Auffrischung vorgesehenen Division bereits nach Osten abgeflossen und der Feinddruck auf die bei Carrouges sichernde schwache Kampfgruppe nachgelassen hatte, übergab General Bayerlein seinen Abschnitt unter Belassung seiner eingesetzten Teile (fortan Kampfgruppe Kuhnow) an die 708. Infanteriedivision. Mit seinem Stab und Versorgungsteilen trat General Bayerlein, von Ecouch über Habloville - Trun ausholend, den Marsch nach Osten an, um sich durch

Generalfeldmarschall Walter Model (1891 - 1945) übernahm am Abend des 17. August 1944 den Oberbefehl über die Heeresgruppe B.

154

Blick vom Mont Ormel nach Nordwesten auf das Ausbruchsgelände nördlich von St. Lambert (1993). Im Hintergrund die im August 1944 feindbesetzten Höhen.

diesen eigenwilligen Entschluß der Einschließung zu entziehen. Die Nachwirkungen eines Jabo-Angriffes, die eine Fußverletzung zur Folge hatten, bestärkten ihn darin.

Glücklicherweise hatte General Omar Bradley am 14. August alle amerikanischen Bewegungen angehalten. Um so stärker drückte Montgomery ostwärts der Orne bis zur Dives nach Süden besonders auf Falaise. Dennoch gelang es in schweren Kämpfen, die Feindangriffe im wesentlichen aufzufangen.

Am 15. 8. erzwang die 1. polnische Panzerdivision den Übergang über die Dives bei Jort. Am nächsten Tag fiel Falaise, am 17. nahm die 4. kanadische Armoured Division Trun. Während unsere 5. Panzerarmee die Nordfront zäh verteidigte, ohne Einbrüche verhindern zu können, fiel der 7. Armee die Aufgabe zu, den Rücken des Kessels im Westen zu decken. Hitler weigerte sich immer noch, einen klaren Entschluß zu fassen und den sofortigen Rückzug durch den »Flaschenhals« in Richtung Osten zu befehlen, wie es in Abwesenheit Kluges sein Chef des Stabes, General Blumentritt, dringend vorgeschlagen hatte. Auf der Suche nach einem Sündenbock für die Misere ersetzte Hitler den des Hoch- und Landesverrats verdächtigten von Kluge durch Generalfeldmarschall Walter Model, der am 17. 8. abends den Oberbefehl im Westen übernahm. Generalfeldmarschall von Kluge schied am 19. 8. freiwillig aus dem Leben. In seinem Abschiedsbrief an Hitler begründete er die Niederlage im Westen, für die er als Oberbefehlshaber die Verantwortung voll übernahm, und beschwor ihn: *»Sollte auch der bewährte Feldmarschall Model die Lage nicht mehr meistern können und Ihre neuen heißersehnten Kampfmittel, insbesondere die der Luftwaffe, nicht durchschlagen, dann, mein Führer, entschließen Sie sich, den Krieg zu beenden. Das deutsche Volk hat so namenlos gelitten, daß es Zeit ist, dem Grauen ein Ende zu machen«.*

155

Hitlers in Flandern im Ersten Weltkrieg erlangtes Trauma vor Rückzügen jeder Art hatte die Alliierten zu einem sicheren »Stalingrad im Westen« herausgefordert. Daß der Kessel von Falaise nur zu einem kleineren deutschen »Dünkirchen« wurde, bleibt das Verdienst des Feldmarschall von Kluge.

Models erster Plan am 18. 8., noch vor der Seine eine neue Front hinter der Dives in Nord-Süd-Richtung aufzubauen und dorthin geordnet zurückzugehen, erwies sich sofort als unmöglich. Für den Rückzug durch den Flaschenhals stand nur noch eine einzige Staße zur Verfügung, die pausenlos unter rollenden Jaboangriffen lag. Nach den schlechten Erfahrungen der Alliierten mit Bombenteppichen, die fast mehr eigene als deutsche Verluste verursacht hatten, blieben diese wenigstens aus. Mittlerweile nahmen die Amerikaner ihren Vormarsch nach Norden auf und gelangten bis Chambois. Auf dieses Dorf waren die Polen am 17. 8. angesetzt. Sie hatten stattdessen erst am 18. 8. Mont Ormel und die Höhe 262 gewonnen. Der aus dem Raum Vimoutiers befohlene Angriff des II. SS-Panzerkorps auf Trun, um den Kessel von außen zu öffnen, verzögerte sich durch die Luftlage sowie ausgefallene Funkverbindungen und Betriebsstoffmangel. Den entscheidenden Ausbruch aus dem Kessel errangen in der Nacht und am Morgen des 20. August die zusammengefaßten Kräfte des XXXXVII. Panzer- und des II. Fallschirmkorps. Beiderseits Chambois von Westen, größtenteils ohne Waffen und Munition, gelang es ihnen im Zusammenwirken mit dem II. SS-Panzerkorps von Osten, die Polen und Kanadier auf dem Höhenzug zu überrumpeln. 1500 Polen mit 80 Panzern ohne Sprit wurden auf dem Mont Ormel abgeschnitten. Sie konnten nicht einmal ihre Verwundeten abtransportieren. An diese Lage erinnern ein Denkmal dort und eine Briefmarke.

General Freiherr von Lüttwitz schilderte den Durchbruch seiner 2. Panzerdivision bei St. Lambert: »*Am 19. 8., etwa gegen 19.00 Uhr, wurde befohlen, bei St. Lam-*

1989 gab die polnische Post diese Gedenkmarke an General Maczek und die Kämpfe seiner 1. polnischen Panzerdivision bei Falaise heraus.

bert in der Nacht den Durchbruch zu erzwingen. Ich befahl alle Panzer und gepanzerten Fahrzeuge an die Spitze, aber wegen der zahlreichen herumliegenden zerschossenen Fahrzeuge war ein Fahren bei Nacht unmöglich. So konnte erst um 04.00 Uhr aus dem Raum Bailleul angetreten werden.

Der Morgen des 20.8. begann mit Nebel. Kolonnen aller eingeschlossenen Einheiten strömten in Richtung St. Lambert, teilweise in Kolonnen bis zu acht Reihen nebeneinander fahrend. Eine geordnete Führung war nicht mehr möglich, nur die Panzerabteilung und Teile des Panzergrenadierregiment 2 erreichten geordnet St. Lambert und konnten gegen 10.00 Uhr melden, daß sie dort den Durchbruch erzwungen hatten und in Richtung Trun und Chambois abschirmten. Bis etwa 07.00 Uhr hatte das Artilleriefeuer völlig geschwiegen, dann aber brach ein Orkan los, wie ich ihn noch nie erlebt hatte. Die zahlreichen Kolonnen liefen an der Dives in direktes feindliches Feuer aller Waffen, machten kehrt und fuhren teilweise im Kreis. Besonders zwischen St. Lambert und Aubry-en-Exmes stauten sich diese Kolonnen und wurden dort zusammengeschossen. Unaufhörlich stiegen neue, hohe Feuersäulen von getroffenen Benzintanks zum Himmel, Munition explodierte, herrenlose Pferde rasten, teils schwer verwundet, umher. Schauerlich war besonders das Überschreiten der Dives-Brücke. Dort waren zusammengeschossene Menschen, Fahrzeuge und sonstiges Gerät von der Brücke in die tiefeingeschnittene Dives gestürzt und bildeten dort ein grausiges Knäuel.«

Schlechtes Wetter hielt am 20.8. die Jabos fern, aber das von den Höhen geleitete Artillerie- und Panzerfeuer erschwerte dennoch den Ausbruch. An ihm hatte der Opfermut der Fallschirmjäger unter General Eugen Meindl großen Anteil. Größtenteils im Kessel verloren waren Waffen, Fahrzeuge und Gerät, aber mehr als die Hälfte der deutschen Soldaten kam heraus. An die 40.000 gingen verloren, unter ihnen 3735 Gefallene, die nun auf dem schönen Deutschen Soldatenfriedhof St. Desir bei Lisieux ruhen.

Viele Panzermänner, die vor oder bei dem mehr als fünf Stunden dauernden Durchbruch ihre Fahrzeuge verloren hatten und kein anderes fanden, waren gezwungen, den lang ansteigenden Höhenzug im Feindfeuer abwechselnd robbend und springend zu überwinden. Viele wurden dabei verwundet, wie auch der Oberbefehlshaber der 7. Armee, Obergruppenführer Hausser.

Über den Verbleib der Kampfgruppe Kuhnow, das ohnehin anfangs nur schwache und bei den tagelangen Kämpfen im Kessel weiter dezimierte Panzergrenadierlehrregiment 902 mit einer Panzerkompanie und einer leichten Feldhaubitzen-Batterie, ist noch zu berichten. Ihre am 13.8. bei Carrouges befohlene Unterstellung unter die 708. Infanteriedivision war von vornherein schwierig, da die Infanterie damals über keine Funkgeräte verfügte, um drahtlos mit Panzerverbänden verkehren zu können. Funk-SPW mußten also zur Infanterie abgestellt werden. Bei Ausfall riß jede Verbindung ab. Im Verlauf des Rückzuges überschritt die Kampfgruppe Kuhnow in der regnerische Nacht zum 17.8. die Orne bei Mesnil-Jean und unterstellte sich dort der 12. SS-Panzerdivision.

Luftangriffe, zunehmendes Artillerie- und Mörserfeuer, mangelnde Versorgung und unterbrochene Funkverbindungen in dem sich rasch verengenden Kessel erschwerten einen geordneten Rückzug und zehrten am Durchhaltewillen der Truppe. Dennoch erreichte der Korpsbefehl zum Durchbruch größtenteils seine Empfänger. Oberleutnant Graf (Chef 5./902) schildert das Erlebte:»*Abends fährt meine Kompanie an zerschossenen Fahrzeugen aller Art vorbei. Ein trostloses Bild. Das Ende von zwei Armeen. In einem verlassenen SPW finden wir eine Kiste Cointreau, die wir sofort verstauen. Noch ist es dunkel. Die Verbände stellen sich zum Durchbruch bereit. Als der Morgen graut, setzen wir uns in Bewegung. Ein imposantes Bild! Ein leicht ansteigendes Gelände mit freiem Schußfeld. Links ein Koppelgelände. Vorne fahren die Panzer, dahinter in breiter Front die SPW, dann eine Unzahl von Fahrzeugen, Artillerie, LKW. An den Seiten marschiert Infanterie zur Sicherung. Nun eröffnen Feindpanzer und Pak ihr Feuer auf unsere Panzer. Es beginnt ein Panzerduell. Nervös kurven die Kolonnen auf der Suche nach Schutz in den Hecken. Auch ich fahre mit meinem SPW in eine Koppel. Da erleben wir, wie aus allen Richtungen geschossen wird. Wo ist der Feind, wo der Freund? Lkw werden abgeschossen und einer bleibt vor der einzigen Ausfahrt liegen. Ich lasse den SPW anfahren und den Lkw beiseite schieben. Auf dem Kampffeld geht es drunter und drüber. Während die Panzer anderen Fahrzeugen und der Infanterie eine Bresche schlagen, versuchen viele Fahrzeuge, selbständig durchzubrechen.*«*

Es dauerte fünf Stunden, bevor Graf mit der Masse seines Regiments nach zahllosen weiteren kritischen Lagen der Durchbruch geglückt war. Zwar ging der Zusammenhalt der Truppen in diesen grauenvollen Stunden oft verloren. Aber nach dem Übersetzen über die Pionierbrücke bei Elbeuf über die Seine sammelte sich die Kampfgruppe Kuhnow sehr schnell. Von vornherein hatte jedes Fahrzeug einen entsprechenden Marschbefehl erhalten und über die von den Armeen eingerichteten Meldeköpfe fanden auch jene Versprengte glücklich in den Schoß ihrer Kompanie zurück, die sich in den schlimmen Vortagen bei anderen Panzerverbänden gemeldet und dort mitgekämpft hatten.

5. Vor der Westgrenze des Reiches

Von Paris zum Westwall

Nachdem es den Amerikanern gelungen war, im Kessel von Falaise die deutschen Normandie-Armeen zu schlagen, konnten sie ab 20. August die Seine beiderseits Paris überschreiten und anschließend zur Verfolgung in breiter Front auf das Reichsgebiet vorstoßen.

Am 20. August hatte der Feind unterhalb Paris, bei Mantes, einen Brückenkopf gebildet; am nächsten Tag folgte ein anderer oberhalb bei Montereau und am 25. August bei Melun. Weiter südlich der Seine war er über die Yonne im Vorgehen auf Sens - Troyes. Zu lange hatte sich Hitler im Argwohn gegen das Offizierkorps des Heeres den Vorstellungen der im Westen befehlenden Generale verschlossen. Sie drängten ihn darauf, statt des »taktischen Flickwerks« zum »elastischen Fechten« überzugehen und Operationsfreiheit zu gewähren. Bis 28. Juli waren Vorbereitungen zum Rückzug im Falle eines feindlichen Durchbruchs verboten. Ein Befehl des Chefs WFStb an alle betroffenen Kommandostellen zum Ausbau der »Somme - Marne- Saône-Stellung« blieb mangels Arbeitskräften im Planungsstadium stecken und war durch den unerwarteten Übergang des Feindes zum Bewegungskrieg widersinnig geworden. Nun befahl Hitler am 20. August den Ausbau der »Deutschen Weststellung« (Schelde- Westwall - Mosel). Statt aber den geordneten Rückzug auf diese Stellung zu befehlen, kam es ihm »als besonders wichtig« darauf an, Paris zu behaupten. Dabei lag es doch nahe, rasch Abstand vom Feinde für eine neue Handlungsfreiheit zu gewinnen und die noch vorhandenen Truppen zurückzuführen. Bei dieser Lage war an eine Wieder-

Generaloberst Johannes Albrecht Blaskowitz (1883 - 1948, Freitod in Nürnberg) befehligte die Armeegruppe G bis zum 21. September und wieder ab dem 24. Dezember 1944, um dann die Heeresgruppe G zu übernehmen.

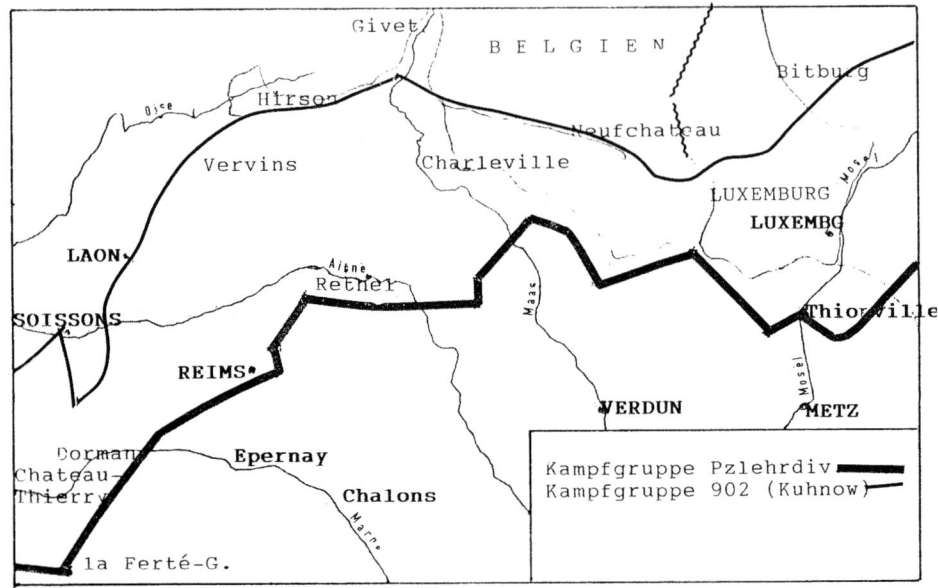

Rückzugsweg der Panzerlehrdivision durch Frankreich 1944.

auffrischung der Panzerlehrdivision in Frankreich nicht mehr zu denken. Wie fünf weitere Panzerdivisionen sollte sie im Raum zwischen Seine und Somme als bewegliche Eingreifreserve bereitstehen und»gleichzeitig aufgefrischt« werden.

Nachdem Hitler am 23. 8. noch einmal ausdrücklich befohlen hatte,»Paris dürfe nicht oder nur als Trümmerfeld in die Hand des Feindes fallen«, drang der Feind am 24. August abends mit starken Panzerkräften von Versailles und Sevres über die Seine bis in den Stadtkern Paris zum Palais Luxembourg vor. Um die Bevölkerung und die Kulturdenkmäler der Stadt zu schonen, vereinbarte der neue Wehrmachtsbefehlshaber Paris, General von Choltitz, mit der Widerstandsbewegung eine Waffenruhe. Zu seiner Unterstützung erhielt die Panzerlehrdivision Befehl, in der Nacht zum 25. 8. von Osten her sich in das Innere der Stadt vorzukämpfen. Hiermit wurde die Kampfgruppe Hauptmann Hennecke beauftragt. Er verfügte über das notdürftig wiederaufgefrischte SPW-Bataillon I./901, das durch eine schwache Pantherkompanie und einen Zug schwerer Infanteriegeschütze verstärkt war. Mehr war kurzfristig nicht einsatzbereit. Zwar wurden ab 21. August drei aus den Niederlanden herangeführte »Schnelle Abteilungen« (509, 510 und 511 - im wesentlichen Radfahrer) als Ersatz in die beiden Panzergrenadierlehrregimenter eingegliedert, aber von ihrer raschen Verschmelzung mit der erschöpften und der Ruhe bedürfenden Truppe konnte keine Rede sein.

Die Kampfgruppe Hennecke erreichte im Morgengrauen des 25. August über Le Bourget die Gegend um den Gare du Nord, während die Amerikaner bereits den Ostteil und die Franzosen den Westteil der Stadt in Besitz nahmen. Je näher die Kampfgruppe dem Stadtkern kam, desto mehr waren die Straßen verbarrikadiert und desto schwieriger wurde das Durchkommen. Durch Beschuß aus den Häusern traten unter den Panzergrenadieren der oben offenen Fahrzeuge Verluste ein. Nun befahl

General von Choltitz die Übergabe der Stadt. Hauptmann Hennecke brach den vergeblichen Einsatz ab und zog sich nach Villeparisis zurück. Dort wurde die Kampfgruppe Hennecke am nächsten Tage von der durch Widerständler (Maquis) verstärkten französischen Panzerdivision, die in Paris einmarschiert war, umgangen, eingeschlossen und zum verlustreichen Durchbruch in Richtung Villers-Cotterets gezwungen. Dr. Hans Herrmann, Truppenarzt der Kampfgruppe Hennecke, schrieb in sein Tagebuch: »*Gestern war wieder ein schwarzer Tag für uns. Wir waren in schwere Straßenkämpfe in Paris verwickelt, bei denen es für mich wieder viel Arbeit gab. Straßenkämpfe sind das Widerlichste, was es gibt, aus vielen Fenstern schießt es und vom Gegner ist nichts zu sehen. So fuhr ich gestern, auf dem Trittbrett stehend, mit dem Karabiner unterm Arm, durch die Straßen, um Verwundete aufzulesen. Das Gefühl dabei ist alles andere als angenehm, wenn dauernd Kugeln durch die Luft pfeifen und man nicht weiß, woher das kommt. Heute nacht saß ich vorne im Wagen, der auch schon seinen ersten Einschuß abbekommen hat, neben meinem Fahrer. Schlafen konnte ich nicht, da man dauernd auf das Anrollen amerikanischer Panzer aus der Ebene vor uns wartete. Nun sind also Gaullisten und Amerikaner unter großem Jubel der Bevölkerung in Paris eingezogen, wie wir gestern von einem, der sich aus Paris noch retten konnte, erfuhren. Die gefangenen Deutschen dort wurden beschimpft, angespuckt, verprügelt, getreten wie 1918, nur war es vielleicht noch schlimmer...*«

An der Westfront unbemerkt, brach in diesen Tagen eine viel größere Katastrophe über den Süden der Ostfront herein, als zuvor im Juni an der Mittleren Ostfront. Nur wurde sie noch geheimgehalten. Nach der Zertrümmerung der Heeresgruppe Südukraine gerieten Rumänien und Bulgarien in Feindeshand und wechselten die Seiten. Stalin erhielt vor den Westalliierten Zutritt zum Balkan.

Der anfänglich befohlene Auffrischungsraum der Panzerlehrdivision bei Senlis wurde rasch nach Laôn, dann am 23. August weiter südlich nach Provins verlegt. Dort traf die Masse der Division am 24.8. ein. Lediglich das Regiment 902 verblieb aus unbekannten Gründen bei Soissons, vermutlich, um noch aus dem Falaise-Kessel über andere Divisionen eintreffende Versprengte aufnehmen und sich mit dem Ersatz neu gliedern zu können. Bevor sein Stab am 24. August nach Meilleray (12 km südlich Montmirail) fuhr, übergab General Bayerlein die Führung der Division an Oberst Gerhardt, um in der Heimat seine Verwundungen ausheilen und die ihm verliehene hohe Auszeichnung, die Schwerter zum Eichenlaub des Ritterkreuzes, in Empfang nehmen zu können. Die Verantwortung für die Auffrischung der abgekämpften Panzerdivisionen wurde dem General der Panzertruppen West, General Stumpff, übertragen, der angesichts der schwierigen Personal- und Rüstungslage wie auch der Kommandostruktur nur wenig ausrichten konnte. Die befohlene Unterstellung der noch schwachen 26. SS-Panzergrenaderdivision unter die Panzerlehrdivision wurde auf Einspruch eines SS-Führers aufgehoben. Nur 22 neue Panzer IV mit Besatzungen trafen am 24. August in Sézanne ein. Sie wurden der 5./PzLehrRgt zugeteilt, konnten aber erst am 26.8., nach Behebung technischer Mängel einsatzbereit sein.

Mittlerweile - ab 24. August - war der Feind auch mit stärkeren Kräften in den Raum Sens - Troyes vorgedrungen. Zur Abriegelung eines zu erwartenden Durchburchs nach Norden konnte die l. deutsche Armee nichts als die 48. (bodenständige) Infanteriedivision und Restteile der Panzerlehrdivision heranführen. Der II./Panzerlehrregiment 130 des Verfassers mit etwa 22 neuen Pz IV, aber ohne Infanterie, wurde befohlen, bis 26. August abends den Raum Fontenay - Tresigny zur Verfügung der Division zu erreichen. Der Marsch von Sézanne bis Coulomniers verlief ereignislos, trübes Wetter hielt Jabos fern. Um 23.00 Uhr bezog die Abteilung befehlsgemäß in Coulomniers Sicherung nach Süden und Westen, da Fontenay-Tresigny bereits vom Feind (VII. US Korps) überrollt war, der auch das Armeehauptquartier AOK 1 zur überstürzten Räumung gezwungen hatte.

Die Kampfgruppe Ritgen erhielt Befehl, mit dem Stab der 48. Infanteriedivision in Rebais Verbindung aufzunehmen. Die Kampfgruppe Ritgen wehrte am 27. August ab 06.00 Uhr Feindangriffe auf Coulomniers ab, bis sie um 10.00 Uhr Erlaubnis erhielt, nach La Ferté-Gaucher zurückzugehen. Die Verbindungsaufnahme zum Stab der 48. Infanteriedivision in Rebais mißlang. Rebais war bereits feindbesetzt, die Division war ausgefallen. Der Marsch der Kampfgruppe nach La Ferté-Gaucher glich einem Triumphzug. Selten wurde eine deutsche Kolonne so stürmisch von Franzosen begrüßt wie auf diesem Marsch, weil man sie für Amerikaner hielt. Selten sind die auf ihre Befreier wartenden Jubilanten so enttäuscht worden. Unterwegs wurde die Kampfgruppe unerwartet verstärkt. Ein Baubataillon, im Fußmarsch vom Atlantikwall, saß auf die Panzer auf. Eine Artillerieabteilung mit je einer leichten und schweren Feldhaubitze unterstellte sich. Anscheinend bewegte sich die Kampfgruppe zwischen den Stoßkeilen der amerikanischen 1. und 3. Armee und wurde deshalb nicht ernsthaft angegriffen. Sie sperrte den Grand Morin erfolgreich gegen Feindpanzer von Süden. Ohne Verbindung zu höheren Stellen löste sie sich bei Dunkelheit vom Gegner und erreichte durch feindbesetztes Gebiet über Viels-Maisons, Montmirail nordwestlich umgehend, im Morgengrauen die noch intakte Marnebrücke bei Dormans, kurz bevor die amerikanische 7. Panzerdivision dort übergehen wollte. Bei der Sprengung der Brücke stürzte der amerikanische Spitzenpanzer ins Wasser.

Ein vom Feind erzwungener Rückzug belastet die Kampfmoral der Truppe viel mehr als ein freiwilliger, der planmäßig geführt wird. Dieser aus Frankreich 1944 glich einerseits einer in breiter Front geführten Treibjagd der Alliierten mit Flugzeugen und Panzern auf die größtenteils zu Fuß marschierenden, abgekämpften deutschen Verbände, die trotzdem im Verlauf der Durchgangsstraßeen immer wieder an Abschnitten Front machten, um ihre Verfolger zu verzögern. Andererseits glich er einem Spießrutenlauf der Deutschen durch haßerfülltes, aufgehetztes Feindesland. Versprengte und kleinere Gruppen zu Fuß oder Einzelfahrzeuge wurden hier erbarmungslos zur Strecke gebracht, sofern sie sich nicht entschlossen wehren konnten. Man sah grausige Bilder. Allerdings gab es auch Ausnahmen, besonders auf dem Lande, wo oft versprengten Deutschen selbstlos geholfen wurde. Die französischen Widerstandsgruppen wurden in zunehmendem Maße von britischen und amerikanischen *Jedburgh-Teams* zusammengefaßt und geführt. Deren Offiziere waren im Kleinkrieg ausgebildet und mit Funkern über deutschem rückwärtigen Heeresgebiet abgesprungen. Sie standen unter dem Befehl des französischen Generals König beim Stabe von General Eisenhower. Auf die Dauer und mit zunehmender Erfahrung wuchsen sie sich zu einer großen Gefahr, wie die Partisanen im Osten, für den deutschen Rückzug aus.

Am 27. August früh alarmierte Feldmarschall Model, aus seinem Hauptquartier in Margival, dem ehemaligen Führerhauptquartier im Westen, kommend, den nahe einquartierten Stab des Panzergrenadierlehrregimentes 902. Er befahl, unverzüglich einen Brückenkopf bei Chateau-Thierry zu bilden. Hierzu und künftig wurde das Regiment dem Generalkommando des LVIII. Panzerkorps unterstellt, während die übrige Panzerlehrdivision beim LXXX. Korps blieb. Erneut wurde so die Division auf zwei verschiedene Korps aufgeteilt, anderntags sogar bei zwei Armeen, der 5. Panzerarmee und der 1. Armee, die in verschiedenen Richtungen operierten.

Der zur Erkundung vorausfahrende Regimentsführer, Major Kuhnow, stieß bereits vor Chateau-Thierry auf amerikanische Panzerspitzen und konnte denen nur eine Kompanie bei Roucourt entgegenstellen. Sie wurde schnell überrollt und vernichtet. Das ihr folgende Regiment war durch die vorzeitige Sprengung der Aisne-Brücke in Soissons zu einem zeitraubenden Umweg gezwungen worden. Beide Bataillone gingen hintereinander am Ourqu längs der Bahnlinie beiderseits Oulchy in Stellung. Sie wurden dort aber beidseitig vom Feinde umfaßt, ohne sich bei der herrschenden ungünstigen Luftlage am Tage absetzen zu können. Der noch nicht eingeschmolzene junge Ersatz, unzureichend ausgebildet und ohne Erfahrung, verzweifelte in dieser Lage. Wer sich nachts nicht absetzen konnte (oder wollte?) ging in Gefangenschaft, darunter die gesamte 6. Kompanie. Hauptmann Müller mit seinen Fahrzeugen des I. Bataillons versuchte nachts vergeblich, sich in amerikanische Kolonnen unerkannt einzugliedern. Nach Sprengung der Fahrzeuge befahl er seinen Soldaten, sich zu Fuß zu den eigenen Linien durchzuschlagen. Nach harten Strapazen und unter schweren Verlusten geriet Müller mit den letzten zwölf Mann am 14. September (!) bei Sedan in französische Gefangenschaft.

Nachts setzte sich das verbliebene Regiment ostwärts des nun feindbesetzten Soissons über die Aisne ab. Am 28. 8. soll es dann bei Breine und später zusammen mit Teilen der 9. Panzerdivision ostwärts der Straße Soissons - Laôn - Vervins zur Verzögerung des Feindes eingesetzt worden sein, am 30. 8. vermutlich an der Serre bei Montcornet.

Am 31. 8. sollte die Kampfgruppe den Oise-Übergang überlegener amerikanischer Panzerkräfte bei Hirson verhindern. Der Versuch mißlang, wie in der Tagesmeldung des Korps erwähnt wurde.

Dies war der allerletzte Einsatz in Frankreich. Auf Befehl des OB West wurden alle Teile der Panzerlehrdivision von nun an zur Auffrischung aus der Front gezogen. Über Neufchateau - Arlon - Echternach erreichte das Regiment 902 das Reichsgebiet zur Auffrischung in Baden-Württemberg.

In den rasch wechselnden Lagen bei Rückzügen ist der Zusammenhalt der Truppe schwierig. Wenn technische Mängel dazukommen, werden die Verbände leicht zusammengewürfelt. Drei Panzer IV der Kampfgruppe Kuhnow hatten erst am 22. 8. die Seine auf der Pontonbrücke bei Elbeuf überquert und mußten ihre Schäden bei Laôn von der Panzerwerkstattkompanie beheben lassen Danach war ihr Weg nach Süden zu ihrer Abteilung abgeschnitten. So fuhren sie selbständig nach Osten, in Richtung Rethel, wo die Abteilung vermutet wurde. Ein ständiger Marschbefehl der Division, den jedes Panzerfahrzeug führte, schützte sie davor, von anderen Verbänden vereinnahmt zu werden, es sei denn in Notlagen.

Feldwebel Feuerpfeil von der 7. Kompanie erinnert sich: *» Wir wurden einer SS-Einheit unterstellt und als Sicherung gegen die vorstoßenden Feindpanzer an einer Straße eingesetzt. Zur Erkundung ging ich mit ein paar Soldaten nach vorn.*

Da sah ich plötzlich anschleichende Amerikaner. Ich schrie meinem Ladeschützen zu:»Feuer frei!«, aber er war so verdattert, er schoß nicht. Aber auch die Amerikaner waren erschrocken und setzten sich ab. Wir warteten in unseren Panzern eine Stunde, dann zwang uns starkes Artilleriefeuer zum Stellungswechsel. Anderntags sollten wir einen Stab sichern. Es hieß, der Feind hätte den nächsten Ort genommen. Um 10.00 Uhr kam von dort ein Kradfahrer. Ein Feuerstoß mit MG, das Krad und sein Fahrer blieben liegen, der Soziusfahrer verschwand im Gebüsch. Bis zum Nachmittag blieb alles ruhig, dann schlich ich mich mit zwei Mann nach vorn, zu zwei Häusern. Dort kamen uns zwei Landser mit zwei Französinnen entgegen. Vor ein paar Stunden seien Amerikaner dort gewesen und hätten die dort untergebrachte Waffenmeisterei gefangen genommen. Ich suchte herumliegende Waffen usw. zusammen und forderte die beiden Soldaten auf mitzukommen. Sie zögerten und verschwanden, liefen vermutlich zum Feind über. Vorbei an zerbombten Jagdflugplätzen kamen wir nach Rethel, wo wir wieder auftanken konnten und einen Sicherungsauftrag nach Westen in der Nähe eines Elektrizitätswerks bekamen. An der Straße rechts von uns standen zwei Flakgeschütze, dahinter ihre Zugmaschinen. Ich fragte den Leutnant, was er zu tun gedenke.»Ich jage ein paar Schuß heraus und haue dann ab«, erwiderte er. Ich kaufte zwei Kaninchen. Franzosen bereiteten daraus einen duftigen Braten für uns.

Als der Himmel aufklarte, kamen Jabos über uns hinweg. Dann Flakfeuer, Detonationen und ein Rauchpilz bei der Flakstellung. Dann stürzten sich Jabos auf uns mit Bordwaffen. Nach mehreren Anflügen raus aus dem Panzer, der schöne Einschüsse bekam. Kaum war die Luft wieder rein, wollten wir den Panzer in Deckung fahren, aber nach 100 m streikte der Motor. Dann wieder Flakfeuer und Panzerabschüsse, Detonationen, fliehende Flaksoldaten, die Zugmaschinen brannten. Einer rief:»Wir haben zwei Panzer abgeschossen!« Wir bauten ein MG aus, entfernten den Kanonenverschluß. Sprengen wollten wir den Panzer nicht, weil sonst das Haus der Franzosen, die uns die Kaninchen gebraten hatten, auch in die Luft geflogen wäre. Vom Schilf an der Aisne aus hörten wir die Glocken von Rethel läuten, als um 13.00 Uhr die französische Flagge gehißt wurde. Franzosen suchten das Ufer nach uns ab, fanden uns aber nicht. Bei Dunkelheit trug ich meine vier Mann über den Fluß, an den brennenden Panzern vorbei, um Rethel herum ostwärts nach Kompaß und Karte, durch Waldstücke und ein Dorf, immer mit schußbereitem MG und MPi. Die entgeisterten Franzosen saßen vor ihren Türen, wagten aber nichts zu unternehmen. Schließlich erreichten wir wieder eigene Truppen.«

Inzwischen hatten alle anderen Teile der Panzerlehrdivision die Maas überwunden, obwohl die überall kühn vorstoßenden amerikanischen Panzerspitzen viel Verwirrung anrichteten. Die Abwehr an der Marne führte das Generalkommando LXXX. Armeekorps unter General der Infanterie Dr. Beyer. Zur Organisation der Panzerabwehr weilte dort Oberst Oehmichen, der »General der Panzerabwehr«, aus dem OKH. Er unterstellte sich sofort die Panzerabteilung Ritgen. Übergangsversuche über die Marne konnten abgewiesen werden, doch wurde es klar, daß der Abschnitt nicht länger gehalten werden konnte, denn in beiden Flanken saß der Feind auf dem Nordufer.

Am 28. August abends setzte man sich befehlsgemäß auf eine Widerstandslinie Jonchery - Chambrecy - Pourcy ab, die Reims im großen Bogen umschloß und Anschluß an andere Truppen der Panzerlehrdivision gewährte. Erst am 29. August mittags griff die amerikanische 5. Division die neue Widerstandslinie an. Nach kurzem Kampf zogen sich die schwachen deutschen Kräfte auf den Ortsrand Reims und das Nordufer des Aisne-Marne-Kanals zurück. Unerwartet griff der Feind noch gegen 23.00 Uhr erneut an und drang in das Dorf Beine ein. Nach einiger Verwirrung setzten sich die Panzer auf den Suippes-Abschnitt bei Warmeriville ab. Reims war verloren. Oberst Oehmichen fiel in Gefangenschaft.

Am Morgen unterstellten sich Restteile zahlreicher anderer Truppen dem Verfasser. Nachdem Feindpanzer beiderseits Warmeriville vordrangen und zu umfassen drohten, erhielt die Gruppe Ritgen die Erlaubnis, sich nach Vouziers durchzukämpfen. Der heftig nachdrängende Feind wurde mit rasch errichteten Laubsperren und Panzern aufgehalten, ein Beobachtungsflugzeug mittels Infanteriewaffen abgeschossen.

Am Nachmittag des 30. August ging die Kampfgruppe Ritgen zur Abwehr am Brückenkopf Vouziers über, das kurz vorher vom AOK 1 geräumt worden war. Nach Internierung aller männlichen Einwohner in einer Halle verhielt sich die Bevölkerung bis zur Räumung Vouziers vorbildlich ruhig, ein Zeichen dafür, daß die Maquisards Entschlossenheit respektierten.

Zur selben Zeit sicherten Teile der Panzerlehrdivision am Aire von St. Aubin bis Varennes das Abfließen der nichtkampffähigen Truppen nach Osten. Weiter südlich durchbrach der Gegner die Argonnen bei Clermont-en-Argonne und öffnete sich den Weg nach Verdun.

Am 31. August, 08.00 Uhr, griff der Feind den Brückenkopf Vouziers an. Als amerikanische Beobachter den Mast eines Windmotors auf der Höhe vor der Stadt erkletterten, zerfetzte ihn der erste Schuß eines eingetroffenen deutschen 38 cm Sturmpanzers VI. Dieser war auf Befehl Hitlers nach dem Westen überführt worden, um Paris zu zerstören.

Die Kampfgruppe Ritgen räumte befehlsgemäß mittags Vouziers und setzte sich in die Argonnen ab. Der Weg durch das zerklüftete Waldgebiet bot grausige Bilder vom Terror der Partisanen gegen deutsche Einzelfahrzeuge. In Buzancy wurden die Kräfte der Division neu geordnet. Alle kampffähigen Teile bildeten die Kampfgruppe von Hauser, alles übrige wurde in den Raum ostwärts Thionville zur Auffrischung abgeschoben.

Der Plan eines Angriffs der Kampfgruppe von Hauser nach Süden, um die Enge ostwärts St. Ménehould wieder zu nehmen, scheiterte mangels Truppen und Versorgungsgütern. Die Kampfgruppe sperrte die nach Osten führenden Straßen zwischen Vouziers und Baulny, bis sie sich am 2. September über die Maas in den Raum Avioth (nördlich Montmedy) absetzen konnte. Von dort wurde sie am 5. September in den Raum Menuchet - Bouillon verlegt.

Der 1. deutschen Armee war es nicht gelungen, die befohlene Somme-Marne-Linie zu halten. Sowohl der Mangel an Kräften und Versorgung als auch der Widerstand der inzwischen aufgehetzten französischen Bevölkerung, noch länger mit den Deutschen zusammenzuarbeiten und sie zu unterstützen, vereitelten alle Bemühungen. Damit wurde ein Rückzug hinter die Mosel erforderlich. Ab 1. September mußten sich alle entbehrlichen, nicht mehr kampffähigen Truppenteile und Versorgungseinrichtungen nach Nordosten absetzen.

Inzwischen drehte General Patton seine 3. Armee von Nordosten nach Osten ab. Bereits am 31. August hatten Panzer- und Aufklärungsverbände die Maas in Verdun überschritten, um nun die Mosel zu gewinnen. Die nichtkampffähigen Teile der Panzerlehrdivision sollten zunächst bei Briey sammeln, um dann jenseits der Mosel in einem Raum ostwärts Thionville unterzuziehen. Mit deren Führung war der Verfasser beauftragt worden.

Nach dem deutsch-französischen Waffenstillstand von 1940 war Elsaß-Lothringen gegen den Protest der Vichy-Regierung wieder dem Deutschen Reich eingegliedert worden.

Die Grenzbevölkerung war gemischt, überwiegend französisch. Noch vor der französischen Staatsgrenze auf dem Wege von Buzancy über Briey nach Thionville suchte der Verfasser mit seinen Begleitern mittags ein Restaurant auf, um noch letztmalig in Frankreich zu essen. Anscheinend wußte hier noch niemand, daß Verdun bereits seit zwei Tagen in amerikanischer Hand war. Dennoch schauten die Gäste unruhig auf, als wir unsere Bestellung aufgaben. Da erhob sich plötzlich ein Herr, trat an unseren Tisch, verneigte sich und erklärte in französisch: *»Ich möchte den deutschen Soldaten meine Hochachtung aussprechen. Ich fühle mich dazu nun, wo Sie im Unglück sind, mehr verpflichtet als je zuvor!«* Diese beindruckenden Worte überraschten uns völlig und rührten uns tief, um so mehr, als sie laut vor allen übrigen französischen Gästen geäußert wurden. So fühlten wir uns an der Grenze sehr erleichtert und fast schon wie im Frieden.

Das diesige Wetter hielt den Himmel über uns von Jabos frei. Auf unserem weiteren Wege mußten wir eine endlose Kolonne von Fahrzeugen aller Art, Last- und Personenwagen, Panzern und andere Kampffahrzeugen usw. überholen, alle in derselben Richtung - nach Osten flutend, ohne jeden Gegenverkehr. Aber ganz plötzlich kam es zu einem Stau neben uns. Und dann rasten Fahrzeuge, wie von Furien gehetzt, uns entgegen. Ein eigenartiges Bild im Kriege, daß jemand so eilig an die Front will! Dann sah man an der Seite eine Gruppe von Offizieren im Graben, die mit Ferngläsern angespannt nach Süden spähten. Ich erfuhr, daß vor kurzem ein amerikanischer Panzerspähtrupp in die Kolonne eingebrochen sei und von Süden her in sie hineingefeuert hätte. Er sei in Richtung Thionville verschwunden und könne jeden Augenblick wieder erscheinen. Major Derfflinger, der bewährte Kommandeur unserer Divisionsnachschubtruppen, war ihm zum Opfer gefallen. Nun wollte ich die Amerikaner in einem Hinterhalt mit drei Schadpanzern meiner Abteilung fangen, die wir auf ihrem Weg zur Instandsetzung überholt hatten. Im ersten fuhr ich zur Panzerjagd nach Hayange mit, einem Bergwerksort an der Straße nach Thionville. Alle Straßen dort prangten schon im Schmuck von Trikoloren und roten Fahnen. Auf dem riesigen Marktplatz zur Rechten hatte sich eine Menschenmenge zur Befreiungsfeier versammelt. Sicher erbost über unseren Feuerstoß über ihre Köpfe räumten sie den Platz unglaublich schnell. Etwas weiter kamen wir an einer Straßenkreuzung zu einer verlassenen deutschen Polizeistation, deren Fenster schöne Blumenkästen zierten. Hier wollte ich den Amerikanern das Handwerk legen. Die Blumenkästen stellten wir als Laubsperre hinter der Kurve quer über die Straße und malten ein großes Schild »Achtung, Minen!«, um die Spähpanzer zu stoppen. Dann sollten zwei der zwischen den Häusern versteckten Panzer sie abschießen. Leider kam es anders als so narrensicher geplant. Wenig später erschien der erste Spähpanzer aus der Kurve - hielt und setzte augenblicklich zurück. Zu seinem Glück versagte die Abfeuerung unseres ersten Panzers. Alle Amerikaner konnten entkommen. Diesem kühnen Panzerspähtrupp der 3rd Cavalry Group war es beinahe gelungen, das gesamte 100 km tiefe Erzbecken von Briey von Deutschen zu räumen.

Auf unserm weiteren Wege erreichten wir bald Thionville. Alle Straßen gänzlich menschenleer! Aber am Marktplatz tauchten plötzlich zwei deutsche Generale und eine Stabshelferin aus zwei Häusern auf, selig, wieder in Sicherheit zu sein. Der eine war designierter Feldkommandant von Verdun, ohne Ahnung, daß es schon in amerikanische Hand geraten war. Bei ihrer Ankunft in Thionville hatten sie sich vor dem aufgebrachten Mob soeben noch in Häuser flüchten können, als der amerikanische Panzerspähtrupp erschien. Wir nahmen sie über die Moselbrücke mit, die nur von ein paar Pionieren bewacht wurde. Zur Brückensicherung unterstellte ich denen vorläufig die drei Panzer.

In den nächsten Tagen versteifte sich die deutsche Verteidigung in diesem Abschnitt. Neue Kräfte trafen ein, während die erschöpften Amerikaner ohne Sprit und Versorgung festlagen. Den Moselabschnitt nördlich Thionville übernahm der Kommandierende General des LXXXII Armeekorps der 1. Armee, General Sinnhuber. Trotz des Kräftemangels bestand Hitler darauf, den deutschen Moselbrückenkopf westlich Thionville zu halten. Er wurde von den Restteilen der 48. Infanteriedivision verteidigt, die als Nachtruppe den Rückzug der 1. Armee von der Seine gedeckt hatte. Sie wurden nun, zunächst in Briey Zug um Zug von Vorausteilen der neu zugeführten 559. Volksgrenadierdivision abgelöst, denen Panzerabwehrwaffen fehlten. Deshalb waren sie sehr froh, als General Sinnhuber ihnen die drei Sicherungspanzer IV von der Moselbrücke unterstellte mit dem Auftrag, zusammen mit einer Aufklärungskompanie auf VW-Schwimmwagen das Lösen der in Briey hart bedrängten Nachhut der 48. Infanteriedivision zu decken.

Der Fahrer von Panzer 602, Reinhold Schneider, erinnert sich: *»Mein Panzer war ein Veteran, im Februar in Verdun fabrikneu, dann Ungarn. In ihm fand am 11. 6. bei Vendes Leutnant Finsterwalder den Tod. Wieder geflickt, wurde er mit Kommandant Feldwebel Fichtner und Funker Obergefreiter Goller neu im Bocage eingesetzt. Wieder kam er in die Werkstatt, dann wurde er beim Rückzug über Paris eingesetzt. Mit neuer, junger Besatzung ohne Kampferfahrung, nach Ausfall der Funkanlage, ging es zur Mosel weiter. Der General wies uns drei Besatzungen persönlich ein. Als Ersatz für meinen an Gelbsucht erkrankten Kommandanten und Funker fand sich ein Leutnant Schneider ein. Funker samt Funkgerät wurden nicht ersetzt.*

Unter Führung des Kompanieführers der Aufklärer fuhren wir gegen 01.00 Uhr nachts los bis zu einer kleinen Ortschaft, kurz vor Briey. Nach einer kurzen Befehlsausgabe griffen wir dann - ich ohne Funkgerät in der Mitte - Briey an. Bis dahin hatten uns die Amerikaner noch nicht entdeckt. Als wir ihre Kolonnen mit Sprenggranaten unter Feuer nahmen, waren sie völlig überrascht. Mein Kommandant befahl mir immer wieder, die feindlichen Geschütze hinter ihren Zugmaschinen gegen Hausmauern zu quetschen. Nach etwa 300 m in Ortsmitte setzte unser vorderster Panzer zurück. Feindpanzer seien im Anmarsch. Auf der Rückfahrt erhielten wir Panzerfeuer von links. Dagegen suchten wir uns gedeckte Feuerstellungen, wir in einem Hohlweg mit Turm auf 6 Uhr. Im Kampf mit etwa

Der Panzer IV mit der Nummer 602 des Panzerlehrregiments überstand trotz zahlreicher Treffer den Rückzug von der Normandie bis zur Mosel bei Briey.

15 Panzern konnten wir einige abschießen. Wegen Ausfalls unserer Lüftung öffnete der Ladeschütze seine Luke. Dann ein harter Schlag! War es ein Abschuß oder ein Treffer? Als aber mein Kommandant blutüberströmt auf mich herabfiel, wußte ich, daß wir getroffen waren. Tödliche Stille! Die Bordsprechanlage blieb stumm. Mein Schock war groß! Mein Motor lief noch. Ohne jede Verbindung mit den anderen fuhr ich durch den Hohlweg zurück in die schon erwähnte Ortschaft. Dort standen noch Fahrzeuge der Begleitkompanie. Auf meinen Hilferuf stiegen zwei Mann von ihnen in meinen Turm und holten den Ladeschützen heraus, der noch Lebenszeichen von sich gab (und noch bis 1990 gelebt hat). Dann lag ich wieder unter Feuer und war plötzlich allein. So gab ich Gas und fuhr an einem Bahndamm entlang. Wieder ein Schlag! Motortreffer, denn mein Panzer stand ruckartig still. Es fing an zu qualmen. Ich zwängte mich heraus und robbte unter Beschuß in einer Ackerfurche zum Bahndamm. Nach dem Sprung darüber traf ich dort zwei Mann der Begleitkompanie. Gemeinsam sahen wir, wie mein Panzer lichterloh in Flammen aufging. Dies war das Ende des Panzers 602.«

Am 8. September bildete die Kampfgruppe von Hauser den äußersten rechten Flügel der 1. Armee unter dem LXXX. Korps (General der Infanterie Dr. Beyer), links war sie an die Kampfgruppe 5. Fallschirmjägerdivision - alte Bekannte aus der Normandie - angelehnt. Rechts zur 7. Armee klaffte eine Lücke. Dort stieß der Feind vor. Sofort angesetzte Flankenstöße konnten die Lage nicht wiederherstellen. Für seinen erfolgreichen Einsatz bei Paliseul wurde Hauptmann Fink, Führer des I./901, mit der Ehrenblattspange des deutschen Heeres ausgezeichnet.

In der nächsten Nacht ging die Kampfgruppe auf Neufchateau zurück. Die erschöpfte und übermüdete Truppe spürte davon kaum Entlastung. In den nächsten zwei Tagen wich die Kampfgruppe von Hauser von Widerstandslinie zu Widerstandslinie planmäßig in den Westwall aus. An der Attert bei Redange und an der Alzette bei Mersch brachte der energisch vordringende Feind die körperlich und seelisch zermürbten Panzergrenadiere in erhebliche Bedrängnis.

Am 11. September überschritt der Gegner in Mersch die Eisenbahnbrücke, die auf höchsten Befehl nicht vorher zerstört werden durfte. Bei dem 17tägigen Rückzug waren beträchtliche Teile der erst bei Semlis aufgefrischten Division wieder vernichtet worden. Ungewißheit der Lage war die Regel, denn Mittel zur Aufklärung und Fernmeldeverbindungen fehlten. Infolgedessen konnte der auf breiter Front verfolgende Gegner einzelne Truppenteile immer wieder überholen, abschneiden und vernichten. Das Zögern Hitlers und die Rücksicht auf die zu Fuß marschierenden Infanteriedivisionen verhinderten es, genügend Abstand vom Feind zu gewinnen und ihm größere Sperrungen vorzulegen. Dennoch leistete die Truppe Hervorragendes im Vertrauen auf ihre Führung und eine Aufnahme im Westwall.

Die Kampfgruppe von Hauser am Westwall

Die amerikanische Verfolgung der Trümmer des deutschen Westheeres bedrohte nun das Reichsgebiet. Eine Änderung dieser verzweifelten Lage erhofften sich Truppe und Heimat vom Westwall, an dem sich der Schwung des Feindes brechen sollte. Unbekannt war, daß dieser zugunsten des Atlantikwalls seiner gesamten Ausrüstung und Bewaffnung beraubt und trotz aller Warnungen des Oberbefehlshabers West von keiner Aufnahmetruppe besetzt war. Drahthindernisse und Minen waren entfernt, die Panzertüren der Bunker durch primitive Holzverschalungen ersetzt; in die Höckerhindernisse waren Gassen gesprengt, das Schußfeld überall verwachsen. Die Waffenstände - 1939 für 3,7 cm Pak und MG 34 gebaut - waren für die neuen Waffen - 7,5 cm Pak und MG 42 - zu klein, die Betonstärken genügten nicht für moderne Bomben, und Flak-Stände fehlten ganz. Die Truppe mußte sich aus dem Rückzug heraus binnen 24 Stunden im Westwall einrichten, ohne eingewiesen worden zu sein. Ihre geringe Stärke reichte gerade aus, um jeden 5. Stand zu besetzen.

Unter diesen Umständen war es zu verstehen, daß die Kampfgruppe von Hauser nach Ankunft, statt zur Auffrischung herausgelöst zu werden, einen Abschnitt des Westwalls übernehmen mußte. Sie unterstand weiterhin dem LXXX. Korps am rechten Flügel der Heeresgruppe G. Ihr Gefechtsstreifen reichte von der Korpsgrenze bei Roth (2 km südlich Vianden) entlang Our und Sauer bis Bollendorf und war 20 km breit. Rechter Nachbar war die 2. Panzer-, linker die 5. Fallschirmjägerdivision. Die Kampfgruppe von Hauser bestand aus

— Stab und I./Panzergrenadierlehrregiment 901 (eine Kompanie),
— 5./Panzerlehrregiment 130 unter Hauptmann Lex (zwölf Panzer IV + Panther),
— einer Kompanie des Panzerpionierbataillons 130,
— Teilen der Panzeraufklärungslehrabteilung 130,
— einer Kompanie der Panzerjägerlehrabteilung 130.

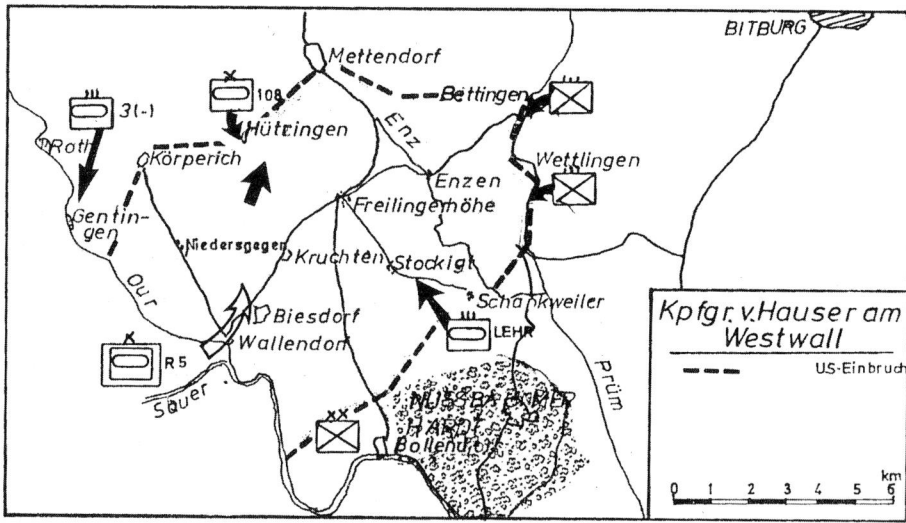

Einsatz der Kampfgruppe von Hauser am Westwall.

170

Oberstleutnant Freiherr von Hauser, Führer der Kampfgruppe der Panzer-lehrdivision.

Hinzu kamen am 14. September:
— das Alarm-Bataillon Trier (etwa 200 Versprengte) und die
— Alarm-Batterie Trier (vier 10,5 cm leichte Feldhaubitzen).
Wider Erwarten hatte der Feind - in diesem Falle das amerikanische V. Korps - die Gelegenheit, den Westwall vor der Besetzung durch deutsche Truppen zu durchstoßen, nicht ausgenutzt. Er schien dies Versäumnis nachholen zu wollen und griff am 14. September auf einer Breite von 50 km an drei verschiedenen Stellen an. Im Süden, bei Wallendorf, trat die verstärkte Panzerkampfgruppe CCR der amerikanischen 5. Panzerdivision mit dem Ziel an, das Höhengelände von Mettendorf und dann Bitburg zu nehmen. Unter Ausnutzung der nur unvollkommen gesprengten Sauer-Brücke und nach Artillerievorbereitung besetzte sie Wallendorf und überwand gegen den tapferen Widerstand des Alarm-Bataillons Trier das steile Ostufer des Flusses. Der Feind hatte die schwächste Stelle der Front, das Alarm-Bataillon, getroffen. Es verfügte weder über schwere Infanteriewaffen noch wurde es artilleristisch unterstützt, denn die Alarm-Batterie wurde von einem Reserveoffizier der Luftnachrichtentruppe geführt, bestand mit Ausnahme von einem Unteroffizier und drei Kanonieren aus Nichtartilleristen und litt ferner unter Mangel an optischen Richtmitteln.

Oberstleutnant von Hauser raffte sofort alle verfügbaren Kräfte zu einem Gegenstoß zusammen, aber die durch Panzerpioniere verstärkte Panzerkompanie, die nur wenig Bestriebsstoff hatte, erlitt am Morgen des 15. September beim Versuch, von Kruchten aus dem Gegner den Übergang über den Gay-Bach zu verwehren, schwere Verluste. Der sich laufend verstärkende Feind ging unter Einsatz von Flammwerferpanzern systematisch gegen die Bunker bei Biesdorf vor, die teilweise noch tagelang von den Besatzungen tapfer gehalten wurden. Biesdorf fiel erst am Abend des 15. September.

Die amerikanischen Panzer setzten von Niedersgegen aus ihren Angriff fort, gewannen rasch die Höhe 407 südlich Mettendorf und erreichten den Prüm-Abschnitt bei Wettlingen und Bettingen. Der Gegner schirmte seine Nordwestflanke mit starken Sicherungen ab, während er sich in der Südostflanke in enger Anlehnung an das große Waldgebiet der Nußbaumer Hardt mit Aufklärungsvorstößen begnügte. Beim Überschreiten des Prüm-Abschnittes stießen die amerikanischen Angriffsspitzen auf die zur Luftverteidigung Bitburgs eingesetzten Flakbatterien. Deren 8,8 cm Geschütze richteten durch eine Art Sperrfeuer unter der amerikanischen Infanterie erhebliche Verluste an, so daß sie hinter die Prüm zurückgenommen wurde. General Dr. Beyer berichtete:»*Mit dem Erreichen des Prüm-Abschnittes hatte der Feind den Westwall durchbrochen, stand nur noch 9 km von Bitburg entfernt, hatte das die Bitburger Senke und den Verkehrsknotenpunkt beherrschende Höhengelände fest in der Hand und war in der Lage, den taktischen Durchbruch operativ auszuweiten. Deutsche Kräfte ostwärts der Prüm waren nicht mehr vorhanden.*«

Wie eine Bombe platzte in alle Sorgen die Nachricht, daß eine amerikanische Panzerdivision gleich im ersten Anlauf den Westwall durchbrochen hatte (Westphal). Es wirkte auf Führung und Truppe wie ein Wunder, daß der amerikanische Angriff nicht fortgesetzt, genährt und erweitert wurde. Obwohl der deutsche Ring um den amerikanischen Brückenkopf dünn wie ein Papierkragen war und der Kräfte- und Betriebsstoffmangel nur Nadelstiche gegen den Feind im Einbruchsraum erlaubte, befahl US-General Gerow (V. Korps) am Abend des 16. September, den Angriff einzu-

Rückkehr eines Stoßtrupps der Kampfgruppe von Hauser mit erbeutetem US-Panzerspähwagen M8 und Jeep. Die Panzermänner beschauen interessiert die »Konkurrenz«.

Panzervernichtungstrupp. Oben der Truppführer mit Sturmgewehr 44, der zugleich Sicherer ist. In der Mitte der »Ofenrohr«-Schütze mit seiner 8,8 cm Raketenpanzerbüchse »Panzerschreck«; Einsatzbereich bis zu 500 m. Unten der Panzerfaust-Schütze, Einsatzbereich (Panzerfaust 100) bis zu 150 m.

stellen und zur Verteidigung des gebildeten Brückenkopfes überzugehen. Die Befehle General Eisenhowers und die angespannte Nachschublage ließen ihm keine andere Wahl.

Mittlerweile zeigte die Kampfgruppe der Panzerlehrdivision, daß sie noch kämpfen konnte. Am 16. September griff sie wiederholt bei Niedersgegen an. Sie verzögerte dadurch den Bau einer amerikanischen Kriegsbrücke und das Nachziehen der Feindartillerie so, daß die an der Prüm kämpfenden Angriffsgruppen nicht durch Artilleriefeuer unterstützt werden konnten. Auch am 17. September griffen kampfkräftige Spähtrupps die ostwärtigen amerikanischen Stützpunkte an. Diesiges Wetter schaltete während dieser Tage die alliierten Luftwaffen aus und begünstigte die Verteidigung. Allmählich konnten neue Kräfte zur Bildung eines Sperriegels Prüm herangeführt und ein Gegenangriff geplant werden. Mehrere Gruppen sollten konzentrisch angreifen, darunter die 2. Panzerdivision, die Panzerbrigade 108 und die Kampfgruppe von Hauser, unterstützt von den Kräften des Prüm-Riegels (zwei schwache Grenadierregimenter) von Schankweiler auf Stockigt. Schließlich sollte noch die 19. Volksgrenadierdivision von Süden über Biesdorf den Westwall aufrollen. Der Angriff wurde für den 19. September befohlen, konnte aber nicht einheitlich geführt werden, da verschiedene Gruppen nicht rechtzeitig eintrafen. Alle Angriffe scheiterten am Widerstand des Feindes, der erstmalig seit dem 14. September von seiner Luftwaffe unterstützt wurde. Der einzige Erfolg des Tages gelang der Panzergruppe der Panzerlehrdivision. Sie nahm aus der Gegend Schankweiler den Raum von Stockigt und vernichtete einige Feindpanzer (General Dr. Beyer). Die Fehlschläge des 19. September vermittelten zwei Erkenntnisse: Der Feind war empfindlich gegen zusammengefaßtes Artilleriefeuer und hatte seine schwache Stelle bei Stockigt. Deshalb wurde für den 20. September die Wiederholung des Angriffs mit einigen Änderungen befohlen. Die an den Flanken angreifenden Gruppen sollten stärker als zuvor von der Artillerie unterstützt werden. Die Panzerbrigade 108 wurde im weiten Bogen um den Einbruchsraum herum in den Wald ostwärts Stockigt gezogen. Von dort aus sollte sie am frühen Morgen das beherrschende Höhengelände Freilingerhöhe nehmen. Die Panzergruppe der Panzerlehrdivision wurde ihr unterstellt. Auf Vorschlag von Oberstleutnant von Hauser wurden aus Freiwilligen ausgewählte Panzervernichtungstrupps zu je drei bis fünf Mann mit »Ofenrohren« und Panzerfäusten auf erkannte Stellungen von Feindpanzern angesetzt. Es gelang auch in der Nacht zum 20. September, mehrere Feindpanzer zu zerstören. Als Fahrgeräusche beim Feind auf Absetzbewegungen schließen ließen, führte Oberstleutnant von Hauser noch vor Beginn der Morgendämmerung die Kräfte des Sperriegels zum Angriff über die Prüm zwischen Bettingen und Wettlingen. Gegen ganz geringen Widerstand wurde bis zum Hellwerden der Enz-Abschnitt beiderseits Enzen gewonnen. Der eigene Panzerangriff begann - verzögert durch Marschstockungen - erst am späten Vormittag des 20. September. Unter dem Schutz dichten Morgennebels gewann er rasch an Boden. Am frühen Nachmittag befand sich Freilingerhöhe in eigener Hand. Der amerikanische Divisionskommandeur hatte inzwischen die stark angeschlagene Panzerkampfgruppe CCR zurückgezogen und durch die frische CCB zur Verteidigung eines verkleinerten Brückenkopfes um den Ort Wallendorf ersetzt. Dieser wurde am 21. September konzentrisch mit Unterstützung der gesamten Artillerie weiterhin angegriffen. In der folgenden Nacht gab der Feind diesem Drucke nach und setzte sich nach Sprengung beider Brücken mit allen Kräften auf das Westufer der Sauer ab. Am 22. September war der Einbruch restlos bereinigt und der Westwall wieder fest in deutscher Hand.

Konnte auch damals das Verhalten des Feindes nicht erklärt werden, so durfte sein Rückzug aus dem Reichsgebiet doch als großer Erfolg gewürdigt werden. Aus dem Wehrmachtsbericht vom 23. September 1944:

Das Oberkommando der Wehrmacht gibt bekannt:

An der Eifel-Front gewannen unsere Truppen im Gegenangriff vorübergehend verlorengegangenes Gelände am Westwall zurück und bereinigten den Rest des feindlichen Brückenkopfs über die Sauer nordwestlich Echternach. Die 5. amerikanische Panzerdivision erlitt hier hohe blutige Verluste und verlor über 40 Pan-

zer und Panzerspähwagen. Wesentlichen Anteil an diesem Erfolg hatte die Kampf-
gruppe von Hauser der Panzerlehrdivision. Für seinen Einsatz wurde Oberst-
leutnant von Hauser das Eichenlaub zum Ritterkreuz verliehen.

An der Eifel-Front wurde es nun ruhig. Anfang Oktober schlug der Kampfgruppe die langersehnte Stunde der Herauslösung und Rückkehr in den Verband der eigenen Division. Die abgelösten Teile mußten ihr gesamtes Großgerät - Panzer usw. - zur Verstärkung der 2. Panzerdivision zurücklassen. Zum Abschied würdigte General Dr. Beyer die Leistungen: »*Aus dem Korpsbereich schied mit einer guten Truppe auch ihr hervorragender Führer, Oberstleutnant Freiherr von Hauser, dessen klarem taktischen Blick, ungewöhnlicher Energie und hervorragendem persönlichen Einsatz der Erfolg der Bereinigung da Wallendorfer Einbruchs in erster Linie zu verdanken ist.*«

Kampf um die Scheldemündung

Nur wenige der Tausende, die alljährlich ins Ferienparadies Seeland fahren, wissen etwas von den enormen Leistungen deutscher Soldaten, die hier in Flandern und an der Schelde ihre Pflicht für Volk und Vaterland erfüllten. Während britische und amerikanische Autoren vorwiegend alliierte Erfolge im Zweiten Weltkrieg herausstellen und Mißerfolge verniedlichen, verfemt man in Deutschland die Wehrmacht und deren Leistungen immer mehr, vergißt auch ihre Gefallenen. Wer besucht schon den größten deutschen Soldatenfriedhof des Zweiten Weltkrieges in Lommel bei Hechtel (südlich Eindhofen) mit fast 40.000 Toten? Eine sorgfältige Revision der Geschichte ist dringend an der Zeit, denn schon Moltke wies darauf hin, daß sich in der Schilderung geschichtlicher Begebenheiten Irrtümer zu Legenden herausbilden, die später nicht leicht richtig zu stellen sind.

1944 wurden mit dem Raunen und Rätseln über »geheime Wunderwaffen« unterschwellige Hoffnungen erweckt. Zwar brachte die Not erstaunliche Erfindungen zutage - Düsenflugzeuge, Raketen, Elektronik u.a., aber keine von ihnen konnte den Kriegsausgang ändern. Die wahre »Wunderwaffe« war die deutsche Infanterie. Sie leistete Übermenschliches in der Not, wenn die Truppe ausgebrannt war, wenn Waffen, Munition und Ausrüstung fehlten, wenn sie hungrig, ohne Atempause, körperlich und seelisch völlig erschöpft, dennoch ihre Pflicht tat und dem Gegner Bewunderung abnötigte.

Rückzug aus Frankreich

Ab Ende August 1944 zogen sich die ausgebrannten deutschen Armeen vor den sie zögernd verfolgenden Alliierten kämpfend in die am 24. August befohlene »Deutsche Weststellung« (Schelde - Vogesen) zurück. Dieser Rückzug wurde im Norden nach dem alten Grundsatz »Wer gehen will, der gehe schnell« geführt. Die im Bewegungskrieg unerfahrenen Alliierten mißdeuteten ihn als Flucht und kamen zu falschen Schlüssen, so in einer Meldung:

Die Deutschen Westarmeen sind keine zusammenhängende Streitkraft mehr, sondern eine Anzahl flüchtender Kampftruppen ... Es ist unwahrscheinlich, daß organisierter Widerstand unter Führung des OKW über den 1. Dezember andauern wird, ja .. er kann sogar eher aufhören... (SHAEF, Anfang September 1944).

Damit schien den Alliierten ein rascher Endsieg zu winken. Als am 4. September die 2. britische Armee im kühnen Vorstoß Antwerpen mit seinem fast unzerstörten Hafen in Besitz nahm und die 15. deutsche Armee beinahe abgeschnitten war, schien der Weg zum Rhein, zum Ruhrgebiet und nach Berlin offen. Doch über diese blendende Aussicht übersah der britische Feldmarschall Montgomery - wie einst Rommel 1942 an der ägyptischen Grenze - die Versorgung seiner Angriffskräfte und den deutschen Kampfgeist.

Unterdessen hatten die größtenteils zu Fuß und bespannt marschierenden Infanteriedivisionen der 15. Armee zunehmend Abstand von ihren motorisierten Verfolgern gewonnen, denn die 1. kanadische Armee sollte vorrangig die Küste mit den Kanalhäfen und Befestigungen säubern und ließ über diesem zeitraubenden Auftrag ihren Gegner außer Acht. So gelang es z.B. der seit 6. Juni 1944 zuerst gegen die britischen Luftlandungen eingesetzten 711. Infanteriedivision nach 20tägigem Rückzug über mehr als 600 km, mangelhaft ausgerüstet und verpflegt, unter schwerer seelischer und körperlicher Belastung, von Jabos, Panzern und Artilleriefeuer gejagt, den Feind immer wieder durch Frontmachen verzögernd, Flüsse abenteuerlich mit Befehlsmittel überwindend, ohne Panik den »Gentriegel« (Zeebrügge - Gent-Kanal bis südlich Gent - Schelde bis Antwerpen) zu erreichen. Eisenhower und Montgomery hatten beide die Schwierigkeiten der Versorgung ihrer Armeen nur von Cherbourg fast ohne Eisenbahn quer durch Frankreich unterschätzt und die Bedeutung des Hafens von Antwerpen verkannt, auf die schon am 3. September Admiral Ramsay, im Stabe Eisenhowers, sie schriftlich hingewiesen hatte. Zur raschen Inbetriebnahme des Hafens müsse der Feind unverzüglich an der Verminung und Sperrung der Schelde gehindert und seine Küstenbatterien weggenommen werden, sonst rücke eine Nutzung des Hafens in weite Ferne. Aber Montgomerys Wunschdenken gewann Überhand. Im Gegensatz dazu hatte die deutsche Führung die Bedeutung des Antwerpener Hafens für die Alliierten sofort erkannt. Als die 15. Armee mit ihren sechs Divisionen den Rückzugsweg über Löwen versperrt fand, erhielt sie Befehl, im Schutze des Genter Riegels

— 1. einen Brückenkopf zum Schutze der Küstenbatterien von Breskens einzurichten,

— 2. im Schutze dieses Brückenkopfes über die Westerschelde zu setzen,

— 3. die Insel Walcheren zu halten und von dort aus mit starken Kräften eine Front am Albert-Kanal aufzubauen.

Bereits am 6. September, als sich die Briten noch in Antwerpen feiern ließen, ohne Brückenköpfe über den Albert-Kanal zu bilden oder wenigstens Luftaufklärung an-

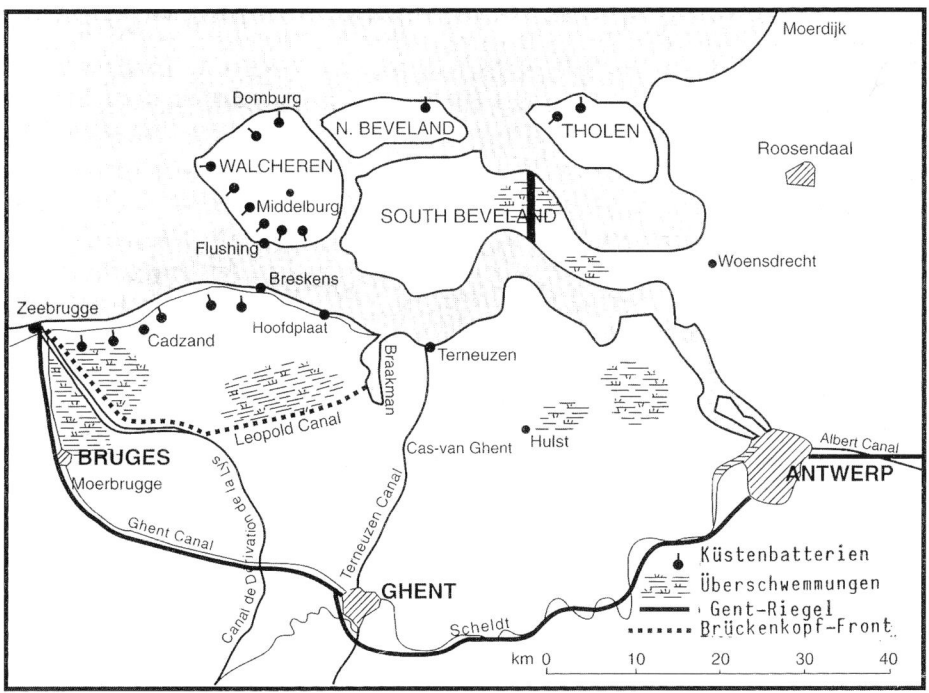

Der Kampf um die Scheldemündung.

177

zusetzen, war es ostwärts Antwerpen dem LXXXVIII. Armeekorps gelungen, eine dünne Abwehrfront am Albert-Kanal aufzubauen und dessen Brücken zu sprengen. Am Vortage noch hatte an der Scheldemündung und auf Walcheren außer der Küstenartillerie nur ein einziges Infanteriebataillon zur Abwehr von Feindangriffen zur Verfügung gestanden, denn die 70. Infanteriedivision war von Walcheren aus vorübergehend im Gentriegel eingesetzt. Bereits am 6. 9. wurden, unter fachlicher Aufsicht des Marine-Übersetzstabes, 9900 Mann über die Schelde nach Vlissingen gesetzt. Den Befehl dazu übernahmen Stäbe aufgelöster Divisionen: Bei Breskens der Stab Generalleutnant Schwalbe (344. Infanteriedivision) und bei Terneuzen der Stab Generalleutnant Hoecker (17. Luftwaffenfelddivision). Pioniere und Marineeinheiten brachten alle nur erdenkbaren Übersetzmittel, Fährboote, Behelfsfähren, Kähne und andere Seefahrzeuge in Ordnung, die von den wenigen Seeschleppern nach Vlissingen und Hoedekenskerke gezogen wurden. In unermüdlichen Tag- und Nachteinsätzen, unter schweren Luftangriffen auf Hafenanlagen und fahrende Schiffe - ein voll beladenes Lazarettschiff wurde versenkt - und trotz schlechtem Wetter, wurden bei Terneuzen und Doel insgesamt 28.000 Mann mit dazugehöriger Ausrüstung in elf Tagen übergesetzt, bis der Betrieb wegen Annäherung des Feindes am 21. 9. aufhörte. Am 23. 9. konnte das AOK 15 stolz melden, daß insgesamt 82.000 Mann, 530 Geschütze, 4600 Fahrzeuge aller Art, 4000 Pferde und Gerät über die Schelde gesetzt wurden. Das war weit mehr als jemals erwartet.

Die deutschen Kräfte

Die langdauernde Verteidigung der Scheldemündung führte in erster Linie das LXVII. Armeekorps (General der Infanterie Sponheimer) mit der 64., 70., 245. und 711. Infanteriedivision mit starker Unterstützung der Küstenartillerie beiderseits der Schelde. Ab 14. Oktober wurden die 64. und die 70. Infanteriedivision dem AOK 15 unmittelbar unterstellt. Die letzteren waren »bodenständige« Infanteriedivisionen für die Küstenverteidigung im Westen, mit stark eingeschränkter Beweglichkeit und mit Personal aus älteren Jahrgängen, überwiegend ohne Kampferfahrung und von niedrigem Ausbildungsstand. Sie verfügten über weniger Kraftfahrzeuge, bewegliche Artillerie, Fernmeldemittel und Versorgungsdienste als normale Infanteriedivisionen. Die 64. Infanteriedivision (Generalleutnant Eberding) war erst am 26. Juni 1944 (27. Welle) in Wahn bei Köln aufgestellt und schon im August nach Flandern verlegt worden. Zwar war sie mit kriegserfahrenen Soldaten zerschlagener Ostdivisionen aufgefüllt, aber beileibe keine Elitedivision. Trotzdem bezeichneten die Kanadier sie später als »*the best infantry division we have met!*«

Die 70. Infanteriedivision (Generalleutnant Daser), auch erst im Juni 1944 aus Teilen der 165. Infanteriedivision zum Schutze Süd-Hollands aufgestellt, bestand zu 90% aus Magenkranken. Sie erhielt deshalb Diät-Verpflegung und wurde daher »Magen-« oder »Weißbrot«-Division genannt. Anfang September wurde sie, ohne ein auf Walcheren verbleibendes Bataillon, in den Gentriegel südlich Gent verlegt. Nachdem Gent der 7. britischen Panzerdivision überlassen werden mußte, kehrte die 70. Infanteriedivision wieder nach Walcheren zurück, »um die Insel gegen Angriffe von See und vom Land bis zum letzten zu halten«.

Das Rückgrat der Schelde-Verteidigung bildeten die Marine-Artillerie-Abteilungen (M.A.A.) 203 unter Korvettenkapitän Hopmann südlich der Schelde und die M.A.A.

202 auf Walcheren. Jede von ihnen verfügte über mehrere betonierte und zur Rundumverteidigung eingerichtete Küstenbatterien im Kaliber 10,5 bis 28 cm und mehrere Küsten-Fla-Batterien. Das Feuer der M.A.A. 203, die auch eine 20,3 cm Eisenbahnbatterie einsetzte, wurde vom Abschnitts-Kommmandostand bei Cadzand straff geleitet. Um mit verkehrter Front auf Landziele schießen zu können, mußten die verscharteten Geschütze aus ihren Bunkern genommen und auf rasch betonierten Sockeln zum Rundumfeuer aufgestellt werden. Soldaten der M.A.A. richteten nach dem Ausfall von Breskens auch den zuvor unbrauchbar gemachten Hafen von Cadzand wieder her. Hier wurde die dringend benötigte Munition zugeführt und die Verwundeten auf das Festland befördert. Die Batterien sind schließlich nach vorhergehender Sprengung beim Eindringen des Feindes verlorengegangen. Bei den vielen Bombenangriffen auf Batteriestellungen kamen mehrfach Treffer vor, Volltreffer waren dagegen selten. Der Einsatz der Marinebatterien war beispielhaft.

Der Feind
Vorläufig zersplitterten die Westalliierten weiterhin ihre Kräfte durch Eisenhowers Forderung einer Offensive »auf breiter Front«. Montgomerys überweiter Griff nach der Brücke von Arnheim verlief glücklos. Zweifel darüber, welchem Operationsziel Vorrang gebührte, Eifersüchteleien und unklare Befehlsgebung verzögerten die Bereitstellung der Kräfte zum Angriff auf die Scheldemündung mehr als vier Wochen, obwohl auch Eisenhower, wie Hitler vor ihm, die Bedeutung des Hafens von Antwerpen erkannt hatte. Aber erst am 9. Oktober wies er unmißverständlich darauf hin, daß *»alle Operationen zum Stillstand kommen müßten, falls wir Antwerpen nicht bis Mitte November in Betrieb haben«*. Somit war die wichtigste Aufgabe für die Alliierten die Öffnung, für den OB West die Sperrung der Scheldemündung. Mit der Brechung des deutschen Widerstandes an der Schelde wurde das II. kanadische Korps (Lieutenant General Simonds, später Major General Foulkes) beauftragt. Dies bedeutete drei verschiedene Aufgaben:
— südlich der Schelde den Brückenkopf Breskens zu beseitigen,
— nördlich davon Süd-Beveland abzuriegeln und in Besitz zu nehmen,
— die Insel Walcheren in einer amphibischen Operation zu nehmen. Zugunsten einer Stoßrichtung auf Nijmegen unterblieb der vom OB West befürchtete Stoß auf die Moerdijk-Brücke am Waal, der die Vernichtung aller deutschen Kräfte weiter westlich bedeutet hätte.

Brückenkopf Breskens - Südschelde
Das Gelände im Brückenkopf Breskens war größtenteils Polder, unter dem Meeresspiegel liegendes, eingedeichtes Marschland, völlig eben, bis auf die Dämme der Straßen und Kanäle, ohne Erhebungen. Neben vielen Gräben und kleineren Kanälen durchschnitten vier größere das für Fahrzeuge kaum gangbare Gebiet:
—Der in Ost-West-Richtung verlaufende Gent-Kanal verband Zeebrügge über Brügge mit Gent. An ihm entlang verlief der jedoch bald geräumte Gentriegel.
— Der Terneuzen-Kanal führte von Terneuzen nach Süden bis Gent.
— Der Leopold-Kanal wurde Südfront des Brückenkopfes. Er verlief auf den ersten 25 km von Zeebrügge bis zum Isabella-Polder dicht neben dem
—Abwasser-Kanal (Canal de Dérivation de la Lys), der das belgische Industriegebiet

Der Leopold-Kanal bei Strobrugge vor Moerhuize. Aus einem Bunker am linken Ufer wehrten Soldaten der 64. Infanteriedivision den kanadischen Angriff ab.

entwässert, von den Flamen auch »Stinkkanal« genannt. Er biegt bei Strobrugge nach Südosten, nach Gent und zur Lys, ab.

Zwar hatten hier schon die Römer im 2. Jahrhundert ein kürzlich ausgegrabenes festes Lager zur Sicherung gegen die »Germani« erbaut, aber amtlich war dies Polderland als »Généralement impropres aux opérations militaires« (Allgemein nicht für militärische Operationen geeignet) eingestuft, denn es konnte durch Öffnen der Schleusen und Siele leicht überschwemmt werden, was das OKW auch befahl, um die Verteidigung zu erleichtern.

Am 6. 9. begann die Vorbereitung des künftigen Brückenkopfs Breskens zur Verteidigung mit der Räumung des westlichen Vorfeldes (Zeebrügge) und der Einleitung von Überschwemmungen. Wie bei Rückzügen üblich, wurden dabei viele Einrichtungen, Waffen und Munition in planloser Hetze gesprengt, statt überlegt zurückgeführt. Am 8. 9. abends versuchte das kanadische Bataillon »Argyll & Sutherland Highlanders« der 4. kanadischen Panzerdivision) bei Moerbrugge, an der Grenze zwischen der 245. und der 711. Infanteriedivision, den Gent-Kanal handstreichartig zu überwinden, erlitt im deutschen Abwehrfeuer jedoch schwere Verluste und konnte erst am 10. 9. einen starken Brückenkopf bilden. Nur durch einen Gegenangriff wurde der bereits befohlene Rückzug auf den Leopold-Kanal ermöglicht. Dies war die Feuertaufe der 64. Infanteriedivision, die anschließend eine Gürtelstellung am Leopold-Kanal zwischen den Überflutungen südlich Sluis und dem Brakman bezog.

In der Nacht vom 13. zum 14. September führte das kanadische Algonquin-Regiment bei Moerkerke den ersten Feindvorstoß über den Leopold-Kanal. Ein kleiner Brückenkopf wurde mit starker Artillerieunterstützung anfangs erweitert, aber im zusammengefassten Feuer von Heer und Marine zerschlagen und im Gegenangriff beseitigt. Auftrieb für die junge 64. Infanteriedivision!

Ostwärts des Terneuzen-Kanals engten die 1. polnische Panzerdivision, westlich die 4. kanadische Panzerdivision mit überlegener Feuerkraft den Brückenkopf stückchenweise immer weiter ein, bis am 21. 9. auch der Hafen Terneuzen verlorenging. Dann trat hier bis zum 6. Oktober - mehr als vier Wochen nach dem Fall von Antwerpen - Ruhe ein.

Als langanhaltender Herbstregen den Polderboden in zähen Morast verwandelte, griff die zuvor bei Calais gebundene 3. kanadische Infanteriedivision im Morgengrauen bei Strobrugge auf breiter Front mit Unterstützung von Artillerie und Flammenwerfern überraschend an. Die Flammenwerfer sengten die jenseitige Uferböschung ab, bis die Infanterie in Sturmbooten den 30 m breiten Kanal überwunden und kleinere Brückenköpfe gebildet hatte. Im vorbereiteten, unverzüglich einsetzenden Abwehrfeuer aller Waffen, einschließlich der zusammengefaßten Küstenartillerie, warfen die Grenadiere den Feind teilweise zurück. Dennoch ging das Ringen, *»...eines der fürchterlichsten seit Invasionsbeginn, mit insgesamt 533 Verlusten«* (Kriegstagebuch der Regina Rifles) hier tagelang weiter. *»Die Deutschen dort waren so gemein, auf sie geworfene Handgranaten blitzartig zurückzuwerfen«,* klagte ein kanadischer Kommandeur.

Am 9. und 10. Oktober landete die 9. kanadische Infanteriebrigade mit Schwimmpanzern von Terneuzen aus, anfangs widerstandslos, bei Hoofdplaat, im Rücken der Verteidiger. Bis zum 13. 10. gelang es dem Feind, seine beiden Brückenköpfe zu vereinigen. Da die Kräfte der 64. Infanteriedivision zusammenschmolzen, wurde ihre Ver-

Kriegsbrücke der 3. kanadischen Division bei Strobrugge.

stärkung durch Absprung von Fallschirmjägern erwogen, aber verworfen. Am 10. 10. hatte der OB West befohlen, den Brückenkopf Breskens bis zum letzten zu halten. Dennoch mußte General Eberding seine Front schrittweise bis 19. 10. bis zur Linie Oostburg - Sluis - Leopold-Kanal zurücknehmen. Am 21. 10. gelang es der frischen schottischen 157. Brigade mit enormer Luftunterstützung, Stadt und Hafen Breskens zu nehmen. Dann zog der Feind seine Panzer und Flammenwerfer ab und führte den Kampf nur mit Infanterie, Bomben und Artillerie weiter. Erst zehn Tage nach Breskens konnte er Knokke, das Zentrum des Widerstands nehmen. Am 1. November meldeten sich der Divisionsstab General Eberdings und mehrere Batterien bei Cadzand ab. Die erwogene Zurückführung letzter Teile der 64. Infanteriedivision war nicht mehr möglich. Der letzte deutsche Widerstand endete erst am 4. November.

Süd-Beveland

Der Kampf um Süd-Beveland wurde der 2. kandischen Infanteriedivision übertragen. Sie löste ab dem 17. September die Engländer ostwärts Antwerpen ab, um über den Albert-Kanal auf Bergen op Zoom anzugreifen. Ihr gegenüber hielten die schwachen Kräfte des LXVII. Armeekorps mit der 346., 711. und 719. Infanteriedivision bis Ende des Monats immer noch die nördlichen Vorstädte Antwerpens. Weiter ostwärts war die Front nach Nordosten, in Richtung s'Hertogenbosch, zurückgedrückt. Hier bestand das Gelände größtenteils aus Heide- und Sandflächen, die mit einzelnen Wald- und Kusselstücken durchsetzt waren. Gegen verbissenen Widerstand begann erst ab 8. Oktober der zunehmend härter werdende Kampf um die Enge nach Süd-Beveland; bei Woensdrecht, mit den Dämmen. Zur Entlastung der schwer ringenden Infanterie wurde am 17. 10. das Fallschirmjägerregiment von der Heydte (1. Fallschirmjägerdivision) und zwei Tage später die bei Bergen op Zoom aus dem Kampf gezogene 85.

Infanteriedivision herangeführt,»um die Enge Süd-Beveren freizukämpfen und offen zu halten«.Vergebens!

Nach Anfangserfolgen wurden Angreifer und ihre Artilleriestellungen Tag und Nacht mit Bomben und Feuer belegt. Sie mußten nach Norden zurückgenommen werden. Damit ging die Landverbindung nach Walcheren zur 70. Infanteriedivision am 23. 10. endgültig verloren. Die Fortsetzung des Angriffs durch die Landenge mußte die kanadische Infanterie ohne Unterstützung durch Panzer führen, die zu zahlreich abgeschossen wurden. Jedoch mußte der Angriff am 26. 10. eingestellt werden, denn die mangelhaft ausgebildeten kanadischen Infanteristen waren völlig erschöpft. Erst nachdem die 156. Infanteriebrigade der 52. britischen Division von Terneuzen aus an der Südost-Spitze Süd-Bevelands, im Rücken des Beveland-Kanals gelandet war, konnte dieser am 28. 10. auch von Osten her genommen werden. Anderntags fiel Goes.

Am 30. 10. hatte die 70. Infanteriedivision die Insel bis auf einen kleinen Brückenkopf ostwärts Arnemuiden geräumt. Auch dieser wurde am 31. 10. eingedrückt. An diesem Tage meldete der OB West:

Feindangriffe gegen die Enge selbst wurden abgewiesen. Der Damm nach Walcheren wurde durch einen 25 m breiten und 10 m tiefen Sprengtrichter unterbrochen.

Der Kampf um Süd-Beveland war zu Ende.

Insel Walcheren

Mit der Besetzung Süd-Bevelands und der Süd-Schelde war die Scheldemündung noch nicht geöffnet. Noch kämpfte die Insel Walcheren mit ihren starken Küstenbatterien. Eine anfangs erwogene Luftlandung dort wurde wegen ungünstigem Gelände und zu starker Flak - die bis zum 22. September 40 alliierte Flugzeuge abschoß - als für Luftlandetruppen ungeeignet ausgeschlossen. Stattdessen plante General Simonds, die größtenteils unter dem Meeresspiegel liegende Insel durch Bombentreffer auf die Deiche dem Meer zu öffnen, sie also in ein Atoll zu verwandeln, das schwer zu verteidigen und dann von See her leicht einzunehmen wäre. Nachdem General Eisenhower das Unternehmen »Infatuate« (etwa: Narrheit) genehmigt hatte, führten vorbereitende Bombenangriffe (insgesamt 2600 tons Sprengbomben) am 3., 7. und 11. Oktober auf die jahrhundertealten Seedeiche bei Westkapelle, Vlissingen und Veere zur fast völligen Überflutung der Insel, bis auf die höhergelegenen Flächen im Norden und um Middelburg. Trotz vorheriger Warnung durch Flugblätter und Radio erlitt die Bevölkerung allein beim ersten Angriff 125 Tote. Das britische Bomber Command griff mit weiteren etwa 5000 tons Bomben die Küstenbatterien an. Während am 1. November der Kampf in der Festung Schelde Süd zu Ende ging, landeten 550 Mann der britischen No. 4 Commando Group, danach die 155. Infanteriebrigade, von Breskens aus auf der Hafenmole und im Fischereihafen Vlissingen. Sie drangen, von Freischärlern unterstützt, in die Stadt ein. Die letzten deutschen Geschütze dort wurden nach Verschuß der gesamten Munition befehlsgemäß gesprengt. Kurze Zeit nach der Landung in Vlissingen erschien eine Flotte von 181 Schiffen, darunter das Schlachtschiff »Warspite« mit seinen 38 cm Kanonen, vor Westkapelle. Trotz eines Trommelfeuers auf die Küstenbatterien aus den Schiffen und aus 300 Rohren aller Kaliber aus Stellungen bei Breskens stießen die angreifenden Royal Marines der 4th Special Service Brigade, einer britischen Elite-Einheit, auf heftigen Widerstand. Der Kampf tobte den ganzen Vormittag. Nach ihren riesigen Verlusten wurde den Marineinfanteristen schon der Rückzug befohlen, da wendete sich das Blatt. Am nächsten Tag machte der Angriff weitere Fortschritte, am 3. November kapitulierte General Daser in dem von drei Seiten eingeschlossenen Middelburg. Die Batterie Domburg (5./202) stellte als letzte am 8. 11. den Widerstand ein.

Die Eroberung der Insel kostete die Alliierten 7700 Mann, das Landeunternehmen 26 Boote. Damit befanden sich beide Ufer der 130 km langen Hafenzufahrt von Antwerpen in britischer und kanadischer Hand. Nun begann ein mühseliges Minenräumen, das - von deutschen Kleinkampfschiffen gestört - wochenlang dauerte, bis die ersten Küstenschiffe am 26. 11., der erste Liberty-Geleitzug am 28. November ihre Ladungen in Antwerpen löschen konnten - 86 Tage nach dem Fall der Stadt.

Betrachtung

Der langandauernde deutsche Widerstand an der Scheldemündung kam für die Alliierten gänzlich unerwartet und warf ihre Pläne für einen raschen Endsieg im Westen völlig über den Haufen.

Es schmälert den Ruhm und die großen Leistungen der hier eingesetzten, neuaufgestellten Infanteriedivisionen in keiner Weise, daß die Dauer der Verzögerung großenteils durch Führungsfehler der alliierten Oberbefehlshaber verursacht wurde. Dadurch gelang es den Deutschen nicht nur, den Brückenkopf Breskens und Walcheren zu besetzen, die 15. Armee in Sicherheit zu bringen und den Alliierten die rasche Inbetriebnahme des Hafens von Antwerpen zu verwehren, sondern auch die deutsche Weststellung einzurichten, zu bewaffnen und das deutsche Heer neu aufzubauen, so daß das Reichsgebiet, insbesondere im Osten, noch länger feindfrei blieb.

Die beispielhafte Bewährung der Infanterie, unter ähnlich schwierigen Verhältnissen wie in den Flandernschlachten des Ersten Weltkrieges, bewies erneut die Güte der deutschen soldatischen Erziehung auf der Grundlage von Disziplin und Vertrauen. Sie führte zu der unverbrüchlichen Kameradschaft im Kampf für Heimat, Volk und Vaterland - nicht für Hitler.

Kampf um Metz und Fort Driant

Im September 1944 kam die zuletzt stürmische Verfolgung der erschöpften deutschen Restverbände durch die Amerikaner, trotz fast totaler Luftherrschaft, eines ungehinderten Nachschubs über See und beachtlicher Hilfe der Sowjets, die 2/3 der deutschen Divisionen banden, vor sich versteifendem Widerstand etwa an der Reichsgrenze zum Stehen. Mangels Eisenbahnmaterial und Fachkräften hatten es die Alliierten nicht vermocht, das von eigenen Bomben zerstörte französische Schienennetz für ihre Versorgung, insbesondere mit Betriebstoff, wieder in Betrieb zu nehmen. Straßen- und Lufttransport blieben unzureichende Aushilfen, die Mangellage erzwang neue Entschlüsse. Aussicht auf eine rasche Entscheidung hätte ein unverzüglicher Stoß mit zusammengefaßten Panzerkräften bis zum Rhein, an einer oder zwei Stellen geboten, um dem Feind den Rückzug zu verlegen, und dann unaufhaltsam auf Berlin und das Ruhrgebiet vorzudringen. Stattdessen hielt der alliierte Feldherr, General Eisenhower, an der bisherigen Planung fest, nach einer Pause mit allen verfügbaren Armeen »auf breiter Front« (broad front policy) seine Offensive wiederaufzunehmen, zur Vernichtung der deutschen Kräfte durch Abnutzung noch links des Rheines. Durch diesen schweren Führungsfehler verlor sich der fast greifbare Endsieg in die Ferne, zum Vorteil Stalins und auf Kosten ungeheurer deutscher und amerikanischer Blutopfer wie auch unserer Städte. Entgegen jeder Lehre setzten die Amerikaner jetzt dort wieder ihre Schwerpunkte, wo sie im September bereits fehlgeschlagen waren, bei Metz, dem Tor zum Saargebiet, sowie bei Aachen und den Ruhrstaudämmen, auf dem Weg zum Ruhrgebiet.

Hier soll der Kampf um Metz beleuchtet werden. Die alte französische Sperrfestung Vaubans, Metz, mit ihren Außenforts, wie Fort Plappeville und Saint-Quentin, war deutscherseits nach 1900, infolge der gesteigerten Feuerkraft und Schußweiten der Artillerie, mit einem zweiten, bis zu 13 km vorgeschobenen Gürtel von »Festen« zum »festesten Waffenplatz Deutschlands« verstärkt worden. Die Festen (frz: Groupe fortifié) bestanden aus dem Gelände vorzüglich angepaßten Befestigungsgruppen, mit Kampfanlagen für Infanterie und Artillerie, beschußsicheren Unterständen und Versorgungslagern.

Die Feste Kronprinz, 1920 in Fort Driant umbenannt, bildet den südwestlichen Eckpfeiler des äußeren Befestigungsgürtels von Metz und beherrscht, auf der schwer zugänglichen Nase eines Bergrückens gelegen, die beiden südlichen Zugänge zum abschüssigen Westufer der Mosel, sowohl die Mance-Schlucht von Gravelotte nach Ars-sur-Moselle und die Schlucht von Gorze nach Corny als auch beide Moselufer. Das Fort, mit der etwa 1000 m breiten Front nach Südwesten, liegt in 360 m Höhe und war nur über die stark gewundene Versorgungsstraße am dichtbewaldeten Steilhang von Ars-sur-Moselle her erreichbar. Zwei 15 cm und zwei 10 cm Batterien (jeweils dreirohrig) im Fort und die 10 cm »Moselbatterie« außerhalb im Süden (ebenfalls dreirohrig) bildeten die Hauptfeuerkraft. Ihr Feuer konnte auch von anderen Forts aus geleitet werden.

Aus der unterirdischen Anlage mit ihren fünf Kasernen für jeweils 200 - 500 Mann und ihren Depots ragten die Panzerkuppeln der B-Stellen, MG-Stände und Geschütze heraus. Der das Kernwerk umschließende tiefe Graben war zu beiden Seiten der Werksfront um je 200 - 300 m verlängert. Ein tiefes Drahthindernis umgab die gesamte Feste.

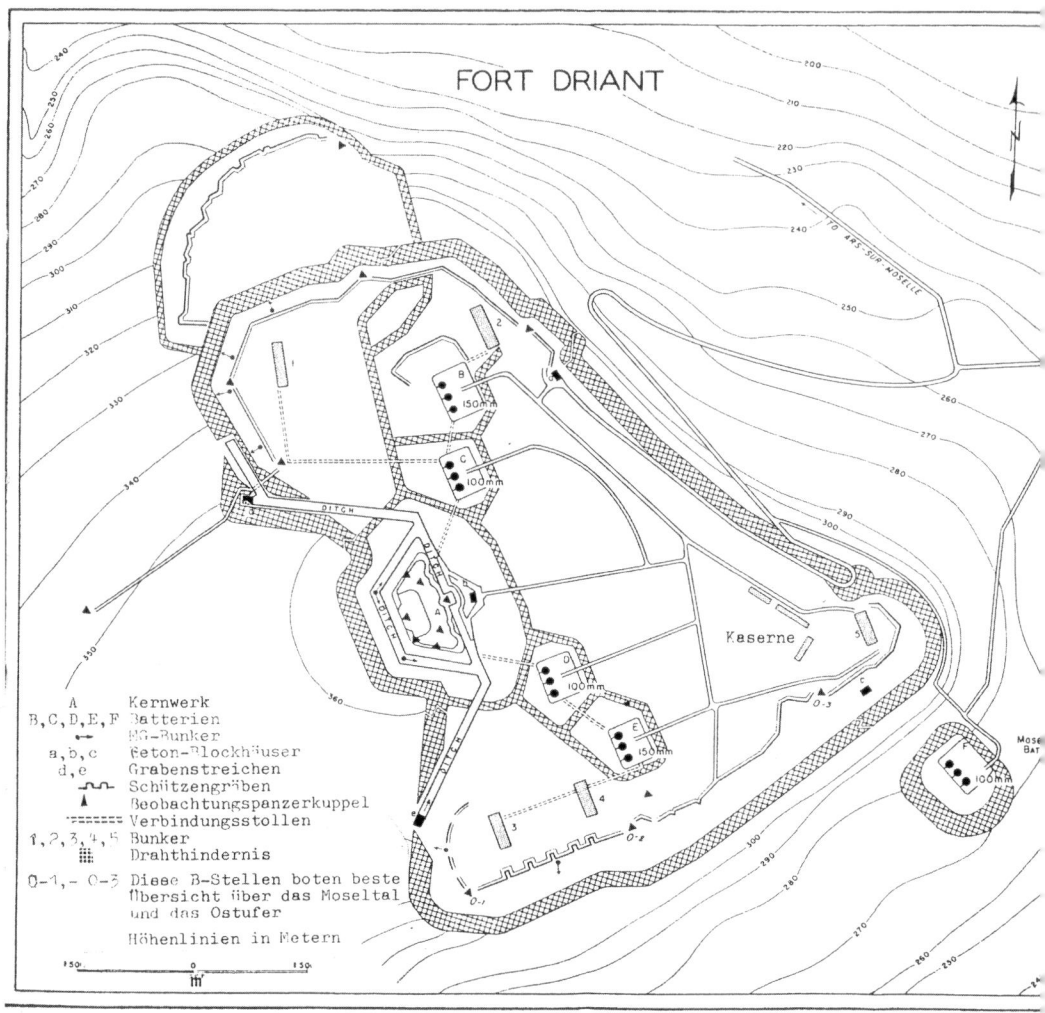

FORT DRIANT

A   Kernwerk
B,C,D,E,F Batterien
←—   MG-Bunker
a,b,c   Beton-Blockhäuser
d,e   Grabenstreichen
⌐⌐⌐   Schützengräben
▲   Beobachtungspanzerkuppel
⁝⁝⁝⁝⁝⁝⁝   Verbindungsstollen
1,2,3,4,5 Bunker
▦   Drahthindernis

0-1,- 0-3 Diese B-Stellen boten beste
           Übersicht über das Moseltal
           und das Ostufer

           Höhenlinien in Metern

Fort Driant, vor 1920 die deutsche Feste Kronprinz.

Fort Driant stand nicht allein. Es wurde u.a. gedeckt von den Forts Jeanne d'Arc (früher Feste Kaiserin), Lorrain, Guise und dem älteren Fort Plappeville (Alvensleben), jeweils mit Batterien. Allerdings waren alle diese Werke von den Franzosen zugunsten der Maginotlinie vernachlässigt und im Zweiten Weltkrieg von den Deutschen zum Ausbau des Atlantikwalles und des Luftschutzes der Industrie an Rhein und Ruhr z.T. demontiert worden. Nur Fort Driant war feuerbereit geblieben.

Das Vordringen der Alliierten durch Frankreich führte am 20.August 1944 zum Befehl des OKW über den »Ausbau der deutschen Weststellung« mit Panzerhindernissen und tiefgegliederten Stellungssystemen. Dazu gehörte auch die »Mosellinie« (Diedenhofen (Thionville) - Metz nach Süden).

Mit der Verteidigung von Metz wurde die 462. Infanteriedivision unter Generalleutnant Walther Krause (Nachfolger ab 18. September General Lübbe) beauftragt.

Die »C«-Batterie mit ihren drei 10 cm Geschützen.

Sie wurde kurzfristig aus den Truppen der Garnison und Versprengten aus Frankreich zusammengestellt, die folgende Stellungen verteidigten:*

—Fahnenjunkerschule VI der Infanterie (Stamm + 1800 Fahnenjunker mit einer Infanteriegeschütz-Kompanie), genannt »Kampfgruppe von Siegroth«, den Abschnitt Amanvillers - Fort Driant- Ars-sur-Moselle,

—Sicherungsregiment 1010, die Stellung von St. Privat - Fort Canrobert,

—SS-Unterführerschule und Nachrichtenschule der Waffen-SS mit Lehrtruppe (zusammen ein Regiment) den Nordabschnitt vom Moselufer - Maizières-les-Metz.

Der Division unterstanden alle Festungstruppen und Flakeinheiten, jedoch fehlten sonstige Unterstützungs- und vor allem Versorgungstruppen. Als die Amerikaner am 6. September von Verdun her sich der deutschen Hauptkampflinie westlich Metz näherten, stießen sie zu ihrer Überraschung auf den erbitterten Widerstand der Kampfgruppe von Siegroth. An der beispielhaften Tapferkeit und dem Opfermut der Fahnenjunker, die noch während der Kämpfe zu Leutnants befördert wurden, brach sich der Angriff der 3. Armee von General George Patton auf die Saar.

Der Einsatz der Fahnenjunker von Metz wurde durch die Erwähnung im Wehrmachtsbericht vom 24. September und die Verleihung eines Ärmelbandes »Metz 1944« gewürdigt. Diese harte Abwehr machte aber auch tiefen Eindruck auf die Amerikaner, die auf solchen Widerstand nicht gefaßt waren; um so mehr, als sie jetzt erstmals unter Versorgungsmängeln und Schlechtwetter litten und auf Luftnahunterstützung verzichten mußten. Nach einer Kampfpause sollte der Stoß durch die Pfalz an den Rhein fortgesetzt werden. Zuvor aber mußte Metz fallen oder abgedeckt werden, denn am Feuer der Forts waren auch die amerikanischen Versuche gescheitert, Metz von Süden zu nehmen oder zu umgehen. Wegen dieses Feuers hatten sie den

Fort Driant - das Kernwerk.

Der Festungsgraben.

am 7. September bei Corny gebildeten Brückenkopf augeben müssen. Eine Kriegsbrücke war stets wieder beschädigt und eine Fähre versenkt worden. Fort Driant war
eine schwärende Wunde in der amerikanischen Front, die vor der weiteren Offensive beseitigt werden mußte.

Nachdem in der Zeit vom 5.- 17. September alle amerikanischen Versuche, an Fort
Driant heranzukommen, gescheitert waren, befahl General Patton seinem XX.
Korps, das Fort zu nehmen, sobald ausreichende Luftnahunterstützung zur Verfügung
stehen würde. Die Amerikaner wußten wenig über die Anlage des Forts, denn ihnen
fehlten alle Karten mit Ausnahme der Michelin-Karten 1 : 200.000. Luftbilder zeigten
nichts als die Umrisse von Bauten und Gräben. Trotz dieser Unkenntnis begann die
5. amerikanische Division bei klarem Himmel am 27. September ihren ersten Angriff.
Sie ließ das II. Bataillon des US-Infanterieregiments 11 angreifen, nach einer Vorbereitung durch Jagdbomber mit 1000 lbs Sprengbomben, Napalm und Bordwaffen
sowie zwei Feuerschlägen der amerikanischen Artillerie aus acht Batterien mit Kali-
bern von 10,5 bis 24 cm. Eine Wirkung auf die Anlagen war nicht erkennbar. Im
Schutze künstlichen Nebels traten zwei Schützenkompanien, unterstützt von 7 cm
Panzerjägern, auf die Südwand des Forts an, blieben aber am vorher nicht erkannten
Drahtverhau im wütenden Abwehrfeuer liegen. Den Panzerjägern gelang es nicht, die
gutgetarnten Scharten zu treffen. Um 18.00 Uhr wurden die Angriffstruppen, unter
Verlust von 18 Mann, in ihre Ausgangsstellungen zurückgenommen.

Der neue Angriff wurde besser vorbereitet. Nach eingehender Suche - unter ande-
rem in Paris, Verdun und Nancy - war es gelungen, in Lyon die 1940 vergrabenen Druck-
platten der Festungspläne von Metz zu finden. Nun studierte man die Einzelheiten der
Anlage. Der Divisionskommandeur, General Irwin, hätte wohl in Kenntnis seiner Truppen eine Belagerung dem direkten Angriff vorgezogen, mußte aber dem Armeebefehl
folgen. Er ließ neue Mittel zuführen, Räumpanzer (Tank dozer) und »Snakes« (lange
Sprengschläuche für Gassen durch Draht- und Minenhindernisse). Die gesamte Korpsartillerie sollte seinen Angriff unterstützen. Aber schon am Vorabend zeigte sich, daß -
anders als die Forts von Lüttich und Longwy 1914, die unter dem Feuer der deutschen
42 cm Mörser zerbrachen - auch moderne Artillerie diesem Stahlbeton nur wenig an-
haben konnte: Acht beobachtete Treffer von 20,3 cm Granaten (Geschoßgewicht je 130
kg) auf einen Panzerturm wirkten nur minutenlang.

Am Angriffstag, dem 3. Oktober, vereitelte schlechtes Wetter den geplanten Bombenteppich der Air Force. Nach gewaltiger Feuervorbereitung durch die gesamte
Korps- und Divisionsartillerie, einschließlich Nebelwerfer, trat das durch eine weitere Kompanie sowie Pioniere und Kampfpanzer verstärkte II./Infanterieregiment 11
im Schutze von Nebel um 12.00 Uhr zum erneuten Angriff an. Die Räumpanzer fielen durch Pannen vorzeitig aus. Ohne sie kam man schwer, nur an einer Stelle, über
den Festungsgraben hinweg, nachdem es gelungen war, Gassen durch die Drahthindernisse zu sprengen. Im Abwehrfeuer blieb die linke Kompanie im Norden liegen.
Die rechte erreichte mit mehr Glück mit vier Panzern das Fortinnere, konnte aber
den Widerstand der unerwartet aus Unterständen auftauchenden Verteidiger nicht
brechen. Die mitgebrachten Flammenwerfer funktionierten nicht oder wurden
schnell abgeschossen. Ebenfalls schlug die Sprengung von Kasematten fehl.

Nachts drang die Reservekompanie mit Panzern durch die Bresche im Südwesten,
aber starkes Abwehrfeuer und blitzartig auftauchende deutsche Stoßtrupps brach-

ten die Amerikaner im Fort völlig durcheinander. Durch Panzerfäuste wurden vier Sherman-Panzer abgeschossen. Auch die frische Schützenkompanie war außerstande, den Einbruch im Fort zu erweitern. Nach den ersten 24 Stunden zählten die Amerikaner bereits 100 Mann Verluste. Schließlich erreichten einige Soldaten das große Stahltor an der Kehle des Kernwerks, konnten aber wegen eines davor befindlichen Stahlgrills keine Ladung anbringen.

Auch in der zweiten Nacht kam man nicht weiter voran. Jeder krallte sich an die Deckung, die er gerade gefunden hatte. Die völlig übermüdeten Amerikaner konnten sich nicht ordnen und wurden von den kampferfahrenen Deutschen ständig in Atem gehalten. Im Morgengrauen des 5. Oktober nahmen die benachbarten deutschen Forts die Feste Driant unter Feuer. Auch zwei tief gerichtete eigene Rohre des Forts schossen auf die Angreifer. Dies verursachte Baumkrepierer mit mörderischer Wirkung. Nachmittags waren die Amerikaner im Fortinneren auf weniger als 100 Mann zusammengeschmolzen. Da sandte der S 3 des Bataillons eine Meldung zurück: *Unsere Lage ist ernst! Ein paar mehr Feuerschläge und noch ein Gegenstoß, dann sind wir hin. Wir haben kaum noch Leute, unsere Waffen sind zerschossen, aber wir können nicht weg. Der Feind ist eingesickert und hält alles, was noch da ist, nieder. Wir kommen auch nicht weiter vor. Vielleicht können wir uns bis zur Dunkelheit halten. Sollte aber am Nachmittag etwas geschehen, dann weiß ich nicht, was wird. Die Feindartillerie schlachtet unsere Männer. Wir können unsere Verwundeten nicht mehr bergen, haben viele Tote und Vermißte... Entweder müssen wir uns absetzen und das Fort mit schweren Bomben eindecken oder frische Kräfte heranführen. Unsere Sprengladungen haben gegen diese Betonwände nichts getaugt. Die übriggebliebenen Führer versuchen alle zu halten, die noch kämpfen können... Unsere Männer sind nicht gut genug ausgebildet, ihnen fehlt vor allem infanteristische Grundausbildung... So kriegen wir das verdammte Fort nicht!*

Abends soll der zornige General Patton geäußert haben: *»In meiner Armee darf nie ein Angriff scheitern und wenn es dem XX. Korps den letzten Mann kostet!«*

In der Nacht zum 6. Oktober wurden die abgekämpften US-Kompanien im Fort vom I./Infanterieregiment 10 abgelöst. Die ebenfalls erschöpften Verteidiger ließen es zu, aber die Ablösung war schwierig. Viele konnten nur auf Tragen weggebracht werden. Im Wehrmachtsbericht vom 7. Oktober 1944 gab das OKW bekannt: *Die Besatzung des Forts Driant an der Mosel schlug starke feindliche Angriffe ab.*

Unter persönlicher Führung des stellvertretenden Divisionskommandeurs, General Warnock, trat dessen Kampfgruppe am 7. Oktober in der Absicht an, zunächst die Deutschen aus dem Südostteil des Forts zu werfen und einen Zugang zum Stollensystem zu erzwingen. Um 14.00 Uhr, vier Stunden nach Angriffsbeginn, hatte sich eine Schützenkompanie 2000 m vorgearbeitet und drei kleinere Unterstände genommen. Dann nagelte sie ein mörderisches Kreuzfeuer von der südlichen Kasematte und der Moselbatterie am Boden fest, der zu hart zum Eingraben war und von den Deutschen eingesehen wurde. Um 16.15 Uhr schnitt ein deutscher Gegenstoß den Kompanieführer mit seinen vorderen Zügen ab. Sie gingen verloren. Wer noch konnte, ging in die Ausgangsstellungen zurück. Ein Zug erzwang sich den Eingang in einen engen Stollen bis vor eine Stahltür. Nach ihrer Sprengung blockierten Maschinenteile den weiteren Weg. Ohne Schneidbrenner kam man nicht voran. Der kam erst in der Nacht. Die Sperre wurde zerschnitten, der Schrott auf der Stollensohle war hin-

derlich, aber nun kam man vor die Panzertür der Südkasematte. Klopf- und Grabe-
geräusche dahinter ließen eine Gegensprengung befürchten. Hastig zündete man
deshalb eine 30 kg Ladung an der Tür. Das entstehende Kohlenmonoxyd machte den
Stollen stundenlang unbetretbar, denn gewöhnliche Gasmaskenfilter schützten nicht.
Nach geraumer Zeit zeigte sich, daß die Sprengung nur ein kleines Loch in die Tür
geschlagen hatte und wiederholt werden mußte. Doch vorher sprengten die Verteidiger. Die Amerikaner hatten Tote und Verwundete, sie mußten den Stollen endgültig räumen. Ihr Angriff war gescheitert. Zwar führte General Warnock frische Truppen heran, aber die vergiftete Luft im Stollen benahm den Soldaten den Atem und
draußen lauerten deutsche Scharfschützen. Die für die Nacht zum 9. Oktober befohlene Fortführung des Angriffs mußte abgesagt werden und die Lage im Fort ließ
keine Neugliederung der durcheinandergewürfelten Truppen zu. Deutsche Gegenstöße am 12. Oktober bei Nacht und das Feuer der Eingenisteten vollendeten die Verwirrung der Amerikaner. Die räumten das Fort am 13. Oktober gänzlich. Ihnen hatte
der Kampf um Driant insgesamt 64 Gefallene, 547 Verwundete und Vermißte, darunter 21 Offiziere, gekostet - die erste Niederlage der Armee Patton.

Das deutsche OKW gab am 17. Oktober bekannt: *Gegen die Flanken des Brückenkopfes Metz führt der Feind seit mehreren Wochen Einzelangriffe mit nur gerin-
gem Erfolg. Das Fort Driant an der Mosel südwestlich der Stadt ist nach einem
Einbruch des Feindes wieder ganz in unserer Hand. ...*

191

Bereits zwei Tage später, am 19. Oktober, wurde ergänzend zum Wehrmachtsbericht der Kampf um Fort Driant erneut erwähnt: *Bei den erfolgreichen Kämpfen um das Fort Driant haben sich Hauptmann Weiler, Kommandeur des III. Bataillons Regiment Stoessel und neben ihm die Leutnante Woesner und Hohmann durch vorbildliche Tapferkeit ausgezeichnet. Mit ihrem Stoßtrupp haben sie starken Feind in den Kasematten und Gängen der Festung eingeschlossen und vernichtet. ...*

Die amerikanische Kampfpause erlaubte auch eine Ablösung der deutschen Truppen, insbesondere der Schulen, durch frische Verbände der zur Volksgrenadierdivision »beförderten« 462. Division. Am 30. Oktober übergab Hauptmann Weiler das Fort Driant seinem Nachfolger, dessen Namen leider in Vergessenheit geriet. Am 8. November löste General Kittel den verwundeten General Lübbe ab. Die Stellung zwischen Fort Jeanne d'Arc und Fort Driant übernahm das Grenadierregiment 1217. Fort Driant konnte wieder versorgt werden und für den am 8. November beginnenden Großkampf um Metz Atem schöpfen.

Metz war inzwischen von Hitler zum »Festen Platz, der bis zuletzt gehalten werden muß«, erklärt worden. Dieser Endkampf bei ununterbrochenen Schnee- und Regenfällen führte zur völligen Einschließung und dann zur Kapitulation der Festung Metz am 22. November. Der Wehmachtsbericht vom 24. November meldete: *Im Raum von Metz halten sich die Besatzungen mehrerer Befestigungsanlagen weiterhin gegen heftige feindliche Angriffe ...* und am 30. November, daß eine Reihe von Befestigungsanlagen immer noch tapferen Widerstand leiste. Dann herrschte Schweigen, denn jede Verbindung war abgerissen. Die Forts St. Quentin und Plappeville kapitulierten am 6. und 7. Dezember. Fort Driant ergab sich am 8. Dezember der 5. (US) Division, die sich an diesem Bollwerk die Zähne ausgebissen hatte.

Aus diesen Forts gingen 59 Offiziere und 1515 Unteroffiziere und Mannschaften in Gefangenschaft. Als allerletztes Fort stellte die Feste Jeanne d'Arc am 13. Dezember 1944 den Kampf ein, mehr als drei Monate nach Angriffsbeginn!

In beispielhaftem Soldatentum kannten die tapferen Verteidiger von Fort Driant und anderer Werke nichts als ihre Pflicht für ihr Vaterland. Rein militärisch haben sie eine gute amerikanische Division gebunden und dem Angriff auf die Saar entzogen. Mehr wiegt ihr Beispiel und Opfermut: Ohne Hoffnung auf Entsatz oder Anerkennung, in Ungewißheit und brennender Sorge um das Schicksal ihrer Heimat und ihrer Lieben daheim, bestanden sie in steter Alarmbereitschaft, in engen, kalten, dumpfen Räumen unter Tage, ohne Ablösung, diese unglaubliche Probe ihrer seelischen und körperlichen Widerstandskraft. Wie hat diese enge Kampfgemeinschaft voll Vertrauen und Verantwortungsgefühl so lange zusammengehalten, anstatt in Verwundung oder Krankheit zu fliehen, mit denen eine Auslieferung in sichere und bequemere Gefangenschaft lockte? Sie waren Soldaten!

Verbesserter Nachdruck des im Deutschen Soldatenjahrbuch 1985 im Schild-Verlag erschienenen Erstbeitrages des Verfassers.

An der Saarfront

Gegenangriff der Panzerlehrdivision

Die schwache Front der Heeresgruppe G (General Balck) am Südflügel der Westfront wurde im November 1944 gleichzeitig von zwei Offensiven bedroht. Vom Mittelmeer her stieß die 7. amerikanische Armee auf den Oberrhein und aus der Normandie die 3. amerikanische Armee auf die Pfalz zu.

Kräfte der 7. Armee hatten am 21.11. Sarrebourg und zwei Tage später Straßburg erreicht. Vorausabteilungen beider Armeen reichten sich am 22.11. bei Bettborn - 6 km südlich von Fénétrange - die Hand. Die deutsche 1. Armee war auf die Saar zurückgeworfen worden, obwohl Teile noch am Westufer kämpften. Trübes und regnerisches Wetter hatten es den schwachen, schlecht bewaffneten und völlig abgekämpften deutschen Divisionen erleichtert, ihre Stellungen zu halten. Die Amerikaner mußten wegen des anhaltenden Schlechtwetters auf ihre gewohnte Luftnahunterstützung verzichten. Sie litten an Betriebsstoffmangel. Ihre Bewegungen von Fahrzeugen aller Art, außerhalb der durch Minen und Sperren leicht zu verteidigenden Straßen, wurden bei dem Dauerregen und im aufgeweichten Gelände erheblich behindert.

General der Panzertruppen Hermann Balck, Oberbefehlshaber der Heeresgruppe G.

Tarnung und Spurenbeseitigung waren erstes Gebot beim Beziehen einer Unterkunft. Links ein ungepanzerter Raupenschlepper Ost, ein armer Ersatz für Schützenpanzer als Transportfahrzeug; rechts rollt ein Panzer IV. Die Dorfbevölkerung verfolgt interessiert das Treiben der Soldaten.

Durch den Vorstoß der Feindkräfte in das nördliche Elsaß war eine so ernste Lage entstanden, daß der OB West die Vernichtung seines Südflügels befürchten mußte und entgegen den strengen Befehlen des OKW die Panzerlehrdivision alarmierte.

Die Panzerlehrdivision war inzwischen, so gut es die Personal- und Materiallage des Reiches erlaubte, aufgefrischt und in den Hunsrück verlegt worden. Das Panzerregiment verfügte statt zwei Abteilungen nur noch über eine mit vier Panzerkompanien, insgesamt 34 Panther und 34 Panzer IV. 21 zugewiesene Jagdpanzer IV fehlten noch der Panzerjägerlehrabteilung. Von den früheren vier gepanzerten Panzergrenadierbataillonen konnten drei nur mit Steyrer-PKW und Raupenschleppern Ost ausgerüstet werden. Vom einzig verbliebenen SPW-Bataillon - I./901 - mußte die 1. Kompanie zurückbleiben, um auf weiteres Material zu warten und den hier laufenden Unterführerlehrgang fortzuführen, der so dringend erforderlich war.

Der Alarmbefehl erreichte die Division am 21. November um 15.00 Uhr. Nachdem das OKW dem Einsatz bei der 1. Armee zugestimmt hatte, sollte die Division den Raum Saar-Alben erreichen, um am Morgen des 23. November von dort nach Süden in die Flanke der durch die Zaberner Steige auf Straßburg durchgebrochenen amerikanischen Kräfte zu stoßen und diese zu vernichten. Der Abmarsch begann in der Dunkelheit auf zwei Marschstraßen und war wegen der Luftgefahr bei Tage einzustellen.

Bei dieser Bewegung zeigten sich die Schwächen der Ausbildung und des neuen Materials. Zwölf der 34 neuen Panther blieben, z.T. wegen Kleinigkeiten, aber auch mit Motor- und Getriebeschäden, liegen. Abends erhielt der Divisionsstab bei Sarreguemines einen Befehl des OB. der Heeresgruppe G:

*Vom frühzeitigen Antreten zum Angriff mit scharf zusammengefaßten Kräf-
ten und rücksichtslosem Durchstoßen zum befohlenen Ziel ist das Schicksal des
Elsaß abhängig. Ich erwarte, daß alle Angehörigen der Division und der ihr unterstellten Truppen das letzte hergeben, um dieses Ziel zu erreichen. Alle Offiziere, Unteroffiziere und Mannschaften sind hierüber vor Antreten zu unterrichten.*
gez. Balck, General der Panzertruppen

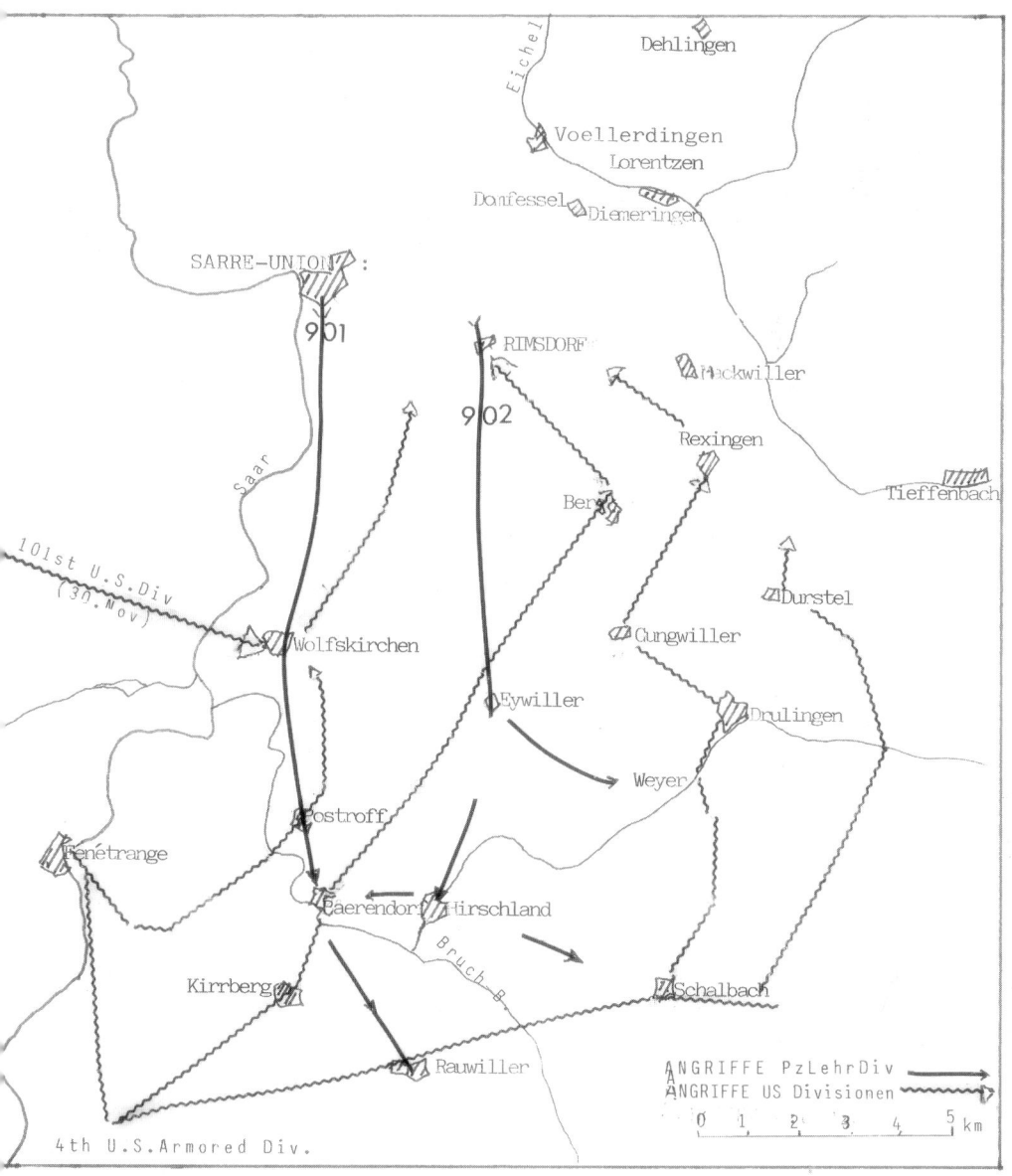

Kämpfe an der Saarfront im November 1944.

Zur Schonung des Materials wurde der Marsch in der zweiten Nacht mit geringerer Geschwindigkeit und größerer Vorsicht fortgesetzt. Das Marschziel Sarre-Union wurde erst am 23. November mittags und nur von Teilen der Division erreicht. Eine eingestürzte Brücke hatte Panzergrenadiere und Betriebsstoffwagen aufgehalten, so daß der Angriff nur mit halber Wucht und mit wenig Kraftstoff begonnen werden konnte. Befehlsgemäß sollten um 16.00 Uhr zwei Kampfgruppen nebeneinander nach Süden antreten, um die Linie Rauwiller - Schalbach als erstes Angriffsziel zu gewinnen:

— Rechts Kampfgruppe von Poschinger (902) auf Baerendorf -Rauwiller,
— links Kampfgruppe von Hauser (901) mit Panzerkampfgruppe Ritgen (II./Panzerlehrregiment (-)) und I./Panzergrenadierlehrregiment 901 (-) auf Eywiller - Hirschland.

Wegen des Zeitdrucks mußte der Angriff aus der Bewegung mit den gerade eingetroffenen Teilen geführt werden. Vom Feinde war lediglich bekannt, daß Panzerkräfte durch Saarburg nach Osten rollten und Spähtrupps auf Sarre-Union vorgefühlt hatten. Unbekannt blieb das Eintreffen eines neuen US-Korps an der Saarfront in der Flanke und die Schwäche der dort haltenden 361. Volksgrenadierdivision.

Die A-Company der 106th Cavalry Group (Panzeraufklärungsregiment) hatte Auftrag, die Nordflanke des XV. amerikanischen Korps zu sichern. Mittags besetzte sie Weyer und bereitete sich zum traditionellen Truthahnessen am Thanksgiving-Day, einem hohen amerikanischen Feiertag, vor, als der deutsche Panzerangriff sie nach Süden zurückwarf. Bei Einbruch der Dunkelheit waren gegen leichten Widerstand Eywiller und Eschwiller in deutscher Hand. Erst um 20.00 Uhr griff die Kampfgruppe von Poschinger an und nahm Postroff und Baerendorf in Besitz. Zur Fortsetzung des Angriffs sollte die Ankunft der Versorgungsfahrzeuge abgewartet werden, doch General Balck verlangte unverzügliche Weiterführung:

Der Angriff der Panzerlehrdivision ist pausenlos auch während der Nacht weiterzuführen. Es kommt darauf an, ostwärts Saarburg Richtung Haselbourg vorzustoßen und Verbindung mit den bei Pfalzbourg stehenden eigenen Kräften aufzunehmen.

gez. Balck

Trotz fast leerer Kraftstofftanks traten die Kampfgruppen um 23.00 Uhr erneut an. Inzwischen hatte sich der Gegner verstärkt und Hirschland stark vermint. Der Ort wurde im Morgengrauen genommen und gesäubert; vor Weyer blieb der Angriff im Feuer von Panzern und Artillerie liegen.

Die Gelände- und Witterungsverhältnisse werden durch einen Bericht des Leutnants Heinrich (8./Panzerartillerieregiment 130) illustriert:

»Wir zogen nach Eywiller hinterher. In dieser außerordentlich regnerischen Nacht gab es eine böse Überraschung. Wir hatten abends Feuerstellungen in einem Bachgrund bezogen und waren einigermaßen trocken in ein Haus gekommen. Als mich frühmorgens die Wache herausholte, standen die Geschütze tief im Wasser. Glücklicherweise schafften es unsere Zugmaschinen, alle vier Geschütze herauszuziehen.«

Die Vorhut der Kampfgruppe von Poschinger, das durch eine Panzer IV-Kompanie (6./130) verstärkte II./902, erreichte am 24.11. gegen 04.00 Uhr den Ortsrand von Rauwiller. Dort wurde es unter Infanteriefeuer genommen. Oberleutnant Graf, Kompaniechef 5./902 schrieb darüber im »Berliner 12 Uhr-Blatt« vom 27.11.1944:

196

Joachim Ritter von Poschinger.

»*Auf der Straße dringt unsere Panzerkompanie vor, ich befinde mich mit meiner Kompanie, verstärkt durch den Zug Oberfeldwebel Wagner der 6. Kompanie, links der Straße; die anderen Kompanien rechts davon. Trotz Artillerie- und Granatwerferbeschuß können wir uns bis auf 50 m an den Ortsrand heranarbeiten. Mitten in unseren Angriff verstärkt sich das feindliche Feuer zu einem Trommelfeuer. Unsere Panzer erwidern das Feuer. Nun bleibt uns keine Möglichkeit mehr - wir müssen stürmen, um uns vor der Vernichtung retten zu können. Der Ort wird gestürmt und die ersten Häuser besetzt. Der Amerikaner wird dabei so überrascht, daß er sich kampflos ergibt. Als der Morgen graut, hat das Bataillon 200 Gefangene gemacht, 30 Lkw und drei Paks erbeutet. Unter den Gefangenen befinden sich 14 Offiziere. Immer wieder flammt der Kampf auf, einige Häuser sind noch feindbesetzt. Dadurch haben wir Ausfälle. Niemand kann sich auf der Straße zeigen, ohne Gefahr zu laufen, getroffen zu werden. Am Nachmittag mache ich diesem Spuk ein Ende. Mit einer Gruppe arbeite ich mich, geschützt durch die Häuserzeile, bis an die Kreuzung heran, ohne vom Feind bemerkt zu werden. Vom letzten Haus aus nehmen wir das gegenüberliegende unter Feuer und vertreiben mit Handgranaten den Feind...*

Die Gefangenen wurden sogleich nach rückwärts in Marsch gesetzt, wurden jedoch in Baerendorf schon wieder befreit. In der Erwartung, von Westen drohe keine Gefahr, da die dort kämpfende 361. Volksgrenadierdivision einen Flußübergang über die Saar verhindern würde, schenkte die Panzerlehrdivision ihrer Flanke kaum Beachtung. Dennoch hatte die Kampfgruppe CCB der 4. Armd Division an diesem Morgen die Saar an zwei Stellen (Gosselming und Fénétrange) überschritten. Die nördliche Gruppe - Task Force Churchill - überraschte von den Höhen westlich Postroff die 1. Batterie des Panzerartillerieregiments 130 beim Stellungswechsel und schoß sie zusammen. Alle sechs Geschütze, die halbe Feuerkraft der I. Abteilung des Regiments, gingen verloren. Weiter südlich überwand Task Force Jaques nach kurzem Kampf den Widerstand der Volksgrenadiere bei Kirrberg und stieß von dort auf Baerendorf in die Flanke der Kampfgruppe von Poschinger vor. Unter dem Feuerschutz ihrer Panzer durchwatete die amerikanische Infanterie den kalten Bruchbach westlich des Ortes und überraschte von der Höhe das I./902, das in Baerendorf die Versorgung und weitere Befehle abwartete. Noch bevor der Kommandeur eine Rundumverteidigung organisiert hatte, kämpften die Amerikaner im Dorf. Dem Bataillonsstab gelang es noch, in den Kohlenkeller der Schule zu flüchten, wo er den Tag in Dunkelheit verbringen mußte, weil der Feind über ihm die Schule besetzt hielt. Der Feuerkampf der Panzergrenadiere kostete auf beiden Seiten hohe Verluste. Zumeist empfingen die jungen, unzureichend ausgebildeten Panzergrenadiere hier ihre Feuertaufe. In der Dunkelheit setzten sich die Amerikaner wieder aus Baerendorf ab, ohne die dort erbeuteten Fahrzeuge zu zerstören oder mitzunehmen. Der bereits als vermißt gemeldete Bataillonsstab konnte so auf eigenen Fahrzeugen den Divisionsstab in Postroff erreichen und das Bataillon neu ordnen. Nachmittags war ein Versuch, von Hirschland aus Baerendorf zurückzugewinnen, an der mangelnden Kampf-

Oberstleutnant von Poschinger und sein Stab (links Leutnant Litt) freuen sich über den Abschuß eines feindlichen Jagdbombers.

erfahrung der jungen Soldaten und an Benzinknappheit gescheitert. Tagsüber war der Kampf um Rauwiller ununterbrochen weitergegangen, aber um 22.00 Uhr erhielt das II./902 den Befehl, sich über Hirschland auf Postroff abzusetzen. Für den Kampf um Rauwiller wurde Hauptmann Böhm, der Bataillonskommandeur, später mit der Ehrenblattspange ausgezeichnet.

Der Divisionsbefehl für den 25. November trug der neuen Lage Rechnung. Der Angriff nach Süden auf Schalbach sollte von der Panzerkampfgruppe fortgesetzt werden, die Kampfgruppe von Poschinger ging zur Abwehr nach Westen über. Der als Dunkelheitsangriff geplante Angriff auf Schalbach konnte erst um 10.00 Uhr beginnen, weil die Bereitstellung durch Schwierigkeiten des Geländes und der Versorgung verzögert wurde. Beim Überwinden des deckungslosen Abhangs nördlich des Dorfes schlug den Angreifern ein wütendes Abwehrfeuer von zwei Artilleriebataillonen und dem am Vortage herangeführten schweren Panzerjägerbataillon entgegen. Die deutsche Artillerie konnte den Feind nicht niederhalten. Die Panzergrenadiere wurden von den Panzern getrennt, mehrere Panzer abgeschossen, der Verfasser verwundet. Der Angriff mußte eingestellt werden. Die neu herangeführten amerikanischen 9 cm Panzerjäger verursachten hohe Verluste. Feldwebel Dette erinnert sich:

»Wir bekamen einen Treffer auf die rechte Seite meines Panther. Die Kette flog ab und das Triebrad war beschädigt. Da muß ich unserem Instandsetzungstrupp ein hohes Lob zollen, der wollte den Schaden sofort reparieren, mußte es aber aufgeben, als wir unter Feuer kamen. Der Panzer konnte aber geborgen werden. In diesem Feuer wurde auch der Funker des Kompaniefahrzeugs tödlich verwundet, aber der Fahrer, Unteroffizier Willi Schack, obwohl auch verwundet, brachte es fertig, den Rückwärtsgang einzulegen und irgendwie das Gaspedal festzustellen. So rollte der Wagen langsam rückwärts in Deckung, nachdem die Besatzung ausgebootet war...«

Die starke 4. (US) Armd Division drängte beide Kampfgruppen der Panzerlehrdivision in die Abwehr. Der mit großen Hoffnungen und Schwung begonnene Gegenangriff der Division war an der Übermacht des Feindes gescheitert. Die Division gliederte sich in der Nacht zum 26.11. zur Verteidigung im Zuge der Straße Wolfskirchen - Eywiller - Durstel um.

Armeereserve

Die 1. Armee an der Saarfront war durch die doppelte amerikanische Offensive in eine Krise geraten. Ihre Frontlänge hatte sich verdoppelt, ohne daß ihre schon vorher unzureichenden Kräfte wesentlich verstärkt werden konnten. Bis zum Eintreffen der erwarteten neuen Großverbände wurde die Panzerlehrdivision der 1. Armee als einzige Reserve unterstellt. Für den 26. November sollte sie den Aufbau der neuen Verteidigungslinie Sarre-Union - Wingen sichern. Dazu wurde ihr das Volksartilleriekorps 401 unterstellt. Morgens fühlte die 4. Armd Division mit vier Gefechtsgruppen nebeneinander auf die Sicherungen der Division vor, konnte aber überall abgewiesen werden, obwohl alle Panzer aus der Front gezogen waren. Der Aufbau der neuen Stellung der 1. Armee ging am 27.11. weiter. Im Norden, westlich Forbach, hatte der Feind durch mehrere Einbrüche eine kritische Lage herbeigeführt. Sie zwang zu einer Frontrücknahme auf eine verkürzte Linie im Vorfeld der Saarhöhenstellung des Westwalles.

Die Panzerlehrdivision erhielt Befehl, noch in der Nacht eine gepanzerte Eingreifgruppe hinter den bedrohten Abschnitt zu führen. Glücklicherweise konnte dafür die gerade eintreffende verstärkte 1./901 unter Oberleutnant Monz mit insgesamt 29 SPW freigestellt und nach Bous (südlich Saarlouis) dem XIII. SS-Korps zugeführt werden. Bereits am Vortag hatte die Panzerlehrdivision die Panzeraufklärungslehrabteilung 130 (Pz-ALA) in den Raum ostwärts der Nordvogesen entsenden müssen. Nach der Abgabe dieser beiden Gruppen befahl General Balck, die Panzerlehrdivision im Raum Sarre-Union als Heeresgruppenreserve zu versammeln. Sie durfte nur nach vorheriger Zustimmung der Heeresgruppe eingesetzt werden. Damit war die Panzerlehrdivision bis 3. Dezember in drei unabhängig voneinander operierende Kampfgruppen aufgeteilt, deren Flügel über 80 km auseinanderklafften. Die Kräfte- und Betriebsstofflage der 1.Armee ließ keine andere Wahl. Angesichts der großen Beweglichkeit des überlegenen Feindes zu Lande und in der Luft waren zeitraubende weiträumige Anmarschwege mit hohem Kraftstoffverbrauch einfach ausgeschlossen.

Während die Verbände der 1.Armee am 27.11. ihre neuen Stellungen südlich Sarre-Union - Mackwiller - Tieffenbach - Wingen bezogen (rechts 25. Panzergrenadierdivision, links, im Gebirge, die 361.Volksgrenadierdivision) mußte die Panzerlehrdivision als Nachtrupe zwischen Diedendorf und Durstel sichern. Die Kampfgruppe von Poschinger sollte Wolfskirchen unbedingt bis 27. 11. 1700 Uhr halten, um der hinter ihr eintreffenden 25. Panzergrenadierdivision Zeit zum Einrichten ihrer Stellungen zu geben. Der Ort wurde von der verstärkten 5./902 unter Oberleutnant Graf zur Rundumverteidigung eingerichtet und mit Hilfe starker Artillerie-, Mörser-(schwerer Granatwerfer) und Panzerabwehrunterstützung gegen alle mit Panzern und Jabos geführten Angriffe, wenn auch unter Verlust von 17 Mann, planmäßig gehalten.

Der Abwehrerfolg vom 27. November war der Panzerjägerlehrabteilung mit ihren neuen Panzerjägern IV zu verdanken.

Auch der Kampfgruppe von Hauser gelang es, die Angriffe der Kampfgruppe CCA der 4. Armd Division auf Gungwiller und Durstel bis zur Dunkelheit zu verzögern. Die Gegner wurden von Oberstleutnant Abrams geführt. Nach diesem späteren Stabschef der US-Armee ist der amerikanische Kampfpanzer M 1 benannt worden.

Abends meldete das Armeeoberkommando 1: *Unter Verlust von 38 Panzern erzielte der Feind nur kleinere Einbrüche.* Dieser Abwehrerfolg war der Panzerjägerlehrabteilung 130 zuzuschreiben. Erst zwei Tage nach dem Abmarsch der Panzerlehrdivision aus dem Hunsrück waren die längst angekündigten 21 neuen Panzerjäger IV mit der 7,5 cm Kanone L/70 im Eisenbahntransport in Kirchberg/Hunsrück eingetroffen. Wenige Stunden nach Entladung und kurzer technischer Überprüfung marschierte die Abteilung mit ihren Kampfteilen, vorerst ohne Versorgungsteile, über Kirn-Lauterecken-Zweibrücken ihrer Division nach. Das zur Herstellung der Einsatzbereitschaft unbedingt notwendige Justieren und Funktionsschießen fand während einer Marschpause im Glan-Tal am Rande des Truppenübungsplatzes Baumholder statt. Der erfolgreiche Einsatz trotz fehlender Umschulung auf das neue Waffensystem in so kurzer Zeit war eine besondere Leistung.

Bis zum 30. November versuchte der Feind südostwärts Sarre-Union, günstige Ausgangsstellungen für einen Angriff auf die Stadt zu gewinnen. Als am 1. Dezember klarer Himmel den Einsatz von Jagdbombern zur Nahunterstützung wieder ermöglichte, traten zwei amerikanische Divisionen (4. Armd und 26. Infanterie) zum Angriff aus zwei Richtungen auf die Stadt an. Als die Lage kritisch wurde, kam II./Panzerlehrregiment 130 aus Butten zum Einsatz, um den Verlust der Höhe 318 bei Mackwiller zu verhindern. Davon schreibt Cole in der amerikanischen Kriegsgeschichte: *»Der Angriff kam auf den schmalen, verschlammten Wegen nur schleppend voran und mußte immer neuen Widerstand überwinden, der immer härter wurde, je mehr sich die Amerikaner der Höhe 318 näherten. Zusätzliche Panzer und Infanterie von Kampfgruppe CCA wurden bei CCB eingesetzt, aber die Panzer fuhren sich im Schlamm fest. Erst mittags .... nahm die A-Kompanie ... die Höhe. Aber unter welchen Kosten: 83 Mann Verluste, darunter zwei Kommandeure...«*

Im Gegenangriff nachts wechselte die Höhe erneut den Besitzer. Sie mußte aber bei Hellwerden aufgegeben werden, als sie der Feind beidseitig umging. Am 1. Dezember drangen die Amerikaner vorübergehend nach Sarre-Union ein, setzten sich aber wieder ab, um andertags den Südteil des Ortes und die Höhe 252 vor Domfessel fest in Besitz zu nehmen, als Basis für einen weiteren Stoß nach Osten. Wieder mußte die Panzerabteilung kompanieweise an verschiedenen Stellen eingreifen und ausbügeln. Die Kompanie Kozub wurde der 11. Panzerdivision zum Gegenangriff von Oermingen auf Sarre-Union unterstellt, weiter ostwärts brachte die Kampfgruppe von Poschinger mit 15 Panzern von Voellerdingen aus die Waldstücke südwestlich davon in eigene Hand. Abends erhielt I./902 den Auftrag, den gewonnenen Raum Voellerdingen - Domfessel gegen alle Feindangriffe zu halten, um so einen feindlichen Durchbruch über die Eichel nach Osten zu verhindern. Im Nachbarabschnitt konnte die Kampfgruppe von Hauser in wechselvollen Kämpfen die alte Hauptkampflinie bei Volksberg und Ratzwiller behaupten.

Am 3. Dezember abends traf der Befehl der Heeresgruppe G ein, die Panzerlehrdivision am 4. Dezember mit einbrechender Dunkelheit überall aus dem Einsatz zu lösen und zur Verfügung des OB West zur Verlegung und kurzfristigen Auffrischung

Der Bunker der Maginotlinie in Domfessel, der für den Stab der I. Abteilung des Panzergrenadierlehrregiments 902 zur Falle wurde.

bereitzustellen. Die ernsten Bedenken aller Führungsstellen, von der Division bis zum AOK 1, fruchteten nichts gegen diesen Befehl.

An diesem 4. Dezember entstand noch einmal eine kritische Lage bei der Kampfgruppe von Poschinger in Domfessel. Das dort zur Rundumverteidigung eingerichtete I./902 wurde im umfassenden Angriff mit starker Artillerieunterstützung durchbrochen und gruppenweise eingeschlossen. Als der Bataillonsgefechtsstand in einem Bunker der Maginotlinie mit Handgranaten zur Übergabe aufgefordert wurde, mußte der Kommandeur kapitulieren. Mit ihm gingen 140 Mann in Gefangenschaft.

Sarre-Union wurde ebenfalls vom Gegner genommen, das II./902 mußte bei Lorentzen abriegeln. Auf dringende Vorstellungen des Generals Bayerlein, die Division hier zu belassen, genehmigte die Heeresgruppe eine Frontrücknahme. Allerdings mußte die Kampfgruppe von Hauser dazu bis zum Dunkelwerden bei Ratzwiller halten. Trotz aller Ungewißheiten wurden alle Verbände der Panzerlehrdivision nachts herausgezogen. Nach einer Meldung des XIII. SS-Korps waren die vordersten Teile am 5. Dezember früh bereits im Raum Pirmasens - Hombourg eingetroffen. Trotz der Betriebsstoffknappheit mußte die Division die Eifel im Landmarsch erreichen, vermutlich, weil die Bahnen überlastet waren und vom Feind leichter aufgeklärt werden konnten als ein Landmarsch in kleinen Gruppen nur bei Nacht. Im Bahntransport wurden lediglich die Kettenteile verlegt. Diese Verladung auf die Bahn wurde am 6. 12. durch den Durchbruch auf Singling in Frage gestellt. Der Panzerabteilung wurde Alarmbereitschaft befohlen. Jedoch stellte die 4. (US) Armd Division wegen völliger Erschöpfung ihr Vordringen ein, so daß die Bahntransporte am 7. Dezember planmäßig abfahren konnten.

Von den zu anderen Korps kommandierten Kampfgruppen ist noch zu berichten.

Gepanzerte Eingreifgruppe Monz

Befehlsgemäß meldete sich Oberleutnant Monz mit seinen 29 SPW am Morgen des 28.11. beim Generalkommando des XIII. SS-Korps in Bous. Der Kommandierende General hatte Panzer erwartet, die für Gegenstöße unerläßlich schienen und war deshalb enttäuscht, nur Panzergrenadiere zu sehen. Das Korps rechnete mit einen Vorstoß des Feindes von Westen und Südwesten auf Felsberg und Saarlouis. Zwar befänden sich die Regimenter der hier eingesetzten kampfunerfahrenen und erschöpften 347. Volksgrenadierdivision noch im Raum Felsberg - Altforweiler, sie seien aber nur dürftig bewaffnet und ohne Panzerabwehr. Oberleutnant Monz erhielt Auftrag, den Sauberg (Höhe 377) und die Hauptstraßengabel in Felsberg zu halten.

Bei ihrem Anmarsch durch Völklingen mußten die Panzergrenadiere mit allen verfügbaren Radfahrzeugen helfen, die Bevölkerung in das nahe Kölltal zu evakuieren. Mittags waren sie auf dem Westufer der Saar bei Picard untergezogen, hatten Verbindung zu den Stellungstruppen gesucht sowie Geländeerkundung und Gefechtsaufklärung nach Westen angesetzt. Das Ergebnis war entmutigend: Weit und breit kaum deutsche Soldaten, kein Stab, ausgenommen Restteile eines Regimentsstabes in Felsberg, der weder Verbindung mit seinen Einheiten noch Ahnung von der Lage hatte. Der Sauberg, Villing und Ittersdorf waren noch feindfrei. Viele versprengte Soldaten zogen in Richtung Wadgassen davon. Schlechtes Wetter hielt feindliche Jabos noch fern. Die Panzergrenadiere konnten in Picard ruhen.

Erneute Gefechtsaufklärung am 29. 11. morgens stellte Feindpanzer in Schreckling und Infanterie mit schweren Waffen in Berwiller, anscheinend auch in Berus, fest. An der Kirche von Altforweiler wurde eine Pak erkannt, am Ostrand von Düren Amerikaner bei einer Ruhepause. Oberleutnant Monz befahl einem seiner Züge, sich abgesessen am Westhang des Sauberges einzugraben, die SPW am Hinterhang zur Fliegerabwehr zu lassen. »Aufgelesene Volksgrenadiere« sollten Stellungen für Einsätze der noch mobilen Züge graben. Oberleutnant Monz erinnert sich:

»Mit zwei Zügen (davon einer mit Granatwerfern und Bordkanonen) fuhr ich einen Angriff um Altforweiler herum, wo eine Pak nicht zum Schuß kam und sich eine Gruppe überrumpelter Infanteristen ergab. Wegen des geringen Widerstandes fuhren wir weiter nach Berus, wo wir auseinanderspringende Infanteristen trafen, die aus den Häusern quollen und sich zu Fuß und auf Fahrzeugen abzusetzen versuchten. Unsere erhebliche Feuerkraft kam endlich einmal wieder zum Tragen. Damals schätzte ich den Feind auf nicht mehr als eine Kompanie. Wir mußten zwei SPW abschleppen und hatten bei der Rückkehr zur Restkompanie einen Toten und mehrere Verwundete. Wir blieben getarnt an der Straße westlich Felsberg.«

An diesem 29. November hatte die 95. amerikanische Division ihren Angriff auf Saarlouis mit zwei Regimentern fortgeführt. Das I. Bataillon des US-Infanterieregiments 378 nahm Merten, das II. Bataillon durchschritt die unbesetzte Saarhöhenstellung und nahm Berus, wo es sogleich von einem Gegenstoß der Gruppe Monz getroffen wurde: »*Nach schwerem Kampf, bei dem das II. Bataillon schwere Verluste erlitt und durcheinanderkam, setzte es sich nach Merten ab, um sich in der Nacht im Schutze einer Gehöftgruppe neu zu gliedern...*« heißt es darüber im amerikanischen Generalstabswerk.

Nach einer ruhigen Nacht in Felsberg blieben auf dem Sauberg nur Gefechtsvorposten. Als am Morgen starker Gefechtslärm im Norden hörbar wurde, griff Monz das anscheinend schwach besetzte Düren umfassend an. Unter dem Feuerschutz aller verfügbaren 7,5 cm KwK und Granatwerfer ging der rechte Zug bereits abgesessen von Oberfelsberg nach Norden vor, als der linke Zug in Ittersdorf eine von Schreck-ling her anrollende Feindpanzerkolonne, noch ohne Infanterie, meldete. Sogleich wurde der Angriff abgebrochen, alle Fahrzeuge erst nach Felsberg befohlen und die vorbereiteten Gräben auf dem Sauberg besetzt. Am Straßenrand zurück blieb einer der beiden Panzernahkampf-Trupps, der aus den Unteroffizier-Anwärtern gebildet worden war. Auf der weiträumigen Bergkuppe verfügte der Kompaniechef, nach Ab-zug der Fahrer und Beifahrer der Gefechts- und Troßfahrzeuge in Picard und der zurückgeschafften Gefallenen und Verwundeten, noch über 50 bis 60 Mann, an-scheinend die einzigen deutschen Soldaten im Umkreis von mehreren Kilometern - ohne Artillerie und weitreichende Panzerabwehrwaffen. Zum Glück hielten tiefhän-gende Wolken den Himmel frei von Jabos, aber überall sah man feindliche Infanterie mit Panzerunterstützung im Vorgehen nach Osten. Nachmittags drehte Feindinfan-terie (Regiment 377) von St. Barbara auf Felsberg ein. Nun näherten sich von Westen und Südwesten her in breiter Front zwei Bataillone Infanterie (378) mit Panzern dem Sauberg. Das Panzerfeuer verursachte Verluste. Die Panzer blieben außerhalb der Pan-zerfaust-Schußweite. Ein Funk-Hilferuf an das Korps war ergebnislos. Als am Nach-mittag auch von Süden her Infanterie anstieg und gleichzeitig von Norden her Fels-berg genommen wurde, mußte der Kompaniechef den Sauberg räumen und sich bis zum Ortsrand Felsberg absetzen. Hier gelang es der Nachhut - »a particular stubborn knot of the assault group« (ein besonders sturer Teil der Eingreifgruppe) - das wei-tere Vorgehen des US-Infanterieregiments 377 aufzuhalten. Nach Einbruch der Dun-kelheit stellten die Amerikaner ihr Vorgehen ein. Über Nacht hielt die Gruppe noch den Ortsrand von Unterfelsberg mit Sicherungen in Picard und Lisdorf. Der Einsatz-wille der jungen Soldaten unter guter Führung war erstaunlich. Am Straßenbahn-damm in Felsberg war links ein »Ofenrohr« mit einem »alten Hasen«, rechts ein MG mit einem jungen Neuling eingesetzt. Nachdem ein Sherman abgeschossen war, sprang der Chef neben den Neuling in Deckung und klopfte ihm auf die Schulter. Der nickte vertraulich: »Beim Dritten machen wir eine Zigarettenpause«.

Mit dem aufklarenden Himmel am 1. Dezember kamen auch die Bomber und bom-bardierten Saarlouis, Fraulautern und die Saarbrücke in Ensdorf. Anschließend begann die 95. amerikanische Division ihren Angriff auf Saarlouis und die Saarübergänge. Saarlouis wurde von den Restteilen dreier abgekämpfter Infanteriedivisionen ver-teidigt, teils noch auf dem Westufer, mit Masse am Stadtrand in Westwallbunkern und ostwärts davon. Die Gruppe Monz konnte sich ab 15.00 Uhr im Schutze von Bo-dennebel vom Ostrand Felsberg in eine Stellung am Nordrand von Lisdorf absetzen. Dort wurden MG und Granatwerfer in Stellung gebracht, alle »Ofenrohre« zur Pan-zerabwehr waren verloren. Um die eigene Schwäche zu verschleiern, fuhren zwei Beiwagenkräder hin und her, um aus verschiedenen Straßen Feuerstöße abzugeben.

In der Nacht zum 2. 12. befahl die Heeresgruppe, wegen Kräfte- und Munitions-mangel das Westufer der Saar nördlich von Saarlouis zu räumen. Oberleutnant Monz er-fuhr nichts davon, da seine Funkverbindung zum Korps abgerissen war. Die Kompanie sicherte bis 3. 12. früh Lisdorf. Sie räumte ihre Stellungen erst auf Befehl des Korps, als sich die Amerikaner bereits der Brücke näherten. Die Kompanie erhielt Befehl, unver-züglich über Saarbrücken - Habkirchen zur Panzerlehrdivision zurückzukehren.

Nach der Rückmeldung bei Oberst von Hauser in Butten am 4.12. mußte die stark geschrumpfte 1. Kompanie sofort wieder in den Einsatz bei Volksberg. Jedoch überbrachte ein Fußmelder im Morgengrauen des 5.12. den Befehl zum Absetzen und Sammeln. Nachmittags marschierte die Kompanie über Pirmasens - Kaub nach Cochem an der Mosel.

Panzeraufklärungslehrabteilung 130 im Elsaß

Der Vorstoß der 7. US-Armee auf Straßburg hatte zwischen Nordvogesen und Straßburg eine gefährliche Frontlücke gerissen. Sie mußte rasch geschlossen werden, als der Versuch gescheitert war, die durchgebrochenen Feindkräfte abzuschneiden. Ab 26. November wollte das Armeeoberkommando 1 eine Verteidigungslinie zwischen Wingen - Pfaffenhoffen - Bischwiller aufbauen. Dazu rollten zwei Divisionen aus den Niederlanden an. Während die 361. Volksgrenadierdivision den Gebirgsabschnitt westlich von Ingwiller verteidigte, klärte der Feind im ungeschützten Raum ostwärts davon aus dem Raum Bouxwiller mit Kampf- und Spähpanzern nach Norden auf Offwiller und von Pfaffenhoffen auf Uttenhoffen auf.

Mit der Möglichkeit eines schnellen Feindvorstoßes in diesem Raum muß gerechnet werden, meldete AOK 1 am 26. November. An diesem Tage befahl das hier führende Generalkommando »Höheres Kommando Vogesen« (ab 29.11.: LXXXIX. Armeekorps) der Panzerlehrdivision, die Panzeraufklärungslehrabteilung in den Raum ostwärts der Nordvogesen abzugeben. Dort sollte sie bis zum Eintreffen der 245. Infanteriedivision längs der Moder zwischen Ingwiller und Schweighouse - ein etwa 22 km breiter Streifen - nach Süden sichern. Zwar trafen zur selben Zeit die ersten drei Züge der 245. Infanteriedivision ein, darunter der Divisionsstab, jedoch noch keine Kampftruppen. Am 27.11. morgens meldete die Panzeraufklärungslehrabteilung ihren Gefechtsstand in Uhrwiller mit Sicherungen in Pfaffenhoffen und an der Straße

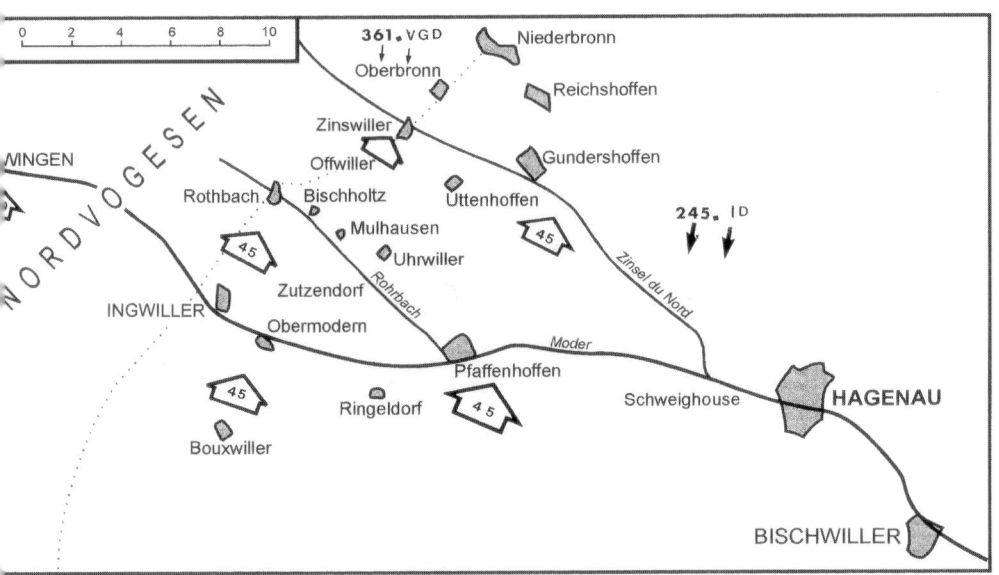

Die Panzeraufklärungslehrabteilung im Elsaß.

Uhrwiller - Hagenau. Nach Pfaffenhoffen wurden auch die ersten am 27. 11. eintreffenden Infanterie- und Artillerieverbände der 245. Infanteriedivision befohlen.

Aufklärung stellte am 27. 11. fest, daß Ringeldorf und Obermodern feindbesetzt waren. Die 245. Infanteriedivision war eine bodenständige Division mit nur zwei Infanterieregimentern, schwacher Artillerie mit Beutegeschützen und knappen Versorgungstruppen. Sie war im Sommer 1943 aufgestellt und bei der 15. Armee bei den Rückzugskämpfen stark angeschlagen worden. Inzwischen hatte sie Ersatz, größtenteils mangelhaft ausgebildetes Luftwaffen- und Marinepersonal, erhalten.

Auf der Feindseite hatte die 45. (US) Division den Auftrag, mit ihren drei Regimentern, links an die im Gebirge angreifende 100. amerikanische Division angelehnt, zunächst die Linie Mertzwiller - Rothbach zu gewinnen. Am 28. 11. brach der Feind beiderseits Ingwiller mehrere Kilometer auf Rothbach durch. Dagegen scheiterten amerikanische Versuche, die Moder bei Pfaffenhoffen zu überschreiten und den Ort zu nehmen. Die Panzeraufklärungslehrabteilung mit ihren schwachen Kräften konnte gegen den mit Panzer- und Artillerieunterstützung angreifenden Feind anfangs nur verzögernd kämpfen. Dabei hatte sie die Stärke des Feindes noch unterschätzt. Zwischen Ingwiller und Obermodern griffen nicht, wie gemeldet, zwei, sondern fünf Infanteriebataillone mit einem Panzerbataillon nach Norden an. Der überlegene Gegner war nur durch Minen, Sperren und Sprengungen aufzuhalten.

Am 29. 11. nahm der Gegner seine Angriffe aus der Linie Südrand Rothbach - Bischholtz - Mulhausen - Zutzendorf wieder auf, aber nachdem zehn Züge der 245. Infanteriedivision eingetroffen waren, konnte sich der deutsche Widerstand versteifen. Bei und ostwärts Pfaffenhoffen ging die Infanterie und Artillerie in Stellung. Vor Morgengrauen löste aus Mulhausen vorgehende Gefechtsaufklärung des Feindes einen deutschen Feuerschlag aus. Darüber heißt es in der Geschichte der 45. (US) Division:

Dann griff der Feind an und versuchte, hinter die Linien des II. Bataillons einzudringen, aber dieser Versuch wurde rasch beendet. Die B-Kompanie schlug einen Angriff des Feindes ab, der von Norden in Mulhausen eindrang und machte viele Gefangene...

Von deutscher Seite ist leider nur das Kriegstagebuch der Heeresgruppe G erhalten, das naturgemäß sehr knapp berichtet und keine Tapferkeitstaten erwähnt. Jedoch wurden den Leutnanten Diesslin und von Zitzewitz für ihren Einsatz bei Mulhausen an diesem Tage die Ehrenblattspange verliehen. Leutnant Diesslin berichtet, er habe am 29. 11. früh von Major von Fallois den Auftrag erhalten, im Raum Bischholtz - Mulhausen - Uhrwiller gewaltsam aufzuklären, um Gefangene einzubringen und Aufschluß über Gliederung und Absicht des am Vortag festgestellten Gegners zu bekommen. Für diesen Auftrag verfügte er über seinen Kanonenzug (3 SPW mit kurzer 7,5 cm Kanone) und zwei bis drei behelfsmäßige 7,5 cm Pak-Selbfahrlafetten auf kleinen 1-t Zugmaschinen, zwei Pioniergruppen und den Panzerspähzug der Abteilung unter Führung von Leutnant von Zitzewitz. Sein von weiteren Angehörigen der Aufklärungslehrabteilung bestätigter Gefechtsbericht klingt anders als der vorstehende amerikanische:

»Wir stießen von der Straße Gumbrechtshoffen in Richtung Mulhausen vor und wurden mit Infanteriefeuer empfangen. Unsere Kanonen brachen jedoch die Gegenwehr und wir fuhren in die Hauptkampflinie der Amerikaner, die sich nach kurzem Kampf ergaben. Das hatte die reinste Kettenreaktion zur Folge, denn auf

einer Breite von 300 - 400 m kamen etwa 100 Amerikaner auf uns zu, warfen
ihre Waffen weg und ließen sich zu unseren Linien abführen. Noch während wir
zurückfuhren, setzte amerikanisches Artilleriefeuer ein...«

Die 45. amerikanische Division hat drei weitere deutsche Gegenangriffe an diesem Tage gemeldet. Dennoch mußte die vordere deutsche Linie am Abend auf den
Nordrand Offwiller - Nordrand Uhrwiller - West- und Südrand Pfaffenhoffen zurückgenommen werden.

Am 30. November war die 245. Infanteriedivision fast vollzählig eingetroffen. Dem-
entsprechend wurde auch der deutsche Widerstand härter. Vorläufig blieb jedoch die
Panzeraufklärungslehrabteilung Rückgrat und Feuerwehr der Verteidigung. Bei Zins-
willer erlitt sie noch stärkere Verluste.

Der Dezember brachte kälteres und nasseres Wetter. Damit verminderten sich
auch die Geländegewinne des Feindes. Dennoch gelang es ihm am 3. Dezember, Gun-
dershoffen zu nehmen und damit in die neue deutsche Verteidigungslinie hinter dem
Bach Zinsel du Nord einzubrechen. Am 5. Dezember löste sich die Panzeraufklärungslehrabteilung befehlsgemäß aus der Front, um nach Norden zu marschieren.
Hinter ihr besetzte der Feind an diesem Tage die Höhen nord- und südwestlich von
Oberbronn.

Damit war die gesamte Panzerlehrdivision auf dem Wege zu neuen Aufgaben und neuer Bewährung. Zur Ruhe, Übernahme neuen Personals und neuer Waffen und Neugliederung wurden ihr nur wenige Tage gegönnt. Durch den unzureichenden Unterführerersatz, der die an der Invasionsfront ausgefallenen Stämme nicht annähernd ausgleichen konnte, und die Verluste der letzten schweren Kämpfe hatten besonders die Panzergrenadiere an Kampfkraft eingebüßt. Die Zahl der Artillerie- und Flakgeschütze entsprach nur noch einem Drittel des Solls. Ein Großteil der Panzer und der Radfahrzeuge lagen wegen Ersatzteilmangel fest. Dennoch war die Stimmung der Truppe gut. Sie schien zum Angriff noch bedingt geeignet.

6. Die Ardennenoffensive

Einführung

Hitler glaubte im Nachlassen des Feinddrucks im Westen ab Oktober noch einmal eine Chance für ein besseres Kriegsende durch eine Angriffsoperation zu erkennen. Er litt an der Parkinsonschen Krankheit und zerfiel langsam in Altersstarrsinn. Mehr und mehr lebte er in einer Traumwelt, die der Wirklichkeit nicht standhielt. Ohne eigene internationale Erfahrungen und ohne jemals ins Ausland gereist zu sein, kalkulierte er Fehler seiner Gegner ein und überschätzte maßlos die ihm bekanntwerdenden kleineren Querelen zwischen den Westalliierten. Politisch hatten seine Taten das Reich in der Welt völlig isoliert. 1940 hatten in einzelnen Ländern noch Sympathien zum Aufbau eines vereinten Westeuropas durch eine Verständigung mit Frankreich bestanden. Diese waren durch Hitlers Herrschsucht, seine Politik und den Mangel an zivilen Führungseliten unwiderruflich verspielt worden. Ungeeignete Mitarbeiter hatten nur Porzellan zerschlagen und Deutschenhaß ausgelöst. Innenpolitisch war das Reich dennoch nicht zusammengebrochen. Durch eine geschickte, von Goebbels zentral geleitete Propaganda wurde das patriotische Durchhaltevermögen des Volkes erhalten. Um den Unmut des Volkes zu dämpfen, hatte Hitler sein Menschenpotential weit geringer mobilisiert als die Sowjetunion und Großbritannien. Erst nach dem 20. Juli 1944 hatte Goebbels zur »Totalen Mobilisierung« aufgerufen. Die Hingabe des Volkes und äußerste Rationalisierung ermöglichten es im Sommer 1944, noch 18 neue Divisionen und zehn Panzerbrigaden aufzustellen, obwohl der Luftkrieg verheerend wirkte und auch die Rüstungsproduktion immer mehr zum Erliegen brachte. Durch den Verlust der besetzten Gebiete und den Frontwechsel fast aller Verbündeten wurde die ohnehin knappe Rohstoffbasis noch mehr beschnitten. Verloren gingen die finnischen Nickelgruben, die ungarischen und französischen Bauxitlager, das lothringische und schwedische Eisenerz, die jugoslawischen Kupferlager. Die Zufuhr an Stahlveredlern, wie Mangan, Chrom, Wolfram, Molybdän, hörte auf. Aus Schweden kamen keine Kugellager mehr.

Die Luftangriffe konzentrierten sich auf das Verkehrsnetz, die Energie-, insbesondere Betriebsstoffversorgung, die fast völlig aufhörte, und auf die Terrorisierung der Zivilbevölkerung. Demgegenüber blieb die Lebensmittelversorgung - die deutsche Achillesferse im Ersten Weltkrieg - einigermaßen gesichert, wenn auch äußerst knapp.

Der Krieg war hoffnungslos verloren. Die Alliierten hatten jede Basis für politische Verhandlungen bewußt zerstört. Unverrückbar wollten sie die Vernichtung des Reiches. Seit Januar 1943 forderte man »unconditional surrender« - die bedingungslose Kapitulation - um einen völkerrechtsfreien Raum zu schaffen. Im September 1944 wurde der Morgenthau-Plan verkündet, der eine Versklavung aller Deutschen vorsah. »Germany must perish!« (Deutschland muß verrecken) hieß es. Jede Anerkennung und Unterstützung der deutschen Widerstandsbewegung wurde grundsätzlich abgelehnt. So unterstützten die Alliierten den Wahnsinn Hitlers, die letzte Substanz aufs Spiel zu setzen.

Das Reich glich einer belagerten Festung, deren Vorgelände zusammengeschrumpft war. Zwar war es im September nach dem Seitenwechsel von Rumänien,

Bulgarien und Ungarn wieder gelungen, im Osten eine neue Front zwischen Karpathen und Ostsee aufzubauen, obwohl das Ostheer von Juli bis November rund 1,2 Millionen Mann verloren hatte und jetzt einer fünffachen sowjetischen Übermacht mit 100 Panzergroßverbänden gegenüberstand. Die Front in Italien, zwischen La Spezia und Rimini, war einigermaßen stabil. Im Westen lief sie von der Schelde längs des Westwalls bis zur Burgundischen Pforte. Hier standen 60 kampfkräftige alliierte Divisionen 55 zumeist stark psychisch zermürbten, körperlich und materiell angeschlagenen Divisionstrümmern gegenüber. Die deutschen Verbände waren am Ende ihrer Kraft und ihrer Hoffnungen.

Den Luftraum beherrschten die Alliierten. Bestimmend dafür war die gewaltige zahlenmäßige und qualitative Überlegenheit der strategischen und der taktischen Luftwaffen der Westgegner, die veraltete deutsche Luftkriegskonzeption und der Treibstoffmangel. Die deutsche Luftwaffe konnte weder die Reichsluftverteidigung sicherstellen, noch Heer und Marine durch Luftaufklärung, Abriegelung des Kampfraumes und Nahangriffe unterstüzen. Hitlers letzte Hoffnung, dennoch einer Niederlage entgehen zu können, beruhte auf den zweifellos bestehenden Gegensätzen zwischen den Alliierten. Durch einen militärischen Erfolg zur Trennung der US-Armee und der britischen Streitkräfte hoffte er die Voraussetzung für eine politische Beendigung des Krieges schaffen zu können.

General der Panzertruppen
Hasso von Manteuffel
(1891 - 1979),
Oberbefehlshaber der
5. Panzerarmee.

Vom Angriffsgedanken besessen und den Verlust der »entscheidenden Land-schlacht im Westen« verkennend, glaubte Hitler, mit einer Überraschenden Gegen-offensive durch die Ardennen auf Antwerpen die 21. britische Heeresgruppe mit 1. und 9.(US)Armee einschließen und vernichten zu können. Bei Schlechtwetter muß-ten die feindlichen Luftwaffen fernbleiben. Voraussetzung für das Gelingen der Ope-ration war die Überraschung des Feindes. Es galt die Parole: »Vorwärts, ohne rechts und links zu sehen, über die Maas nach Antwerpen«! Unter der Heeresgruppe B (Ge-neralfeldmarschall Model) wurden drei Armeen eingesetzt.

Angriffskräfte:
6. Panzerarmee (rechts), Generaloberst der Waffen-SS Sepp Dietrich, hat Auftrag, über die Maas beiderseits Lüttich vorzustoßen, um den Albert-Kanal zu gewinnen. Kräfte: vier SS-Panzerdivisionen und fünf andere Divisionen.
Die *5. Panzerarmee*, General der Panzertruppen Hasso von Manteuffel, hat Auftrag, die feindlichen Stellungen an der Our zu durchbrechen, dann über die Maas zwischen Huy und Givet zu stoßen, um dann in der allgemeinen Linie Brüssel - Dinant Flanke und Rücken der 6. Panzerarmee gegen Feindeinwirkung von Westen abzudecken. Kräfte: drei Panzerdivisionen, vier andere Divisionen.
7. Armee: soll beiderseits Echternach Übergänge über Our und Sauer erzwingen, um dann in einer Abwehrflanke den Stoß der Panzerarmeen gegen Feindangriffe von Sü-den zu sichern. Kräfte: keine Panzer, vier andere Divisionen.
Heeresgruppenreserve: eine Volksgrenadierdivision. OKW-Reserven : zwei Panzer-divisionen, fünf andere, eine Panzerbrigade, eine Panzergrenadierbrigade.
Deutsche Gesamtstärke: 28 Großverbände.

Feindkräfte:

21. (BR) Heeresgruppe:	fünf Panzerdivisionen, acht Infanteriedivisionen
9. (US) Armee:	zwei Panzerdivisionen, vier Infanteriedivisionen
1. (US) Armee:	drei Panzerdivisionen elf Infanteriedivisionen
USAREUR-Reserven:	eine Panzerdivisionen, vier Luftlandedivisionen
Alliierte Gesamtstärke:	40 Divisionen.

Schon der Ansatz dieser Kräfte war verfehlt. Im Kriege gewinnt auf Dauer immer der Stärkere an Zahl und Material. Daher gilt heute allgemein nur eine dreifache Überle-genheit als angriffsfähig. Hier waren die deutschen Kräfte von vorn herein unterle-gen. Selbst die vorübergehende Überlegenheit im Einbruchsraum schwand sehr schnell, nachdem die Amerikaner aufgrund ihrer größeren Beweglichkeit eine Divi-sion nach der anderen heranführten. Der Ansatz der Kräfte war auch falsch. Der Schwerpunkt der Operation hätte in die Mitte gehört, lag aber rechts, weil die dorti-gen SS-Divisionen als am kampfkräftigsten eingestuft wurden und die Lorbeeren ern-ten sollten. Die dort eingesetzten Infanteriedivisionen stießen aber auf gleichzeitige amerikanische Angriffe und erzielten keinen Durchbruch. Die mit dem Flanken-schutz links beauftragte 7. Armee verfügte über keine Panzer und kaum über Sturm-geschütze. Andere amerikanische Frontabschnitte konnten aus Kräftemangel nicht gefesselt werden. Die Amerikaner konnten ungehindert ihre gepanzerten Kräfte in die Ardennen abgeben.

Während alle alliierten Divisionen vollmotorisiert waren, blieben alle deutschen Infanterie- und Volksgrenadierdivisionen größtenteils auf Pferdezug angewiesen, je Divisionen 5000 Pferde. Das *Kampfpanzerverhältnis* (ohne Jagdpanzer) war $357:986 = 1:3$

Zwei Sonderunternehmen scheiterten:

1. Die Panzerbrigade 150 (Obersturmbannführer Otto Skorzeny) sollte im voraus Maasbrücken nehmen und Verwirrung in die Amerikaner tragen (letzteres gelang allerdings).
2. Das Fallschirmunternehmen »Stösser« (Oberstleutnant Freiherr von der Heydte) sollte Eifelpässe nehmen.

Luftlage: Die vorangegangenen deutschen Niederlagen in Frankreich waren größenteils der technischen und zahlenmäßigen Überlegenheit der feindlichen taktischen Luftwaffen zuzuschreiben gewesen. Unerläßliche Voraussetzung für einen deutschen Angriffserfolg war daher eine günstige Luftlage über dem Angriffsgebiet für längere Zeit. Die deutsche Luftwaffe hätte zum einen den deutschen Aufmarsch und später die Versorgung des Heeres gegen die Bombenangriffe im rückwärtigen Raum schützen und den taktischen Luftwaffen der Gegner die Luftnahunterstützung ihrer Kräfte verwehren müssen. Zum anderen hätte sie durch Abriegelung des Hinterlandes das Heranführen operativer Reserven der Alliierten verhindern oder wenigstens verzögern und erschweren müssen. Als überraschendes Luftwaffen-Angriffsunternehmen war die Operation »Bodenplatte« gegen 15 gegnerische Flugplätze im Tiefflug geplant. Wegen des geringen Ausbildungsstandes und ungenügender Navigationsausstattung der deutschen Flugzeuge konnte sie nur bei klarer Bodensicht durchgeführt werden. Diese erlaubte das Wetter erst am 1. Januar 1945. Bis dahin hatten die Gegner von den 1800 für die Offensive bereitgestellten Flugzeugen bereits soviel zerstört, daß nur 1035 zum Angriff starten konnten. Zwar gelang die Überraschung, aber die deutschen Geschwader erlitten bittere Verluste, zum Großteil durch deutsche Flak, die man vorher nicht vom Angriff unterrichtet hatte.

Die strategischen alliierten Bomberverbände konnten ihre Aufträge unabhängig vom Wetter fliegen. Sie verwandelten ab 16. Dezember das rückwärtige Heeresgebiet und die Städte an Rhein und Ruhr, ziemlich ungehindert durch die deutsche Luftwaffe, in eine »Verkehrswüste«, obgleich sie auch beträchtliche Verluste durch die deutsche Flak hinnehmen mußten.

Nachdem die Schlechtwetterperiode endete, spürten die Angriffsverbände des Heeres nichts mehr von der eigenen Luftwaffe, um so mehr aber von der des Gegners. Die deutsche Luftaufklärung kam nicht durch und vermochte z.B. nicht die Lage der Kampfgruppe Peiper* festzustellen, was der US-Air Force laufend gelang.

Verkehrslage:

Die Ardennen galten bis 1940 für ungangbar, bis es der Wehrmacht gelang, sie bei gutem Wetter unter dem Schirm der Luftwaffe beinahe widerstandslos zu überwinden. Jetzt sollten abgekämpfte Verbände ohne ausreichende Versorgung durch das schwierige Gelände im Winterwetter unter Luftgefahr einen sich hartnäckig verteidigenden, hochbeweglichen und modern ausgerüsteten Gegner durchbrechen. Bewegungen abseits der wenigen schlechten, schmalen und oft gewundenen Straßen durch das bewaldete Berggelände waren nicht möglich. Deshalb ließ sich Widerstand an solchen Straßen und Engen mit Fahrzeugen nicht umgehen. Der Besitz der Verkehrsknotenpunkte St.Vith und Bastogne hätte die Verkehrslage verbessert. Es fehlten aber mit modernen Straßenbaumaschinen ausgerüstete und erfahrene Pioniere oder Baukolonnen. Das deutsche Kriegsbrückengerät war im Kriege kaum weiterentwickelt worden und genügte nicht mehr den gestiegenen Gewichten von Panzerfahrzeugen. Der Bau von Behelfsbrücken war abhängig vom Wasserstand und den Uferverhältnissen und viel zu zeitraubend. Mangels Möglichkeiten zur Luftaufklärung und Erkundung bemerkte die Angriffstruppe erst im Angriff, daß die Brückenabfahrten jenseits der Our beim deutschen Rückzug im September durch Sprengungen und Baumsperren nachhaltig gesperrt worden und in diesem Zustand geblieben waren. Eine kurzfristige Abhilfe war nicht möglich. Nach zeitraubendem Aufenthalt mußten schließlich alle drei Panzerdivisionen der 5. Panzerarmee über die Brücke bei Dasburg geleitet werden. Die Folge davon waren lange Verkehrstauungen, die dem Feinde zugute kamen.

Betriebsstofflage:

Sie war von vorn herein kritisch. Zugesagt waren drei Verbrauchssätze bei den Fahrzeugen, zwei bei den Kolonnen. Sie wurden nicht geliefert. Der Verbrauch auf den schwierigen Eifelstraßen in niedrigen Gängen, nachts ohne Licht, überstieg alle Berechnungen. Aus Geheimhaltungsgründen lagen die großen Armee-Betriebsstofflager am Rhein. Der lange Weg dorthin und zurück führte durch die wegearme Eifel. Der Fliegergefahr wegen mußte er zumeist nachts ohne Beleuchtung zurückgelegt werden. Dagegen konnten die stets vollversorgten amerikanischen Panzerdivisionen auch über größere Strecken fast friedensmäßig und nachts bei Licht schnell verlegt werden. Zum Beispiel marschierte die 4. Armd Division am 17. 12. die über 120 km von Thionville bis Bastogne auf guter Straße zügig durch.

Tarnung und Täuschung:

Die Ardennenoffensive ist ein Schulbeispiel erfolgreicher Geheimhaltung. Der Kreis der Bearbeiter wurde auf ein Minimum begrenzt. Verstöße gegen die Geheimhaltung wurden mit dem Tode bedroht. Befehle durften nicht mit dem Flugzeug oder normaler Post befördert werden, sondern nur durch Offiziere. Übermittlung durch elektronische Mittel wie Funk und Telefon war untersagt. Durch irreführende Befehle - Bereitstellung zu einem Gegenangriff, Vortäuschung einer 25. Armee durch fingierten Funkverkehr, Beschriftungen, Decknamen »Wacht am Rhein« - gelang die Überraschung des Feindes. Bewegungen hinter der Front waren nur nachts oder unter Geräuschtarnung erlaubt. Einschießen der Artillerie war verboten. Um Verrat von Überläufern auszuschließen, wurden bestimmte Gruppen von »Volksdeutschen« aus den beteiligten Verbänden herausgezogen. Dennoch stellten die Alliierten nachträglich fest, daß sie zahlreiche Anzeichen unbeachtet gelassen oder nicht gemeldet hatten. Aber die Alliierten hatten sich ein Feindbild gemacht, das nicht stimmte. Sie hielten die Wehrmacht keiner größeren Kraftanstrengung mehr für fähig und schlossen jede Offensive durch die winterlichen Ardennen völlig aus. Denkbare Täuschungen ihrer raffinierten Aufklärungssysteme ließen sie völlig außer Betracht. Die Lage der

Stabsquartiere der beteiligten deutschen Armeeoberkommandos blieb den Alliierten verborgen. So wurde die Überraschung des Feindes zu einem besonderen Vorteil der Deutschen. Die strenge Geheimhaltung brachte aber auch große Nachteile mit sich, denn die Truppe konnte ihr Angriffsgelände, selbst Brücken mit deren Zu- und Abfahrten, nicht vorher erkunden. Durch unerwartete Hindernisse wurde sie dann aufgehalten, wo es doch auf Schnelligkeit ankam.

Der Beginn der Offensive am 16. Dezember 1944 überraschte die feindlichen Gefechtsvorposten auf der ganzen Front. Die 6. Panzerarmee stieß auf den gleichzeitigen amerikanischen Angriff auf die Ruhr-Staudämme und blieb liegen. Nur der Kampfgruppe Peiper der 1. SS-Panzerdivision »Leibstandarte Adolf Hitler« gelang es, in Richtung Stavelot durchzubrechen. Dieser taktische Erfolg sollte jedoch der einzige bleiben.*

Im Rahmen dieser Abhandlung soll nur die 5. Panzerarmee betrachtet werden. Hier kam es anfangs darauf an, die Our an vier Stellen zu überwinden. An der gesprengten Brückenstelle bei Ouren gelang das nicht, wohl aber bei Dasburg und Gemünd. Auf diesen Kriegsbrücken konnten Fahrzeuge ab Nachmittag übergehen. Tatsächlich brauchbar blieb aber nur die Dasburger Brücke, auf der alle drei Panzerdivisionen der 5. Panzerarmee nacheinander die Our überwanden. Bei der 7. Armee dauerte der Brückenbau noch länger.

Der Feind vor der 5. Panzerarmee, das VIII. (US) Korps mit drei Infanteriedivisionen und einer Drittel Panzerdivision, hatte offenbar weder Befehle für den Fall eines feindlichen Angriffs gegeben noch rückwärtige Stellungen erkundet und vorbereitet. Brücken und Engen konnten infolgedessen nicht zerstört werden. So war es das Einfachste zu sagen: »*Hold at all costs*!« Die Amerikanern wurde in ihren Dörfern eingeschlossen, verschossen sich bald und handelten dann ohne Kenntnis der Lage beim Nachbarn planlos. Ihre Verluste waren daher ungeheuer. Dagegen reagierte die obere Führung schnell und wirksam. Bereits am 16. Dezember nachmittags befahl General Omar Bradley, Oberbefehlshaber der Heeresgruppe, zwei Panzerdivisionen dem VIII. Korps zuzuführen. Am nächsten Tage gab General Eisenhower seine Reserve, das XVIII. Luftlandekorps mit der 82. und 101. Luftlandedivision, frei. Armee und Korps legten diese hochbeweglichen Kräfte sofort zur Verteidigung, aufgeteilt in kleinere Gefechtsgruppen, fest, anstatt sie planmäßig zum Gegenangriff einzusetzen. So wurden die 9. und 10. Armoured Division fast mühelos aufgerieben, von den organischen Panzerbataillonen der US-Infanteriedivisionen ganz zu schweigen.

Diesen Reserven der höheren Führung gelang es jedoch, die beiden Verkehrsknotenpunkte Bastogne und St. Vith zu halten. Das in einem Talkessel gelegene und schon fast eingeschlossene St. Vith wurde schließlich aber doch geräumt. Feldmarschall Montgomery hatte den Vorstellungen des um seine 7. Armd Division besorgten Divisionskommandeurs entsprochen und den Haltebefehl des Kommandierenden Generals aufgehoben. Andernfalls wäre diese amerikanische Panzerdivision wohl völlig vernichtet worden.

Bastogne aber trotzte allen Angriffen. Solange die deutsche 7. Armee den Flankenschutz der 5. Panzerarmee sicherstellte, hätte das eingeschlossene Bastogne den

---

* Die Kampfgruppe Peiper der 1. SS-Panzerdivision (6. Panzerarmee) unter Standartenführer Joachim Peiper erzielte einen tiefen Durchbruch auf Stavelot, wurde aber abgeschnitten und vernichtet.

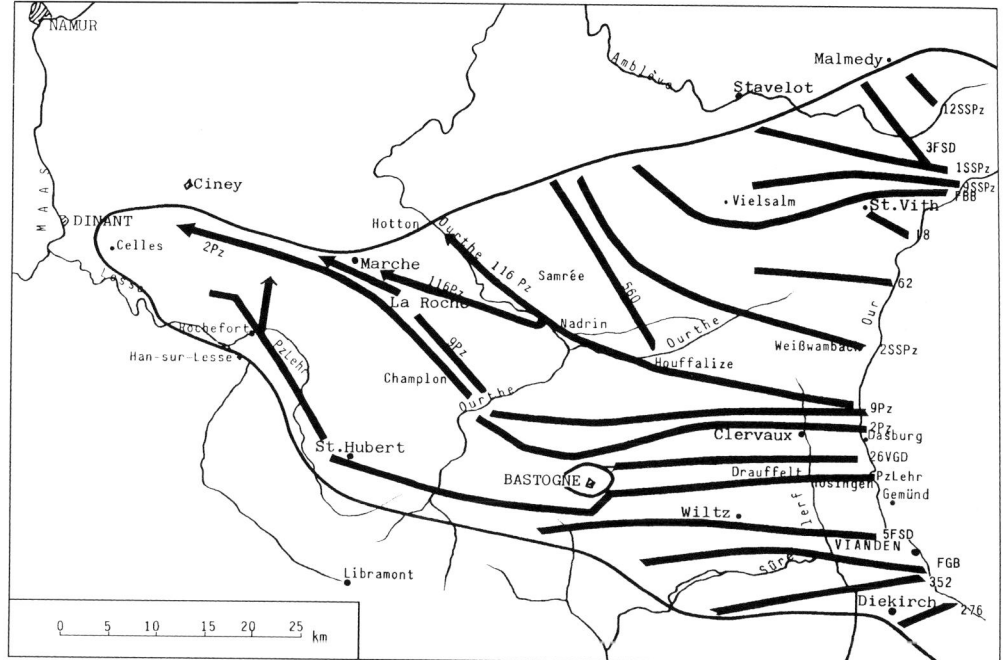

Die Ardennenfront am 24. Dezember 1944.

Vorstoß an und über die Maas nur wenig gestört. Das war ja wohl das Operationsziel, nicht der Besitz von Bastogne. Während die 5. Panzerarmee nach wie vor, nur behindert durch Betriebsstoffmangel, an die Maas drängte, dort aber abgefangen wurde, befahl Hitler, Bastogne zu nehmen. Das bedeutete tatsächlich das Ende der Operation!

Der Oberbefehlshaber West meldete am 24. Dezember, die Offensive habe ihren Höhepunkt überschritten. Sie hätte daraufhin abgebrochen werden müssen, denn die deutschen Kräfte wären im Osten dringender gebraucht worden, um die erwartete sowjetische Offensive aufzufangen. Stattdessen entbrannte nun eine operativ sinnlose Schlacht um Bastogne.

Ebenso viel Tadel wie Hitler verdienen aber auch die Alliierten. In genauer Kenntnis der schwierigen deutschen Versorgungslage hätten sie einen verlustarmen leichten Erfolg erzielen und die beiden deutschen Panzerarmeen ein für allemal vernichten können, wenn sie die Angreifer an - oder sogar über - die Maas hätten gelangen lassen, wo diese bewegungsunfähig geworden wären. Sie hätten auch durch eine weit angesetzte beiderseitige Umfassung, etwa von Norden und Süden auf Dasburg, einen riesigen Kessel bilden können. Stattdessen versuchten sie, die Heeresgruppe B frontal auf breiter Front zurückzuwerfen.

Die zur Abwehr übergegangenen deutschen Angriffsverbände verteidigten sich tapfer zunächst etwa 14 Tage lang erfolgreich, begünstigt durch das schwierige Gelände bei Kälte und Schnee sowie ihre größeren Kampferfahrungen im Winter und bei Nacht. Beim folgenden planmäßigen Rückzug verloren sie infolge des Betriebs-

stoffmangels und der Geländeverhältnisse, keinesfalls durch Feinddruck, einen Großteil ihres Materials. Nur waren diese deutschen Verluste, im Gegensatz zu den der Alliierten, nicht mehr zu ersetzen. General Wagener, Chef des Stabes der 5. Panzerarmee, faßte seine Beurteilung der Kämpfe mit den Worten zusammen: »*Die Deutschen
haben die Ardennenoffensive verloren, die Alliierten aber haben sie nicht gewonnen!*« Trotz aller Fehler der Heerführer beider Seiten bleibt die Ardennenoffensive ein unvergängliches Denkmal besten deutschen Soldatentums im Zweiten Weltkrieg.

*

Vorwärts - an die Maas

Die Ardennenoffensive sollte die einzige Zeit bleiben, in der die alliierte Führung im Westen in die Defensive gedrängt wurde. Nach ihrer unerwarteten Herauslösung aus den harten und verlustreichen Kämpfen der 1. Armee an der Saarfront bis zum 5. Dezember war die Panzerlehrdivision nach anstrengenden Nachtmärschen in kleinen Gruppen sieben Tage später im Raume Cochem an der Mosel versammelt. Dorthin wurde ihr auch der erforderliche Ersatz an Personal und Material - etwa 600 Panzergrenadiere, Panzer, Geschütze und Fahrzeuge - zugeführt. Dadurch besserte sich die Materiallage sprunghaft, obwohl die Truppe keine Zeit zum Einschmelzen des Personalersatzes und zur technischen Durchsicht des Materials erhielt.

Oberflächlich betrachtet, bot die Kampfkraft der Division mit insgesamt 63 Panzern IV und V, sowie 15 Panzerjägern IV im Vergleich zu anderen Divisionen kein schlechtes Bild. Am günstigsten standen noch die Kampftruppen, ausgenommen die Panzergrenadiere, da. Aber das Panzerregiment verfügte nur noch über eine - gemischte - Panzerabteilung. Anstelle der noch in Ungarn kämpfenden I. (Panther) Abteilung sollte die schwere Panzerjägerabteilung 559, ausgerüstet mit Jagdpanther - im Angriff ein schwacher Ersatz - treten. Sie traf jedoch erst nach Weihnachten ein. Die ebenfalls der Division zugesagte Sturmgeschützbrigade 243 ist gar nicht nachzuweisen, anscheinend hat sie zwischenzeitlich andere Aufträge erhalten. Die Panzerjägerlehrabteilung brachte nur zwei Kompanien mit Jagdpanzer IV zum Einsatz, ihre Pak-Kompanie kämpfte mit ungepanzerten 7,5 cm Pak. Einigermaßen mit Material aufgefüllt war die Panzeraufkläungslehrabteilung 130. Bei den Panzergrenadieren konnten die gröbsten Lücken zahlenmäßig mit dem zugeführten Ersatz - teilweise prächtige, umgeschulte Kavalleristen aus Mecklenburg und blutjunge, aber begeisterungsfähige Rekruten, wie auch ältere mißmutige Luftwaffensoldaten - geschlos-

Der Panther-Befehlswagen des Verfassers in den Ardennen.

sen werden. Bedenklich war der große Mangel an Unteroffizieren. Dennoch gelang es, insbesondere durch Zusammenlegung der beiden Versorgungskompanien der Bataillone zu einer Regiments-Versorgungskompanie, das am 4. 12. in Domfessel großenteils vernichtete I./902 wiederaufzustellen. Nur noch ein Bataillon, das I./901, blieb auf SPW gepanzert, wenn auch die 1. Kompanie nur noch 16 anstelle der 22 SPW im Vormonat zählte. Die drei anderen Bataillone wurden zum Teil mit ungepanzerten Steyr-Mannschaftswagen und Raupenschleppern Ost (RSO) motorisiert. Allgemein mangelte es den Panzergrenadieren an der früheren Feuerkraft, nicht nur, weil es kaum noch Kanonen-SPW gab, sondern weil auch alle schweren Infanteriegeschütze fehlten. Darüberhinaus waren erhebliche Ausbildungsmängel unübersehbar.

Beim Panzerartillerieregiment 130 erinnerte nur noch der Name an Panzer. Nach den Geschützverlusten in Lothringen mußte die I. Abteilung alles abgeben, was den beiden anderen an Ausrüstung fehlte. Fortan bestand das Regiment nur noch aus einer leichten Abteilung (4., 5. und 6. Batterie) und der III.(s. FH.) Abteilung mit zwei Batterien. Noch schlimmer waren die Versorgungstruppen dran.

Erst am 13. Dezember erfuhren die Kommandeure von dem bevorstehenden Angriff. Am 15. Dezember wurden der Truppe die Tagesbefehle von Feldmarschalls von Rundstedt und Feldmarschall Model bekanntgegeben. Sie wurden mit tiefem Ernst aufgenommen:

Soldaten der Westfront! Eure große Stunde hat geschlagen! Starke Angriffsarmeen sind heute gegen den Anglo-Amerikaner angetreten. Mehr brauche ich Euch nicht zu sagen. Ihr fühlt es alle: Es geht ums Ganze! Tragt in Euch die heilige Verpflichtung, alles zu geben und Übermenschliches zu leisten für unser Vaterland und unseren Führer!

Der Oberbefehlshaber West
gez. von Rundstedt
Generalfeldmarschall

Bei der Offensive fiel der Panzerlehrdivision die Aufgabe zu, am Südflügel der 5. Panzerarmee im XXXXVII. Panzerkorps (General der Panzertruppen Freiherr von Lüttwitz) zusammen mit der 2. Panzer- und der 26. Volksgrenadierdivision auf und über den Maasabschnitt Givel - Dinant vorzustürmen. Für den Angriff hatte das Korps der Division befohlen:

- zunächst mit Teilen die 26. Volksgrenadierdivision beim Bilden von Brückenköpfen über die Our bei Gemünd und über den Clerf bei Drauffeld zu unterstützen,

- sich dann bereitzuhalten, aus den Brückenköpfen auf Bastogne und später auf die Maas bei Dinant vorzustoßen. Bastogne solle im Handstreich genommen, bei starkem Feindwiderstand südlich umgangen und dann von der 26. Volksgrenadierdivision genommen werden.

Das Gelände, in dem die Panzerlehrdivision angreifen und sich später verteidigen sollte, war durch den häufigen Wechsel zwischen tief eingeschnittenen, gewundenen Gebirgstälern und langgestreckten Hochflächen mit großem Waldbestand gekennzeichnet. Bereits der Anmarsch durch die kurvenreichen, steilen und engen Bergstraßen der Eifel stellte schon bei trockenem Wetter hohe Anforderungen an Fahrer und Fahrzeuge. Die vordere amerikanische Linie verlief entlang der Höhenstraße N 7 dicht hinter dem tiefen, schroffwandigen Tal der durch Hochwasser angeschwollenen Our. Aus diesem Tal führten nur wenige schmale, kaum befestigte Wege in Serpentinen den Hang hinauf, der für Panzer nicht gangbar war. Die Höhenstraße bot ihrem Besitzer günstige Möglichkeiten für Beobachtung und Feuer. Die dahinter liegenden Täler des Clerf und der Wiltz waren flacher und leichter zu überwinden. Westlich daran schloß sich waldreiches Hügelland an, das bis zur Wasserscheide von Mosel und Maas bei Bastogne anstieg und dann in eine langgestreckte panzergünstige Senke bis zur Maas überging. Diese Senke wurde von den noch flachen Tälern der Ourthe, L'Homme und Lesse, schwierigen Hindernissen im weiteren Flußlauf; unterbrochen. Das Geländegefüge und damit auch die guten Straßen, verlief von Nordost nach Südwest, gute Ost-West-Straßen fehlten. Die übrigen Straßen und Wege waren schmal und nicht für schweren Verkehr geeignet. Für Bewegungen von Panzerverbänden und deren Versorgung waren der Besitz der wenigen großen Straßenknotenpunkte - im Abschnitt der Panzerlehrdivision: Bastogne - von großer Bedeutung. Der in Stellung eingerichtete Feind war die 28. (US) Infanteriedivision, eine aus Pennsylvanien stammende Nationalgarde-Division mit dem Spitznamen *Keystone* (Schlußstein). Sie war der Panzerlehrdivision bereits bei Percy und der Kampfgruppe von Hauser am Westwall begegnet. Nach schweren Verlusten im Hürtgenwald war sie zur Auffrischung an den anscheinend ruhigen Frontabschnitt verlegt worden. Verstärkt wurde sie durch das Combat Command A der 9. amerikanischen Panzerdivision (CCA9) und ein Panzerbataillon.

Für den Angriff gliederte sich die Panzerlehrdivision wie folgt:
— Vorausabteilung:
    Führer: Kommandeur Panzeraufklärungslehrabteilung 130
    Truppen: Panzeraufklärungslehrabteilung 130
    8./Panzerlehrregiment 130 (15 Panzer IV)
    3./Panzerjägerlehrabteilung 130
    4./Panzerartillerieregiment 130 (4 le. FH)
    eine Panzerpionierkompanie
— Kampfgruppe 901
    Führer: Kommandeur Panzergrenadierlehrregiment 901
    Truppen: Panzergrenadierlehrregiment 901
    6./Panzerlehrregiment 130 (Panzer IV)
    III./Panzerartillerieregiment 130 (-)
— Kampfgruppe 902
    Führer: Kommandeur Panzergrenadierlehrregiment 902
    Truppen: Panzergrenadierlehrregiment 902
    II./Panzerlehrregiment 130 (-) (2 Panther-Kompanien)
    II./Panzerartillerieregiment 130 (-)
— Divisionsreserve
    Panzerjägerlehrabteilung (-)
    Divisionsbegleitkompanie

Die Vorausabteilung, zunächst der 26. Volksgrenadierdivision unterstellt, sollte nach Bildung der Brückenköpfe über Our und Clerf so rasch wie möglich auf Bastogne vorstoßen, die Stadt im Handstreich nehmen und dann auf Dinant vorgehen. Die Kampfgruppen 901 und 902 sollten über die Brücke bei Gemünd der Vorausabteilung folgen und sich dann zum Angriff auf und über Bastogne hinaus bereithalten. Das Panzerartillerieregiment 130 sollte zunächst ab 14. Dezember ostwärts der Our

Die 60 t Kriegsbrücke des Panzerpionierbataillons 130 über die Our bei Gemünd.

Bataillonskommandeur Hauptmann Kunze (rechts) leitete den schwierigen Brücken-bau bei Hochwasser über Irsenbach und Our.

so in Stellung gehen, daß es den Angriff der 26. Division durch Feuer auf erkannte feindliche Stützpunkte unterstützen konnte, dann auf Befehl der Panzerlehrdivision folgen. Das Panzerpionierbataillon 130 hatte zwei 60 t Kriegsbrücken (K.- und Behelfsgerät) über den Irsenbach, 1 km nordostwärts Gemünd, und über die Our zu schlagen. Später sollte es auf Befehl der Division folgen.

Die Panzerlehrdivision stand am 16. Dezember im Raum Waxweiler - Mauel - Rollersdorf - Krautscheid bereit, um vorgezogen zu werden, sobald die Bildung der Brückenköpfe dies zuließ. Vor dem Heraustreten aus den Brückenköpfen war kein Einsatz der Kampftruppen der Panzerlehrdivision vorgesehen.

Am 16. Dezember 1944, 05.30 Uhr, in der Frühe eines diesigen, naßkalten Wintermorgens, begann der Angriff des XLVII. Panzerkorps auf die amerikanischen Kompaniestützpunkte längs der Höhenstraße. Schon vor der 45minütigen Feuervorbereitung aus allen Rohren des Korps gingen die Grenadiere über die Our und griffen den überraschten Gegner an, der trotzdem unerwartet hartnäckigen, wirkungsvollen Widerstand leistete. Zwar gelang es der 2. Panzerdivision bis Mitternacht, den Stützpunkt Marnach zu nehmen und damit die Vormarschstraße nach Clervaux zu öffnen. Auch erklommen die Grenadiere die Höhen westlich Gemünd und nahmen Wahlhausen, konnten aber die Höhenstraße nicht überschreiten, die durch starkes Feuer aus Hosingen und Holzthum gesperrt wurde. Aus diesen Dörfern wurde auch wirkungsvolles Artillerie- und Granatwerferfeuer auf die Angreifer geleitet. Inzwischen schlugen die Pioniere, unbehelligt vom Gegner, Brücken über die Our bei Dasburg und Gemünd. Wegen der schwierigen Anfahrten und der Wasser- und Uferverhältnisse benötigten sie mehr Zeit als erwartet. Während der erste Panzer der 2. Panzerdivision um 16.00 Uhr über die Brücke bei Dasburg rollte, hatten in Gemünd die schweren Waffen Schwierigkeiten, auf die andere Seite überzugehen. Tiefe Baumsperren und zwei riesige Sprengtrichter beiderseits Eisenbach blockierten jeden Fahrzeugverkehr auf der steil aufwärts führenden Straße nach Hosingen. Die darauf vorbereiteten Pioniere konnten sie mangels Baumaschinen nicht rasch genug gangbar machen.

»Der Weg von der Brückenstelle bis zur Ortschaft Wahlhausen war langwierig. Mühsam quälten Sich die Kettenfahrzeuge der Panzeraufklärer dicht aufgeschlossen auf dem verschlammten steilen Waldweg vorwärts. Liegengebliebene und festgefahrene Kraftfahrzeuge, dazwischen pferdebespannte Munitionskarren versperrten die Straße. Feindliches Feuer streute den Wald ab und verursachte zusätzliche Ausfälle und Stauungen...« so begründete Generalmajor Kokott die Verzögerungen.

Nur langsam kamen die Wegearbeiten der Pioniere für Radfahrzeuge voran. Sie hielten die Spitzenkompanie die durch einen Panzer IV-Zug verstärkte 3./Panzeraufklärungslehrabteilung immer wieder auf, so daß die erst vor dem anscheinend feindbesetzten Wahlhausen anlangte, als die Dämmerung einbrach. Der Spitzenpanzer, Unteroffizier Wippich, schoß noch zwei amerikanische Spähpanzer ab, dann ließ sich nichts mehr erkennen. Das weitere war Aufgabe der Infanterie. Hier wurden Ausbildungsmängel der jungen Soldaten deutlich. Eine neben dem Panzer voreilig abgeschossene Leuchtkugel tauchte ihn in grelles Licht. Der Sprenggranatentreffer eines Feindpanzers kostete Unteroffizier Wippich einen Arm. Der Angriff kam zum Stehen. Die Tagesziele des 16. Dezember waren im Angriffsstreifen des XLVII. Panzerkorps nicht ganz erreicht, aber der Our-Abschnitt war in deutscher Hand, zwei 60 t Brücken überspannten ihn und über sie rollten weitere Kräfte an das Westufer.

Am 17. Dezember traten die Truppen der Panzerlehrdivision den Marsch an die Our an. Regen schützte vor Luftangriffen. Wegen der Verkehrsschwierigkeiten bei Gemünd wurde die Kampfgruppe 902 über die Dasburger Brücke abgedreht. Sie meldete sich um 18.30 Uhr von einem Tankhalt bei Marnach. Auf Hosingen angesetzte Spähtrupps meldeten dort noch Feind. Das Dorf fiel erst am nächsten Tag.

Auf die - unzutreffende - Meldung, das Fallschirmjägerregiment 14 habe den Clerf-Übergang südlich Kautenbach genommen und damit einen anderen Weg für den weiteren Vorstoß zur Maas geöffnet, gab das Korps den Befehl, die Vorausabteilung nicht, wie vorgesehen, über Drauffeld, sondern über Kautenbach vorgehen zu lassen. Dorthin war bereits das Füsilierregiment 39 angesetzt worden. Es konnte aber den hartnäckigen Widerstand in Holzthum nur mit Unterstützung der Vorausabteilung von Fallois am Abend brechen. Da die erschöpften Volksgrenadiere auch nicht den weiteren Weg über Consthum für die Vorausabteilung öffnen konnten, mußte General Bayerlein dafür die Kampfgruppe von Hauser anstelle der Vorausabteilung einsetzen. In dieser Nacht erreichten Volksgrenadiere durch den Wald vorgehend Drauffeld mit der unversehrten Clerf-Brücke. Hier konnte die Vorausabteilung, mit mehr als 24stündiger Verzögerung, aus dem Brückenkopf, verstärkt durch Aufklärungsabteilung 26 und gefolgt von der Kampfgruppe von Poschinger, am 18. Dezember 09.00 Uhr, zum Stoß nach Westen antreten. Wie nicht anders zu erwarten, hatte die 26. Volksgrenadierdivision den Einbruch in die feindlichen Stellungen im schwierigen Gelände nur mit Hilfe der Panzerlehrdivision erreichen können. Das aber hatte an den ohnehin begrenzten Kräften dieser Division gezehrt, sie zersplittert und sie für den weiteren Vorstoß übermäßig aufgehalten.

Artillerie- und Mörserfeuer störte und verzögerte den Anstieg aus dem Clerf-Tal. Vor Erpeldange erhielt die Spitze Feuer. Unterdessen kämpfte die Kampfgruppe 901 hart um Consthum, das erst am Nachmittag gesäubert werden konnte. Die Fortsetzung des Angriffs in Richtung Wiltz schlug mangels gegenseitiger Unterstützung mit der von Südosten angreifenden 5. Fallschirmjägerdivision fehl. Mittlerweile nahm die Kampfgruppe 902 über die Serpentinenstraße Eschweiler. Der Ausbruch der Besatzung scheiterte vor den Rohren der Panzer der Vorausabteilung bei Erpeldange. Acht Schützenpanzer und vier Panzerjäger wurden erbeutet.

Die Kampfgruppe 902 erreichte Derenbach vor der Vorausabteilung trotz eines Aufenthalts durch eine Straßensperre 3 km vor dem Ort. Die Vorausabteilung war aufgehalten worden, erst durch den Feind, der Erpeldange und das nördliche Wiltz-Ufer nicht vor gegen 16.00 Uhr räumte. Nun mußte sie Kampfgruppe 902 in Derenbach vorbeiziehen lassen. Deren Vorhut (II./Panzerlehrregiment 130) drang inzwischen nach Westen in die Nacht hinein. Ein eindrucksvolles Schauspiel zur Rechten erhöhte die Spannung. Mündungsblitze, Lichtspurgeschosse und der Widerschein von Bränden erhellten die niedrige Wolkendecke. Abschußknalle von Panzerkanonen zeugten vom Kampf des Panzerregiment 3 gegen Task Force Harper bei Allerborn. Gegen 19.00 Uhr erreichte man ohne Feindberührung Nieder-Wampach. Hier mußten die Panzer tanken. Leider reichte der mitgeführte Betriebsstoff nur für eine halbe Füllung. Währenddessen ging der Korpsbefehl für den 19. Dezember ein. Die Panzerlehrdivision sollte über die Linie Mageret-Wardin von Osten her nach Bastogne und - wenn möglich noch am selben Tage - darüber hinaus nach Westen vordringen. Rechts von ihr sollte 26. Volksgrenadierdivision durch den Bois Jaques angreifen mit dem Ziel, von Norden her in Bastogne einzudringen. Generalleutnant Bayerlein mußte nun über den weiteren Marschweg entscheiden. Das Korps hatte vor Benutzung des kürzeren Feldwegs über Benonchamps-Mageret bei Tauwetter gewarnt und stattdessen die bessere, aber weitere Straße über Bras empfohlen. Erkundungsergebnisse und Einwohneraussagen ließen den Weg über Benonchamps doch gangbar erscheinen, es war der kürzere, auf ihm würde der Feind niemand erwarten. Dieser Gesichtspunkt der Überraschung entschied. Doch die Panzerketten verwandelten den durch Tauwetter und anhaltenden Regen aufgeweichten Feldweg binnen kurzem in eine Schlammbahn. Radfahrzeuge, auch die Steyr-Pkw der Panzergrenadiere, blieben stecken. Neben und in der Kolonne gingen Grenadiere mit bespannten Munitionskarren. Es ging nicht voran. Später hat General von Manteuffel gerügt, General Bayerlein habe seine Division zu zögernd und wenig energisch vorangeführt. Spätestens als auch sein Befehls-SPW ins Schlepp eines Panzers genommen werden mußte, hätte er die Panzergrenadiere von deren Radfahrzeugen auf die Panzer aufsitzen lassen müssen. Er hätte dann Bastogne vier Stunden früher angreifen und es vor dem Eintreffen der amerikanischen Fallschirmjäger nehmen können. So erreichten die Panzer ohne Panzergrenadiere Mageret erst um Mitternacht. Amerikanische Fahrzeuge verkehrten auf der Straße nach Longvilly, im übrigen erschien das Dorf feindfrei. Nach Sperrung der Dorfausgänge brachte eine Hausdurchsuchung eine Menge Amerikaner zutage, ein amerikanischer Hauptverbandsplatz wurde für die Versorgung aller Verwundeten sichergestellt. Nach Aussage eines Einwohners war eine amerikanische Kolonne mit 40 Panzern, Geschützen und vielen anderen Fahrzeugen vor zwei Stunden nach Longvilly durchgefahren. Tatsächlich war es Task Force Cherry gewesen, bestehend aus je einer durch leichte Panzer, Aufklärer und Pioniere verstärkten Pan-

An der Kapelle von Neffe abgeschossener Sherman und SPW.

Ortseingang Neffe von Margeret, links die Kapelle, dahinter der Bahnhof.

zer- und Panzergrenadierkompanie der 10. (US) Panzerdivision. Man war also am Feind. Nach einer Mitteilung des Korps sollte eine Luftlandedivision auf dem Wege nach Bastogne sein. Zwar verlangte der Auftrag der Panzerlehrdivision Schnelligkeit, aber auch ausreichende Stärke. Zur Zeit standen nur zwei schwache Panzerkompanien, aber weder Panzergrenadiere, die noch im Sumpf feststeckten, noch Artillerie zur Verfügung. Der Divisionskommandeur entschied sich, mit dem Antreten auf Bastogne bis 05.30 Uhr zu warten, um die Panzergrenadiere aufschließen zu lassen. Am 19. Dezember, kurz vor 06.00 Uhr, stieß die Vorhut bei Nebel in Neffe auf Feind. Zwei Feindpanzer an der Kapelle wurden vernichtet, mehrere Radfahrzeuge mit laufendem Motor erbeutet. Der Spitzenpanzer fuhr am Bahnhof auf eine Mine, ein zweiter teilte sein Los. Damit war die Straße für die folgenden Panzer vorerst blockiert, denn der Bachgrund nördlich der Straße war vermint, südlich sperrte der steile Bahnkörper. Hauptmann Lex, der Vorhutführer, versuchte mangels Pionieren mittels Eggen und Walzen aus den Gehöften eine Minengasse zu räumen, aber das kostete Zeit. Inzwischen sollten die Panzergrenadiere Dorf und Schloß Neffe nach Amerikanern durchsuchen. Die arglosen jungen Soldaten ließen sich von den Einwohnern täuschen und fanden die in Kellern usw. Versteckten nicht. Sie meldeten um 08.00 Uhr Dorf und Schloß Neffe feindfrei - ein folgenschwerer Irrtum. Kurz vor dem Wiederantreten auf Bastogne hob sich der Nebel und gab den Blick auf die Stadt frei. Eine endlose Infanteriekolonne - das US-Fallschirmjägerregiment 501 - marschierte heran. Nach der Feuereröffnung entwickelte sie sich unverzüglich zum Angriff auf Neffe. Kurze Zeit später lag das Dorf bereits unter Mörserfeuer. Der Handstreich auf Bastogne war mißglückt. Angesichts des starken Gegners und der eigenen Schwäche - dem neuaufgestellten I./902 fehlte es an Kampferfahrung und den Panzern an Betriebsstoff, die Artillerie lag noch weit zurück - befahl Oberstleutnant von Poschinger, die Ankunft seines zweiten Bataillons (Böhm) abzuwarten. Es sollte beschleunigt über Neffe das Dorf Mont in der Flanke des Gegners gewinnen. Als sich gegen 10.00 Uhr die 5. und 6. Kompanie in fast friedensmäßigem Fußmarsch dem feindfrei gemeldeten Schlosse Neffe näherten, wurden sie mit schwerem MG-Feuer empfangen, das unter den noch nicht kampferfahrenen jungen Panzergrenadieren erhebliche Verluste und beträchtliche Verwirrung anrichtete. Der Kompaniechef der 5. Kompanie, Oberleutnant Pauletto, und ein weiterer Offizier fielen sofort. Oberleutnant Graf, der Chef der 7. Kompanie, berichtet:»*Kaum konnte ich auf dem Wege durch das Parktor das Schloß sehen, als uns ein mörderisches MG-Feuer entgegenschlug. Das Schloß war besetzt. Viele fallen, andere werden verwundet. Ich habe Glück und kann mich hinter einen wohl 60 cm dicken Baum retten. Ein Scharfschütze hat mich im Visier, denn jede Bewegung wird mit einem Schuß quittiert. Unsere Panzer fahren auf und eröffnen das Feuer. Es bleibt wirkungslos. Während die 6. Kompanie am Parkrand festliegt, sollen die 5. und die 7. das Schloß umfassend angreifen. Vergeblich, der Angriff muß eingestellt werden, bis zum Abend bleibt das Schloß feindbesetzt. Durch Zuruf gelingt es mir, meine Kompanie wieder zu übernehmen. Ein Bach ist unsere Rettung. Ein Sprung ins eiskalte Wasser schützt uns vor dem Feindfeuer....* «* Die amerikanische Schloßbesatzung vereitelte durch ihr Halten bis zur Dunkelheit den deutschen Angriff auf Mont, das dann vom Gegner besetzt wurde. Ab 10.00 Uhr griff starke amerikanische Artillerie ein, während die deutsche erst nachmittags feuerbereit wurde. Bis mittags besetzte der Feind auch Bizory und entriß von dort aus die Höhe 513 vor Mageret der Aufklärungsabteilung 26. Die Kampfgruppe 902 geriet in Gefahr beidseitig umfaßt zu werden.

Zur selben Zeit näherten sich Feindpanzer beim Absetzen aus Longvilly dem Ostausgang Mageret. Oberleutnant Ebner, Chef der schweren Kompanie 8./902, berichtet:»*Mein erster Zug war der Pak-Zug, das war mein Glück. Als wir kaum am überhöht gelegenen Ortseingang Mageret angekommen waren, sah man von Osten her eine amerikanische Panzerkolonne - es waren zwischen vier und sechs Panzer zu erkennen. Ich ließ meine drei Pak in Stellung gehen. Die mittlere Pak erwischte gleich den ersten Panzer, die Besatzung stieg aus, die anderen Panzer zogen sich zurück. Kurz darauf erschien Hauptmann Lex in einem Jeep. Er bat mich um Sprit für seine Panzer, die irgendwo bei Neffe liegengeblieben seien. Auf dem Rücksitz seines Jeeps hatte er eine Tonne mit Benzin geladen. Trotz des Feindfeuers kam er zu seinen Panzern. Kurz darauf erschien General Bayerlein. Er befahl mir, mit den Volksgrenadieren, die in der Gegend führerlos umherschwirrten, eine Verteidigungslinie in Mageret aufzubauen. Er erwarte einen Angriff aus Longvilly.*«

Die in Longvilly zusammengedrängten starken Panzerkräfte - Teile der 9. und 10. (US) Panzerdivision - bildeten eine Gefahr, sowohl für den geplanten Angriff der 26. Volksgrenadierdivision mit den Regimentern 77 und 78 auf Foy und Bizory als auch für die rechte Flanke der Panzerlehrdivision. Unabhängig voneinander entschlossen sich der Kommandeur des Regiments 77, Generalleutnant Bayerlein und der Kommandierende General zum Angriff auf Longvilly. Oberst von Hauser sollte von Be-

Generalleutnant Bayerlein, Oberst Gerhardt und General der Panzertruppen Krüger (von links) bei einer Einsatzbesprechung.

nonchamps nach Norden angreifen. General von Lüttwitz hielt das im Vorgehen auf Bizory befindliche Regiment 78 an, um es auf Longvilly abdrehen zu können. Er verlor dadurch so viel Zeit, daß ihm der Gegner in Bizory zuvorkam. Bevor sich alle diese Maßnahmen auswirken konnten, griff der Kommandeur der Panzerjägerlehrabteilung, Hauptmann Bethke, dessen Panzerjäger die Divisionsreserve bildeten, von Ober-Wampach aus auf eigenen Entschluß ein. Durch das Gelände begünstigt gelang es ihm, seine Panzerjäger ungesehen dicht vor Longvilly in Stellung zu bringen. Durch einen Feuerüberfall wurde der in dichter Kolonne aufgefahrene und sorglose Feind so überrascht und in Verwirrung gebracht, daß er nach vergeblichen Ausbruchsversuchen den Widerstand einstellte. Unterstützt wurden die Panzerjäger durch das Feuer einer Artillerieabteilung der 2. Panzerdivision. Generalleutnant Bayerlein: »*Gegen 14.00 Uhr waren die Wälder durchkämmt und die Panzerjäger hatten großen Erfolg, als sie im Zusammenwirken mit Teilen der 26. Volksgrenadierdivision eine große Anzahl US-Panzer und gepanzerter Fahrzeuge zwischen Arlincourt und Longvilly außer Gefecht setzten und die Einschließung der US-Kräfte von Westen vollendeten. Sie trugen entscheidend zu deren Vernichtung bei. 23 Kampfpanzer, 15 Panzerhaubitzen, 30 Jeeps und 25 Lastwagen fielen zum Teil unbeschädigt in deutsche Hand. Der Gegner schien völlig zermürbt.*«

Die Kampfgruppe von Fallois wurde auf Wardin-Marvie angesetzt, um von Süden nach Bastogne zu kommen und einer Umfassung von dort zu begegnen. Um 13.00 Uhr drangen die Aufklärer mit Panzer- und Artillerieunterstützung von Osten her in Wardin ein, gleichzeitig mit der 1. Kompanie des US-Fallschirmjägerregiments 501 von der anderen Seite. Ein harter Kampf entbrannte. Die Fallschirmjäger mußten Haus für Haus herausgeschossen werden. Sie verloren bis zum Abend vier Offiziere

und 45 Mann tot, nur 83 Mann der Kompanie kehrten nach Bastogne zurück. Doch auch die Kräfte der Panzeraufklärungslehrabteilung waren zu erschöpft, um das zu diesem Zeitpunkt erst schwach besetzte Marvie angreifen zu können. Frühmorgens war der übermüdete General Bayerlein durch einen Granatsplitter verwundet worden. Im amerikanischen Hauptverbandsplatz bei Margaret, der in Besitz genommen war, wurde er gut versorgt und kehrte bald etwas erholt zurück. Nachmittags erschien der Kommandierende General Freiherr von Lüttwitz auf dem Gefechtsstand der Panzerlehrdivision in Nieder-Wampach. Er strahlte Optimismus aus, wenn auch Bastogne nicht gefallen und die seit mehr als 72 Stunden im Einsatz befindliche Truppe am Ende ihrer Kräfte war. Bis auf wenige Stellen schien der Feind zermürbt zu sein. Am Nordflügel drang die 2. Panzerdivision ungestüm nach Westen vor. Sie war auch bereit, falls erforderlich, Bastogne zu nehmen. In der Mitte griff die 26. Volksgrenadierdivision auf Foy und Bizory an. Am linken Flügel schloß die Panzerlehrdivision auf. Ihr linker Nachbar, die 5. Fallschirmjägerdivision, hatte die Einnahme von Wiltz gemeldet. Bei der Entscheidung über den Fortgang der Operationen war das Korps in dem Dilemma, entweder zugunsten des raschen Vorstoßes zur Maas auf die Wegnahme von Bastogne zu verzichten oder auf Kosten eines weiteren Stoßes vordringlich Bastogne zu nehmen. Der skeptische General Bayerlein will nachdrücklich auf die Bedeutung Bastognes und die Feindstärke der frischen Luftlandedivision hingewiesen haben. Bei den schwierigen Verkehrs- und Geländeverhältnissen sei der Besitz des Verkehrsknotenpunktes für jede weiterführende Operation unerläßlich. Im Besitz des Feindes bleibe der Ort eine Eiterbeule im Fleische des Korps, besonders da der Flankenschutz nach Süden Sorge mache, denn der nur notdürftig wiederaufgestellten 5. Fallschimjägerdivision fehle es Kampfwillen, Ausbildung und Waffen. Demgegenüber machte der Kommandierende General geltend, daß man bereits viel mehr Zeit verloren habe als angesichts der wendigen Führung des Feindes vertretbar. Schon habe der Feind schneller als erwartet starke Reserven, eine Panzer- und zwei Luftlandedivisionen, herangeführt. Hielte man sich mit Bastogne auf, so sei mit weiter wachsendem Widerstand an und hinter der Maas zu rechnen. Für einen Ortskampf um Bastogne seien die Kräfte des Korps wenig geeignet. Solange die Flanke im Süden sicher sei, müsse Bastogne, ebenso wie St. Vith weiter nördlich, wie ein reifer Apfel in unsere Hand fallen. General Freiherr von Lüttwitz entschloß sich, dem Befehl des Armeeoberkommandos zu folgen, das den Offensivgedanken gefährdet sah, wenn alle Kräfte des Korps unter vorläufiger Einstellung der Vorwärtsbewegung nach Westen zur Wegnahme von Bastogne eingesetzt würden. (Manteuffel).
Für den 20. Dezember befahl das Korps
- der 2. Panzerdivision, Noville zu nehmen und unverzüglich nach Westen anzutreten,
- der 26. Volksgrenadierdivision aus den erreichten Stellungen den Angriff vom 19. Dezember fortzusetzen und nach Erreichen der Straße Noville-Bastogne von Norden her in Bastogne einzudringen,
- der Panzerlehrdivision, aus den am 19. Dezember gewonnenen Stellungen im Angriff von Osten her Bastogne zu nehmen.
Sollte sich jedoch vor ihr der Feindwiderstand als zu stark erweisen, dann sollte sie - unter Fesselung des Gegners - mit Masse nach Süden antreten, um nach Westen vorzudringen.

Wohl eingedenk des großen Dilemmas befahl General Bayerlein der Kampfgruppe 902, am Abend des 19. 12. mittels eines Nachtangriffs einen weiteren Versuch zur Wegnahme von Bastogne, mit Unterstützung durch die 26. Volksgrenadierdivision, zu unternehmen. Zum Angriff sollten um 19.00 Uhr zwei Gefechtsgruppen antreten: Rechts I./902, verstärkt durch eine Panzerkompanie; 5./902 längs der Straße; II./902 (-) ohne Panzer von Schloß Neffe über Mont an, das im Sturm genommen werden sollte. Feuerunterstützung durch Artillerie, Werferabteilung und schwere Infanteriewaffen: 1. Feuerschlag auf Mont, 2. Feuerschlag auf die Höhen vor Bastogne, 3. Feuerschlag auf den großen Platz in Bastogne.

Oberleutnant Graf, Chef der 7./902, erinnert sich: »*Wir treten pünktlich vom Schloß Neffe aus an. Entlang des Straßengrabens marschieren wir so lautlos wie möglich. Die Straße gleicht einem Feldweg. Panzer wären hier im Morast versunken. Da hier und da etwas klappert, ein Kochgeschirr, eine Gasmaske, bekommen die Amerikaner Wind. Leuchtmunition erhellt die Nacht, wir müssen rasch Deckung suchen... Nun sind wir 100 m vor Mont. Noch immer rührt sich nichts. Meine leichten Mörser gehen in Stellung, die Kompanien entfalten sich zum Angriff. Nun befinden wir uns auf freiem Feld, als der Feind aus guter Deckung schlagartig uns mit Feuer überschüttet. Die Männer auf dem freien Feld sind dem Feuer erbarmungslos ausgeliefert. Wir erwidern das Feuer, müssen aber in den Deckungsgraben zurück. Im Vorfeld liegen unsere Verwundeten. Rufe nach Sanitätern werden laut. Immer wieder steigen Leuchtpatronen in den Himmel. Als wir mit den Verwundeten zum Rückzug antreten, stellt der Feind augenblicklich sein Feuer ein. Da sich unser Weg mit etwa 20 Verwundeten schwierig gestaltet, kommen wir erst gegen 01.00 Uhr im Schloß Neffe an, wo der Oberarzt auf seinem Verbandplatz alle Hände voll zu tun hat.*«

Auch bei der rechten Gruppe scheiterte der Angriff. Kaum liefen die Panzermotoren, da schoß bereits die feindliche Artillerie, wie es der Gefreite Gann schildert: »*Unsere Pioniere konnten deswegen die zur Sicherung gelegten eigenen Minen nicht mehr sorgfältig räumen. Wir fuhren in ein Sperrfeuer. Die Grenadiere und Pioniere hatten hohe Verluste. Feldwebel Dette fuhr Spitze, eine Mine zerriß seine Kette. Es gab große Ausfälle. Aus dem Durcheinander holte uns Leutnant Wendorff zurück...*«

Gleichzeitig tobte noch weiter südlich der Kampf der Panzeraufklärungslehrabteilung um Wardin. Sie wurde noch in der Nacht von der Kampfgruppe 901 abgelöst. In der Morgendämmerung gelang es einer verstärkten Panzergrenadierkompanie, in Marvie einzudringen. Sie wurde aber unter Verlust einiger Panzer im Gegenangriff zurückgeworfen.

Für die Fortführung des Angriffs auf Bastogne wurde die Panzerlehrdivision neu gegliedert. Kampfgruppe 902 blieb im bisherigen Streifen Nordrand Neffe-Bach-Brücke 800 in südostwärts Mont. Links daneben löste Kampfgruppe 901 die Kampfgruppe von Fallois mit dem Auftrag ab, zunächst Marvie zu nehmen. Die Aufklärer sollten sich zu weiterem Vordringen auf Befehl der Division bereithalten. Das Artillerieregiment, verstärkt durch die Heeresflakabteilung 311, sollte die Angriffe durch beobachtetes Feuer und Feuerüberfälle auf Bastogne aus Stellungen bei Benonchamps unterstützen.

Trotz der Fehlschläge blieb das Korpskommando zuversichtlich. Am Vormittag befahl es der 26. Volksgrenadierdivision, das im Nachziehen begriffene Regiment 39 nicht, wie vorgesehen, im Norden Bastognes anzusetzen, sondern mit allen verfügbaren Teilen der Division sofort über Wardin-Remoifosse südlich um Bastogne herum zu umfassen,»um den nach Südwesten oder Westen ausbrechenden Feind abzufangen«. Die Panzerlehrdivision würde mit Schwerpunkt bei Marvie angreifen. Ihr wurden die beiden Regimenter 77 und 78, das letztere durch die Panzerjägerlehrabteilung (-) verstärkt, unterstellt. Diese sollten um 11.00 Uhr nach Westen angreifen und nicht in Verwirrung gebracht werden.

Generalmajor Kokott war von dieser glückhaften Lageänderung, die seinem Feindeindruck gänzlich zuwiderlief, sehr überrascht. Er schlug stattdessen vor, mit dem heranziehenden Füsilierregiment 39 die Panzerlehrdivision im Raume Neffe abzulösen, damit die schnellen Kräfte zum Umfassen und Angriff von Südwesten antreten könnten, was die Befehlsverhältnisse vereinfachen und das Unternehmen beschleunigen würde. Der Vorschlag wurde mit der Begründung abgelehnt, die Ablösung dauere zu lange, man komme rascher zum Ziel, wenn das Regiment 39 im Marsch in die neue Richtung abgedreht werde.

Der vor Bastogne schwer verständliche Korpsbefehl war eine Folge mangelhafter Verbindungen zwischen dem Korpsgefechtsstand, noch ostwärts der Our, und den Divisionen des Korps. Er entstand aufgrund einzelner, teils widersprüchlicher Meldungen und der verschiedenen Eindrücke des Kommandierenden Generals und seines Chefs, Oberst i.G. von Bernstorff, von ihren Frontbesuchen, noch bevor die Fernmeldeverbindungen zustande kamen. Das Ziel, die Maas bei Dinant, war im stürmischen Vormarsch 1940 leicht erreicht worden. Bei der schwierigen Betriebsstofflage und dem überlegenen Feind kam es jetzt noch mehr auf schnelles, entschlossenes Zugreifen an. Aber die abgekämpfte Truppe von 1944 war nicht mehr auf der Höhe von 1940. Viel klarer war das Feindbild, über das die Alliierten durch ihre raffinierten Aufklärungssysteme, insbesondere ULTRA, ständig verfügten. Umso mehr Anerkennung gebührt dem deutschen Soldaten, daß er sich solcher Anstrengungen noch fähig zeigte und sich so schwer geschlagen gab.

Der Auftrag der Panzerlehrdivision für den 21. 12. bestimmte, mit Masse über die Ourthe an die Maas zu stoßen, jedoch die im Südosten Bastognes kämpfende Kampfgruppe von Hauser der 26. Volksgrenadierdivision zu unterstellen. Diese sollte Bastogne völlig einschließen, mit dem Ziel, es zu nehmen. Während die 2. Panzerdivision weiter rechts die Ourthe-Brücke bei Ortheuville in Besitz brachte, mußte die stärkere der beiden Kampfgruppen der Panzerlehrdivision (902, von Poschinger) erst auf ihre Ablösung bei Neffe durch Volksgrenadiere und dann auf Betriebsstoff, insgesamt 24 Stunden warten. Deshalb konnte sofort nur die Kampfgruppe von Fallois, mit Panzeraufklärungslehrabteilung, 8./Panzerlehrregiment und Panzerpionierbataillon 130, die Bewegung nach Westen aufnehmen. Sie folgte zunächst der Aufklärungsabteilung 26 bis Hompré, bog dann nach Westen ab und gewann den Raum um Tillet, wo sie die Versorgungsstraße des VIII (US) Korps unterbrach und 60 - 80 Versorgungsfahrzeuge, u.a. mit amerikanischer Weihnachtspost, erbeutete. Gegen leichten Widerstand, dem zwei Spähpanzer zum Opfer fielen, konnte sie abends das 58. (US) Feldartilleriebataillon einschließen und dessen nächtliche Ausbruchsversuche unterbinden. Am 22. 12. wurde der Vormarsch über Amberloup fortgesetzt, da der nächste Weg über Pironpré mit tiefen Baumsperren gesperrt gemeldet wurde. Am Waldrand von Amberloup vor der Ourthe-Brücke griff der Spitzenführer eine Gruppe verdächtiger

Zivilisten auf mit einem amerikanischen Leutnant in Zivil, namens Schacht, der angeblich ein Neffe des früheren Reichswirtschaftsministers, Dr. Hjalmar Schacht, war. Sie kamen von Osten, vermutlich aus Bastogne. Bei ihrer Durchsuchung fand man Waffen, darunter eine deutsche Offizierspistole. Der übereifrige Zugführer, ein junger, neu zuversetzter Leutnant, ließ daraufhin sofort die standrechtliche Erschießung der vermeintlichen Freischärler vorbereiten. Dies schilderte ein »Anonymous World War II Veteran« 38 Jahre später in einem Schreiben an Präsident Reagan und den Deutschen Botschafter in USA mit dem Ersuchen, einen dort gefallenen unbekannten amerikanischen Soldaten für dessen besondere Tapferkeit posthum zu ehren, aber auch den ritterlichen deutschen Kommandeur, der den Amerikanern eine derartige Hochachtung erwiesen habe. Dies als Zeichen dafür, daß sittliche Werte und Verhaltensweisen auch im totalen Krieg nicht untergehen dürften. Er schrieb: *»Meine 101. Luftlandedivision war in Bastogne eingeschlossen. Ich war S 2 (Feindlagenbearbeiter) eines Bataillons. Am 22. Dezember morgens brach ich mit drei Soldaten zu einem Auftrag hinter den deutschen Linien, südwestlich von Bastogne, auf. Vier Stunden später wurden wir von den Deutschen gefangen, die sich in einem amerikanischen Halbkettenfahrzeug versteckt hatten. Sie gehörten zur Panzerlehrdivision. Nach unserer Gefangennahme befahl ein deutscher Leutnant, uns in den Wald zu führen und uns Waffen und persönliche Habe abzunehmen. Der Leutnant wurde wütend, als er bei mir außer meinem Gewehr auch eine deutsche Offizierspistole fand. Eindrücklich wollte er wissen, wo und wie ich an die gekommen sei. Verständlicherweise nahm er mir meine Aussage nicht ab, ich hätte sie gefunden. Er entschied, ich hätte einen deutschen Offizier umgebracht und ihm seine Pistole abgenommen. Wir seien zu erschießen! Wir sollten kehrtmachen, die Arme hinter dem Kopf verschränken und beten. Ein Soldat ging an das Bord-MG eines Schützenpanzers und machte es feuerbereit. Leider spreche ich schlecht deutsch. Anstatt zu rufen: »Nicht schießen!«, rief ich: »Nicht scheißen!«. Alle Deutschen brachen in ein schallendes Gelächter aus. Dieses Gelächter muß die Aufmerksamkeit ihres Kommandeurs erregt haben. Er verbot die Erschießung und befahl, uns unsere Habe zurückzugeben und uns zu seinem Stab zur Vernehmung zu führen. Da ich die gleiche Ausrede in der Normandie gebraucht hatte, um einen jungen deutschen Fallschirmjäger vor dem Erschießen zu retten, hielt ich die Vernehmung für einen Vorwand. Und der war es auch! Mehrere Offiziere standen auf einer kleinen Wiese am Straßenrand, unter ihnen ein gutaussehender blonder Oberst oder Oberstleutnant. Der lächelte uns an, wie in einem Hollywood-Film von Rommel in Afrika mit Feldmütze und darübergezogener Schutzbrille, als wir vor ihn traten. Er winkte einem dunkelhaarigen Hauptmann, uns zu vernehmen. Ernst und streng befragte er uns in englisch, woher wir kämen, zu welcher Truppe wir gehörten und welchen Auftrag wir hätten. Ich erwiderte sofort, er wisse doch wohl, daß wir nur Rang, Namen und Erkennungsnummer angeben würden. Der Hauptmann trat zurück und der blonde Colonel, im Alter um die 30, zweifellos Kommandeur der Vorausabteilung der Panzerlehrdivision, wandte sich mir zu, nicht mehr lächelnd, sonder toternst. Die folgende Unterhaltung ist mir unauslöschlich im Gedächtnis geblieben: »Leutnant, sind Sie überrascht, daß wir so weit vorgedrungen sind?«. Ich erwiderte: »Ja!«. Mit einem trockenen Lächeln entgegnete er: »Wir auch«. Dann wieder ernst, forderte er mich*

auf, ihn zur vordersten Stellung zu begleiten....Vor uns fiel das Gelände zur Our-
the ab. 300 - 400 m weiter rechts die Brücke. Diesseits vor der Brücke standen meh-
rere außer Gefecht gesetzte Panzerfahreuge, davor lagen etwa zehn Gefallene.
»Dort hinter der Brücke sitzt ein einzelner Amerikaner, der beste Soldat, den ich
je erlebt habe...Er allein hat unseren Vormarsch hier sechs Stunden lang aufge-
halten und unsere Spitze außer Gefecht gesetzt.« Mit diesen Worten ehrte der deut-
sche Offizier die Heldentat eines Gegners, der seinen Soldaten teuer zu stehen
kam.«

Der unverzüglich überprüfte Bericht des Veterans erwies sich als Mischung von
Dichtung und Wahrheit. Major von Fallois hatte die Exekution verhindert und sich
mit Leutnant Schacht unterhalten. Aber die Ourthe-Brücke in Amberloup war widerstandslos genommen worden. Abends hatte sich die Vorausabteilung St. Hubert
von Osten her genähert. Weder der anonyme Schreiber noch der von ihm geschil-
derte unbekannte Soldat ließen sich trotz der Hilfe amerikanischer Veteranenver-
bände und Fernsehgesellschaften ermitteln.

Am 22. Dezember brach auch der Rest der Panzerlehrdivision - ohne Kampfgruppe 901 - mit dem Tagesziel St. Hubert auf. Um 12.00 Uhr überschritt die Spitzenkompanie der Kampfgruppe von Poschinger die Straße Bastogne -Arlon bei Hompré. Im zügigen Vorgehen gewann man gegen nur schwachen Widerstand Hatrival
und stieß von dort bei Dunkelheit nach St. Hubert hinein. Der Feind bestand nur aus
Panzerspähtrupps und schwachen Sicherungen; wie schon erwähnt, bei Remichampagne und Morhet. Trotz zeitweilig aufreißender Wolkendecke und klarer Sicht
wurde die Kolonne aus der Luft nicht behelligt. Größere Sorge bereitete die Betriebsstofflage. Westlich Moircy blieb der erste Panzer mit leerem Tank stehen und
mußte mit Reservekanistern aufgetankt werden, die die Panzergrenadiere auf ihren

Fourneau St. Michel bei St. Hubert, ein typisches Ardennen-Dorf.

Das Gehöft bei Remifosse, in dem die Amerikaner zur Übergabe von Bastogne aufgefordert wurden.

Steyr-Transportwagen mitführten. So erreichte man St. Hubert in der trügerischen Hoffnung, dort Benzin zu erbeuten. Man fand nur leere Kanister. Gefechtsstand wurde das *Hotel de l'Abbaye.* Wie sich am nächsten Morgen herausstellte, war der ungewöhnliche Weg, den man gewählt hatte, der einzige Zugang zur Stadt, der nicht gesperrt gewesen war.

An dieser Stelle muß einer Episode des nächsten Tages gedacht werden. Auf die Nachricht der Armee hin, die amerikanische Besatzung der Schneeifel habe sich nach Aufforderung ergeben, veranlaßte General Freiherr von Lüttwitz mit Billigung der Armee die Entsendung eines Parlamentärs nach Bastogne. Man wollte auch diese Möglichkeit nicht ungenutzt lassen, obwohl man skeptisch über den Erfolg war. Ein Pkw unter weißer Parlamentärflagge fuhr zu den amerikanischen Vorposten an der Straße Remifosse-Bastogne. Ein Major, vermutlich des Korpsstabes, und Leutnant Henke, der 0 3 der Panzerlehrdivision, wurden zum G 3 des 327. Glider Infantry Regiment geführt, dem sie die Aufforderung zur Kapitulation überreichten. Darin wurde der »amerikanische Kommandant der eingeschlossenen Stadt Bastogne« aufgefordert, »ehrenvoll zu kapitulieren, andernfalls drohe den US-Truppen Vernichtung durch ein Artilleriekorps und schwere Flakabteilungen«. Diese Aufforderung, ein Bluff ohne jeden Hintergrund, wurde Brigadegeneral McAuliffe zugestellt. Seine kurze Antwort lautete: »*To the German Commander. Nuts!* [etwa: Irre!] *The American Commander*«. Bei der Rückkehr der Parlamentäre wünschte Leutnant Henke dem Colonel Harper viel Glück. Der antwortete: »*Go to hell!*« (Schert euch zum Teufel!). Die sofortige Weitergabe dieser Episode an die Weltpresse gab der Besatzung von Bastogne (»*The battered bastards of the bastion of Bastogne*«) und ihren Entsatztruppen erheblichen Auftrieb.

232

Kampfgruppe 901 vor Bastogne

Die Kampfgruppe 901 - bestehend aus Panzergrenadierlehrregiment 901, 6./Panzerlehrregiment und 3./Panzerjägerlehrabteilung 130 - war mit Wirkung vom 22. Dezember bis zum 6. Januar der 26. Volksgrenadierdivision für die Schlacht um Bastogne unterstellt. Ihr Abschnitt erstreckte sich anfangs von der Bachbrücke südostwärts Mont über Marvie bis zum Feldweg, der von Salvacourt auf Bastogne führt. Am 22. Dezember sollte der linke Nachbar, das Füsilierregiment 39, Bastogne angreifen. Kampfgruppe 901 erhielt Befehl, sich diesem Angriff auf Villeraux anzuschließen. Sie unterstützte den Kampf der Füsiliere mit einer gepanzerten Gruppe, die aus dem Raum südlich Remoifosse gegen den Wald von Hazy vorstieß. Am Abend war Assenois freigekämpft, Benonchamps genommen, und damit der Einschließungsring weiter verengt.

Bereits an diesem Tage mußte Oberst von Hauser besorgt nach Süden schauen, wo der Sicherungsschleier der 5. Fallschirmjägerdivision dünn und der Feind aggressiv war. Beim Durchziehen der Panzerlehrdivision durch das Wegekreuz 3 km nordwestlich Remichampagne konnte ein amerikanischer Panzerspähtrupp mehrere Fahrzeuge in Brand schießen, bis eigene Panzer dem Spuk ein Ende bereiteten. Trotz geringer Erfolge der letzten Tage mußte die 26. Division auch am 23. Dezember auf dem Angriffsgedanken beharren. Kampfgruppe 901 erhielt den Auftrag:

Panzergrenadierlehrregiment 901 hält und verbessert während des Tages seine Stellung und trifft alle notwendigen Vorbereitungen zum Dunkelheitsangriff

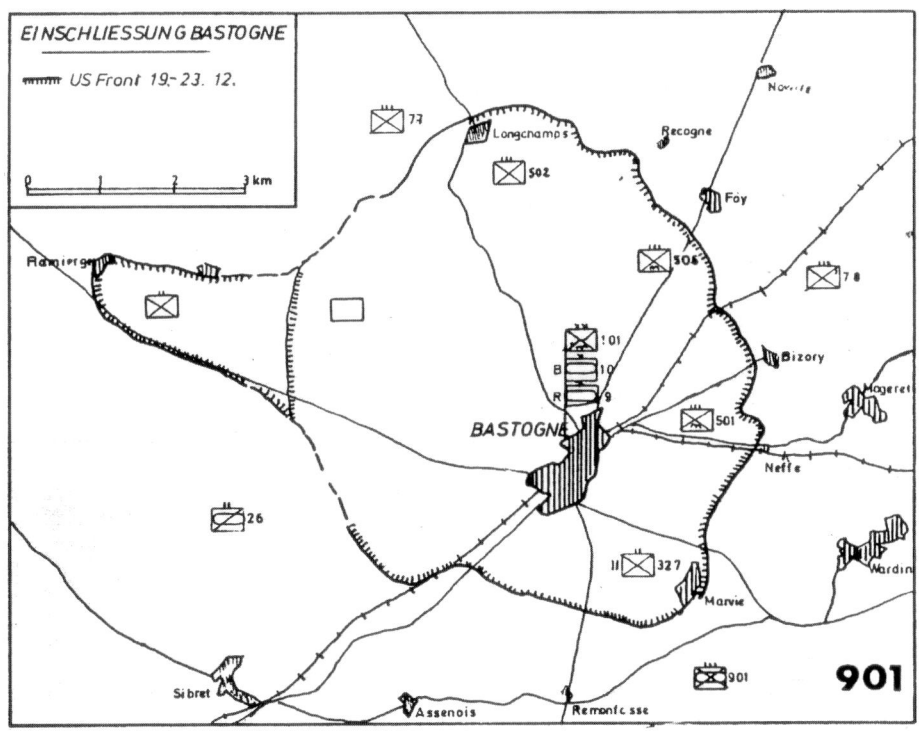

Die Einschließung von Bastogne.

mit dem Ziel der Wegnahme von Marvie und späterem Durchstoß auf den Süd-ostrand Bastogne. Beginn 17.00 Uhr.

Der späte Termin war wegen der Jabos und der Unterstützung durch einen Fesselungsangriff im Norden gewählt worden, der nicht eher möglich war.

Tagsüber entstand eine kritische Lage im Süden. Bei Hompré, dem Gefechtsstand der 26. Division, erschienen junge Fallschirmjäger in großer Erregung. Sie berichteten, daß der Feind Chaumont genommen und Feindpanzer auf dem Wege nach Hompré seien. Troßfahrzeuge rasten blindlings durch das Dorf nach Norden. Generalmajor Kokott unterstellte sich sofort vier »schwere Panzer« (vermutlich Panther der II./Panzerlehrregiment, die auf dem Marsch aus der Werkstatt nach vorn waren). Zusammen mit herangeholten Teilen der 26. Volksgrenadierdivision bildete er eine Kampfgruppe, die zum Angriff auf Grandrue und Remichampagne antrat. Mit Unterstützung von Sturmgeschützen gelang es, den Gegner nach Abschuß von elf Shermans der Kampfgruppe CCB 4 zurückzuwerfen und eine neue Stellung aufzubauen. An diesem Tage war Neuschnee gefallen. Etwas verspätet griff das I. Bataillon 901 Marvie von Süden, das II. Bataillon entlang der großen Straße (N 4) von Remoifosse nach Norden an. Schwache Teile fühlten beiderseits der Straße Bras-Bastogne zur Fesselung des Gegners vor.

Generalmajor Kokott erinnert sich: *»Gut unterstützt von Artillerie und begleitet von Panzern gewann der Angriff gleich zu Beginn an Boden. Gefangene wurden gemacht, Feindnester gestürmt, die Anhöhe südlich Marvie genommen. Der Gegner focht erbittert, auch, wenn er umgangen oder abgeschnitten war. Der Gegner war stark und fügte dem Angreifer im nächtlichen Kampf starke Verluste zu. Trotzdem konnte er nicht standhalten. 901 drang in Marvie ein. Auch die anderen Gruppen gingen vor nach Nordwesten und an der Straße näher an Bastogne heran. Um 22.00 Uhr meldete 901, daß der Angriff vor verstärktem feindlichen Widerstand zum Stehen gekommen sei und daß z. Z. keine Reserven mehr zu einer erfolgversprechenden Fortsetzung des Angriffs zur Verfügung ständen. Als diese Meldung bei der Division einging, lag dort ein Armeebefehl vor: »26. Division bereitet Großangriff auf Bastogne am 25. Dezember vor. 15. Panzergrenadierdivision wird unterstellt«. Wegen dieses Befehls und der hohen Verluste wurde die Einstellung des Angriffs befohlen. Erst in den Morgenstunden ebbte der Kampf in Marvie ab, das fast in deutsche Hand gefallen wäre. Brigadegeneral McAuliffe hatte seine letzten Reserven geopfert, die sich nur mit knapper Not am Ortsrand halten konnten.«*

Am 24. Dezember kam es für die Kampfgruppe von Hauser darauf an, die erreichten Stellungen zu halten und für den Großangriff Atem zu schöpfen. Zusätzlich sollte die große Straße nach Süden mit Panzern gesichert und mit Minen und Hindernissen aller Art nachhaltig gesperrt werden.

Am 25. Dezember begann der Großangriff. Die mit hochgespannten Erwartungen angekündigte 15. Panzergrenadierdivision erwies sich nicht stärker als eine Kampfgruppe mit 1½ Panzergrenadierbataillonen und 20 Panzern. Trotz tapfersten Einsatzes und Opferung fast aller Panzer schlug der Angriff fehl. Kampfgruppe 901 meldete: *Eine Stoßgruppe, etwa eine Kompanie in Stärke von 20 bis 30 Mann, hat sich bis zur Wegegabel am Südeingang von Bastogne durchgeschlagen. Dort war sie anscheinend abgeschnitten und vernichtet worden. Dem Regiment standen kei-*

ne ausreichenden Kräfte zu Verfügung, die Stoßgruppe zu verstärken. Die geringen nachgeschobenen Kräfte waren im starken Feindfeuer liegen geblieben und sind so gut wie vernichtet.

Am Abend dieses Tages war klar, daß ohne Zuführung erheblicher Kräfte nicht mehr an eine Wegnahme von Bastogne gedacht und der Entsatzangriff aus dem Süden nicht abgewehrt werden könne. Für den nächsten Tag sah der Auftrag an Regiment 901 zwei Ziele vor: Zu halten und sich beiderseits der großen Straße nach Süden stark zu machen. Vom aufgeklärten Himmel unterbanden Jabos, wie in der Normandie, jede Bewegung auf deutscher Seite. Westlich der großen Straße stieß der Feind mit Panzern und Infanterie bis Bastogne durch. Der Einschließungsring war und blieb zerbrochen. Auch am nächsten Tag griff die 4. (US) Panzerdivision, verstärkt durch die 26. (US) Division in breiter Front an und drückte die durch Kälte noch mehr erschöpften Panzergrenadiere langsam nach Nordosten zurück. In den nächsten Tagen ging alles Gelände westlich der großen Straße und Remoifosse verloren.

Am Abend des 29. Dezember ging der Befehl im Abschnitt südlich der Wiltz an das XXXIX. Panzerkorps (General der Panzertruppen Decker) über. Die Kampfgruppe von Hauser wurde der 167. Volksgrenadierdivision unterstellt, die in den letzten Nächten von Ausladebahnhöfen am Rhein anmarschiert war. Das Korps, dem auch eine Kampfgruppe der 1. SS-Panzerdivision unterstand, erhielt Auftrag, am 30. Dezember über Lutrebois anzugreifen, um die große Straße für den Versorgungsverkehr nach Bastogne zu sperren. Die Panzer IV der Kampfgruppe von Hauser sollten den Angriff der Volksgrenadiere südlich der Straße Bras - Bastogne unterstützen. Nach anfänglichen Erfolgen brach auch der Angriff des XXXIX. Panzerkorps zusammen. Die Panzerkompanie wurde böse zugerichtet.

Am 2. Januar ging der Feind auf breiter Front bei und südlich Neffe zum Angriff über. Vorübergehend konnte er in Wardin, Neffe und Mageret eindringen und sich dort 24 Stunden halten. Im Schneesturm am 3. Januar, der die feindlichen Luftwaffen vom Himmel blies und beobachtetes Artilleriefeuer verhinderte, drängten die 26. und die 167. Volksgrenadierdivision gemeinsam mit der Kampfgruppe 901 die Amerikaner im Gegenangriff fast bis in die Ausgangsstellungen zurück.

Bis zum 6. Januar fanden im Abschnitt der Kampfgruppe 901 keine größeren Kampfhandlungen mehr statt. Am Abend dieses Tages erhielt das inzwischen auf eine Kampfstärke von wenigen Offizieren und 100 Mann sowie fünf Panzer IV zusammengeschmolzene Regiment den Befehl, nach Ablösung zur Panzerlehrdivision zurückzutreten. Nach zwei Nachtmärschen traf es dort am 8. Januar ein.

Als Gegenmaßnahme gegen bekanntgewordene und vermutete deutsche Versuche, im amerikanischen rückwärtigen Heeresgebiet Sabotage und Kommando-Einsätze in alliierten Uniformen zu unternehmen, gab General Eisenhower ähnliche Befehle wie Hitler für den Ostfeldzug heraus:

Mit dem Tode wird bestraft:

1. Wer bei Sabotageakten gegen Kriegsmaterial und Einrichtungen der Alliierten angetroffen wird,

2. Wer beim ungesetzlichen Tragen alliierter Uniformen gefaßt wird,

3. Wer irgendeinen Angehörigen der feindlichen Streitkräfte* unterstützt, um ihn vor der Gefangennahme zu schützen.

Dieser Befehl wurde nicht nur wirklichen »Spionen und Saboteuren« oder Kom-

*Grabkreuz von Hauptmann Fritz Lex, Stellvertretender Kommandeur der II./Panzer-
lehrregiment, auf dem Soldatenfriedhof Sandweiler. Hauptmann Lex wurde wahrscheinlich in einem erbeuteten amerikanischen Fahrzeug gefangengenommen und
gemäß der Weisung Eisenhowers als »Saboteur« erschossen.*

mandotrupps, z.B. des Unternehmens »Greif« (Skorzeny), sondern auch denen zum
Verhängnis, die mit ihren anfangs leicht erbeuteten amerikanischen Jeeps, wärmen-
den Jacketts u.ä. unvermutet gefangengenommen wurden. So dürfte auch Hauptmann Lex (Chef 5./Panzerlehrregiment) mit zwei Offizieren des Panzerlehrregiments in einem erbeuteten Jeep am 30. Dezember südlich Bastogne in einen Hinterhalt gefahren sein. Nach ihren Grabinschriften in Sandweiler war ihr Todestag erst
der 2. Januar. Möglicherweise sind sie einfach »als Spione« erschossen worden.

Wende und Rückzug

Die beiden Kampfgruppen der Panzerlehrdivision mußten bis zum frühen Nachmittag des 23. Dezember auf Betriebsstoff warten. Erst dann konnten sie ihren Vorstoß an die Maas über Rochefort wieder aufnehmen. Die Kampfgruppe von Fallois marschierte über Masbourg - Fourrières; die Kampfgruppe von Poschinger über Grupont - Wavreilles. Nach kaum spürbarem Widerstand bei Grupont, wo amerikanische Pioniere der 84. Division Weihnachtsgrüße statt Minen hinterließen, erreichte die Spitzenkompanie bei Einbruch der Dunkelheit die Höhen südlich Rochefort. Gefechtsaufklärung meldete den Ort anscheinend feindfrei, am Eingang jedoch eine Straßensperre mit einem Jeep. Das Feuer des Spitzenpanzers auf die Sperre löste einen Feuerüberfall aus zahlreichen Waffen aus dem Ort und von den Höhen bei Hammerenne auf die aufschließende Kampfgruppe aus. Die am Vorabend eingetroffene Besatzung der Stadt, das III. Bataillon des US-Infanterieregiment 335, leistete dem unverzüglich eingeleiteten Angriff hartnäckigen Widerstand aus Häusern und Gärten. Lichtspur- und Leuchtmunition verursachten Brände, die den hin und her wogenden Kampf beleuchteten. Der Einbruch in die Stadt gelang erst, als eine verstärkte Panzerkompanie zur Umfassung von Osten vorging. Dennoch hielt sich ein Teil der tapferen Besatzung bis zum Vormittag des 24. Dezember. Haus für Haus, Keller für Keller, mußten durchsucht und gesäubert werden. Dabei konnte Feldwebel Eidig (5./902) aus einem Keller geholt werden, in den ihn eine Gruppe Amerikaner gezerrt hatte, die sich dann ergab. Um 09.30 Uhr erhielten die Verteidiger Befehl, sich nach Westen unter Sprengung der Brücke im Norden der Stadt abzusetzen. Noch am Vor-

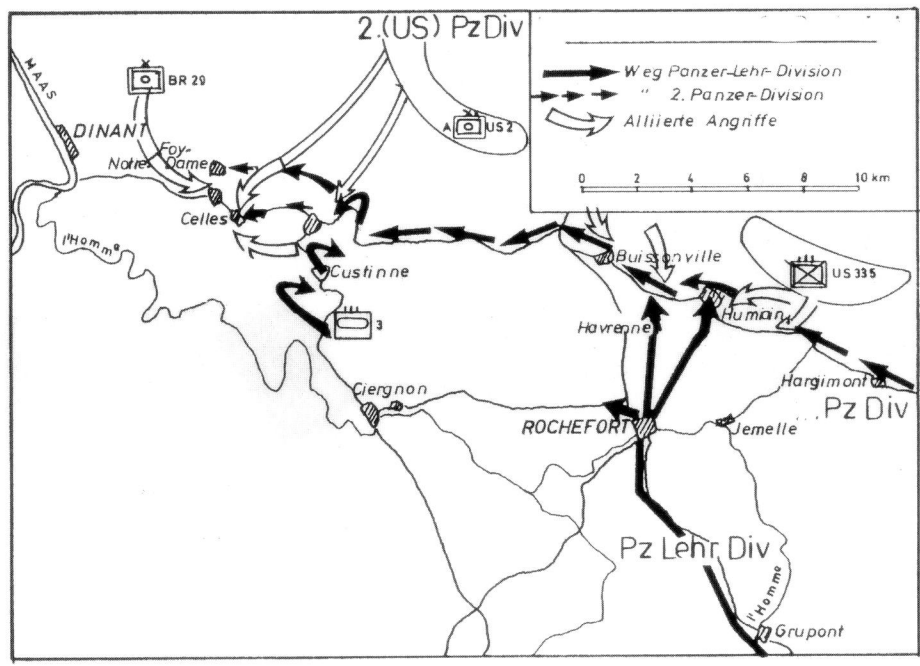

Vorstoß und Kampf bei Rochefort.

Weihnachtsgrüße auf Papier statt Minen oder Betriebsstoff hinterließen die Pioniere der amerikanischen 84. Division.

mittag wurden einige verwundete Amerikaner aus der eiskalten l'Homme geborgen, die sich dort aus Angst versteckt hielten, erschossen zu werden. Sie freuten sich ungemein über die gute Behandlung, Versorgung mit trockener Wäsche, Arzt usw.

Die Sprengung der Brücke verhinderte eine sofortige Verfolgung der abgezogenen Besatzung. Ein Brückenkopf wurde gebildet. Aus ihm trat eine Panzeraufklärungskompanie, die inzwischen auch Rochefort erreicht hatte, nach Ciergnon an mit dem Auftrag, den Lesse-Abschnitt zu sichern.

Wenige Kilometer weiter nördlich sicherte eine Kampfgruppe der 2. Panzerdivision, mehr oder weniger ohne Betriebsstoff und Munition. Seit dem Vortage hatte die Panzeraufklärungslehrabteilung bewaffnete Aufklärung nach Westen und Südwesten vorgetrieben. Han-sur-Lesse schien feindfrei, desgleichen Tellin, nur in Bure stieß man auf einen Feindspähtrupp der britischen 6th Airborne Division.

»Ab 16. Dezember war ich mit Oberfeldwebel Keichel im Einsatz. Zwei Spähtrupps waren als »Schweinerei-Spähtrupps« vorgesehen, d.h. zum Unruhestiften im Rücken der Gegner vor den eigenen Linien. Es klappte nicht, wie vorgesehen, uns über die Our in den Rücken des Gegners durchzuschleusen. Nach der Einnahme von Rochefort glaubten wir, etwas Ruhe verdient zu haben. Wir hatten uns einen Tannenbaum besorgt und wollten, u.a. mit erbeuteten amerikanischen Weihnachtspäckchen, den Heiligen Abend feierlich begehen. Aber daraus wurde nichts. Unser Auftrag, westlich der Lomme nach Ciergnon zur Maas aufzuklären, wurde mein schlimmstes Spähtruppunternehmen während des ganzen Krieges. Um ein Haar hätten wir etwa 15 deutsche Versprengte der 2. Panzerdivision erschossen, die uns in der Dunkelheit bei Ciergnon vor die Rohre liefen. Oberfeldwebel Keichel hatte schon laut »Feuer frei« gegeben, doch der Schütze zögerte, weil er deutsche Worte hörte. Nun mußte ich vor und sah auf der Straße die zitternden Landser, die das »Feuer frei« mitgehört hatten.

Bei unserer Rückkehr wurde unsere Abteilung auf der Straße zwischen Rochefort und Boissonville durch starkes Artilleriefeuer regelrecht zusammengeschossen.«

So erinnert sich Otto Hennig an seinen Kommandanten, Oberfeldwebel Keichel. Dem wurde für seine Leistungen, insbesondere in den Ardennen, das Ritterkreuz verliehen. Kurz vor der Kapitulation des Ruhrkessels, Mitte April 1945, ist Keichel noch gefallen.

Ein anderer Spähtrupp hatte am 23.12. nach Libramont aufgeklärt, hatte es feindbesetzt gefunden und war am 25. Dezember unter Verlust eines Spähpanzers zurückgekehrt. Doch auch an vielen anderen Stellen wurde der wachsende Feinddruck in der linken Flanke spürbar. Seit dem 23.12. sicherte die Heeres-Flak-Abteilung 311 mit je einer 8,8 cm Batterie bei Moircy und bei Remagne, das Panzerpionierbataillon 130 bei Vesqueville und Watrival. Wie damals Weihnachten im Felde in den Ardennen gefeiert wurde, schildert Feldwebel Scheibe von der Instandsetzungsstaffel II./Panzerlehrregiment 130:

»Wir lagen in Neuheilenbach. Die Fahrzeuge waren untergestellt und repariert. Post, Päckchen und Marketenderwaren waren ausgegeben. So gegen 20.00 Uhr saßen wir im Maschinenwagen zusammen. Ein kleines Tannenbäumchen, mit Kerzen bestückt und mit Drahtspänen geschmückt, verinnerlichte die Atmosphäre der Stunde. Jeder saß vor den Bildern seiner Angehörigen und war in Gedanken daheim.

Der Achtradspähpanzer mit Besatzung von Oberfeldwebel Keichel.

Minuten der Ruhe und Besinnung ließen den Krieg vergessen. Nur das Störungsfeuer der amerikanischen Artillerie erinnerte an die Wirklichkeit. Mit Essen, Trinken und Gesprächen verging die Zeit. Da sagte einer:»Die Schule ist auch zerschossen, aber da steht noch ein Klavier!« Mein Kamerad Rauer konnte Klavier spielen, auch ohne Noten und im Finstern. Obwohl Singen nicht unsere Stärke war, wollten doch alle mit ins Schulhaus gehen. Jeder war ergriffen, als Paul Rauer »Stille Nacht« spielte. Jeder sang mit, und nach den Weihnachtsliedern erklang zuletzt »Deutschland, Deutschland über alles«! Es muß doch etwas mehr gewesen sein - Tradition, Heimat - als nur das Koppel, das die Jungen von damals bis heute verbindet.«

Der linke Nachbar, die 5. Fallschirmjägerdivision, meldete schwere Abwehrkämpfe südlich Remichampagne, Cobreville, Burnon und Martelange. In diesem Abschnitt griff die 4. amerikanische Panzerdivision zum Entsatz von Bastogne an. Die Vormarsch- und Versorgungsstraße der Panzerlehrdivision kam in Gefahr, abgeschnürt zu werden. Am Nachmittag des 24. Dezember schickten sich die Truppen in Rochefort an, den Heiligen Abend bei prächtiger Stimmung und in, wenn auch gedämpfter, Zuversicht zu feiern, am nächsten Tage die Maas zu erreichen. Die Freude über die errungenen Erfolge und über frisch verteilte Sonderverpflegung und Marketenderwaren kannte kaum Grenzen.

Klarer Himmel ließ den Luftgegner wieder zur Geltung kommen, weniger in Rochefort, um so ärger aber bei den vorgeprellten Teilen der 2. Panzerdivision bei Celles und deren Nachschub. Die wurden gleichzeitig konzentrisch von amerikanischen und britischen Panzern angegriffen. Die Vormarschstraße der 2. Panzerdivision wurde bei Humain und Buissonville unterbrochen. Die Weihnachtsfeiern der Panzerlehrdivision wurden jäh durch den Auftrag beendet, die unterbrochene Straße bei Humain und Buissonville freizukämpfen, da die Offensive ohne diese Verbindung steckenblieb. Die Versammlung der Kampfgruppen in Rochefort wurde vom Gegner durch Artillerie gestört, der Verfasser wieder verwundet.

Um Mitternacht traten Kampfgruppe von Poschinger auf Humain, Kampfgruppe von Fallois auf Buissonville an. Die erstere vertrieb mit ihren Panzern die 24. Cavalry Squadron (Aufklärungsbataillon) aus Humain, die letztere fand Havrenne feindfrei, blieb aber vor Buissonville liegen, das von alten Bekannten aus der Normandie, der Kampfgruppe CCA der 2. Armd Division, gehalten wurde. Erfunden ist die amerikanische Behauptung, ein deutscher Offizier in amerikanischer Uniform habe sich dadurch Zugang nach Buissonville verschafft, daß er den die Brücke sichernden Shermans befahl, zu ihren Einheiten abzufahren.

Amerikanische Versuche, Humain wiederzunehmen, zunächst durch ein Aufklärungsregiment (4th Cavalry Group), dann mit starker Artillerieunterstützung durch eine Panzerkompanie, schlugen fehl. Wenig feierlich erlebte Feldwebel Feuerpfeil die Weihnachtsnacht 1944:

»Aus unserer Weihnachtsfeier am Heiligen Abend wurde nichts! Um 20.00 Uhr kam der Befehl »Nachtangriff«. Wir sollten der eingeschlossenen 2. Panzerdivision helfen. Leutnant Nevir befahl:»Feuerpfeil übernimmt die Spitze«. Ich entgegnete:»Ich weiß nicht, wohin ich fahren soll«.»Ich weise Dich durch Funk ein«! Also fuhren wir los, Richtung Humain-Buissonville. Nach mehreren Kilometern sehe ich eine dunkle Silhouette, schoß sofort darauf, die nachfolgenden Panzer entwickelten sich zur Feuerlinie und schossen ebenfalls. Bei

Feldwebel Feuerpfeil schoß diese amerikanische 9 cm Pak am 24. Dezember 1944 bei Humain ab.

Helligkeit sahen wir einen Spähwagen und zerschossene Paks am Rand von Humain.«

In der Nacht zum 26. Dezember traf eine Kampfgruppe der 9. Panzerdivision in Humain zur Ablösung ein. Am frühen Morgen konnte auch die Panzeraufklärungslehrabteilung nach Rochefort zurückkehren. Am 26. Dezember versuchten sowohl die Kampfgruppe der 9. als auch eine der 2. Panzerdivision, den bei Celles und Foy - Notre Dame Eingeschlossenen zu Hilfe zu eilen. Die deutschen Angriffe wurden mit Panzern, Artillerie und Jabos abgewiesen. Zu spät wurde die Zurücknahme der bewegungsunfähig gewordenen Kampfgruppen bei Celles genehmigt. Nur unter Zurücklassung ihres gesamten Materials gelang es in der folgenden Nacht 600 Mann, die eigenen Linien in Rochefort zu erreichen. Mangels ausreichender Kräfte hatte die bis Bastogne zerteilte Panzerlehrdivision ihrer Schwesterdivision nicht helfen können.

»Die Offensive hat sich festgelaufen und nicht zum gewünschten Erfolg geführt«, faßte General Freiherr von Lüttwitz die Lage zusammen. Der andere Erfolg des Feindes, der Entsatz von Bastogne, wurde bereits erwähnt. Er kostete die Panzerlehrdivision ihre bisherige Versorgungsstraße. Künftig mußten alle deutschen Kräfte westlich von Bastogne über eine einzige Straße versorgt werden, auf die sich die Jabos konzentrierten und bei Flugwetter jegliche Bewegung unterbanden. Nachts und später bei Schnee und Eis war die Straße dem Verkehr nicht gewachsen.

Feldwebel Scheibe konnte mit seinem Tatra-Maschinenwagen den schlimmsten Mangel an Panzerersatzteilen oft beheben. Links an der Windschutzscheibe ist der »Model-Ring« zu erkennen, mit dem besonders wichtige Kraftfahrzeuge gekennzeichnet wurden.

Im Zustandsbericht vom 1. Januar meldete die Panzerlehrdivision Abgänge in Höhe von 2465 Mann und zusätzlich 1475 Verwundeten und Kranken innerhalb von acht Wochen bei der Truppe. Die Kampfstärken der Panzergrenadiere waren rapide gesunken, der Unterführermangel drückte auf den Ausbildungsstand, der als ungenügend bezeichnet wurde. Das Artillerieregiment verfügte nur noch über 20 Rohre, die nur durch Abstellung von zwölf Zugmaschinen und 21 t Munitionstonnage von der Nebelwerferbrigade 15 einsatzbereit gehalten werden konnten. Heikel war die Tonnage-Lage für den Nachschub. Nur 43% waren einsatzbereit. Damit waren die Versorgungstruppen nur zu 50% beweglich. Durch Bombenangriff auf Birresborn zu Weihnachten fiel die Panzerwerkstattkompanie zu 75% aus. Großer Panzerersatzteilmangel, noch verstärkt durch die schlechte Transportlage, war die Folge. Immer noch positiv wurde die Stimmung der Truppe bewertet. Sie erschien gut und angriffsfreudig, obwohl die Truppe durch ununterbrochenen Einsatz unter schwersten Kampf- und Wetterbedingungen körperlich stark mitgenommen war.

Abwehr an der Südwestflanke des deutschen Frontbogens

Das Gesetz des Handelns lag wieder beim Gegner. Das XXXXVII. Panzerkorps ging zur Abwehr über und befahl für den 27. Dezember Verteidigung:
-- rechts: 9. Panzerdivision im Abschnitt Charneux-Hargimont-Abbaye de St. Remy
- Mitte: 2. Panzerdivision im Brückenkopf Rochefort und am Lesse-Abschnitt bis Tellin,
- links: Panzerlehrdivision im Abschnitt Mirwart-Rondu.
Die Umgliederung der Divisionen dauerte bis zum 27. Dezember abends. Vom nächsten Tage an drückte der Gegner ständig vor, störte mit Feuer und Jabos laufend den

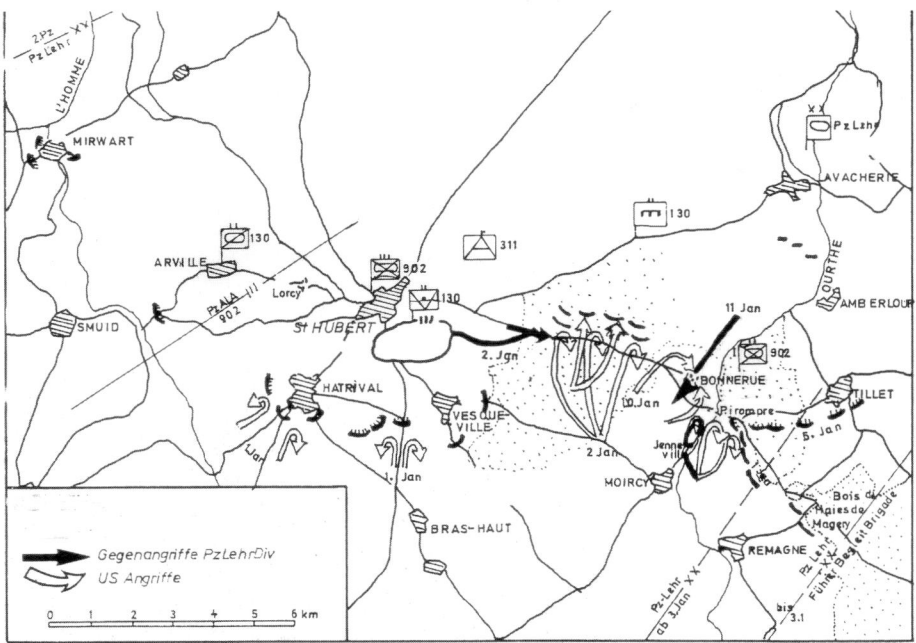

Abwehr an der Südwestflanke der Front.

Die schwere Panzerjägerabteilung 559 mit ihren Jagdpanthern unterstützte die Kampf-gruppe von Poschinger bei St. Hubert.

Nachschub und griff in rollenden Lufteinsätzen in die Erdkämpfe ein. Trotzdem wurde die Front, wenn auch unter Aufgabe kleinerer Geländeteile, bis zum Beginn des allgemeinen Rückzuges am 10. Januar gehalten. Im Abschnitt der Panzerlehrdivision hatte die Panzeraufklärungslehrabteilung nach Sammlung ihrer Kräfte bei Wavreille zunächst den Lesse-Abschnitt durch Brückenzerstörungen, Minen und Baumhindernisse gesperrt. Ab 28. Dezember richtete sie sich hinter der l' Homme mit Stützpunkten in Mirwart und Arville ein, die durch Panzer und Pak verstärkt wurden. Links davon, in der Mitte des Divisionsabschnittes, hatten die Pioniere zunächst in Arville, Hatrival und Vesqueville Sperrungen angelegt und den Bachgrund vermint. Dahinter lag die Kampfgruppe von Poschinger, Gefechtsstand St. Hubert, mit dem Bataillon Böhm (II./902), Panzerpionierbataillon 130 und schwerer Panzerjägerabteilung 559. Ganz links verteidigte Kampfgruppe Neumann, bestehend aus I./ Panzergrenadierlehrregiment 902 und zwei Panther-Kompanien den Abschnitt Moircy-Remagne. Die artilleristische Abwehr im gesamten Divisionsabschnitt oblag dem Panzerartillerieregiment, das von einem Volksartilleriekorps, dabei eine 21 cm Mörser-Batterie, sowie auch von der Heeresflakabteilung 311 unterstützt wurde.

Im Abschnitt der Panzeraufklärungslehrabteilung begnügte sich der Gegner in den nächsten beiden Wochen mit örtlicher Aufklärung. Ihr gegenüber lag die 6. britische Luftlandedivision, verstärkt durch die 39. Panzerbrigade. Die Atmosphäre des Kampfes beschreibt Peter Elstob:

»Einmal fuhr ein britischer Sanitätskraftwagen nach vorne, um die vielen Verwundeten zu versorgen, die im Schnee lagen, und ein deutscher Panzer der Panzerlehrdivision setzte sich neben den Wagen. »Diesmal kannst Du Deine Ver-

wundeten noch mitnehmen, Tommy«, sagte der Kommandant auf englisch zum Fahrer, *»aber komme nicht wieder, es ist nicht sicher hier!«*

Den Abschnitt der Kampfgruppe von Poschinger griff der Feind ab dem 28. Dezember unaufhörlich an. Trotzdem gelang es, die nur schwach besetzten Stellungen bis zum planmäßigen Rückzug am 11. Januar zu halten, alle Feindangriffe abzuweisen und eine größere Zahl von Feindpanzern zu vernichten. Insbesondere scheiterten alle Versuche des Feindes, durch Umfassung die Wälder beiderseits von Hatrival und westlich Vesqueville auf St. Hubert zu durchstoßen.

Bei der Kampfgruppe Neumann kam es darauf an, einen Durchbruch des Feindes zur Unterbrechung der Straße St. Hubert - Morhet zu verhindern. Hier war der Brennpunkt der Verteidigung. Die 28th Cavalry Squadron (Panzeraufklärungsbataillon) drückte schon am 28. Dezember die vorgeschobenen Sicherungen aus Freux und Rondu auf Moircy und Remagne zurück. Am 30 Dezember erschien ein neuer Gegner, das VIII. Korps mit CCA der 11. Armd Division und der 87. Infanteriedivision, über Rondu vor Remagne und über Freux vor Moircy. Die Kampfgruppe Neumann bereitete beiden einen heißen Empfang, wie aus der Kriegsgeschichte der US-Army hervorgeht:

» Als Panzergrenadierbataillon 63 (Task Force White) als Vorhut den Höhenkamm nördlich Rondu überschritt, brach die Hölle los. Eins - zwei -wurden die beiden vorderen Panzer abgeschossen. Binnen 30 Minuten verloren die Infanteristen über 100 Mann, während sie sich wie irrsinnig in den gefrorenen Boden eingruben... Es war früher Nachmittag, deutsche Kanonen fegten die Höhe blank. Raum für Bewegungen war nicht vorhanden, die Ourthe lag im Westen und der Wald von Haies de Magery im Osten schied die beiden Kampfgruppen CCA und CCB voneinander. Um stärkere Kräfte der 11. Armoured Division einsetzen zu

können, hätte man umgruppieren müssen. Deshalb verlegte das VIII. Korps die Trennungslinie zwischen den Divisionen. Fortan fiel Remagne an die 87. Division. Die Teile der 11. Armoured Division setzten sich nachts von Remagne ab. Die 87th (Eichel) Division aus Connecticut war im Dezember nur kurz an der Saarfront eingesetzt gewesen, ohne dort Kampferfahrungen sammeln zu können. Ihr erster Angriff am 30. Dezember mit ihren drei Infanterieregimentern nebeneinander und starker Artillerieunterstützung traf auf unerwartet harten Widerstand der Kampfgruppen von Poschinger und Neumann. Das US-Infanterieregiment 345 konnte zwar Moircy nehmen, mußte aber wegen zu hoher Verluste in die Divisionsreserve zurückgezogen werden. Noch bei der Ablösung erlitt es Verluste durch deutsche Minen, die durch den Fahrzeugverkehr aus dem Schnee freigelegt wurden.«

Der Schriftsteller Peter Elstob schilderte den Kampf um Moircy:

»Um den Angriff der 87. Infanteiedivision zu unterstützen, massierte das VIII. Korps alle verfügbaren Batterien gegen die Panzerlehrdivision, aber diese Elitetruppe - eine der besten Einheiten in den Ardennen - hielt ihre Stellungen, obwohl sie nur noch wenige Panzer besaß und unter Munitionsmangel litt; es gelang ihr so-

Hauptmann
von Falkenhayn,
Chef der 8. Kompanie
des Panzerlehrregiments,
verteidigte Pirompré.

gar, die amerikanische Infanterie zurückzuwerfen. Das Regiment 345 verlor so viele Gefallene und Verwundete, daß es herausgezogen werden mußte.«

Die Abwehr hatte auch der Kampfgruppe Neumann erhebliche Verluste gekostet, sie erhielt am 31. Dezember Genehmigung, Moircy zu räumen, behielt aber die Straße St. Hubert - Morhet fest in ihrer Hand. Im Westen hatte der Gegner die Front auf die allgemeine Linie Charneux - Hargimont - Wawreille - Bure - Mirwart zurückgedrückt. Rochefort war aufgegeben worden. Auch der Großangriff des XXXIX. Panzerkorps auf den Korridor nach Bastogne war gescheitert. Hitler mußte einsehen, daß ein weiterer Angriff auf Bastogne mit den verfügbaren Kräften wenig Erfolg versprach.

Der Neujahrsmorgen brachte zuerst Schneeregen, dann Schnee, dann trockene, bittere Kälte. Trotzdem setzte das amerikanische Infanterieregiment 347 seine Angriffe mit dem Ziel fort, die Straße Morhet - St. Hubert zu unterbrechen und Amberloup zu nehmen. Duch steife Schneewehen kämpften sich die Amerikaner vor. Spähtrupps sickerten nördlich Remagne über die Straße in den dichten Wald, gefolgt von einem Bataillon mit Panzerunterstützung. Bei Tage konnte die Kampfgruppe Neumann nur mit gelegentlichem Artilleriefeuer stören. Nachdem am Abend die Jabos verschwunden waren, griffen die wenigen Panzer an und scheuchten die Amerikaner nach Remagne zurück. Mittlerweile hatte ein anderes Bataillon der 347er aus Moircy nach Norden angegriffen und mittags Jenneville genommen, wo sich vor zwei Tagen das Schwesterregiment so blutige Köpfe geholt hatte, und war auf das Straßenkreuz Pirompré vorgegangen. Dieses wurde von sechs Panthern und einer Panzergrenadierkompanie von nur 30 Mann verteidigt. Die Panzer standen in sehr sorgfältig ausgesuchten Stellungen mit weitem Schußfeld, von der Straße kaum erkennbar, weil unter den Holzstapeln eines Sägewerks verborgen. Beim Heraustreten aus Jenneville steigerte sich das deutsche Abwehrfeuer und die Panther von Pirompré griffen in den Kampf ein. Der Angriff kam zum Stehen. Am 2. Januar stellten sich die Amerikaner mit zwei Bataillonen des Regiments 347 zum Angriff über die Straße nach Norden bereit. Sie sparten das Hornissennest Pirompré aus, das auch in den nächsten Tagen trotz zahlreicher, fast täglich wiederholter Angriffe bis zum 11. Januar gehalten wurde. Die Amerikaner gingen rechts und links durch den Wald vor. Die Kampfgruppe Neumann konnte den Verlust Gerimonts nicht verhindern. Am anderen Flügel fiel Bonnerue, allerdings unter Verlust von vier Shermans, die die Panther von Pirompré abgeschossen hatten. Vorübergehend konnte die 87. Division melden, die Straße St. Hubert - Morhet unterbrochen zu haben. Dieser Erfolg war nur teilweise von Dauer, bereits am nächsten Tage war Bonnerue wieder in deutscher Hand.

Am 2. Januar abends hatte sich zwischen den beiden amerikanischen Angriffsgruppen eine gefährliche breite Lücke entwickelt, dazwischen sollte das dritte Batallion Pirompré und den umliegenden Wald säubern. Gegen diese Bedrohung des Eckpfeilers der Verteidigung setzte Generalleutnant Bayerlein die Kampfgruppe von Poschinger ein. Ihr Gegenangriff brachte die gewünschte Erleichterung und gewann, wie schon erwähnt, Bonnerue zurück. Auf die Dauer konnte aber nicht verhindert werden, daß der Gegner weiterhin in die Wälder einsickerte. Am nächsten Tag mußten die Pioniere entgegen grundsätzlichen Befehlen als Infanterie eingesetzt werden. Langandauernde, harte Waldkämpfe begannen gegen den zahlenmäßig überlegenen und sehr geschickt kämpfenden Feind. In ihrem Verlauf gelang es, das Vordringen des

Feindes in allgemeiner Linie 1 km nördlich der Straße St. Hubert - Bastogne bis zum allgemeinen Rückzug am 11. Januar aufzuhalten.

Obwohl die eigene Artillerie infolge der Transportschwierigkeiten außerordentlich unter Munitionsmangel litt, funktionierte ihre Abwehr gut. Auf der Suche nach Munition entdeckte man im Wald ein Lager mit deutschen 10,5 cm Kartuschen, das dort unbemerkt entweder noch vom Angriff 1940 oder vom Rückzug 1944 verblieben war. Ein Teil war durch Nässe verdorben, aber sehr viel waren noch brauchbar. Der Artilleriekommandeur, Oberst Dr. Bartenwerfer, berichtet:

»So konnten wir mit diesen Kartuschen, solange der Vorrat reichte, den Amerikanern ihre von der Division erbeuteten Granaten (die dazugehörenden Kartuschen waren nicht erwischt worden) zurücksenden mit unseren Rohren. Das ging im beobachteten Feuer ganz gut, denn die ballistischen Verhältnisse wichen etwas von unseren Granaten ab. Nach zwei bis drei Tagen funkten die Amerikaner zu uns herüber, ob wir mit Gasgranaten schössen, es hätte so ausgesehen. Es wurde mit gutem Gewissen verneint.«

Am 3. Januar fiel das Thermometer und gleichzeitig herrschte ein Schneesturm, der Straßen und Wege verwischte, die Flugzeuge vom Himmel fegte und Artilleriebeobachtung ausschloß. An diesem Tage traten die Alliierten von Norden und Nordwesten mit der 1. amerikanischen Armee, von Süden mit der 3. amerikanischen Armee an, um den deutschen Frontbogen in der Linie Houffalize - Bastogne abzuschneiden.

Im Abschnitt der Panzerlehrdivision blieben die erwarteten Großangriffe vorerst aus. Ärger war der Kampf mit Kälte, Eis und Schnee. Der starke Feinddruck auf den gesamten Frontbogen, zunächst bei Rochefort, das am 30. Dezember geräumt wurde, und die Herauslösung der 6. Panzerarmee für die Front in Ungarn bewogen Hitler, dem Drängen der Führung nachzugeben und dem Rückzug aus dem deutschen Frontbogen zuzustimmen. Durch die amerikanischen Angriffe zeichnete sich eine Einschließung und Vernichtung der im Westen haltenden deutschen Kräfte ab, wenn nicht rasch gehandelt wurde.

Vorerst brachte das Wetter einen Aufschub. Am 4. und 7. Januar tobten Schneestürme. Die amerikanischen Panzer rutschten von den vereisten Straßen ab und blockierten stundenlang der Infanterie den Weg; die amerikanische Artillerie war durch schlechte Sicht und durch die Wälder behindert. Die Unbill der Witterung sowie die Härte und Dauer der Kämpfe machten den darauf kaum vorbereiteten Soldaten der noch »grünen« 87th Division sehr zu schaffen. Robert C. Reed berichtet:

»Ich war Obergefreiter im Panzerabwehrzug der Stabskompanie des III./Infanterieregiment 345. Am 4. Januar im Angriff auf Vesqueville brachten wir unsere 57 mm Pak am Waldrand nördlich Bras Haut in Stellung. Uns war befohlen, den Kirchturm von Vesqueville unter Feuer zu nehmen, in dem man einen Artilleriebeobachter vermutete. Eine unserer Schützenkompanien war im gut liegenden feindlichen Feuer liegengeblieben. Wir schossen zehnmal. Ob wir getroffen haben, blieb ungewiß, aber nun hatten wir unsere Stellung verraten und gerieten selbst unter Beschuß. Zwei Mann fielen, ein dritter wurde von einer Mörsergranate verwundet.«

Welchen Einduck die deutsche Abwehr auf die jungen Amerikaner machte, schilderte der Chronist des I./Infanterieregiment 345, Mr. Charles Foreman, 1995:

» Wir trafen auf die Besten, die sie noch einsetzen konnten! Zu Neujahr war unser Bataillon von den dreien unseres Schwesterregiments abgelöst worden. Die denken heute noch an ihre bittersten und härtesten Kämpfe im Zweiten Weltkrieg dort zurück, in Schnee und Eis bei Frostwetter...
Bei den Amerikanern wurden Gerüchte laut. War es der kleine Artillerieflieger? Er hatte den großen Hauptverbandsplatz bei Amberloup entdeckt und vermutete dort unter den klar sichtbaren Rot-Kreuz-Flaggen die »Quelle unseres alten, heutigen und künftigen Elends « verborgen - ein Panzerregiment! Hier unter Mißachtung der Genfer Konvention wartete ein SS-Regiment, das sich und seine Panzer unter den Roten Kreuzen getarnt hatte, im Vertrauen darauf, daß die Amerikaner die völkerrechtlichen Bestimmungen respektierten«

Hatte der unerfahrene, ehrgeizige Artilleriebeobachter Kettenspuren von Sanitätspanzerwagen oder Raupenschleppern Ost als Spuren von Panther und Tiger gedeutet? Später wurde der Hauptverbandsplatz bombardiert. Es gab Verluste - die Saat des Mißtrauens.

Am 5. Januar griff II./347 Pirompré zweimal ebenso vergeblich von Osten an, wie das I. Bataillon am Vortag unter Verlust von drei Shermans. Die Angriffe wurden am 6. Januar weiter nördlich erfolglos wiederholt. Ein Sherman und ein Panther in Pirompré gingen verloren. Weiter ostwärts griffen zwei Bataillone des Regiments 346 Tillet an, das die Führerbegleitbrigade verteidigte. Bis zum Abend gelang es nur, die Höhen ostwärts und südlich des Dorfes zu nehmen. Anderntags im Schneesturm löste das Infanterieregiment 345 seine erschöpften Kameraden vor der »verfluchten Kreuzung Pirompré« ab. Seit Beginn dieser Kämpfe waren die Amerikaner hier dreimal abgelöst worden, während in Pirompré fast ausnahmslos immer noch dieselben Besatzungen und Grenadiere aushalten mußten. Der Personalmangel ließ es nicht anders zu. Ihre Beanspruchung und ihre Opfer waren kaum zu ermessen. Zwar trugen alle Männer die in Rußland bewährte Winterbekleidung. Doch das Tag und Nacht andauernde Artilleriefeuer und die stete Feuerbereitschaft der Panther erzwangen lange Aufenthalte in bitterer Kälte ohne jede Bewegung. Zwar konnten die Panther mit Warmluft beheizt werden. Dazu mußte aber der Motor laufen. Das war nur selten möglich. Die Panzerung blieb so kalt, daß ungeschützte Hände daran festklebten.

Stolz meldete das Regiment 345 am 8. Januar die Einnahme von Bonnerue. Aber die Freude war nur kurz. Am 9. Januar traten die Panzergrenadiere von 901 nach ihrer Rückkehr von Bastogne zum Gegenangriff an, wesentlich unterstützt vom Artillerieregiment. Bei nur geringen eigenen Verlusten gingen 80 Amerikaner in Gefangenschaft. Das heißumkämpfte Dorf wechselte vom 9. bis 11. Januar noch mehrfach die Besitzer.

Vorerst mußte die Panzerlehrdivision am Westzipfel des Frontbogens noch halten. Erst am 8. Januar genehmigte Hitler die Absetzbewegung in die Linie Dochamps - Longchamps, die Operation »Veilchen«. Sie sollte mit Bewegungen der rechten Nachbarn (9. und 2. Panzerdivision) beginnen und in der folgenden Nacht zur Räumung St. Huberts führen. Aus nicht mehr feststellbaren Gründen wurde die Räumung St. Huberts aber um 24 Stunden hinausgeschoben.

In der Nacht vom 11. zum 12. Januar wurde St. Hubert geräumt. Kurz darauf reichten sich Spähtrupps der 6. britischen Luftlandedivision und der 87. amerikanischen Division die Hand. Elstob schreibt darüber: *»Seit der Trennung durch die deutsche*

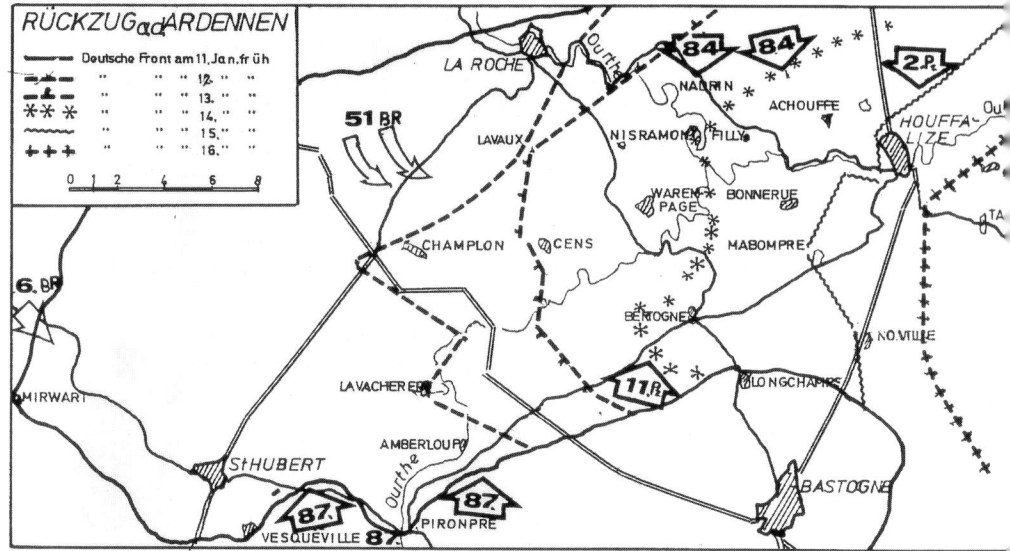

Rückzug aus den Ardennen vom 11. bis zum 16. Januar.

Offensive der erste Kontakt zwischen der 21. und der 12. alliierten Heeresgruppe«. An der Wiederbesetzung St. Huberts beteiligte sich auch ein Spähtrupp des 2. französischen Fallschirmjägerregiments. Der Gegner folgte der deutschen Absetzbewegung nur zögernd. Nach wie vor mußte er ohne Luftwaffe auskommen. Die von den Pionieren gut angelegten Baumsperren und Minen waren bei der Kälte und den vereisten Straßen nicht so rasch zu beseitigen, zumal die Artillerie die Räumungsarbeiten überall störte, wo sie beobachten konnte. So konnte die Division alle Vorstöße des Gegners abweisen, auch wenn die Engländer unter Umgehung des Stützpunktes am Straßenkreuz Champlon in die Dörfer dahinter eindrangen. Unangenehm war das fast pausenlose Störungsfeuer der Feindartillerie auf Ortschaften, Kreuzungen und Engen.

In der Nacht zum 13. Januar konnte die Absetzbewegung planmäßig fortgesetzt werden. Nachdem in den Vortagen erst die 2. und dann die 9. Panzerdivision herausgelöst worden war, bildete nun die Panzerlehrdivision den rechten Flügel des XLVII. Panzerkorps. Rechter Nachbar nördlich der Ourthe wurde die abgekämpfte 116. Panzerdivision, die in schweren, aber erfolgreichen Kämpfen gegen das III. amerikanische Korps nördlich und gegen das XXX. britische Korps südlich der Ourthe hohe blutige Verluste erlitten hatte. Während des Tages konnte sich die Panzerlehrdivision gegen alle Angriffe der 51. britischen Hochländer-Division behaupten, obwohl die Schotten Lavaux nahmen.

Nach weiterem Absetzen erhielt die Panzerlehrdivision am Abend des 13. Januar Befehl, auch zur Sicherung der eigenen Flanke eine Kampfgruppe dem rechten Nachbarn nördlich der Ourthe zuzuführen. Die dazu bestimmte Kampfgruppe von Poschinger traf in der Nacht in Nadrin ein, ohne in der Dunkelheit Anschluß zu Einheiten der 116. Panzerdivision finden zu können. Südlich der Ourthe schwenkte die Kampfgruppe von Hauser in die Linie Thimont-Cens zurück. Spähtrupps der 87. amerikanischen Division erreichten am selben Abend die Ourthe. Als der 14. Januar dämmerte, sahen sich die Panzergrenadiere nördlich der Ourthe nicht nur frontal von Norden, sondern auch von Nordosten von überlegenen Feindkräften (I./US Infanterieregiment 334) angegriffen, die bis zum Nachmittag Nadrin und Filly nahmen. Unter schweren Verlusten konnten die Panzergrenadiere die Straße noch verminen und im letzten Augenblick die Ourthe-Brücke sprengen. Damit war aber vielen der Rückzugsweg versperrt. Nur wenige durchwateten den eisigen Fluß, die wenigen Furten waren von Fahrzeugwracks blockiert, viele Panzergrenadiere gerieten in Gefangenschaft. Südlich des Flusses fiel das nur schwach verteidigte Warempage in die Hand der Schotten und auch Nisramont mußte aufgegeben werden.

Während dieser Kämpfe schob sich eine fast ununterbrochene Schlange von Fahrzeugen aller Art, Panzern und Geschützen der verschiedensten Verbände auf der bergigen, vereisten Straße nach Osten. Glücklicherweise hielt Schlechtwetter die Feindflugzeuge fern, obwohl die verfügbare Flak zum Schutz der Engen bereitstand. Sandstreukommandos waren tätig und alle verfügbaren Offiziere regelten den Verkehr. Sie sorgten für das Freimachen der Straße, wenn Fahrzeuge abrutschten oder sonst ausfielen. Schadpanzer konnten nur selten abgeschleppt werden. Bei den häufigen Brüchen der Seitenvorgelege konnten die Panzer nicht mehr gebremst und gelenkt werden. Bergepanzer oder 18 t Zugmaschinen - zwei vor, eine hinter dem Schadpanzer - wurden benötigt, ein sehr aufwendiges Unternehmen, das angesichts der Verkehrs- und Betriebsstofflage kaum verantwortet werden konnte, aber immer wieder versucht wurde. Das Bergepersonal leistete in selbstloser Weise Hervorragendes.

Für die Nacht zum 15. Januar war die Linie Achouffe - Bonnerue - Mabompré befohlen. Die Lage im Norden hatte sich verschärft. Je mehr die Kampfstärken in den verlustreichen Kämpfen absanken, desto leichter gingen auch Übersicht, Zusammenhang und Anschlüsse der Truppen untereinander im unübersichtlichen Gelände verloren. Der Druck des Feindes im Norden und Süden und das Störungsfeuer seiner Artillerie steigerten sich fühlbar. Erstmals lernten die beiden letzten Panzerdivisionen (116. und Panzerlehrdivision) die verheerende Wirkung der neuen elektronischen Annäherungszünder mit einem Splitterregen von oben kennen. Der Versuch der 116. Panzerdivision unter Einschluß anderer Kampfgruppen, darunter der Panzeraufklärungslehrabteilung, einen Brückenkopf um Houffalize zu bilden, schlug fehl. Doch konnte der Fall der Stadt verzögert werden, bis viele Kolonnen abgeschoben und die Brücken gesprengt waren. Im Süden, bei Mabompré bestand Anschluß an die 26. Volksgrenadierdivision. Sie hielt die Linie bis Noville. Am Morgen stieß eine Kampfgruppe der 11. Armd Division überraschend beiderseits der Straße Bertogne - Houffalize bis Mabompré vor. Sie brachte die dort vor dem vereisten Bach haltenden Panzergrenadiere des Regiments 901 in eine schwierige Lage. Zwar konnte die Straßenbrücke noch rechtzeitig gesprengt und die Feindpanzer am Überschreiten des Baches gehindert werden, aber der Feinddruck zwang die Panzergrenadiere zum Ausweichen nach Norden. Am Nachmittag besetzte der Gegner die Waldstücke nordostwärts Mabompré. Um nicht überflügelt zu werden, mußte die Kampfgruppe von Hauser auf die Höhen südlich Houffalize zurückgehen. Ein Gegenstoß der 26. Division brachte den Gegner wieder aus Mabompré hinaus, wenn auch die sechs letzten Jagdpanther der schweren Panzerjägerabteilung 559 dabei geopfert werden mußten.

Am Morgen des 16. Januar nahm die 2. Armd Division Houffalize in Besitz. Kurz vorher hatten sich bereits bei Achouffe die Spitzen der 11. Armoured Division der 3. amerikanischen Armee von Süden und die der 2. Armoured Division der 1. Armee von Norden die Hand gereicht. Die Falle war zugeschnappt, war aber leer. Dem wenig entschlossenen, allzu schematischen Vorgehen des Feindes und dem Wetter war es zu verdanken, daß die Bildung eines Kessels vermieden wurde. Die Panzerlehrdivision hatte ihre Aufgabe bei der Räumung des Frontbogens erfüllt und war der Einschließung und Vernichtung entgangen. Ihre beträchtlichen Opfer an Personal und Material hatten unersetzliche Lücken gerissen. Die Truppe war bis zum Äußersten erschöpft und übermüdet.

Am 16. Januar hielt die Panzerlehrdivision eine Stellung ostwärts Houffalize. Gleichzeitig sollte sie eine Aufnahmestellung in Linie Cetturu-Tavigny vorbereiten. Der Feinddruck hatte nachgelassen, erst am 18. Januar fühlten Panzer bei Cetturu vor. Daraufhin lösten sich die Sicherungen und setzten sich auf die Aufnahmestellungen ab. Ein fürchterlicher Schneesturm am 19. Januar ließ sämtliche Kampfhandlungen mit Ausnahme der Artillerietätigkeit erstarren. Die Absetzbewegungen wurden vom Feind ungehindert bis zur Bahnlinie westlich der luxemburgischen Grenze fortgesetzt. In der Nacht zum 20. Januar wurden die Nachtruppen der Panzerlehrdivision in der neuen Widerstandslinie bei Biwisch - Asselborn von der 15. Panzergrenadierdivision und der 26. Volksgrenadierdivision aufgenommen.

Nachtruppe bei der 7. Armee

Erst nachdem der deutsche Frontbogen westlich Houffalize eingedrückt war, griff die 3. amerikanische Armee auch von Süden an, um den deutschen Brückenkopf westlich der Our zum Einsturz zu bringen. Am 18. Januar überschritten zwei Divisionen überraschend die nur schwach verteidigte Sauer unterhalb Diekirchs und stießen nach Norden vor. Der Stoß der 5. amerikanischen Division entlang der Höhenstraße bedrohte das im Raume Wiltz stehende LIII. Armeekorps mit drei Divisionen, die in Gefahr gerieten, abgeschnitten zu werden. Als deutsche Gegenmaßnahme holte das Armeeoberkommando 7 eine Volksgrenadierdivision an die Höhenstraße. Ferner griff Feldmarschall Model ein. Er befahl am 19. Januar, zunächst eine Kampfgruppe, später die gesamte Panzerlehrdivision - soweit man die Reste noch als Division bezeichnen konnte - und schließlich das Korpskommando XLVII. AK nebst der 2. Panzerdivision in den Abschnitt der 7. Armee zu verlegen. Das XLVII. Panzerkorps sollte eine Riegelstellung westlich Vianden aufbauen, um dadurch den Rückzug des LIII. Korps aus den Ardennen über die Our in den Westwall zu sichern.

Der schwere Schneesturm des 19. Januar behinderte und verzögerte die Bewegungen beider Seiten, schloß aber jegliche Lufttätigkeit aus. Durch das Schneetreiben bahnte sich die Kampfgruppe 902, verstärkt durch eine Panzerkompanie (8./130) und die II./Panzerartillerieregiment 130 den Weg nach Hoscheid, das den Drehpunkt für die Absetzbewegung bildete und daher unbedingt in eigener Hand bleiben mußte. Am diesigen Morgen des 20. Januar bezog die Kampfgruppe von Poschinger ihre befohlenen Stellungen südwestlich und südlich Hoscheid. Rechts war sie an die 9. Volksgrenadierdivision angelehnt. Unterdessen begann der Rückzug des LIII. Korps. Die Brückenstellen bei Gemünd und Vianden waren mittlerweile in die

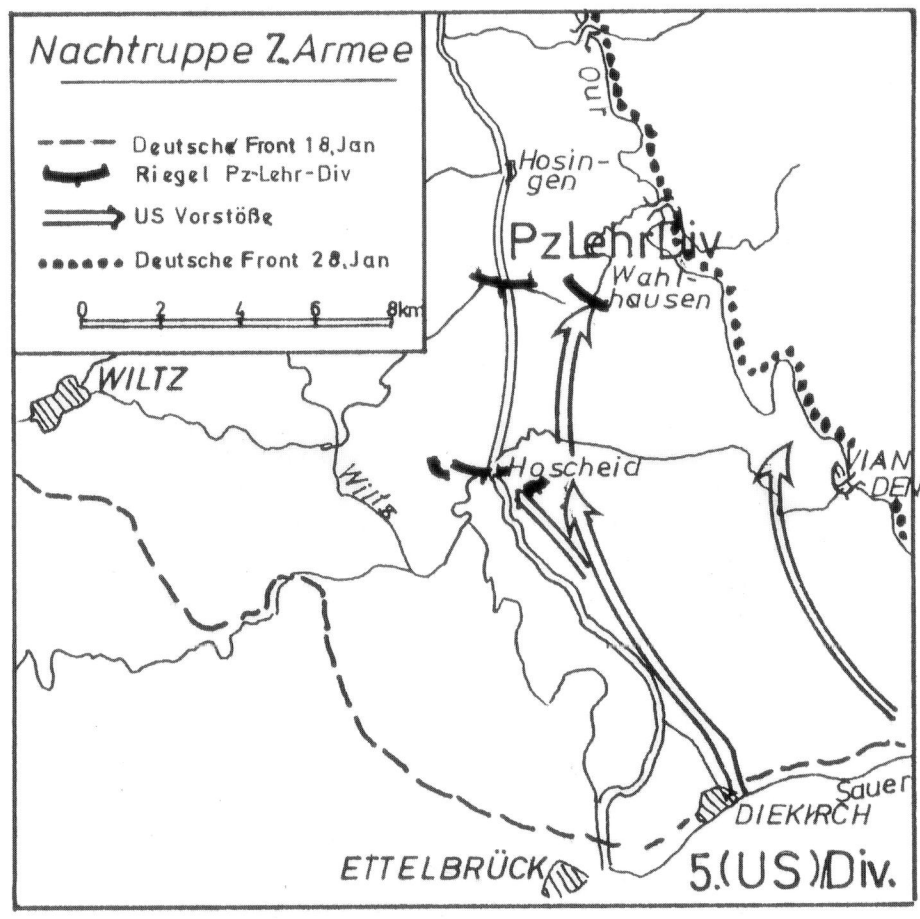

Die Panzerlehrdivision als Nachtruppe der 7.Armee.

Reichweite der Feindartillerie gerückt. Ihr Feuer störte den Rückzug der dichtgedrängten Kolonnen über die vereisten, kurvenreichen Brückenan- und -abfahrten im tief eingeschnittenen Our-Tal empfindlich.

Am 21. Januar griff die 5. amerikanische Division nach starker Artillerievorbereitung bei Hoscheid an. Nur mit Mühe konnte die Kampfgruppe von Poschinger die Angriffe abwehren. Am nächsten Tage klarte der Himmel auf und brachte Flugwetter mit Hunderten von Jabos, ähnlich wie in der Normandie. Zwar wurde die Kampfgruppe von Hauser rechts nachgeschoben, aber bei der Tieffieger- und Artillerietätigkeit konnte am 25.1. der Verlust Hoscheids nicht verhindert werden. Nun kam es noch darauf an, Brückenköpfe auf dem Westufer der Our so lange zu halten, bis alles Material zurückgeschafft worden war. Schrittweise wurden die Kampfgruppen bis Wahlhausen zurückgedrückt. Währenddessen konnten die seit 23. Januar auch von Westen angegriffenen Divisionen des LIII. Korps über Clerf und Our abfließen. Am 26. Januar erhielt auch die Nachhut der Panzerlehrdivision die Erlaubnis, das Westufer der Our zu räumen. Wieder konnte die Panzerlehrdivision mit Stolz auf ihren Bei-

253

Der letzte Versuch

WARUM musste die Gegenoffensive unternommen werden? (1) Weil die deutschen Reserven an Mann und Kriegsmaterial in der Zermürbungsschlacht zwischen Emmerich und Basel planmässig zerhämmert wurden. (2) Weil Deutschlands Sprit-Vorräte fast erschöpft waren. Vorräte mussten erbeutet werden. (3) Weil Himmler sah, dass sich das deutsche Volk der Zwangsevakuierung immer stärker widersetzte und sich nicht verschleppen liess.

WARUM musste die Gegenoffensive fehlschlagen? (1) Weil Rundstedt nicht genügend Panzer, nicht genügend Flugzeuge, nicht genügend Geschütze besass, um einen erstklassigen Plan zu verwirklichen. (2) Weil neben Elitetruppen halbgeschulte Grenadiere ins Treffen geworfen wurden. (3) Weil die SS-Führung versagte. Manteuffel hatte seinen Teil getan. Er vertraute auf die Panzer-SS. Aber Sepp Dietrich versagte. (4) Weil V-1 und V-2 als Artillerie- und Luftwaffe-Ersatz fehlschlugen. (5) Weil die Alliierten allein an einem Tag 6 000 Kampfflugzeuge zur Unterstützung ihrer Truppen in die Schlacht werfen konnten.

WARUM muss der Landser selbst die Entscheidung treffen?

WEIL DIE DEUTSCHE FÜHRUNG NACH DIESEM LETZTEN, AUCH VOM FEIND ALS GROSSARTIG ANERKANNTEN VERSUCH, SICH SELBST, DER WELT UND DEM LANDSER BEWIESEN HAT, DASS EIN WEITERKÄMPFEN SINNLOS IST.

Z.G. 96

Selbst in diesem Flugblatt »Der letzte Versuch« zollten die Briten den deutschen Soldaten Anerkennung.

trag blicken, eine Einschließung deutscher Divisionen westlich der Our verhindert zu haben.

Das Ergebnis der Ardennenschlacht war ein großer Erfolg der Alliierten, obwohl General Eisenhower seine geplante Offensive zum Rhein um etwa sechs Wochen verschieben mußte: *Der entscheidende Erfolg der Alliierten lag darin, daß Deutschland nach dem Scheitern der Ardennen-Offensive über keine operativen Reserve mehr verfügte* (Jung).

Nachwort

Bei der Ardennenoffensive gingen auch die letzten deutschen operativen Reserven verloren. Nur noch abgekämpfte und überforderte Truppen konnten den Endkampf im Reich an überdehnten Fronten führen. Er endete nach schrecklichen Monaten, am 8. Mai 1945, mit der Kapitulation der Wehrmacht. Dazu hieß es im letzten Wehrmachtsbericht:

Der deutsche Soldat hat, getreu seinem Eid, im höchsten Einsatz für sein Volk für immer Unvergeßliches geleistet. Die Heimat hat ihn bis zuletzt mit allen Kräften unter schwersten Opfern unterstützt. Die einmalige Leistung von Front und Heimat wird in einem späteren gerechten Urteil der Geschichte ihre endgültige Würdigung finden.

Heutzutage gelten die zwölf Jahre unter Hitler überwiegend als eine Periode deutscher Verbrechen. Jedoch trieb die alliierte Forderung der »bedingungslosen Kapitulation« mit haßerfüllten Drohungen, Deutschland politisch, wirtschaftlich und kulturell zugrunde zu richten und in ein Agrarland zu verwandeln (Morgenthau-Plan), alle Deutschen in die Wut grenzenloser Verzweiflung und zum Durchhalten um jeden Preis. Sie ließ alle Bemühungen der Widerständler zuschanden werden, verhinderte Teilkapitulationen und verlängerte so den Krieg. In diesem hemmungslosen Kampf um Sein und Nichtsein des Deutschen Reiches wurden leider Untaten, Grausamkeiten und Morde verübt, die man unserem Volk anlastet. Das Opfer von rund vier Millionen durch Feindeinwirkung gefallener deutscher Soldaten* und weiterer 500.000 durch Kriegseinwirkung (Bomben, Kämpfe) umgekommener Zivilisten hat diese Verbrechen mehr als gesühnt. Ihr Blut hat die Untaten der Schergen Hitlers rein gewaschen, auch wenn keine monumentalen Gedenkstätten davon künden. Wir dürfen getrost für unsere Soldaten das gleiche beanspruchen, was für die übrige Welt selbstverständlich ist, nämlich: *tiefempfundenen Stolz auf ihren Opfermut, ihre Tapferkeit, Kameradschaft und ihre übermenschlichen Leistungen.* Mit der bedingungslosen Kapitulation der Wehrmacht schwiegen an allen Fronten die Waffen. Nur noch die Politik hatte das Wort, um den allseitig heiß ersehnten Frieden wiederherzustellen. Für uns Deutsche wurde dieser 8. Mai 1945 kein »Tag der Befreiung!« Zwar hatten die Alliierten (London, 8. August 1945) Vertreibungen als Verbrechen gegen die Menschlichkeit erklärt. Dennoch kamen nach der Kapitulation der Wehrmacht rund drei Millionen Deutsche durch Flucht, Vertreibung und Verbrechen, teils unter grausamsten Umständen, zu Tode. Völkerrechtswidrig ließ man rund 1,6 Millionen deutsche Kriegsgefangene verhungern. So liegen die deutschen *Nachkriegsverluste* bei fast fünf Millionen ** Alle diese Deutschen, Soldaten und Zivilisten, liebten ihre Heimat und das Vaterland. Ihre Opfer bleiben uns Mahnung und Verpflichtung, an die Zukunft unseres Landes zu glauben!

---

* Im Ersten Weltkrieg verloren Deutschland und Österreich-Ungarn zusammen 3 Millionen Gefallene.
** amtlich registriert mindestens 4.777.000.

Anhänge

A: Die beiderseitigen Kräfte
Organisation

Während dem alliierten Oberbefehlshaber General Eisenhower mit einem integrierten Stab alle Invasionskräfte, auch die Marine und zwei Taktische Luftflotten unterstanden, hielt Hitler am Grundsatz der Gewaltentrennung fest. Stellung und Befugnisse des Oberbefehlshabers West blieben fragwürdig. Die Luft- und Seestreitkräfte blieben unter dem Befehl ihrer Oberkommandos.

Organisation der Heere

Heeresgruppen (*Army Groups*) =	Oberkommando + mehrere Armeen + Heerestruppen
Armeen (*Armies*) =	Armeeoberkommando + mehrere Armeekorps + Armeetruppen
Armeekorps (*Corps*) =	Generalkommando + mehrere Divisionen + Korpstruppen
Divisionen (*Divisions*) =	Der kleinste Heereskörper, der durch seine Zusammensetzung aus vielen Truppengattungen das Gefecht der verbundenen Waffen führen kann und über Mittel zur eigenen Versorgung verfügt.
- Infanterie-(*Infantry*)	Divisionen, meist nur »Divisionen« genannt, -
–Panzer-Div.	(*Armoured* (Br) oder *Armored** (US) Divisionen,
- Luftlande- (*Airborne*) Divisionen,	bei der Wehrmacht Fallschirmjägerdivisionen genannt.

* im Buch einheitlich als *Armd* bezeichnet

Alliierten Divisionen gliederten sich in Brigaden (*Combat Commands*), die je nach Auftrag und Lage anderen Divisionen unterstellt werden konnten. Bei gleicher Beweglichkeit und zusammenpassenden Fernmeldegeräten konnte das Gefecht verbundener Waffen auf unterer Ebene leichter geführt werden als bei der Wehrmacht, deren Funkgeräte keine gemeinsame Funkverbindung zwischen Panzerverbänden und Infanterie ermöglichten.

Kampfgruppen ab Bataillonsstärke - im US-Heer *Task Force* genannt - und aus Panzern und Infanterie gemischte Kompanien, sogenannte *Teams*, fochten selten ohne starke Artillerieunterstützung. Die alliierte Artillerie war überhaupt zahlreicher und moderner als die deutsche.

Kompanien (Batterien) wurden, nicht wie im deutschen Heer mit Zahlen, sondern mit Buchstaben bezeichnet, das heißt *I. Batallion = A - D Company (Squadron), II. Batallion = E - H* usw. Die Alliierten verfügten noch nicht über gepanzerte Infanterie-Kampf- und -Transportfahrzeuge. Dadurch war ihre Infanterie empfindlich gegen Feuer und erlitt entsprechende Verluste.

Deutsche Divisionen 1944 im Westen

PD =

PzGrD= Panzerdivisionen und Panzergrenadierdivisionen (motorisierte Infantriedivisionen) waren vor Beginn der Invasion voll einsatzbereit und ihren Gegnern mindestens ebenbürtig. Auf ihnen in erster Linie lastete die Kampfführung. Angesichts der großen Luftüberlegenheit der Gegner und deren Waffenwirkung mußten sie, anders als im Osten, auf sich allein gestellt kämpfen. Die eigene Luftwaffe konnte weder ihre Bewegungen hinter der Front noch ihre Versorgung ausreichend sichern.

ID = Infanteriedivisionen waren noch auf Fußmarsch und mit Teilen auf Pferdezug angewiesen, alle alliierten Divisionen waren motorisiert. Infanteriedivision 44, die normale Infanterie, hatte einen Sollstärke von 12.700 Mann.

ID (bo) = bodenständige Infanteriedivisionen bildeten die Masse der deutschen Infanteriedivisionen (23) im Westen im Juni 1944. Da sie ausschließlich für die Küstenverteidigung geschaffen waren, verfügten sie über weniger Personal, bewegliche Artillerie, Führungs-und Fernmeldemittel sowie Versorgungsdienste als die normale Infanterie, denn sie waren völlig auf bodenständige Versorgungseinrichtungen angewiesen. Somit waren sie nur sehr beschränkt beweglich. Die von den Landungen nicht betroffenen Divisionen konnten im Fußmarsch weder als bewegliche Eingreifreserve der Front rasch zugeführt werden, weil alle Verkehrsnetze aus der Luft lahmgelegt waren, noch konnten sie - außer mit Sturmgewehr und Panzerfaust - den hochbeweglichen und überlegen bewaffneten Gegner wirksam bekämpfen, abgesehen von besonderen Verhältnissen.

VGD = Viele der vorstehenden ID und ID (bo) behielten bei ihrer Auffrischung 1944 zwar ihre Nummer, wurdenn dabei aber zu Volksgrenadierdivisionen (VGD) umgegliedert. Wegen der unersetzbaren Personalverluste an allen Fronten mußte ihre Sollstärke auf etwa 10.000 Mann vermindert werden. Dafür wurden sie vermehrt mit vollautomatischen Handfeuerwaffen, dem Sturmgewehr 44, und mit Panzerfäusten ausgestattet. Neben den Volksgrenadierdivisionen bestanden aber auch Infanteriedivisionen weiter.

Führungsgrundsätze

Die deutschen Führungsgrundsätze bewährten sich auch im Westen 1944. Die Kampfkraft des deutschen Heeres beruhte auf Disziplin und Vertrauen, auf dem damals selbstverständlichen Pflichtgefühl für Heimat und Vaterland. »Vertrauen ist die Grundlage des Gehorsams« hieß es in den »Pflichten des deutschen Soldaten«. Wer seinem Vorgesetzten vertraute, wußte auch, daß dieser mit Überlegung handelte und nichts verlangte, was unnötig, unmöglich oder unrechtmäßig war. Der Offizier mußte in allem Vorbild sein, Vorleben können, Führer und Erzieher auf allen Gebieten sein. Die deutsche »Auftragstechnik« überließ es, wo immer angängig, dem Beauftragten, wie er den Auftrag löste, weckte so dessen Willen zur Verantwortung und nahm ihm die Scheu vor ihr. Zugleich mit der Verantwortung für den Erfolg legte sie dem Führer auch die Verantwortung für das Wohl und Wehe der ihm anvertrauten Truppe auf. Jedem aber blieb ein Höchstmaß an Entscheidungsfreiheit im Rahmen seines Auftrages. Auch ein »dummer« Entschluß war besser als gar keiner. Dies war eine der Grundlagen für die deutschen Erfolge im Bewegungskrieg, auch unter härtesten Belastungen.

Die Führung der Alliierten war mehr auf das Haushalten mit den verfügbaren Kräften, auf die Abnutzung und Zermürbung des Gegners unter Inkaufnahme geringster eigener Opfer gerichtet. Das erforderte eine präzise Planung, aber auch unbedingten Gehorsam und Zuverlässigkeit des einzelnen. Sie setzte der freien Entschlußfassung des einzelnen mehr Grenzen als die deutsche Seite. Auf unterer Ebene wurden dadurch oft günstige Gelegenheiten verpaßt.

Der Aufklärung maßen die Alliierten besondere Bedeutung zu. Ihnen war es gelungen, den deutschen Funkverkehr zu entschlüsseln (ULTRA). Sie waren auch Meister in der Kunst, ihre eigenen Absichten zu verschleiern und den Feind zu täuschen. Die Alliierten hatten als seefahrende Nationen der Logistik größere Bedeutung eingeräumt, als es in Deutschland üblich war. Die Verbände und ihre technische Ausrüstung mußten nicht nur zum Einsatz gebracht, sondern darin auch unterhalten werden. Die hochentwickelte Technik schuf neue Probleme. Jedes neue Gerät erzeugte ein Mehr an Arbeiten, Ersatzteilen und Transportraum während seiner Verwendung, um es einsatzfähig zu erhalten. Zuverlässigkeit und Verfügbarkeit eines Geräts waren deshalb wichtiger als Höchstleistungen.

Hauptmerkmale der Waffen beider Seiten 1944-1945

Panzer-/Panzerabwehrkanonen und Munition

Kanone			Munition						
Bezeichnung	verwendet Kal in	Kal-Länge L	Bezeichnung	V_0 m/s	Durchschlagleistung auf m[1] mm 100	500	1000	1800	Wann bei Truppe
Deutsch									
Kwk 40	PzIV	75	48	PzGr 39 AP	750	99	91	82	66	vor 44
	Pzj 39			HL/C	450	100	100	100	100	vor 44
	Pak 39			PzGr 40	990			87		nie[2]
Kwk 42	PZ V	75	70	PzGr 39 AP	925	138	128	110	100	vor 44
	PzJ 40			PZGr 40/42	1120	194		150		nie[2]
Kwk 36	PZ VI	88	56	PzGr 39 AP	773	120	112	100	88	vor 44
	Flak 37			PzGr 40	930	170	138			nie[2]
Kwk 43	Pz VI-II	88	71	PzGr 39 AP	1000	203	187	165	137	Juli 44
	Jpanther									Juni 44[3]
Britisch									
75 nn Mk V	Cromw IV	75	40	APCB M 61	625	74	68	60	47	1941
6 pdr Mk V	Pak	57	52	APBC M 86	904	93	87	80	67	vor 44
				APDS	1158	143	131	117	92	Sep 44
17 pdr Mk II	Pak	76,2	58	APBC M 62	884	149	140	130	110	vor 44
	Firefly			APDS	1204	221	208	192	160	Sep 44
USA									
57 mm M 1	Pak	57		APC M 86	822		81	64	50	vor 44
75 mm M3	M 4	75	40	(wie British Mk V)						
3-in	TkD M 10	76,2	50	APC M 62	793	109	99	89	73	vor 44
76 mm M 1	M 18	76	53	APC M 62	793	109	99	89	73	Nov 44
	M4A3E8									
90 mm M 3	TkDM 36	90	53	APC M 82	807	140	129	123	114	Nov 44

Erläuterung

[1] bei 30° Plattenneigungswinkel (angle of attack)
[2] mangels Wolframmetall nicht bei der Truppe
[3] Panzerjägerabteilung 654

AP = Panzervollgeschoß
APCBC = Panzervollgeschoß mit ballist. Haube
APDS = Treibkäfig-Hartkerngeschoß
HL = Hohlladungsgeschoß
TkD = Tank Destroyer = Panzerjäger

Kampf- und Jagdpanzer

Bezeichnung	Gef.. gew t	Pz-Dicke Front mm	Seite mm	Kanone Kal mm/L	Motor- leistg. PS/Umin	Motor- hersteller PS/t	Leist. Gew	Boden- druck kg/cm≈
Deutsch								
PzKpfw IV H/J	25	85	30	75/48	300/3000	Maybach	12	0,89
JgdPz IV Sdkfz 162	23	80	30	75/48	300/3000	Maybach	13	
JgdPz IV Sdkfz 162/124		80	30	75/70	300/3000	Maybach	12,5	0,8
PzKpfw V G	45,5	110	50	75/70	700/3000	Maybach	15,4	0,9
PzKpfw VI E	56,9	100	80	88/56	700/3000	Maybach	12,3	1,04
JgdPz V	45,5	80	45	88/71	700/3000	Maybach	15,4	0,9
Britisch								
M4A4 Firefly	33	76	51	17 pdr (76,2/58)	370/2400	Chrysler	11,2	
Cromwell	27,9	75	63	75/40	600/2550	Rolls-Royce	21,5	
USA								
Kampfpanzer								
M4A3 Sherman	32	76	51	75/40	450/2600	Ford	14	
M4A3E8 Sherman	33		51	76/53	450/2600	Ford	13,6	
M4A3E2 Jumbo	38,1	150	100	75/53	450/2600	Ford	11,8	
Panzerjäger (Tank Destroyer)								
M 10A1	29,9			3-in (76,2/50)	450/2600	Ford	15	
M 18 GMC Hellcat	18,1			76/53	400	Continental	22,2	
M 36 GMC	28,9			90/53	450/2600	Ford	15,5	

Leichte Panzerabwehrwaffen

Bezeichnung	Geschoß-durchm. mm	Geschoß gewicht kg	Gesamt-gewicht kg	Wirksame Reichweite m	Antrieb
Deutsch					
Panzerfaust (Faustpatr)	130	3,2	4,1	30-50	A
Panzerschreck (R.Pz.B. 54)[1] - Ofenrohr -	88	3,25	9,3[2]	100-150	B
Britisch					
P.I.A.T.[3]	ca. 100	1,1	15,7	50-80	C
USA					
Bazooka	60	2,8	6	60-80	B

Erläuterungen:
[1] Raketen-Panzer-Büchse
[2] ohne Schutzschild
[3] Projector Infantry Anti-Tank

A Rückstoßfreie (Wegwerf) Waffe
B Raketenwerfer
C Rohrwaffe mit Federantrieb

Geschütze der Divisionsartillerie

Bezeichnung	Kal mm	Geschoß-t gewicht kg	Schuß-weite m	Schuß zahl/ min	Geschütz-gewicht kg
Deutsch					
Le.Feldhaubitze 18	105	14,8	10675	4-6	2040
S. Feldhaubitze 18	150	43,5	13325	4	5512
S. Feldhaubitze (r)	152	46-48	16500	4	7128
Britisch					
25 pdr Gun/Howitzer	87,6	11,3	12250	3	1800
USA					
Pack Howitzer	75	6,4	8700	3	1340
105 mm Howitzer	105	15	11100	3	2250
155 mm Howitzer	155	43	16100	1	5700

Mörser

Bezeichnung	Kal mm	Geschoßgew. (kg)	Schußweite (m)	Schußzahl/ min
Deutsch				
m. Granatwerfer 34	80	3,5	2400	15
s. Granatwerfer 42	120	12,2	6150	15
le. Infanterie g. 18	75	5,45	3550	4 - 6
s. Inf. Geschütz 33	150	38	4700	2 - 3
15 cm Nebelwerfer 41 (Sechsling)	150	34	6700	> 1
21 cm Nebelwerfer 42	210	112	7850	2,5
Britisch				
2-in Mortar	50	1	450	10
3-in Mortar	76	4,5	2500	10
4,2-in Mortar	106	9	3750	10
USA				
81 mm Mortar M 1	81	3,2	3000	18
60 mm Mortar M 19	60		1800	z. Gefechtsfeld-
4,2-in Mortar M 2	106	9	3750	beleuchtung

Deutsche Flugabwehrkanonen

Bezeichnung	Kal- mm	Geschoß- gewicht g	Schußweite Erdziele max. m	wirks. m	Flugziele . max m	wirks. m	Schuß- zahl theoret. /min
2 cm Flak 38	20	120	4800	1600	3700	1600	450
3,7 cm Flak 43	37	623	6500	2400		2000	200
8,8 cm Flak 37	88	9000	14880	9750	9750	5000	15-20

Luftkrieg

Bei Kriegsausbruch bot die deutsche Luftwaffe ein anderes Bild als die britische Royal Air Force (RAF). Die Luftwaffe unter einheitlicher Führung des alten Jagdfliegers Göring sollte vor allem taktische Begleitwaffe des Heeres im Bewegungskrieg gegen schwächere Streitkräfte, wie Polen 1939, bilden. Die begrenzte Rohstoff- und Produktionskapazität Deutschlands beschränkte Kampfverbände auf leichte und mittlere Reichweiten. Eine operative Offensivluftflotte mit schweren Fernkampfbombern wurde nicht entwickelt. Aufgabe der Luftwaffe war auch die Luftverteidigung durch Flakartillerie - bei Kriegsende der Großteil von 5000 Flakbatterien - und die Luftnachrichtentruppe. Auf einen Krieg mit England war die Luftwaffe überhaupt nicht vorbereitet. Ihre anfängliche zahlenmäßige und technische Überlegenheit, z.B. durch den Jäger Messerschmitt Bf 109, büßte sie rascher als erwartet ein, denn Hitler verkannte die entscheidende Bedeutung der Luftherrschaft für Operationen des Heeres und stoppte nach der verlorenen Schlacht um England 1940 die Weiterentwicklung der Luftwaffe bis auf die von »Vergeltungswaffen«, V1, V2 und »Blitzbomber«. So mußten die tapferen deutschen Piloten bis Kriegsschluß mit den Typen von 1939 fliegen, die vom riesigen technischen Entwicklungs- und Fertigungspotential der Westalliierten mehrfach überrundet waren. Der Westfront 1944 konnte die Luftwaffe kaum helfen.

England gliederte schon 1935 seine RAF in mehrere Höhere Kommandos und bereitete sich gezielt auf den Krieg mit Deutschland vor. Die Bodenabwehr fiel dem Heer zu. Das *Bomber Command* entwickelte schwere viermotorige Fernkampfbomber für eine Luftoffensive gegen militärische Ziele und Wohngebiete in Deutschland, im Gleichklang mit der amerikanischen Air Force. Das *Fighter Command* übernahm die Luftverteidigung des Mutterlandes. Die frühzeitige Radar-Entwicklung mit Warn- und Jägerleitnetzen verschaffte ihm einen großen technischen Vorsprung über die Luftwaffe. Aus ihm gingen später die *Taktischen Luftflotten* bei den alliierten Heeresgruppen hervor mit den Aufgaben, die Luftherrschaft über dem Kampfgebiet zu erringen, dessen Hinterland abzuriegeln und - wo möglich - Luftnahunterstützung zu geben. Ihr Rückgrat wurden die Jagdbomber.

B: Vier soldatische Vorbilder

Leitsätze aus den ALLGEMEINEN PFLICHTEN DES DEUTSCHEN SOLDATEN vom 25. Mai 1934, die Generalfeldmarschall Paul von Hindenburg formuliert hatte:

Gehorsam ist die Grundlage der Wehrmacht, Vertrauen die Grundlage des Gehorsams. Soldatisches Führertum beruht auf Verantwortungsfreude überlegenem Können und unermüdlicher Fürsorge. *

Selbstbewußt und doch bescheiden, aufrecht und treu, gottesfürchtig und wahrhaft, verschwiegen und unbestechlich soll der Soldat dem ganzen Volk ein Vorbild männlicher Kraft sein. Nur Leistungen berechtigen zum Stolz. *

Größten Lohn und höchstes Glück findet der Soldat im Bewußtsein freudig erfüllter Pflicht. Charakter und Leistungen bestimmen seinen Weg und Wert.

Aus der ALLERHÖCHSTEN VERORDNUNG ÜBER DIE EHRENGERICHTE DER OFFIZIERE IM PREUSSISCHEN HEERE vom 2. Mai 1874 durch Kaiser Wilhelm I:

Je mehr anderwärts Luxus und Wohlleben um sich greifen, um so ernster tritt an den Offizierstand die Pflicht heran, nie zu vergessen, daß es nicht materielle Güter sind, welche ihm die hochgeehrte Stellung im Staate und in der Gesellschaft erworben haben und erhalten werden.

Aus der HEERESDIENSTVORSCHRIFT (HDv) 300 »Truppenführung« (T.F.) I. Teil, Nr. 15 / Abs. 2, vom 17. Oktober 1933:

So bleibt entschlossenes Handeln das erste Erfordernis im Kriege. Ein jeder, der höchste Führer wie der jüngste Soldat, muß sich stets bewußt sein, daß Unterlassen und Versäumnis ihn schwerer belasten als Fehlgreifen in der Wahl der Mittel.

Generalleutnant Walther von Hünersdorff
1898 - 1943

Am 1. Juli 1942 übernahm Oberst von Hünersdorff das Panzerregiment 11. Er war eine hervorstechende und beeindruckende Persönlichkeit voll höchster Einsatzbereitschaft und mitreißender Entschlußkraft. Der 1898 in Kairo geborene, in Erscheinung und Charakter adlige Walther von Hünersdorff trat 1915 als Fahnenjunker in das Husaren-Regiment von Schill Nr. 4 ein und erlebte den Ersten Weltkrieg und die anschließenden Freikorpskämpfe als Leutnant. Nach dem Kriege gehörte er dem 11. (Preußischen) Reiterregiment an. Er wurde 1925 Oberleutnant und dann Regimentsadjutant. Früh erkannte man seine außerordentlichen Fähigkeiten. Spielend durchlief er von 1930 bis 1933 die Generalstabsausbildung. Der junge Rittmeister wurde am 1. 9. 1933 als Hauptmann d. G. zur Inspektion der Kraftfahrtruppen im Reichswehrministerium versetzt. In Wort und Lebensführung schien von Hünersdorff zuweilen mehr als frei und ungebunden zu sein, doch diese Leichtigkeit war mit einem tiefen Ernst von seiner Auffassung vom Sein und Sollen eines Offiziers gepaart. Er verlangte viel von sich und seinen ihm anvertrauten Soldaten, vor allem aber Haltung! Aus dem begeisterten Husarenreiter wurde der glühende Vertreter der Panzerwaffe. Er erkannte klar, daß der Motor und die Technik an die Stelle des Pferdes treten werde, daß aber der Reitergeist nicht unbedingt mit dem Pferd verwachsen sein muß, sondern in dem Geist besteht, der auch der Panzerwaffe eigen ist: Wagemut, Entschlußkraft, Schnelligkeit des Handelns und ritterliche Haltung. Mit starker Überzeugungskraft und Beredsamkeit vertrat er immer wieder den Gedanken, daß die Panzerwaffe zur Entscheidung im Landkrieg berufen sei. In allen seinen Stellungen, beim Kommando der Panzertruppen unter General Lutze und Oberst Guderian (1934 - 36), als Chef der 1. (Panzerspäh-) Schwadron der Aufklärungsabteilung 4, als Ia der 1. Panzerdivision (1938), als Ia des II. Armeekorps (1939), dann als Chef des Generalstabes der späteren 3. Panzerarmee (Generaloberst Hoth) verpflanzte er den alten Reitergeist in sein neues Tätigkeitsfeld. Er vermochte in Krieg und Frieden in seltener Weise Menschen zu motivieren. Bezeichnend für ihn war, daß der Oberbefehlshaber des Heeres, Generaloberst von Fritsch, bei seiner Besprechung der für die Panzerwaffe bahnbrechenden Lehr- und Versuchsübung im August 1935 in Munsterlager dem für die Anlage der Übung verantwortlichen Hauptmann d. G. von Hünersdorff namentlich dankte, ein damals unerhörtes Lob. Obwohl Oberst von Hünersdorff die Versetzung zum Panzerregiment 11, also zur Truppe, zunächst als Rückschlag empfand, verwuchs er mehr und mehr mit seinem Regiment, das ganz vom Geist seines Kommandeurs beseelt wurde. Ebenso hervorragend, wie er strategisch und taktisch richtig denken konnte, führte er 1942 seine Panzer mit Instinkt im offenen Kampf von Kotelnikowo bis 48 km vor Stalingrad vor. Seine Taten dort, immer an der Spitze seiner Truppe, sind mehrfach geschildert worden.* Beim Weggang des alten Divisionskommandeurs war es klar, daß nur Oberst von Hünersdorff sein Nachfolger werden konnte. Stets in schwarzer Panzeruniform, immer mit einem fröhlichen Wort, führte er auch seine 6. Panzerdivi-

sion als mitreißendes Beispiel von Draufgängertum und kühlem Kopf aus dem Panzer heraus. Als er am 8. Juli 1943 bei der Operation »Zitadelle« mit seiner Division nordostwärts Bjelgorod eine vom zäh verteidigte Panzergrabenstellung durchbrochen hatte, wurde er schwer verwundet. Das ihm verliehene Eichenlaub zum Ritterkreuz und seine Beförderung zum Generalleutnant erlebte er nicht mehr. Er erlag am 17. Juli seinen Verwundungen. Mit seinem Tod endeten auch Pläne, ihn als Chef des Generalstabes eines erwogenen Oberbefehlshabers Ost bei Generalfeldmarschall von Manstein vorzusehen. General von Hünersdorff war von jeher ein Gegner des Nationalsozialismus gewesen. Er machte aus dieser Einstellung nie einen Hehl. Innerlich vollkommen frei und furchtlos, legte er den gleichen menschlichen Maßstab unerbittlich an jeden Menschen an, den Maßstab des Wertes, gleich ob er Untergebener, Offizier gleichen Ranges oder Vorgesetzter war. Keiner blieb verschont von seinem oft beißenden Witz oder seiner harten Kritik, bei allem notwendigen militärischen Gehorsam. In seinem Gefechtsstand prangte stets das eine Schafherde mit Leithammel zeigende Titelblatt einer Zeitung mit der Unterschrift »FHQ« (Führerhauptquartier). General von Hünersdorff - gebunden an die Werte preußischen Soldatentums, doch ungebunden von jedwedem Zeitgeist, war seiner Zeit weit voraus. Die Panzerwaffe schlechthin hat ihm viel zu verdanken. Er lebt in der Erinnerung aller, die ihn kannten, weiter.

* siehe Literaturverzeichnis

Pauls, Wolfgang, Brennpunkte, Die Geschichte der 6. Panzerdivision, Krefeld 1977.

Ritgen, Helmut, The 6th Panzer Division, 1937 - 1945, London 1982.

Schadewitz, Michael (Hrsg.), Die Traditionstruppenteile des Panzerbataillons 194, Lünen, 1987.

Scheibert, Horst, Nach Stalingrad – 48 Kilometer!, Heidelberg 1956.

Scheibert, Horst, Zwischen Don und Donez, Neckargmünd, 1961.

Oberstleutnant Wilhelm Prinz v. Schönburg-Waldenburg

Geb. 3. 4. 1913 in Guteborn, gef. 11. 6. 44 bei Vendes

Prinz Wilhelm, aus altem reichsunmittelbaren Fürstengeschlecht stammend, besuchte zunächst die Schule in Dresden, dann die Oberschule vom Ritterschaftlichen Internat in Bautzen bis zum Abitur. Er war kein Musterschüler, seine Interessen galten mehr der Jagd als der Schule. Im April 1933 trat er als Fahnenjunker in das Reiterregiment 12 in Dresden ein, wurde am 20. 4. 1935 Leutnant und kam im Herbst 1935 mit den Teilen seines Regiments, die die I./Panzerregiment 3 bildeten, nach Kamenz. Ein Jahr später wurde er Abteilungsadjutant. Mit seinem Regiment nahm er am Einmarsch in Österreich 1938 teil, wo es in Mödling seine neue Garnison fand - glückliche Monate für den Prinzen. Mit den Herbstabgaben des Regiments kam Prinz Wilhelm zum Panzerregiment 31 als Chef der 1. Kompanie, die er bis

August 1941 führte. In der 5. Panzerdivision rückte er 1939 nach Polen ins Feld. Am 27. 9. 1939 heiratete er die damals 17jährige Marie-Elisabeth Prinzessin zu Stollberg-Roßla. Schon Ende November wurde seine Division ins Rheinland verlegt, im Frankreichfeldzug wurde dem Prinzen nach der Panzerschlacht von Flavion am 15. 5. das E.K. II, am 12. 6. das E.K. I verliehen. Einer seiner Panzerkommandanten - der spätere Oberstleutnant Nökel - schreibt über diese Zeit:

»Übrigens ist der Prinz mir immer ein Vorbild an Mut, Tapferkeit und Anständigkeit gewesen. Bei der Meldung bei ihm als Offizieranwärter d. R. gab er mir folgende Lebensweisheit mit auf den Weg, an die ich mich bis zum heutigen Tage gehalten habe:»Soldat sein, Kamerad sein und Kavalier sein!«

Nach Rückkehr aus Frankreich wurde das Panzerregiment 31 in die Beskiden und ab Januar 1941 als Lehrtruppe nach Rumänien verlegt. Im März, beim Einmarsch in Bulgarien, wurde Prinz Wilhelm zum Hauptmann befördert. Die Lage auf dem Balkan blieb gespannt. Am 31. 3. 1941 marschierte die 5. Panzerdivision in Südserbien ein, durchbrach die Grenzstellungen und stieß durch Albanien an die griechische Grenze vor, die am 16. 4. überschritten wurde. Am 24. 4. erstürmte der Prinz mit seiner Truppe tollkühn den Paß der Thermopylen. Im Gefechtsbericht hieß es darüber: *Die I./Panzerregiment 31 hat im Angriff die ersten Batteriestellungen durchstoßen und die zweiten Batteriestellungen niedergekämpft, so daß der Gegner nach stärkeren blutigen Verlusten und Einbuße von Gefangenen mit Einbruch der Dunkelheit die Stellungen fluchtartig räumte....*

Der rücksichtslose Einsatz der Panzerkompanie geht daraus hervor, daß von 18 eingesetzten Panzern zwölf total ausfielen, und von 70 eingesetzten Offizieren, Unteroffizieren und Mannschaften sieben Mann fielen und 22 verwundet wurden. Als Prinz Schönburg für diese Tat mit dem Ritterkreuz ausgezeichnet wurde, ging er zuerst zu den Schwerverwundeten und sagte zu ihnen: *»Ich trage dieses Kreuz für Euch alle!«*.

Von September 1941 bis Juni 1942 erhielt der Prinz neue, interessante Aufgaben als Kompaniechef der 1./Panzerlehrregiment in Wünsdorf. Als solcher wurde er beurteilt: *»Vortrefflicher, gefestigter und bescheidener Charakter. Führerpersönlichkeit, sehr guter*

Kompaniechef mit sehr guten dienstlichen Kenntnissen und Fähigkeiten. Im Kriege hervorragend bewährt«.

Nach kurzer Zeit in der Führerreserve wurde er zum 1. 9. 1942 zum Kommandeur der II./Panzerregiment 39 in der 17. Panzerdivision ernannt, die bei Briansk an der Ostfront eingesetzt war. Bei den Kräften, die das eingeschlossene Stalingrad entsetzen sollten, gewann die Panzerabteilung Schönburg im Angriff an der Spitze der Division am 16. 12. 1942 den Myschkowa-Abschnitt. Aber trotz Tapferkeit und allem Opfermut der Truppe schlug der Entsatz von Stalingrad fehl und der übermächtige Gegner drückte die erschöpften deutschen Kräfte langsam zurück. Mit seinen wenigen Panzern mußte der Prinz fast pausenlos eingreifen. Oft erhielt die Panzerabteilung Schönburg undurchführbare Führerbefehle. *»Der Mann schont keine Menschen«,* schrieb der Prinz tief deprimiert nach Hause. Zwar verlöre er nie seine Nerven und Fassung, wohl aber die letzten Illusionen über den Krieg. Ende Februar 1943, beim Gegenschlag Mansteins im Südabschnitt der Ostfront, gewann der Prinz - seit dem 1. Februar Major - an der Spitze seiner Division Petrowskaja am Donez. In seiner unermüdlichen Sorge um das Wohl seiner Panzermänner verunglückte er wenige Tage später bei einer Betreuungsfahrt. Nach kurzem Lazarettaufenthalt wurde Prinz Schönburg mit dem 1. 4. 1943 zum Kommandeur der I./Panzerlehrregiment Wünsdorf ernannt. Schon bald hatte die Panzerabteilung seinen Geist und führte sein Wappen als taktisches Zeichen. Am 3. 4. 1943 wurde sein zweiter Sohn, Prinz Wolf-Christoph, geboren. Im August wurde das Panzerlehrregiment nach Fallingbostel verlegt. Der Prinz betrachtete dieses als Maßnahme des um seine innere Sicherheit besorgten Regimes, das keinen »reaktionären Verband« in der Nähe Berlins dulden wollte. In Fallingbostel, unter den dort herrschenden, eher feldmäßigen Verhältnissen, festigte sich der Zusammenhalt der Panzerabteilung mit ihrem Kommandeur noch mehr. Als die Panzerlehrdivision aufgestellt war, sollte der Prinz als Taktiklehrer in die Heimat versetzt werden. Sein Abschied in Verdun war rührend, die Truppe war über den Verlust ihres Kommandeurs traurig. Doch auf dessen Wunsch wurde die Versetzung rückgängig gemacht. In den nächsten Monaten bereitete er seine neu ausgerüstete Abteilung auf die Invasion vor. Am 9. 6. 1944 führte der Prinz seine Abteilung erstmals zum Angriff, der aber schon zu Beginn auf Befehl abgebrochen werden mußte. Prinz Schönburg war jedoch von der Stärke und der Gewandheit der Gegner tief beeindruckt. Am 11. 6. wurde ihm ein neuer Angriff befohlen, gegen dessen ungünstige Bedingungen er - vergeblich - schwerste Bedenken anmeldete. Kurz vor dem Antreten verwundete ein verirrtes Geschoß seinen Burschen Füssel tödlich, der sein alter Kammerdiener war. *»Ich habe meinen besten Freund verloren«,* äußerte er beim Besteigen seines Panzers, *»der Soldatentod ist doch der schönste!«.* Seine Beförderung zum Oberstleutnant hat der Prinz nicht mehr erlebt: Bei Vendes erhielt sein Turm einen schweren Paktreffer, der sein Soldatenleben beendete. Mit Prinz Schönburg fiel sein Nachrichtenoffizier, Leutnant Herrmann. *»Im Leben eines Soldaten gibt es kein Warum!«,* hatte der Prinz immer gesagt. Am nächsten Abend wurde er mit seinem Nachrichtenoffizier und seinem Burschen auf dem Dorffriedhof in Parfouru-sur-Odon in einem gemeinsamen Grab beigesetzt. Dort ruhen sie noch heute. Bei der Beisetzung schoß schwere britische Schiffsartillerie, es klang wie Salut.

Generalmajor Georg Scholze

Geb. 21. 8. 1897 in Löbau, Freitod am 23. 4. 1945 in Berlin

Georg Scholze wuchs als Sohn eines Gutsbesitzers im sächsischen Löbau auf. 1914 meldete er sich von der Schulbank weg als Kriegsfreiwilliger zum Jägerbataillon von Neumann (1. Schlesisches) Nr. 5 in Hirschberg, das im Verband der 6. Kavalleriedivision im Westen kämpfte. Als Infanterieoffizier bewährte sich Leutnant Scholze (seit 1915) vor Verdun, wo er mit E.K. II und I. ausgezeichnet wurde. Nach Kriegsende schied er aus dem Heer aus. Nun holte Scholze zunächst sein Abitur nach und lernte dann Landwirtschaft. 1923 wurde der passionierte Soldat als Angestellter in den Grenzschutz Ost übernommen. 1926 heiratete er, aus der Ehe gingen fünf Kinder hervor. Nur der älteste Sohn überlebte den Krieg, schlug auch die Offizierlaufbahn ein und schied als Oberst aus der Bundeswehr aus.

Am 1. Oktober 1934 wurde Georg Scholze als Hauptmann reaktiviert und als Kompaniechef in das Infanterieregiment 9 in Potsdam versetzt. Dieses Regiment führte die Tradition der preußischen Garderegimenter weiter.

Ab 1938 bis Kriegsbeginn bekleidete er die Stelle des IIb im III. Armeekorps. Im Oktober 1939 wurde Major Scholze zum Kommandeur des II. (motorisierten) Bataillons des Infanterielehrregiments in Döberitz ernannt und am 1. Juni 1940 zum Oberstleutnant befördert. Kurz zuvor rückte er mit seinem Bataillon im kurzfristig gebildeten Infanterieregiment 900 (mot) nach Frankreich. Bei der Panzergruppe Kleist nahm es am Vormarsch und an der Verfolgung südlich der Loire teil, kehrte aber im August zurück. Seine erneuten Fronterfahrungen im Westen konnte der bewährte Offizier bei der Lehrtätigkeit und der Ausbildung seines Bataillons bis vor Beginn des Rußlandfeldzuges anschaulich verwenden. Im Juni 1941 führte Oberstleutnant Scholze sein Bataillon im Rahmen der Lehrbrigade 900 (mot) über Wilna - Witebsk - Kalinin bis nördlich Moskau. Auch beim folgenden Rückzug bei bitterer Kälte bis Ghask und im anschließenden Stellungskrieg konnte er auf das volle Vertrauen seiner Männer bauen. Scholze wurde am 24. 12. 1941 mit dem Deutschen Kreuz in Gold ausgezeichnet. Am 1. 4. 1942 wurde Scholze zum Kommandeur des Infanterielehrregiments ernannt und zum Oberst befördert. Am 19. 12. 1942 wurde das aus verschiedenen Lehrtruppen gebildete vollmotorisierte Lehrregiment (mot) 901 in die Ukraine geworfen und hatte unter Führung von Oberst Scholze wesentlichen Anteil an der Verteidigung von Strelzowka und später von Starobelsk. Im Verband der 19. Panzerdivision verzögerte das Regiment wirksam das Vordringen der Sowjets am Donez. Für die erfolgreiche Führung seines Regiments wurde Oberst Scholze am 17. 2. 1943 mit dem Ritterkreuz ausgezeichnet. Nach Rückkehr in die Heimat beauftragte Generaloberst Guderian den erfahrenen Erzieher und Ausbilder, sein Lehrregiment zum ersten voll mit Schützenpanzern und zahlreichen schweren Waffen ausgerüsteten Panzergrenadierregiment umzugliedern - ein Beweis für das hohe Ansehen des Kommandeurs. Im Sommer 1943 konnte er sein Werk in gelungenen Lehrübungen den Panzertruppenschulen vorführen.

Nach der Kapitulation Italiens wurde das Regiment als Eingreifreserve auf den Balkan verlegt. Anfangs war es an der Säuberung Istriens beteiligt, später mit der Sicherung der deutschen Verkehrsverbindungen zur Ägäis durch Dalmatien und Bosnien betraut. In harten Kämpfen mit Partisanen konnte es alle Aufträge lösen. Mitte Januar 1944 führte Oberst Scholze sein Regiment nach Frankreich zur Panzerlehrdivision und stellte es in Nancy auf die *Gliederung 44* zum Panzergrenadierlehrregiment 901 um. Vom Geist seines strengen, aber geliebten »Vaters Scholze« geprägt, erfüllte das Regiment auch in den harten Kämpfen in der Normandie stets alle Erwartungen. Bei seiner Versetzung am 19. Juli konnte er sich von seinem im Einsatz befindlichen Regiment nur schriftlich verabschieden: »*Die Geschichte des Regiments war, welchen Namen wir auch trugen, immer ehrenvoll. Wo es hingestellt wurde, tat es seine Pflicht. Hervorragende Bataillonskommandeure und Kompaniechefs, Zug-, Gruppen- und Geschützführer und ihre Männer setzten Mut, Tapferkeit und ganz hohes Können dafür ein. Es war eine ehrenvolle, schöne und immer leichte Aufgabe, Kommandeur dieses Regiments zu sein und mit ihm bestehen zu können. Viele sind für das Regiment gestorben oder schwer verwundet worden, ihrer gedenke ich in stiller Dankbarkeit. Den noch lebenden Kameraden, Offizieren, Beamten, Unteroffizieren und Männern drücke ich im Geiste die Hand, dankbar für das, was jeder geleistet hat und ferner zu leisten gewillt ist.*«

Nach einem Zwischenspiel bei der Deutschen Militärmission Rumänien übernahm Scholze am 1. Januar 1945 die 20. (Hamburger) Panzergrenadierdivision. Vom Baranow-Brückenkopf kämpfte sich die Division über Lodz und Sagan in den Oderbruch zurück, ihre Restteile beteiligten sich an der Verteidigung Berlins. Georg Scholze wurde am 20. 4. 1945 zum Generalmajor befördert. Mit dem sich abzeichnenden Zusammenbruch des Reiches und dem Verlust seiner Frau und vier seiner Kinder bei einem Bombenangriff auf Potsdam brach seine Welt zusammen. In Berlin schied er freiwillig aus dem Leben. Einer seiner früheren Offiziere schrieb über ihn: »*In der Erinnerungen der Angehörigen seines alten Regiments wird er als vorbildlicher Kommandeur weiterleben. Den Namen »Vater Scholze« verdiente er sich durch unermüdliche Fürsorge und seine alle Dienstgrade umfassende Kameradschaft. In ihm waren die preußischen Tugenden unbedingter Pflichterfüllung, steter Einsatzbereitschaft und des* Mehr-Sein-als-Scheinen *vereint. Seine straffe, stets beherrschte Haltung ließ auch in schwierigen Lagen keine Unsicherheit aufkommen. Dabei hegte er wohl zu keinem Zeitpunkt während der Invasionskämpfe irgendwelche Illusionen, obwohl er von sich und dem Regiment letzten Einsatz und soldatische Bewährung forderte.*«

Oberstleutnant Joachim Ritter von Poschinger

Geb. 20. 6. 1913 in Frankfurt / M., gef. 5. 4. 1945 in Silbach bei Winterberg

Der einer ritterlichen Soldatenfamilie entstammende Joachim wuchs in Berg am Starnbergersee auf und »baute« sein Abitur auf dem humanistischen Gymnasium Pasing. Am 1. 4. 1933 trat er als Fahnenjunker in das Bamberger Reiterregiment 17 ein. Nach der Kriegsschulausbildung in Dresden wurde er zum 1. 4. 1935 im späteren Schützenregiment 2 (Meiningen) zum Leutnant befördert. Der begeisterte Soldat und fürsorgliche Zugführer trat schon bald über seine Jahrgangskameraden hervor und wurde Anfang 1937 Bataillonsadjutant. Mit Erfolg nahm er wiederholt an nationalen und internationalen motorsportlichen Wettbewerben teil. Nach dem Einmarsch in Österreich im April 1938 wurde sein Schützenregiment nach Wien verlegt. Dort lernte er seine spätere Frau, Sophie Gräfin Seyssel d'Aix, kennen, die er nach Erreichen des damals vorgeschriebenen Mindestalters für Berufsoffiziere (25) als Oberleutnant heiratete.

Als Kompaniechef der 10. (schweren) Kompanie bewährte er sich im Polenfeldzug. Unmittelbar nach Beginn des Westfeldzuges 1940 holte sich der Brigadekommandeur den schnell und gewissenhaft arbeitenden von Poschinger als Brigadeadjutant. Schon am 30. 5. 1940 wurde er mit dem E.K. I ausgezeichnet und am Ende des Jahres zur vorzugsweisen Beförderung vorgeschlagen. Zum 1. 1. 1941 wurde er Hauptmann.

Der Balkanfeldzug führte die 2. Panzerdivision bis Athen und nach Auffrischung in der Heimat nach Südfrankreich als Besatzungstruppe. Dort mußte sie im Sommer 1941 das Gerippe für die neue 22. Panzerdivision aufstellen. Hauptmann von Poschinger wurde ihr Divisionsadjutant (heute G 1). Als die junge Division mit einem voll mit SPW gepanzerten Schützenbataillon ausgestattet wurde, bot sich Poschinger als Kommandeur an, denn er allein verfügte über die notwendige Erfahrung und das Geschick zur raschen Umschulung und kriegsnahen Ausbildung der jungen SPW-Kompanien. Noch im Februar 1942 wurde die 22. Panzerdivision beschleunigt an die Ostfront verlegt und überhastet auf der Krim eingesetzt. Nach ersten Fehlschlägen festigte sich der junge Verband. Der mitreißende Bataillonskommandeur wurde zum Vorbild seiner Leute - fürsorglich, streng, gerecht. Am 1. 8. 1942 wurde er mit dem Deutschen Kreuz in Gold ausgezeichnet und am 15. 2. 1943 wegen besonderer Tapferkeit vor dem Feinde bevorzugt zum Major befördert. Kurz darauf wurde er zum wiederholten Mal verwundet, diesmal schwer am Kopf. Nach seiner Genesung blieb er bis März 1944 als Lehrgangsleiter für Panzergrenadiere an der Panzertruppenschule. Aber dem erfahrenen Frontoffizier und Ausbilder für den vielschichtigen Einsatz von Panzergrenadieren lag graue Theorie wenig. Noch während seiner Einarbeitung zum Kommandeur der Ausbildungslehrabteilung für Panzergrenadiere in Weimar, die als Hochschule für deren neuartigen Kampfarten, auf- und abgesessen, galt, zwang die Kriegslage im Sommer 1944 dazu, die Schule aufzulösen.

Am 2. Oktober 1944 übernahm Ritter von Poschinger das neu aufzufrischende Panzergrenadierlehrregiment 902, das auf dem Papier als voll gepanzert galt. Tatsächlich war es nur motorisiert, denn die riesigen SPW-Verluste im Westen konnten nicht mehr ersetzt werden. Binnen kurzer Zeit gelang es ihm in harter Ausbildungsarbeit, sein vorher zerrüttetes Regiment in sich zu festigen und mit neuem Geist zu erfüllen. Das zeigte sich beim Einsatz Ende November an der Saar in erbitterten Kämpfen, die zu schweren Verlusten mit dem Ausfall des Stabes und erheblicher Teile des I. Bataillons führten. Dem seit 1. 12. 1944 zum Oberstleutnant beförderten Kommandeur gelang es binnen zwölf Tagen, sein Regiment neu zu ordnen, das sich dann in der Ardennenoffensive in Angriff und Verteidigung besonders auszeichnete. Für diese Leistung wurde ihm das Ritterkreuz verliehen. Im kühnen Vorstoß bis über Rochefort hinaus und anschließender, hartnäckiger Verteidigung des äußersten Zipfels des deutschen Frontbogens vor St. Hubert bei Eis und Schnee in bitterer Kälte gegen vielfach überlegenen Feind übertraf das Regiment alle Erwartungen bis zum planmäßigen Rückzug ab 11. 1. 1945. Dabei wurde das I. Bataillon erneut fast abgeschnitten. Trotzdem konnte das Regiment schon eine Woche später den drohenden Feindeinbruch bei Hoscheid verhindern. Als Reserve des OB West wurde die Panzerlehrdivision in den letzten Kriegsmonaten fast pausenlos von Brennpunkt zu Brennpunkt der Westfront geworfen, bis ihr zusammengeschmolzener Rest zu Ostern 1945 einen letzten, vergeblichen Ausbruchsversuch aus dem Ruhrkessel bei Winterberg unternahm. Am 5. April, bei Silbach, beendete ein Artillerieeinschlag ein vorbildliches Soldatenleben. Das von seinem Geist geprägte Regiment blieb bis zum bitteren Ende intakt. Die Überlebenden pflegen das Andenken ihres letzten Kommandeurs als eines Kavaliers vom Scheitel bis zur Sohle, heute noch.

C: Soldatenfriedhöfe

Ich rede nicht dem Wahn das Wort, daß der Tod vor dem Feind köstlich sei. Ich rede einer Wahrheit das Wort, daß es zu allen Zeiten unentrinnbarer Zwang ist, das, was man liebt, verteidigen zu müssen. Auch mit dem Leben.
Perikles für die Gefallenen des Peleponnesischen Krieges, 432 v. Chr.

*

Von Alters her bis heute ehren und betrauern alle Völker die Gefallenen. Sie setzen ihnen Denkmäler, denn sie starben ja für diejenigen, die leben. Nur im Deutschland von heute wird darüber laut anders gedacht. Bei den Feiern am Volkstrauertag und bei neuen Mahnmalen werden die soldatischen und zivilen Opfer für Deutschland, die doch Mahnung und Vorbild für künftige Generationen sind, von der Scham über die Opfer der Gewaltherrschaft - die von Hitlers Regime Ermordeten - überdeckt und in den Hintergrund verdrängt. Trauer paßt aber nicht mit Scham und Schuld zusammen. Das sollte auch für Deutschlands Ansehen in der Welt voneinander getrennt werden, wie in allen anderen Staaten.

Anders bei den Soldatenfriedhöfen! Die vielen Toten der Westfront 1944 ruhen gemeinsam auf Soldatenfriedhöfen in der Erde Frankreichs, Belgiens, Luxemburgs, der Niederlande und Deutschlands, vorbildlich betreut vom *Volksbund Deutsche Kriegsgräberfürsorge* und der britischen *Commonwealth War Graves Commission.* Beide halten das Gedenken an die Toten der Kriege wach. An der Westfront 1944/45 sind gefallen:

Deutsche	82.000
Amerikaner	120.000
Briten und Kanadier	ca. 50.000
Franzosen	13.000

In der Anlage der Soldatenfriedhöfe fallen nationale Unterschiede ins Auge. Die deutschen Gräberfelder mit ihren dunkelfarbenen Steinen oder Kreuzen, oft unter hohen Bäumen, zwingen zur stummen Totenklage in Ehrfurcht vor Hingabe und Opfer der Gefallenen.

Die strahlend weißen Steinreihen der Alliierten, meist überragt von einem mächtigen Hochkreuz, erinnern an stolze Trauer und Sieg ihrer Soldaten.

Allen Soldatenfriedhöfen gemeinsam ist ihre unnachahmliche Würde, die sie zur Ehre der Gefallenen ausstrahlen. Sie mahnen zu Frieden und Versöhnung.

Eingebettet in die anmutige Landschaft der Normandie liegen sechs große Deutsche Soldatenfriedhöfe für insgesamt etwa 80.000 Gefallene. Der größte unter ihnen ist La Cambe, westlich von Bayeux. Auf mehreren britischen Soldatenfriedhöfen, so in Bayeux und Tilly-sur-Seulles, ruhen Briten und Deutsche Schulter an Schulter. Insgesamt mehr als 24.000 Briten, Kanadier und Polen liegen um Caen auf sehr würdigen Friedhöfen.

Die nicht in die Heimat überführten Amerikaner werden auf den großartigen Anlagen in St. Laurent-sur-Mer und St. James und in Luxemburg auf dem Soldatenfriedhof Hamm betreut.

Ehrenmal auf dem deutschen Soldatenfriedhof La Cambe unweit von Bayeux.

Der britische Soldatenfriedhof Bayeux. Hier ruhen auch 467 deutsche Soldaten.

Namen- und Truppenregister

Namen

Dienstränge gemäß Abkürzungsverzeichnis Seiten 282/283

Abrams, LTC   202
Balck, G   193ff
Bartel, OTL   26
Bartenwerfer, OTL   248
Bayerlein, GL   33, 39, 42, 71, 84, 90, 117, 120, 138, 147, 153, 223
Bethke, H   226
Bernstorff, Graf von, O, i. G.   229
Dr. Beyer, G   164, 169, 172
Biron, Prinz   147
Blaskowitz, GO   153
Blümer, Uffz   138
Blumentritt, G   155
Böhm, H   81, 123f, 199, 225
Borrekott, Fw   103, 159
Bradley, G   123, 128, 214
Brasche, Ogefr.   79f

Cavallero, FM   23
Chevallerie, v. d. G   147
Choltitz, v., G   117, 160f
Churchill, LTC   198
Cursiefen, Baurat   148

Darius, M   39
Daser, GL   177, 184
Derfflinger, M   166
Dette, Fw   199, 228
Diesslin, L   206
Dietrich, GO   66, 211

Eberbach, G   103, 145, 153
Eberding, GL   178, 183
Ebner, OL   135, 225
Esebeck, Frhr, O   15, 17
Eidig, Fw   237
Eltrich, M   153
Emmert, Ogefr.   78

Falkenhayn, M. H   246
Fallois, v., M   72, 144, 206f, 222ff
Feuerpfeil, Fw   163, 241

Fink, H   169
Finsterwalder, L   71, 89
Foulkes, GL   179
Füssel   89

Gann, Gefr.   228
Geyr von Schweppenburg G   39, 56, 69, 90, 95, 195
Gerhardt, O   79, 89f, 141ff, 161
Glyczynski, v., OL   77
Goller, Gefr.   121
Graf, OL   116f, 119, 123, 158, 195, 225
Griffin, M   112
Guderian, GO   17, 33f, 40, 127
Gutmann, O   40

Harper, LTC   232
Hauser, v., O   124, 128, 144, 157, 165, 169
Hausser, P., G   67, 97, 101
Heinrich, L   196
Heintz, O   121, 131
Henke, OL   232
Hennecke, H   160
Hennig   239
Herrmann, L   40, 71, 89
Dr. Herrmann, StArzt   161
Heydte v. d., O   182, 212
Hopmann KK   178
Hübner, H   138
Hünersdorff, v., O   24, 30, 35, 148

Irwin, GM   189

Kauffmann, OTL i.G.   67, 138
Keichel, Fw   239
Keitel, GFM   101
Kempf, G   14
Kesselring, GFM   20
Kluge, v., GFM   101, 126, 138, 152, 155f
Kluge, v., OTL i.G.   135, 152f
Knebel, v., L   140
Köhler   112
König, G   169
Kokott, GM   221
Koll, O   14, 17
Kozub, L   201
Krause, GL   186

Kreipe, GM   90
Krueger, G   42, 90
Kues, L   145
Kuhnow, M   145, 148, 154, 157, 163

Lanndsberg-Veren, Frhr. v., L   122, 129, 132, 224, 236
Lex, Hptm   72, 88, 125, 147, 170, 204, 236
Lüttwitz, Frh. v., G   66, 135, 156f, 218ff
Luxenburger, O   64

Maaß, Ogefr.   60, 130
Maczek, G   156
Manteuffel, v. G   210ff
Marcks, G   55, 66, 117
Markowski, M   81
Marschalck von Bachtenbrock, Frh. v., H   76, 92
McAuliffe, GM   234
McNair, G   130
Meindl, G   67, 157
Meyer (Panzermeyer), O   59f, 64, 99, 105f
Meyer, OL   89, 148
Model, GFM   127, 148, 155, 162, 217, 252
Montgomery, FM   69, 103, 149, 176, 214
Monz, HOL   203ff
Müller, H   77, 163

Neumann, H d. R   244
Niemeyer, L   151

Oehmichen, O   164f
Oppeln-Bronikowski, v., GM   60, 147

Patton, G   131, 140, 166, 187f, 190
Pauletto, L   225
Peiper, O   120, 125
Peter, L   83, 119
Philipps, H   85
Poschinger, Ritter v., OTL   195, 200, 225
Prien, L   103f

Ramsay, Adm   177
Rauch, O   55, 60
Ravenstein, v., O   14
Reed, Sgt.   248
Reid M, L   150
Ritschel, H   125, 147

Roberts, GM   27f
Rommel, GFM   20f, 23, 50, 56, 60, 95, 97
Rundstedt, v., GFM   26, 48, 50, 54, 69, 95, 101, 148

Schacht, L   230
Scheibe, Fw   239
Siegroth, v., O   187
Simonds, GL   149, 179, 183
Schönburg-Waldenburg, Prz. v., OTL   35, 39, 65
Scholze, O, GM   64, 71, 81, 89, 121, 124
Schultz-Balluff, L   84ff
Schwalbe, GL   178
Skorzeny, O   212
Speidel, GM   86
Sponheimer, G   178
Stauffenberg, Graf v., O   127
Sterz, M   108
Stöhr, L   120
Sültmann, H   15

Trettner, O i.G.   21
Trumpa, H;   148

Uthe, M   70, 83

Wagener, GM   215
Warnock, GM   190
Weiler, H   191ff
Welsch, OTL   81, 123, 128, 135
Werner, L   71
Werncke, M i.G.   14
Williamson, LTC   78
Wippich, Uffz   221
Wittmann, H   72f, 91, 150f
Wisliceny, OTL   116, 121, 124, 134, 139

Zeisler, M   64
Zitzewitz, v., L   206
Zwierczynski, M   39, 77

Truppen an der Westfront ab Juni 1944

A. Normandie- und Kanalfront

Deutsche Divisionen		Britisch/Kanadische Einheiten	US-Army
2. PzDiv.	89.ID		2 Armd Div
9. PzDiv.	226.ID (bo)	7 Armd Div	3 Armd Div
21. PzDiv	243.ID (bo)	11 Armd Div	4 Armd Div
116.PzDiv	245.ID (bo)	Guards Armd Div	5 Armd Div PzlehrDiv
265 ID (bo)		6 Airborne Div	6 Armd Div
3 PzgrDiv	266.ID (bo)	3 Div	10 Armd Div
15 PzgrDiv	271 ID	15 Div	
1.SS-PzDiv	272 ID	43 Div	1 Inf Div
2.SS-PzDiv	275 ID	49 Div	3 Inf Div
9.SS-PzDiv	276 ID	50 Div	4 Inf Div
10.SS-PzDiv	277 ID	51 Div	5 Inf Div
12.SS-PzDiv	326 ID	52 Div	8 Inf Div
26.SS-PzDiv	331 ID	53 Div	9 Inf Div
17.SS-PzgrDiv	338 ID (bo)	59 Div	28 Inf Div
2.FSJ Div	343 ID (bo)	2 (CDN) Armd Div	29 Inf Div
3.FSJ Div	344 ID (bo)	4 (CDN) Armd Div	30.Inf Div
5 FSJ Div	346 ID (bo)	2 (CDN) Div	35 Inf Div
91 LL Div	348 ID (bo)	3 (CDN) Div	79 Inf Div
47 ID (bo)	352 ID	1 (PL) Armd Div	80 Inf Div
48.ID (bo)	353 ID		83 Inf Div
49.ID (bo)	363 ID		82 Airborne
59.ID (bo)	708 ID (bo)		101 Airborne
64.ID (bo)	709 ID (bo)		2.(F) Armd Div
70.ID (bo)	711 ID (bo)		
77.ID	712 ID (bo)		
84.ID	716 ID (bo)		
85.ID	719 ID (bo)		

Anmerkung:Diese Gegenüberstellung der Divisionsverbände beider Seiten zeigt di
Schwäche der deutschen Infanterie. Ihre Masse bildeten bodenständige Divisionen - II
(bo). Ihr Personal, zumeist aus älteren Jahrgängen, ergänzt aus wenig zuverlässigen Ostba
taillonen, war unzureichend bewaffnet. In ihren schwachen Stellungen und Bunkern de
Atlantikwalls waren die Soldaten dem beobachteten mächtigen Feindfeuer der Schiffsai
tillerie und der Luftwaffen ausgesetzt, ohne Möglichkeit zu wirksamer Gegenwehr ode
zum Stellungswechsel.

B. Saarfront (oben noch nicht genannte Divisionen)

Deutsche Divisionen		Britisch/Kanadische Einheiten	US-Army
11.PzDiv	257.VGD	10 Armd Div	85 Inf Div
3.PzgrDiv	265.VGD	12 Armd Div	90 Inf Div
25.PzgrDiv	347.ID	2.(F)Armd Div	95 Inf Div
30.SS-GrDiv	361 ID	26 Inf Div	100 Inf Div
59.ID	416 ID	44 Inf Div	100 Inf Div
64.ID	462 ID	45 Inf Div	104 Inf Div
158.ID	553 ID	75 Inf Div	
159 ID	559 ID		
16 Lw FeldDiv			

C. Ardennenfront im Bereich 5. Panzerarmee
(Neu zugeführte, oben noch nicht genannte Divisionen)

18 VGD	10 Armd Div	84 Inf Div
26 VGD	11 Armd Div	87 Inf Div
62 VGD	2 Inf Div	199 Inf Div
	26 Inf Div	102 Inf Div
	35 Inf Div	104 Inf Div
	75 Inf Div	106 Inf Div

Anmerkung: Diese Tabelle enthüllt, warum die Ardennenoffensive schon am Kräfteverhältnis scheitern mußte. Nur noch drei Volksgrenadierdivisionen konnten dem amerikanischen Kräftezuwachs von neun frischen Infanterie- und zwei Panzerdivisionen entgegengestellt werden, von der Luft-und Versorgungslage ganz zu schweigen. Dadurch lief sich die deutsche Offensive rasch aus, die Initiative fiel den Alliierten wieder zu.

Abkürzungen

wie sie in den Skizzen und an anderer Stelle verwendet wurden

Abt	Abteilung, bataillonsstarker Verband (PzTr, Artl, Nachr- u Sanitätstr.)
AGr	Armeegruppe
AK	Armeekorps
AOK	Armeeoberkommando
Armd	Armored, Armoured
Artl	Artillerie
(bo)	bodenständig
Bde	Brigade (britisch)
Br	britisch
Btl	Bataillon
Bttr	Batterie
CCA, CCB, CCR	Combat Command A, B oder R (brigadestarke Kampfgruppe amerikanischer Panzerdivisionen)
CDN	Kanada, kanadisch
Col	Colonel (Oberst)
Div	Division
F	französisch
FH, F.H.	Feldhaubitze
FHQ	Führerhauptquartier
Fla	Flugabwehr
Flak	Flugabwehrkanone
FM	Fieldmarshal (Feldmarschall)
FSJ	Fallschirmjäger
Fw	Feldwebel
G	General
GefStd	Gefechtsstand
GFM	Generalfeldmarschall
GL	Generalleutnant
GM	Generalmajor
GO	Generaloberst
GR, G.R.	Grenadieregiment
H, Hptm	Hauptmann
H.K.B.	Heeresküstenbatterie
HKL	Hauptkampflinie
HGr	Heeresgruppe
ID, I.D.	Infanteriedivision
I.G.	Infanteriegeschütz
i. G.	im Generalstab
I-Trupp	Instandsetzungstrupp
Jabo	Jagdbomber
Kdo	Kommando
Kdr	Kommandeur

KG	Kommandierender General (eines Armeekorps)
Kp	Kompanie
Kpfgr	Kampfgruppe
K.T.B.	Kriegstagebuch
L, Lt	Leutnant
le., m., s.	leicht, mittel, schwer
Lw	Luftwaffe
LTC	Lieutenant Colonel
mot	motorisiert (im Unterschied zu bespannt = Pferdezug oder zu gepan-
zert)	
M	Major
M.A.A.	Marineartillerieabteilung
MG	Maschinengewehr
O	Oberst
OL, Oblt	Oberleutnant
OB	Oberbefehlshaber
OKW	Oberkommando der Wehrmacht
OTL	Oberstleutnant
Pak	Panzerabwehrkanone
Pz	Panzer
Pz-ALA	Panzeraufklärungslehrabteilung 130
Pzjg	Panzerjäger
PzK	Panzerkorps
PzTr	Panzertruppe
RAF	Royal Air Force
Rgt	Regiment
R.T.R	Royal Tank Regiment
s.	schwer
SF, SFL	Selbstfahrlafette
SPW	Schützenpanzerwagen
U.S., US	amerikanisch
VGD, V.G.D.	Volksgrenadierdivision
z. b. V.	zur besonderen Verwendung
V.Kp.	Versorgungskompanie
VAK, V.A.K.	Volksartilleriekorps

Erläuterungen einiger taktischer Zeichen und Begriffe

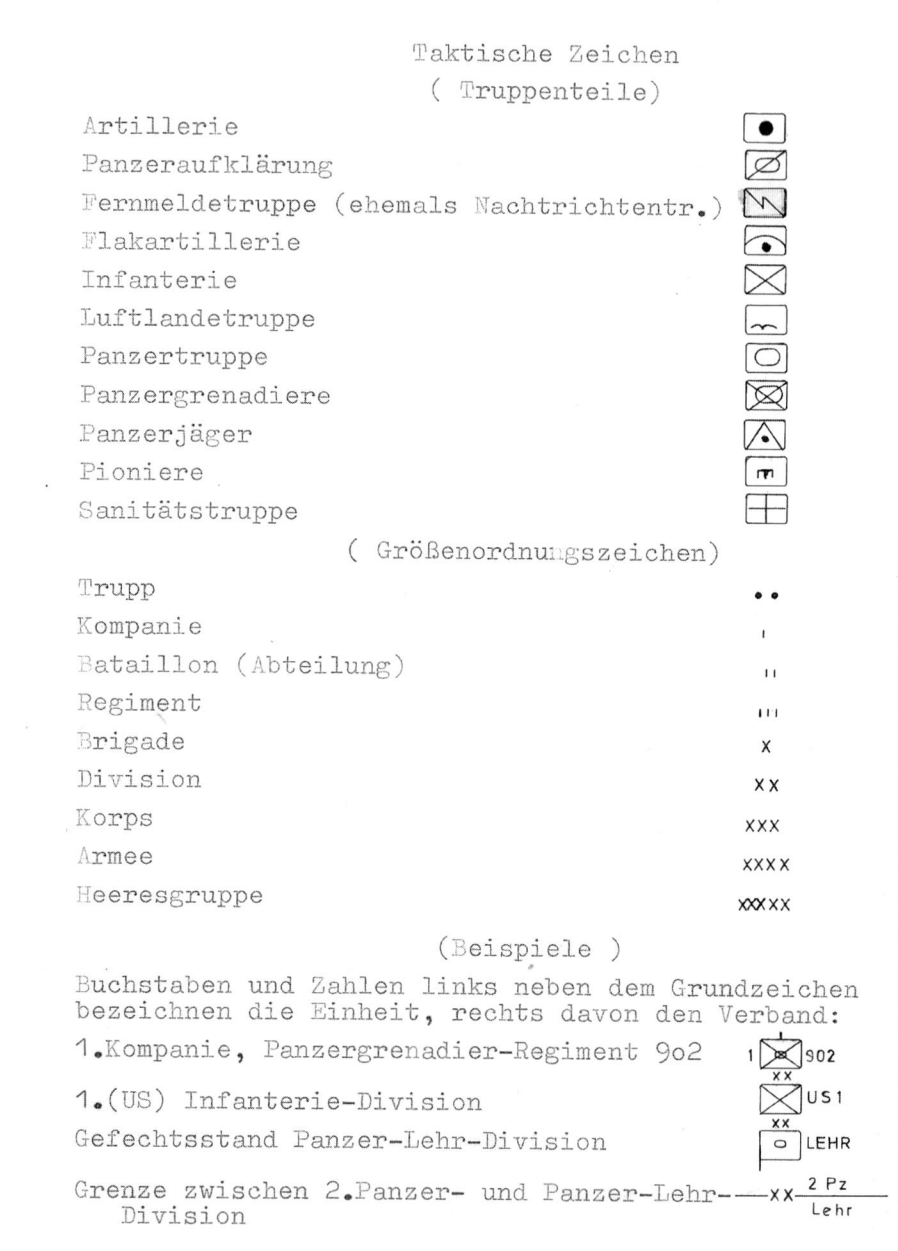

Taktische Zeichen
(Truppenteile)

Artillerie

Panzeraufklärung

Fernmeldetruppe (ehemals Nachtrichtentr.)

Flakartillerie

Infanterie

Luftlandetruppe

Panzertruppe

Panzergrenadiere

Panzerjäger

Pioniere

Sanitätstruppe

(Größenordnungszeichen)

Trupp

Kompanie

Bataillon (Abteilung)

Regiment

Brigade

Division

Korps

Armee

Heeresgruppe

(Beispiele)

Buchstaben und Zahlen links neben dem Grundzeichen
bezeichnen die Einheit, rechts davon den Verband:

1.Kompanie, Panzergrenadier-Regiment 9o2

1.(US) Infanterie-Division

Gefechtsstand Panzer-Lehr-Division

Grenze zwischen 2.Panzer- und Panzer-Lehr-
Division

Verzeichnis der Skizzen

Weg der Panzerlehrdivision 1944 - 1945   Vorderer und hinterer Vorsatz
Weg der II./Panzerregiment 11 im Westfeldzug 1940   13
Die geplante Landung auf Malta   21
Der britisch-kanadische Raid gegen Dieppe am 19. August 1942   25
Gliederung der Panzerlehrdivision, Juni 1944   36
Die deutschen Streitkräfte am 6. Juni 1944   49
Britisches Stör- und Täuschungsprogramm am 5. und 6. Juni 1944   52
Die Anlandung der Armada   57
Anmarsch der Panzerlehrdivision zum geplanten
  Gegenangriff unter Führung des I. SS-Panzerkorps   59
Die Kämpfe um Tilly-sur-Seulles   68
Das Gefecht von Villers-Bocage   73
Lageskizze Höhe 112   98
Der Kampf um May-sur-Orne   109
Der teure Gegenangriff am 11. Juli 1944   118
Der Bombenteppich des Unternehmens »Cobra«   129
Die Lage um Mitternacht 25. - 26. Juli   133
Sammelraum der rückwärtigen Kräfte am 9. August 1944   140
Rückzugsweg der Panzerlehrdivision durch Frankreich 1944   160
Einsatz der Kampfgruppe von Hauser am Westwall   170
Der Kampf um die Scheldemündung   172
Fort Driant   186
Kämpfe an der Saarfront im November 1944   195
Die Panzeraufklärungslehrabteilung im Elsaß   205
Die Ardennenfront am 24. Dezember 1944   215
Die Einschließung von Bastogne   233
Vorstoß und Kampf bei Rochefort   237
Abwehr an der Südwestflanke der Front   243
Rückzug aus den Ardennen   250
Die Panzerlehrdivision als Nachtruppe der 7. Armee   253

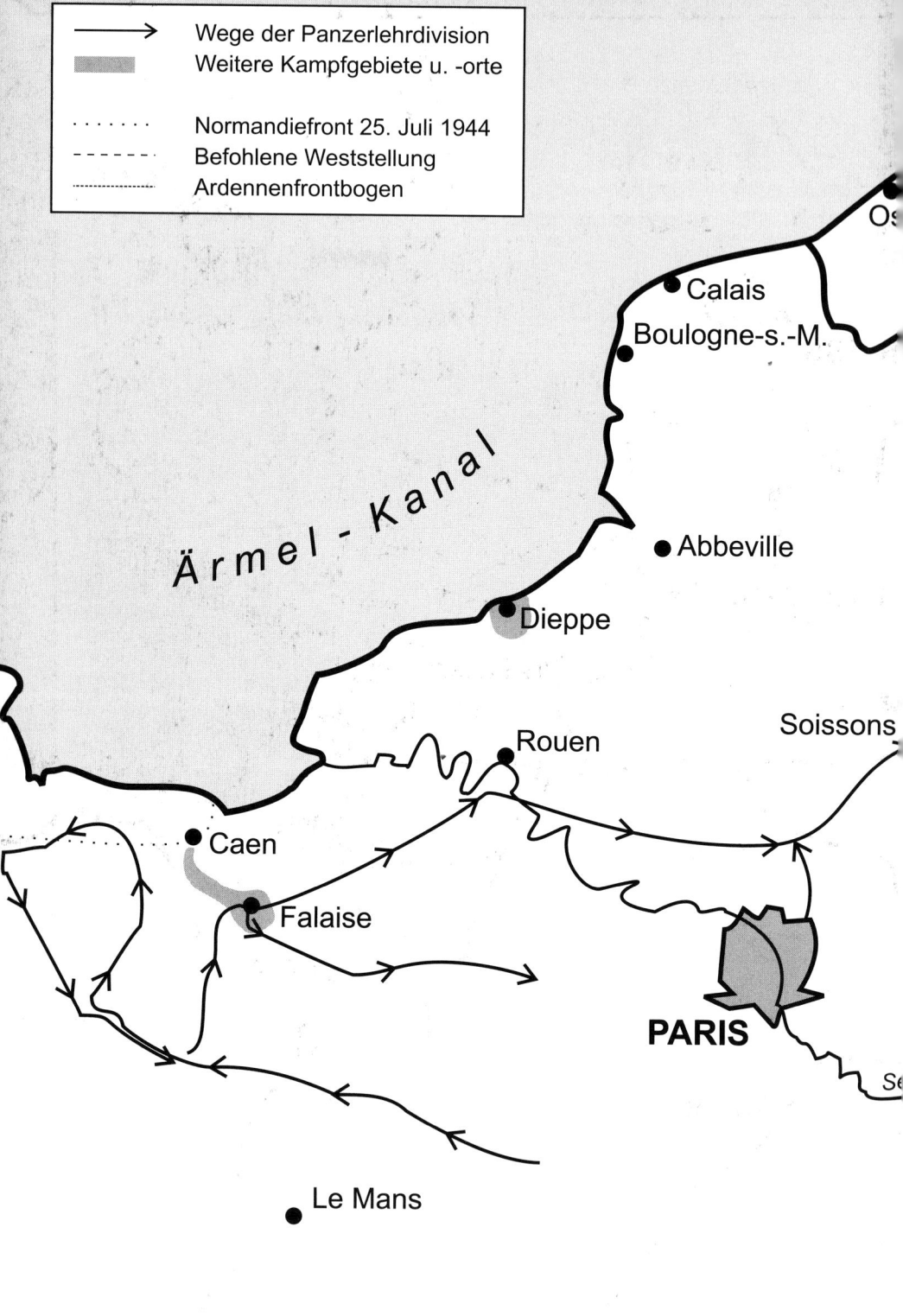

Legende:

→ Wege der Panzerlehrdivision

▬ Weitere Kampfgebiete u. -orte

· · · · · Normandiefront 25. Juli 1944

- - - - Befohlene Weststellung

············ Ardennenfrontbogen

Os

Calais

Boulogne-s.-M.

Ärmel - Kanal

• Abbeville

Dieppe

Rouen

Soissons

Caen

Falaise

PARIS

Se

Le Mans